AF748307

कृति
और
विश्व कृति

notionpress.com

कृति
और
विश्व कृति

लव कुश सिंह "विश्वमानव"

सत्यकाशी पीठ
पांचवां और अन्तिम शंकराचार्य पीठ

Notion Press

Old No. 38, New No. 6
McNichols Road, Chetpet
Chennai - 600 031

First Published by Notion Press 2020

ISBN 978-16-48997-74-7

समर्पण

यह पुस्तक समर्पित है -

उन सभी खोजी आत्माओं को,

जो सत्य की ज्योति को अपने भीतर

और संसार के हर कोने में जलाना चाहते हैं।

भारतीय संविधान के धारा-51 (ए)

नागरिक का मौलिक कर्तव्य के अनुसार

01. संविधान के प्रति प्रतिबद्धता, इसके आदर्शों, धाराओं, राष्ट्रीय ध्वज व राष्ट्रीय गान का आदर करना।
02. स्वतंत्रता के लिए संघर्ष हेतु प्रेरित करने वाले सुआदर्शों का अनुकरण करना व उन्हें चिरस्थायी बनाना।
03. भारत की सर्वोच्चता, एकता और अखण्डता की रक्षा करना तथा समर्थन करना।
04. जब भी आवश्यकता पड़े देश की रक्षा करना व राष्ट्रीय सेवाओं हेतु समर्पित होना।
05. समाज में भाई-चारें की भावना का विस्तार करना, मातृत्व भाव, धार्मिक, भाषायिक, क्षेत्रीय विभिन्नताओं में एकता कायम करना तथा नारी सम्मान आदि का ध्यान देना।
06. अपने मिश्रित संस्कृति का मूल्यांकन करना उसको स्थायित्व देना और इसकी परम्परा को कायम रखना।
07. प्राकृतिक सम्पदा की रक्षा करना जिसमें जलवायु, जंगल, झील, नदियां, जंगली जीवों व समस्त जीवों के प्रति दया का भाव सम्मिलित है।
08. वैज्ञानिक भावना को प्रोत्साहित करना, मानवीय भावनाओं के स्वरूप की परख करते रहना।
09. जन सम्पत्ति की सुरक्षा करना और हिंसा आदि का परित्याग करना।
10. व्यक्तिगत, सामूहिक गतिविधियों के प्रत्येक क्षेत्र में सर्वोच्चता हासिल करना, जिससे राष्ट्र शतत उत्थान, प्रयत्न व प्राप्ति की ओर अग्रसर होता रहे।
11. जो कि माता-पिता या अभिभावक हो, वे अपने 6 साल से 14 साल के बच्चों को शिक्षा या अन्य ऐसे सुअवसरों का लाभ उन्हें मुहैया करावें।

मूल जीवन मंत्र

"हे प्रभु, तेरे प्यार में बस दो ही बातें है। एक तो अपना कल्याण करूँ, दूसरा तुझ जैसा बन सबका कल्याण करूँ"

विषय- सूची

मुख पृष्ठ की व्याख्या
भूमिका

कृति

भाग-1: कृति चक्र

पं0 मदन मोहन मालवीय - "काशी हिन्दू विश्वविद्यालय (वाराणसी)"
पं0 श्रीराम शर्मा आचार्य - "अखिल विश्व गायत्री परिवार (ऋषिकेश)"
नानाजी देशमुख - "दीनदयाल शोध संस्थान (चित्रकूट)"
महर्षि महेश योगी - "महर्षि यूनिवर्सिटी आफ मैनेजमेन्ट (हालैण्ड) "
जगद्गुरु रामभद्राचार्य - "जगद्गुरु रामभद्राचार्य विकलांग विश्वविद्यालय (चित्रकूट)"

भाग-2: अन्तिम विश्व कृति के विचार

एक विश्व - श्रेष्ठ विश्व के निर्माण के विचार
एक भारत - श्रेष्ठ भारत के निर्माण के विचार
एक नागरिक - श्रेष्ठ नागरिक के निर्माण के विचार

भाग-3: विश्व कृति

लव कुश सिंह "विश्वमानव"
सत्यकाशी ब्रह्माण्डीय एकात्म विज्ञान विश्वविद्यालय
(Satyakashi Universal Integration Science University-SUISU)

भाग-4: अन्तिम विश्व कृति होने का प्रमाण

एक विश्व - श्रेष्ठ विश्व के निर्माण के लिए आवश्यक कार्य
विश्वव्यापी स्थापना का स्पष्ट मार्ग
एक भारत - श्रेष्ठ भारत के निर्माण के लिए आवश्यक कार्य
एक नागरिक - श्रेष्ठ नागरिक के निर्माण के लिए आवश्यक कार्य
राष्ट्रीय सहजीवन आन्दोलन
स्वराज-सुराज आन्दोलन
"सत्य मानक शिक्षा" प्रणाली
सत्य मानक शिक्षा का व्यापार-पुनर्निर्माण (RENEW - Real Education National Express Way)

भाग-5: समष्टि धर्म दृष्टि

अनिर्वचनीय कल्कि महाअवतार भोगेश्वर श्री लव कुश सिंह "विश्वमानव" का मानवों के नाम खुला चुनौती पत्र
अनिर्वचनीय कल्कि महाअवतार का काशी-सत्यकाशी क्षेत्र से विश्व शान्ति का अन्तिम सत्य-सन्देश

भाग-6: परिवर्तन

सीधी समझ
नये भारत में, नये मनुष्य के उदय के लिए
व्यवस्था के परिवर्तन या सत्यीकरण का पहला प्रारूप और उसकी कार्य विधि
वे शब्द जिसके बिना युग परिवर्तन सम्भव नहीं

भाग-7: केन्द्र या मध्य (भारत) में पांचवां और अन्तिम सत्यकाशी पीठ

सत्यकाशी पीठ: स्थान
सत्यकाशी पीठ: इतिहास और उद्देश्य
पाँचवाँ और अंतिम शंकराचार्य पीठ: इसकी विशेषता

भाग-8: सत्यकाशी पीठ के कार्य

धारा-उद्धार: धर्म की पुनर्स्थापना
मनुष्य चेतना का रूपांतरण
साधना, दीक्षा और आध्यात्मिक अनुष्ठान
वैश्विक कार्य: मानवता के लिए संदेश
शिव-तत्व और कल्कि-तत्व का मिलन
"सार्वभौम सत्य-सिद्धान्त" पर आधारित "युग परिवर्तन श्रृंखला" के नवयुग के शास्त्र-साहित्य

मुख पृष्ठ की व्याख्या

यह मुख पृष्ठ दो विपरीत किन्तु पूरक शक्तियों-**कृति** और **विश्वकृति**-को एक अद्भुत प्रतीकात्मक रूप में प्रस्तुत करता है, मानो सृजन और विश्व-सृजन की दो पुस्तकें स्वयं ब्रह्मांड की दो आँखों की तरह सामने खड़ी हों।

बाएँ भाग में "कृति" नामक पुस्तक गहरे मिट्टी-नारंगी रंग में प्रकाशित है, जिसकी सतह पर फैलती जड़ें और ऊपर उठती ऊर्जा-लहरें एक व्यक्तिगत सृजन–शक्ति का संकेत देती हैं। केंद्र से फूटते स्वर्ण प्रकाश का बिंदु इस बात का प्रतीक है कि हर कृति का मूल स्रोत मनुष्य का अंतर्मन-उसकी चेतना और उसकी निजी साधना-ही होता है।

दाएँ भाग में "विश्वकृति" शीर्षक वाली पुस्तक गहरे नील-नीले रंगों की आभा में लिपटी है। इसमें दिखाई देती जटिल ऊर्जा-रेखाएँ, गोलाकार संरचनाएँ और वैज्ञानिक-सी लगने वाली प्रकाश-कणीय आकृतियाँ यह भाव जगाती हैं कि विश्व-स्तरीय सृजन-चाहे वह विज्ञान हो, समाज-रचना हो, या मानवता का एकीकृत भविष्य-एक व्यापक और संगठित चेतना से उत्पन्न होता है। यह कृति व्यक्तिगत नहीं, बल्कि सार्वभौमिक है; यह मनुष्य की नहीं, मनुष्यता की रचना है।

दोनों पुस्तकों के रंग, प्रतीक और आकृतियाँ यह संदेश देती हैं कि वास्तविक सृजन-कृति और विश्वकृति-दोनों का संतुलन है: एक भीतर से जन्म लेती है, और दूसरी बाहर दुनिया को आकार देती है। ऊपर के विशाल अक्षरों में लिखा शीर्षक इस द्वैत को दार्शनिक गहराई से व्यक्त करता है।

नीचे प्रमुखता से अंकित **"सत्यकाशी पीठ"** इस कृति को आध्यात्मिक परंपरा, वैदिक ज्ञान और दार्शनिक गंभीरता से जोड़ता है, जबकि उपशीर्षक **"पाँचवाँ और अन्तिम शंकराचार्य पीठ"** इसे आध्यात्मिक अधिकार, परंपरा और सत्य-ज्ञान की दीर्घ परंपरा में स्थापित करता है।

समग्र रूप से, मुख पृष्ठ रचना की दो ध्रुवीय शक्तियों-व्यक्तिगत कृति और वैश्विक कृति-को एक भव्य दृश्य-पट पर रखकर पूरी पुस्तक के केंद्रीय विचार को अत्यंत प्रभावशाली, कलात्मक और रहस्यपूर्ण ढंग से अभिव्यक्त करता है।

भूमिका

"**कृति और विश्व-कृति**" वर्तमान युग की उन दुर्लभ कृतियों में से है जो केवल सामाजिक या राजनीतिक सुधार का दस्तावेज नहीं बनतीं, बल्कि मनुष्य, समाज, राष्ट्र और विश्व-इन चारों स्तरों पर चल रहे **शारीरिक, आर्थिक और मानसिक सृजन-विनाश** की समग्र प्रक्रिया को एक ही सूत्र में बाँधकर देखने का दृष्टिकोण प्रदान करती हैं। यह ग्रंथ बताता है कि युगपरिवर्तन कोई बाहरी घटना नहीं, बल्कि **मानसिक स्तर पर होने वाला विनाश और सृजन** है-ठीक वही, जिसका संकेत प्राचीन माया सभ्यता ने अपने काल-गणना में दिया था कि 2012 किसी भौतिक समाप्ति का वर्ष नहीं, बल्कि **एक युग के अन्त और एक उच्चतर युग के प्रारम्भ** का बिन्दु है । इस मानसिक विनाश-सृजन के कारण आज सारे मत, संप्रदाय, विचारधाराएँ और दर्शन एक उच्चतर सत्य में विलीन हो रहे हैं, और मानवता एक ऐसे चिंतन की ओर बढ़ रही है जिसमें **व्यक्तिगत बुद्धि, वैज्ञानिक संगति और लोकतांत्रिक चेतना**-तीनों का संतुलन आवश्यक है। यही संतुलन "विश्वशास्त्र" का मूल आधार है जिसमें जन्म-जीवन-पुनर्जन्म, अवतार, साकार-निराकार ईश्वर, अदृश्य-दृश्य योग, व्यक्ति-समष्टि निर्माण, संविधान व विश्व संविधान, ग्राम सरकार से विश्व सरकार तक, त्याग-भोग से लेकर राजनीति व विश्व राजनीति तक-जीवन के प्रत्येक आयाम का अंतिम मानक प्रस्तुत किया गया है ।

यह ग्रंथ स्पष्ट करता है कि मानव-समाज का हर उत्थान और पतन उसके **मस्तिष्क और ग्राम** से प्रारम्भ होता है। भारत को विश्वगुरु बनाना कोई नारा नहीं-वह एक "फल" है जिसकी "जड़" व्यक्ति के मस्तिष्क और गाँव में है। जब जड़ें मजबूत होंगी, तो राष्ट्रीय पुनर्निर्माण स्वाभाविक रूप से फलित होगा; और यह पुनर्निर्माण व्यक्ति के भीतर-उसकी सोच, विवेक, चरित्र और निर्णय क्षमता में-पहले होना अनिवार्य है । इसी कारण ग्रंथ बार-बार यह प्रतिपादित करता है कि **राष्ट्रीय परिवर्तन का प्रथम चरण व्यक्ति-निर्माण है**, और यही राष्ट्रीय सहजीवन आन्दोलन तथा राष्ट्रीय रचनात्मक आन्दोलन का मूल उद्देश्य है-एक ऐसा आन्दोलन जो व्यक्ति और समाज दोनों की **शारीरिक, आर्थिक और मानसिक सुरक्षा तथा विकास** का समन्वय करता है, जिससे राष्ट्र का शांति-एकता-स्थिरता तंत्र केवल सतही रूप में स्थिर न रहे, बल्कि भीतर से विकसित होता चले। सुरक्षा का अर्थ यथास्थिति बनाए रखना नहीं, बल्कि ऐसी स्थिति बनाना है जहाँ साथ-साथ विकास भी चलता रहे ।

यह ग्रंथ व्यक्ति से सभ्यता तक की यात्रा को भी निरंतर स्पष्ट करता है। इसमें बताया गया है कि जिस प्रकार एक व्यक्ति के जीवन में शारीरिक, आर्थिक व मानसिक दुर्घटनाएँ सम्भव होती हैं, ठीक उसी प्रकार राष्ट्र और विश्व के जीवन में भी होती हैं। इसलिए कोई भी सभ्य समाज केवल सैन्य या आर्थिक सुधार से स्थिर नहीं होता; उसकी वास्तविक स्थिरता उसके **मानसिक-सांस्कृतिक पुनर्निर्माण** से आती है । यही कारण है कि "कृति और विश्व-कृति" शिक्षा व्यवस्था, अध्यापक की भूमिका, समाज-नीति, ग्राम-प्रशासन, विश्व-राजनीति और आर्थिक संरचना-सभी को व्यक्ति-निर्माण की केंद्रीय दृष्टि से देखती है। शिक्षा को यहाँ व्यापार नहीं, बल्कि **चरित्र और बुद्धि के उत्कर्ष का प्रथम साधन** माना गया है, और यह प्रश्न उठाया गया है कि क्या केवल वही ज्ञान शिक्षण योग्य है जिसकी परीक्षा होती है? क्या जीवन का वास्तविक पाठ्यक्रम-जीवन स्वयं की परीक्षा-कम महत्वपूर्ण है? । इसी संदर्भ में शिक्षा-व्यापार, शिक्षक की भूमिका, विश्वविद्यालयों की जड़ता, विषयगत खाँचों की सीमाएँ और नई पीढ़ी की आवश्यकताओं पर गहन विमर्श प्रस्तुत किया गया है, जहाँ शिक्षा का पहला कर्तव्य व्यक्ति को **आत्मनिर्भरशील** बनाना है-न कि केवल प्रमाणपत्रों का मालिक ।

"कृति और विश्व-कृति" आगे यह स्थापित करती है कि ग्राम से लेकर विश्व तक की व्यवस्था-गणराज्य, गणसंघ, राजा (सीधे चुने जाने वाले पंचायत अध्यक्ष), संविधान (निराकार संचालक), नियम-कानून (तंत्र), ब्राह्मण-तंत्र (नियंत्रण-व्यवस्था)-ये सभी भारतीय परंपरा में पहले से विद्यमान थे, और जब तक इन्हें विश्व-मानक के

रूप में पुनर्स्थापित नहीं किया जाता, तब तक सच्चे अर्थों में "रामराज्य" की स्थापना नहीं हो सकती। यह पुस्तक शेष समष्टि कार्यों की सूची भी प्रस्तुत करती है जो राष्ट्र और विश्व स्तर पर लोकतांत्रिक व्यवस्था को पूर्णता प्रदान करते हैं ।

ग्रंथ की व्यापकता केवल सिद्धांतों तक नहीं, बल्कि **व्यवहारिक प्रणालियों** तक पहुँचती है-जिसमें ग्राम एवं नगर पंचायतों द्वारा प्रतिदिन के आँकड़े सीधे केंद्र तक पहुँचाने की व्यवस्था, स्थानीय भंडारण-प्रणाली, नागरिकों के लिए पारदर्शी प्रमाणपत्र प्रणाली, "अतिथि-देवो-भव" आधारित भोजन-गारंटी मॉडल, और कृषि से लेकर उद्योग तक प्रशासन का विकेंद्रीकृत तंत्र विस्तृत रूप से सामने आता है। यहाँ सब्सिडी केवल योग्य नागरिक तक, भ्रष्टाचार पर पूर्ण प्रतिबंध, तथा जिला-स्तर पर उद्योगों के विकास जैसी नीतियाँ "अधिकतम लाभ-न्यूनतम हानि" के सिद्धांत को व्यवहार में उतारती हैं ।

दार्शनिक स्तर पर ग्रंथ भारतीय और वैश्विक चिंतनों के बीच सेतु बनाता है। गांधी, विवेकानंद, भारतीय दर्शन और आधुनिक पश्चिमी चिंतन-सभी को पढ़ने के बाद यह निष्कर्ष निकलता है कि कोई भी धर्म या विचारधारा जो मनुष्य-मनुष्य के बीच भेद करे या विशेषाधिकार व शोषण का समर्थन करे, वह आज के मानव को स्वीकार्य नहीं हो सकता। आधुनिक मानव को वह धर्म चाहिए जो उसकी **बुद्धि और आत्मा-दोनों का विकास करे**; और यह भूमिका हिंदू धर्म, उसके शुद्ध स्वरूप में, विज्ञान और लोकतंत्र के अनुकूल रहते हुए निभा सकता है ।

अंततः, यह ग्रंथ व्यक्ति-निर्माण से शुरू होकर **पूर्ण मानव निर्माण** तक पहुँचता है-ऐसा मानव जो मानसिक, आध्यात्मिक, बौद्धिक और सामाजिक चारों स्तरों पर विकसित हो। "विश्वशास्त्र" के अनुसार यह पूर्ण मानव ही वह इकाई है जिससे समष्टि परिवर्तन होगा-ग्राम से देश, देश से विश्व, और विश्व से एक नई सभ्यता तक। इस दृष्टि से "कृति और विश्व-कृति" एक दार्शनिक ग्रंथ ही नहीं, बल्कि **मानवता के पुनर्निर्माण का युगदर्शन** है- एक ऐसा युगदर्शन जो शास्त्र, समाज, शासन, शिक्षा, अर्थव्यवस्था और मन-सभी को एक ही सत्यमूलक दृष्टि से देखता है।

✍ लव कुश सिंह "विश्वमानव"

एक शोधक, चिंतक और मार्गदर्शक, जिन्होंने अपना जीवन *मानवता, आत्मा और नव-सृष्टि* के अध्ययन एवं लेखन को समर्पित किया है।

- प्रमुख ग्रंथ: *विश्वशास्त्र*
- दृष्टि: *नव-मनुष्य और नव-संसार का निर्माण*

कृति

कृति का अर्थ होता है - किया हुआ कार्य, क्रिया, निर्मिति, कोई बहुत प्रशंसनीय कार्य, किसी के द्वारा किया गया लेखन या चित्रांकन आदि रचनात्मक कार्य, रचना, बौद्धिक संपत्ति। कृतिकार का अर्थ होता है - साहित्यिक या कलात्मक कृति का रचयिता, रचना करने वाला व्यक्ति, रचनाकार, लेखक। कृतित्व का अर्थ होता है - किसी लेखक आदि के द्वारा किया गया रचनात्मक कार्य, किसी रचनाकार की समस्त कृतियाँ, कारयित्री प्रतिभा, कारनामा।

इस कृति चक्र श्रृंखला में विश्वमन से सभी निर्मित हो रहें हैं और अपने काल-समय के अनुसार अपने कृतित्व द्वारा पूर्णमानव-विश्वमानव निर्माण को आगे बढ़ाने के लिए सदैव कृतिकार अपना योगदान देते रहें हैं।

जब व्यक्ति निर्माण के लिए कृतित्व होता है तो उसे व्यष्टि कृति कहते हैं जबकि वैश्विक व्यक्ति निर्माण के लिए कृतित्व होता है तो उसे समष्टि कृति कहते है

इस पुस्तिका में कृति से विश्व कृति की ओर कृति चक्र को प्रस्तुत किया गया है।

भाग-1
कृति चक्र

पं0 मदन मोहन मालवीय - "काशी हिन्दू विश्वविद्यालय (वाराणसी)"

पं0 श्रीराम शर्मा आचार्य - "अखिल विश्व गायत्री परिवार (ऋषिकेश)"

नानाजी देशमुख - "दीनदयाल शोध संस्थान (चित्रकूट)"

महर्षि महेश योगी - "महर्षि यूनिवर्सिटी आफ मैनेजमेन्ट (हालैण्ड) "

जगद्गुरु रामभद्राचार्य - "जगद्गुरु रामभद्राचार्य विकलांग विश्वविद्यालय (चित्रकूट)"

पं0 मदन मोहन मालवीय
"काशी हिन्दू विश्वविद्यालय (वाराणसी)"

परिचय

हिन्दूत्व के गौरव, विशाल, गम्भीर ह्रदय वाले मनस्वी पं. मदन मोहन मालवीय जी ने 25 दिसम्बर, 1861 में तीर्थराज प्रयाग में जन्म लेकर पं. ब्रजनाथ जी के कुल को ही नहीं, इस वसुन्धरा को कृतार्थ किया। पिता सच्चे सनातनी और दृढ़ भगवत् विश्वासी थे। पूर्वज मालवा से आने के कारण मालवीय कहलाये। माता बड़ी उदार और पति अनुगामिनी थीं। ऐसे विशुद्ध आस्तिक माता-पिता का प्रभाव मदन मोहन पर पड़ना स्वाभाविक था। मीरजापुर के प्रख्यात सनातनी पण्डित नन्दराम जी की कन्या कुन्दन देवी से मालवीय जी का पाणिग्रहण संस्कार सम्पन्न हुआ। मालवीय जी कट्टर हिन्दू थे। आचार में अत्यन्त संयमी और विचार में परम उदार हिन्दू धर्म की विशेषता उनमें स्पष्ट थी। उनका स्पर्शास्पर्श का इतना विचार था कि बड़े-बड़े जक्शनों के प्लेटफार्म पर चौका लगाकर खिचड़ी बनाना सामान्य बात थी। वे किसी के हाथ का कच्चा भोजन नहीं करते थे।

जब वे गाँधी जी के साथ गोलमेज परिषद् गें भाग लेने लन्दन गये, तो उनके साथ गंगाजल, मिट्टी और गौ भारत से गई थी, और लन्दन यात्रा के बाद सविधि प्रायश्चित किया था। महामना मालवीय जी का घर अतिथि सत्कार के लिए विख्यात था। सूर्योदय के साथ ही रसोंई का चूल्हा जल जाता ओर रात्रि के एक बजे तक चौका चलता। जो आया है, चाहे किसी समय प्रस्थान करना हो, भोजन करके ही जाता था। प्राणपण से ब्राह्मणों की सेवा करते। प्रत्येक हिन्दू के घर में कम से कम एक गाय की सेवा के वे हिमायती थे।

पुराणों के प्रति उन्हें अगाध श्रद्धा थी। श्रीमद्भागवत पुराण का पाठ नियमित चलता। भागवत् के श्लोक पढ़ते ही नेत्रों से अश्रुधारा फूट पड़ती। उनकी महत्वाकांक्षा थी कि एक साथ एक स्थान पर सस्वर सामगान करें। इसी प्रेरणा से काशी हिन्दू विश्वविद्यालय, उनकी भारत को अमर भेंट है। जीवन पर्यन्त विश्वविद्यालय के लिए कुछ न कुछ सहायता जुटाते रहे। इसके लिए अपने आपको दुनियाँ का सबसे बड़ा भिखारी मानते थे।

काला कांकर नरेश राजा रामपाल सिंह जी से आपको राजनैतिक जीवन की प्रेरणा मिली। काला कांकर से आपने पत्रकार जीवन में प्रवेश किया। प्रयाग आने पर "अभ्युदय" और "इंडियन ओपीनियन" का सम्पादन हाथ में लिया। लन्दन जाने से पूर्व सत्याग्रह के प्रमुख कर्णधार थे। उनके व्यापक प्रभाव के कारण कुछ दिनों के लिए बन्दी बनाने के लिए अंग्रेज सरकार को बहुत सोचना पड़ा। महात्मा गाँधी उन्हें बड़ा भाई कहते थे। गाँधी जी का कहना था - "मैं तो मालवीय जी का पुजारी हूँ। यौवन काल से आज तक उनकी देशभक्ति अविच्छिन्न है। मैं उन्हें सर्वश्रेष्ठ हिन्दू मानता हूँ। उनके विशाल ह्रदय में शत्रु भी समा सकते थे।"

हिन्दू महासभा के मालवीय जी जन्मदाता थे। हिन्दू संगठन और हिन्दू धर्म उनका प्राण था। वे किसी से द्वेष नहीं करते थे। नोआखाली हत्याकाण्ड से उनका हृदय आहत हो गया, और उसी चोट के कारण 12 नवम्बर, 1946 को पार्थिव शरीर छोड़कर चले गये। उनके अन्तिम शब्दों में हिन्दू संगठन की पुकार थी। उन्होंने कहा था- "जो हिन्दूओं को शान्ति के साथ रहने नहीं देना चाहते, उनके साथ किसी प्रकार की सहिष्णुता नहीं हो सकती। हिन्दू संस्कृति और हिन्दू धर्म खतरे में है। ऐसा समय आ गया है कि हिन्दू एक होकर सेवा तथा सहायता के साधनों को पुष्ट करें।" महामना मालवीय जी के बारे में एनी बेसेन्ट का कहना था - "मैं दावे के साथ कह सकती हूँ कि विभिन्न मतों के मध्य, केवल मालवीय महाराज ही भारतीय एकता की मूर्ति बने खड़े हैं।"

एक सच्चा मानव, आदर्श हिन्दू, एक महापुरूष इस धरती पर अवतीर्ण हुआ और अपना कर्तव्य निर्वाह कर इस धरती से उठ गया। यदि राष्ट्र के कर्णधार ओर हिन्दू एक होकर महामना के आदर्शो को स्वीकार कर लेते, तो भारत सचमुच ऋषियों का भारत हो जाता। वे सादगी, सदाचार और आदर्श की जीवंत प्रतिमा थे।

काशी हिन्दू विश्वविद्यालय (बी.एच.यू)

पं.मदनमोहन मालवीय ने काशी हिन्दू विश्वविद्यालय की स्थापना का श्रीगणेश 1904 ई. में किया, जब काशी नरेश महाराज प्रभुनारायण सिंह की अध्यक्षता में संस्थापकों की प्रथम बैठक हुई। 1905 ई. में विश्वविद्यालय का प्रथम पाठ्यक्रम प्रकाशित हुआ। जनवरी, 1906 ई. में कुंभ मेले में मालवीय जी ने त्रिवेणी संगम पर भारत भर से आयी जनता के बीच अपने संकल्प का दोहराया। कहा जाता है, वहीं एक वृद्धा ने मालवीय जो को इस कार्य के लिए सर्वप्रथम एक पैसा चंदे के रूप में दिया। डा0 ऐनी बेसेन्ट काशी में विश्वविद्यालय की स्थापना में आगे बढ़ रही थी। इस विश्वविद्यालय के मूल में डा0 ऐनी बेसेन्ट द्वारा स्थापित और संचालित सेन्ट्रल हिन्दू कालेज प्रमुख था। इन्हीं दिनों दरभंगा के राजा महाराज रामेश्वर सिंह भी काशी में "शारदा विद्यापीठ" की स्थापना करना चाहते थे। इन तीन विश्वविद्यालय की योजना परस्पर विरोधी थी, अतः मालवीय जी ने डा0. ऐनी बेसेन्ट और महाराज रामेश्वर सिंह से परामर्श कर अपनी योजना में सहयोग देने के लिए उन दोनों को राजी कर लिया। फलस्वरूप बनारस हिन्दू यूनिवर्सिटी सोसाइटी की 15 दिसम्बर, 1911 को स्थापना हुई, जिसके महाराज दरभंगा अध्यक्ष, इलाहाबाद उच्च न्यायालय के प्रमुख बैरिस्टर सुन्दरलाल सचिव, महाराज प्रभुनारायण सिंह, पं. मदनमोहन मालवीय एवं डा0. ऐनी बेसेन्ट सम्मानित सदस्य थी। तत्कालीन शिक्षा मंत्री सर हारकोर्ट बटलर के प्रयास से 1915 ई. में केन्द्रीय विधानसभा से हिन्दू यूनिवर्सिटी एक्ट पारित हुआ, जिसे तत्कालीन गवर्नर जनरल लार्ड हाडिंज ने तुरन्त स्वीकृति प्रदान कर दी। वसंत पंचमी, 6 फरवरी, 1916 ई. के दिन ससमारोह वाराणसी में गंगातट के पश्चिम, रामनगर के समानान्तर महाराज प्रभुनारायण सिंह द्वारा प्रदत्त भूमि में काशी हिन्दू विश्वविद्यालय का शिलान्यास हुआ। उक्त समारोह में देश के अनेक गवर्नरों, राजे-रजवाड़ों तथा सामंतों ने गवर्नर जनरल एवं वाइसराय का स्वागत और मालवीय जी को सहयोग करने के लिए हिस्सा लिया। अनेक शिक्षाविद् वैज्ञानिक एवं समाजसेवी भी इस अवसर पर उपस्थित थे। गाँधी जी भी विशेष निमंत्रण पर पधारे थे। अपने वाराणसी आगमन पर गाँधी जी ने डा0. बेसेन्ट की अध्यक्षता में आयोजित सभा में राजा-राजवाड़ों, सामंतों तथा देश के अनेक गणमान्य लोगों के बीच, अपना वह ऐतिहासिक

भाषण दिया, जिसमें एक ओर ब्रिटीश सरकार की और दूसरी ओर हीरे-जवाहरात तथा सरकारी उपाधियों से लदे, देशी रियासतों के शासको की घोर भर्तसना की गई थी।

संप्रति इस विश्वविद्यालय के दो परिसर हैं। मुख्य परिसर 1300 एकड़ वाराणसी में स्थित है। मुख्य परिसर में 3 संस्थान, 14 संकाय और 124 विभाग हैं। विश्वविद्यालय का दूसरा परिसर 2700 एकड़ मीरजापुर जनपद के बरकछा नामक जगह (सत्यकाशी क्षेत्र) पर स्थित है। मुख्य परिसर के प्रांगण में विश्वनाथ का एक विशाल मन्दिर भी है। विशाल सर सुन्दर लाल चिकित्सालय, गोशाला, प्रेस, बुकडिपो एवं प्रकाशन, टाउन कमेटी (स्वास्थ्य), पी.डब्ल्यू.डी., स्टेट बैंक शाखा, पर्वतारोहण केन्द्र, एन.सी.सी. प्रशिक्षण केन्द्र, हिन्दू यूनिवर्सिटी नाम से डाकखाना, छात्रावास, जनसामान्य की सुविधा एवं सेवायोजन कार्यालय भी विश्वविद्यालय परिसर में संचालित है। श्री सुन्दरलाल, पं.मदनमोहन मालवीय, डा0. एस.राधाकृष्णन् (भूतपूर्व राष्ट्रपति), डा0. अमरनाथ झा, आचार्य नरेन्द्रदेव, डा0. रामस्वामी अय्यर, डा0. त्रिगुण सेन (भूतपूर्व केन्द्रीय शिक्षामंत्री) जैसे मूर्धन्य व्यक्ति यहाँ के कुलपति रह चुके हैं। केन्द्रीय हिन्दू विद्यालय, केन्द्रीय हिन्दू कन्या विद्यालय, रणवीर संस्कृत विद्यालय, पिदी ग्यान पिठ हाई विद्यालय सम्बद्ध विद्यालय हैं। विश्वविद्यालय में करीब 250 प्रोफसर, 500 रीडर एवं 1000 से अधिक लेक्चरर हैं। कार्यालयों, अधिकारीयों सहित लिपिक एवं चतुर्थ वर्ग के कर्मचारियों की संख्या करीब 6000 हजार है। वर्तमान में इस विश्वविद्यालय को केन्द्रीय विश्वविद्यालय का दर्जा प्राप्त है। इस विश्वविद्यालय सरीखा दूसरा कोई उत्कृष्ट संस्थान ही नहीं जहाँ संयुक्त राष्ट्र संघ द्वारा यूनेस्को चेयर फार पीस एंड इंटरकल्चर अंडरस्टैण्डिंग की स्थापना हुई।

इस विश्वविद्यालय से शान्ति स्वरूप भटनागर, टी.आर.अनन्तरामन्, अहमद हसन दानी (पुरातत्व विद्वान एवं इतिहासकार), भूपेन हजारिका (गायक एवं संगीतकार), लालमणि मिश्र (संगीतकार), बीरबल साहनी (पक्षी विज्ञान के विद्वान), प्रकाश वीर शास्त्री (भूतपूर्व सांसद, आर्य समाज आन्दोलन के प्रणेताओं में से एक), आचार्य रामचन्द्र शुक्ल (हिन्दी साहित्य के प्रमुख स्तम्भों मे से एक एवं इतिहासकार), रामचन्द्र शुक्ल (चित्रकार), जयन्त विष्णु नार्लिकर, एम.एन.दस्तुरी (धातुकर्म के विद्वान), नरला टाटा राव, सुजीत कुमार (अभिनेता), समीर (गीतकार), मनोज तिवारी (भोजपुरी अभिनेता एवं सांसद) इत्यादि ज्ञान प्राप्त कर चुके हैं।

"विश्व एक परिवार है न कि बाजार। भारतीय मानकों में गुरू-शिष्य परम्परा की अवधारणा को मजबूती देने की जरूरत है। शैक्षणिक संस्थानों में नई चेतना, विचारधारा निकालनी होगी जिससे सामाजिक व राष्ट्रीय उत्थान को बल मिले। शान्ति, मूल्यों की शिक्षा ही आज की आवश्यकता है।

महामना की सोच मानवीय मूल्य के समावेश वाले युवाओं के मस्तिष्क का विकास था, चाहे वह इंजिनियर हो, विज्ञान या शिक्षाविद्। यहाँ के छात्र दुनिया में मानवीय मूल्य के राजदूत बनें ताकि देश में नम्बर एक बना बी.एच.यू. अब दुनिया के लिए आदर्श बने। इस विश्वविद्यालय सरीखा दूसरा कोई उत्कृष्ट संस्थान ही नहीं जहाँ संयुक्त राष्ट्र संघ द्वारा यूनेस्को चेयर फार पीस एंड इंटरकल्चर अंडरस्टैण्डिंग की स्थापना हुई। विश्वविद्यालय का दक्षिणी परिसर मुख्य परिसर की सिर्फ कापी भर नहीं है, बल्कि यह तो भविष्य में" नये विश्वविद्यालय का रूप लेगा"

-डा0 कर्ण सिंह,

साभार - दैनिक जागरण, वाराणसी, दि0 26 दिसम्बर, 2010

पं0 श्रीराम शर्मा आचार्य
"अखिल विश्व गायत्री परिवार (ऋषिकेश)"

परिचय

पं. श्री राम शर्मा आचार्य का जन्म बुधवार, 2 सितम्बर, 1911 (सं. 1968, आश्विन, कृष्ण पक्ष, त्रयोदशी) को आगरा (उ0प्र0) से जलेसर रोड 24 कि.मी. पर स्थित आँवलखेड़ा में हुआ था। आँवलखेड़ा का यह स्थान वर्तमान में एक युगतीर्थ बन चुका है। यहीं से उनकी सेवा-साधना प्रारम्भ हुई। शिक्षा एवं ग्रामीण स्वालम्बन की कई गतिविधियाँ यहाँ से उन्होंने चलाईं। विरासत में मिली प्रचुर भू-सम्पदा का उपयोग अपने और अपने परिवार के लिए न करके उन्होंने समाजिक गतिविधियों के लिए किया। एक भाग से अपनी माता जी की स्मृति में दान कुँवरि इण्टर कालेज की स्थापना करायी, शेष राशि बाद में गायत्री तपोभूमि हेतू समर्पित कर दी। आप गायत्री के सिद्ध साधक, 3000 से अधिक पुस्तक-पुस्तिकाओं के लेखक, वेद, पुराण, उपनिषद् के भाष्यकार, वैज्ञानिक आध्यात्मवाद के जनक, स्वतन्त्रता संग्राम सेनानी, युग निर्माण योजना के सूत्रधार, विचार क्रान्ति अभियान के प्रणेता और ऋषि परम्परा के उन्नायक के रूप में स्थापित हैं और अखिल विश्व गायत्री परिवार की स्थापना की। आप व्यापक कार्य को स्थापित व संचालित करते हुए 2 जून, 1990 में ब्रह्मलीन हो गये।

समस्त विद्याओं का भण्डार - गायत्री मंत्र का तत्वज्ञान

"ॐ भूर्भुवः स्वः तत्सवितुर्वरेण्यं भर्गो देवस्य धीमहि धियों यो नः प्रचोदयात्"

गायत्री संसार के समस्त ज्ञान-विज्ञान की आदि जननी है। वेदों को समस्त प्रकार की विद्याओं का भण्डार माना जाता है। वे वेद गायत्री की व्याख्या मात्र हैं। गायत्री को वेदमाता कहा गया है। चारों वेद गायत्री के पुत्र

हैं। ब्रह्माजी ने अपने एक-एक मुख से गायत्री के एक-एक चरण की व्याख्या करके चारो वोदों को प्रकट किया। "ऊँ भूर्भुवः स्वः" से ऋग्वेदए "तत्सवितुर्वरेण्यं " से यर्जुवेद, "भर्गो देवस्य धीमहि" से सामवेद और "धियों यो नः प्रचोदयात्" से अथर्ववेद की रचना हुई।

इन वेदों से शास्त्र, दर्शन, ब्राह्मण ग्रन्थ, आरण्यक, सूत्र, उपनिषद्, पुराण, स्मृति आदि का निर्माण हुआ। इन्हीं ग्रन्थों से शिल्प, वाणिज्य, शिक्षा, रसायन, वास्तु, संगीत, आदि 84 कलाओं का आविष्कार हुआ। इस प्रकार गायत्री संसार के समस्त ज्ञान-विज्ञान की जननी ठहरती हैं। जिस प्रकार बीज के भीतर वृक्ष तथा वीर्य के एक बूंद के भीतर पूरा मनुष्य सन्निहित होता है उसी प्रकार गायत्री के 24 अक्षरों में संसार का समस्त ज्ञान-विज्ञान भरा हुआ है। यह सब गायत्री का ही अर्थ विस्तार है।

मंत्रों में शक्ति होती है। मंत्रों के अक्षर शक्ति बीज कहलाते हैं। उनका शब्द गुथन ऐसा होता है कि उनके विधिवत् उच्चारण एवं प्रयोग से अदृश्य आकाश मण्डल में शक्तिशाली विद्युत तरंगें उत्पन्न होती है और मनःशक्ति तरंगों द्वारा नाना प्रकार के आध्यात्मिक एवं सांसारिक प्रयोजन पूरे होते हैं। साधारणतः सभी विशिष्ट मंत्रों में यही बात होती है। उनके शब्दों में शक्ति होती है, परन्तु उन शब्दों का कोई विशेष महत्वपूर्ण अर्थ नहीं होता। लेकिन गायत्री मंत्र में यह बात नहीं है। इसके एक-एक अक्षर में अनेक प्रकार के ज्ञान-विज्ञानों के रहस्यमय तत्व छिपे हुए हैं- "तत्सवितुर्वरेण्यं" आदि के स्थूल अर्थ तो सभी को मालूम हैं एवं पुस्तकों में छपे हुए हैं। यह अर्थ भी शिक्षाप्रद हैं। परन्तु इनके अतिरिक्त 64 कलाओं, 6 शास्त्रों, 6 दर्शनों एवं 84 विद्याओं के रहस्य प्रकाशित करने वाले अर्थ भी गायत्री के हैं। उन अर्थों का भेद कोई-कोई अधिकारी पुरूष ही जानते हैं। वे न तो छपे हुए हैं और न सबके लिए प्रकट हैं।

इन 24 अक्षरों में आर्युवेद शास्त्र भरा हुआ है। ऐसी-ऐसी दिव्य औषधियों और रसायनों के बनाने की विधियाँ इन अक्षरों में संकेत रूप से मौजूद हैं जिनके द्वारा मनुष्य असाध्य रोगों से निवृत्त हो सकता है। इन 24 अक्षरों में सोना बनाने की विधा का संकेत है। इन अक्षरों में अनेकों प्रकार के आग्नेयास्त्र, वरूणास्त्र, नारायणास्त्र, पाशुपास्त्र, ब्रह्मास्त्र आदि हथियार बनाने के विधान मौजूद हैं। अनेक दिव्य शक्तियों पर अधिकार करने की विधियों के विज्ञान भरे हुए हैं। ऋद्धि-सिद्धियों को प्राप्त करने, लोक-लोकान्तरों के प्राणियों से सम्बन्ध स्थापित करने, ग्रहों की गतिविधि तथा प्रभाव को जानने, अतीत तथा भविष्य से परिचित होने, अदृश्य एवं अविज्ञात तत्वों को हस्तामलकवत् देखने आदि अनेकों प्रकार के विज्ञान मौजूद हैं। जिसकी थोड़ी भी जानकारी मनुष्य प्राप्त करले तो वह भूलोक में रहते हुए भी देवताओं के समान दिव्य शक्तियों से सुसम्पन्न बन सकता है। प्राचीन काल में ऐसी अनेक विद्याएँ हमारे पूर्वजों को मालूम थीं जो आज लुप्तप्राय हो गई हैं। उन विद्याओं के कारण हम एक समय जगद्गुरू, चक्रवर्ती शासक एवं स्वर्ग-सम्पदाओं के स्वामी बने हुए थे। आज हम उनसे वंचित होकर दीन-हीन बने हुए हैं।

गायत्री के दोनों ही प्रयोग हैं। वह योग भी है और तन्त्र भी। उससे आत्म दर्शन और ब्रह्म प्राप्ति भी होती है तथा सांसारिक उपार्जन-संहार भी। गायत्री योग दक्षिण मार्ग है, उस मार्ग से हमारे आत्म कल्याण का उद्देश्य पूरा होता है।

दक्षिण मार्ग का आधार यह है कि- विश्वव्यापी ईश्वरीय शक्तियों को आध्यात्मिक चुम्बकत्व से खींच कर अपने में धारण किया जाय। सतोगुण को बढ़ाया जाय और अन्तर्जगत में अवस्थित पंचकोश, सप्त प्राण, चेतना चतुष्टय, षटचक्र एवं अनेक उपचक्रों, मातृकाओं, ग्रन्थियों, भ्रमरों, कमलों, उपत्यिकाओं को जागृत करके आनन्ददायिनी-अलौकिक शक्तियों का आविर्भाव किया जाय।

गायत्री तन्त्र वाम मार्ग है। उससे सांसारिक वस्तुएँ प्राप्त की जा सकती हैं। और किसी का नाश भी किया जा सकता है। वाम मार्ग का का आधार यह है कि- दूसरे प्राणियों के शरीरों में निवास करने वाली शक्ति को इधर से उधर हस्तान्तरित करके एक जगह विशेष मात्रा में शक्ति संचित कर ली जाय और उस शक्ति का मनमाना उपयोग किया जाय।

तन्त्र का विषय गोपनीय है, इसलिए गायत्री तन्त्र के ग्रन्थों में ऐसी अनेकों साधनाएँ प्राप्त होती हैं जिनमें धन, सन्तान, स्त्री, यश, आरोग्य, पदप्राप्ति, रोगनिवारण, शत्रु नाश, पाप नाश, वशीकरण आदि लाभों का वर्णन है और संकेत रूप में उन साधनाओं का एक अंश बताया गया है। परन्तु यह भली प्रकार स्मरण रखना चाहिए कि इन संक्षिप्त संकेतों के पीछे एक भारी कर्मकाण्ड एवं विधान है। वह पुस्तकों में नहीं वरन् अनुभवी साधना सम्पन्न व्यक्तियों से प्राप्त होता है। जिन्हें सद्‌गुरू कहते हैं।

अखिल विश्व गायत्री परिवार, हरिद्वार (उत्तराखण्ड)

1950 ई0 के दशक में स्थापित अखिल विश्व गायत्री परिवार एक हिन्दुत्व समाज सुधार आन्दोलन है। इसकी कार्य प्रणाली और उद्देश्य स्वामी दयानन्द सरस्वती द्वारा स्थापित आर्य समाज से मिलते-जुलते हैं। इस संस्था ने विचार क्रान्ति अभियान, प्रज्ञा अभियान आदि चलायें जिसका उद्देश्य जनमानस में वैचारिक परिवर्तन लाकर समाज का उत्थान करना है। हम बदलेंगे, युग बदलेगा, मनुष्य भटका हुआ देवता है, आदि इसके प्रमुख उद्‌घोष हैं। इस संगठन का कार्य गायत्री मंत्र की मूल भावना (प्रज्ञा का परिष्कार) के अनुसार है।

पं0 श्री राम शर्मा आचार्य जी का सम्पूर्ण कार्य अखण्ड ज्योति संस्थान, गायत्री तपोभूमि मथुरा, गायत्री तीर्थ शान्ति कुंज हरिद्वार, ब्रह्मवर्चस शोध संस्थान और देव संस्कृति विश्वविद्यालय के माध्यम से संचालित हो रहे हैं।

लक्ष्य एवं उद्देश्य

व्यक्ति एक तन्त्र है जो मान्यताओं व आस्था के ईंधन से गतिशील होता है। पिछले दिनों हमें अनास्था की प्रेरणा मिली, उसे अपनाया गया और दुष्परिणाम देखा। अब मार्ग एक ही है कि विचार पद्धति को बदले, आस्थाओं को पुनः परिष्कृत करें और लोगों को ऐसी गतिविधियाँ अपनाने के लिए समझाएँ, जो वैयक्तिक एवं सामूहिक सुख-शान्ति की स्थिरता में अनादिकाल से सहायक रही हैं और अंत तक रहेंगी। जनमानस की इसी परिवर्तन प्रक्रिया का नाम युग निर्माण योजना है।

युग निर्माण योजना का प्रधान उद्देश्य है- विचार क्रान्ति। मूढ़ता और रूढ़ियों से ग्रस्त अनुपयोगी विचारों का ही आज सर्वत्र प्राधान्य है। आवश्यकता इस बात की है कि सत्य, प्रेम और न्याय पर आधारित विवेक और तर्क से प्रभावित हमारी विचार पद्धति हो। इस संसार में एक राष्ट्र, एक धर्म, एक भाषा, एक आचार रहे। जाति और लिंग के आधार पर मनुष्य-मनुष्य के बीच कोई भेद-भाव न रहे। हर व्यक्ति को योग्यता के अनुसार काम करना पड़े। आवश्यकतानुसार गुजारा मिले। धनी और निर्धन के बीच खाई पूरी तरह पट जाए। न केवल मनुष्य मात्र को वरन् प्राणियों तक को भी न्याय का संरक्षण मिले। दूसरे के अधिकारों को तथा अपने कर्तव्यों को प्राथमिकता देने की प्रवृत्ति हर किसी में उगती रहे। सज्जनता और सहृदयता का वातावरण विकसित होता चला जाए, ऐसी परिस्थितियाँ उत्पन्न करने में युग निर्माण योजना प्राणपण से प्रयत्नशील है।

युग निर्माण योजना एक दिव्य योजना है। मोटी बुद्धि से इस प्रयास को मानुषी समझा जा सकता है, पर वस्तुतः उसके पीछे अतिमानवी शक्तियाँ ही काम कर रही हैं। सृष्टा निराकार होने के कारण प्रत्यक्षतः कुम्हार के तरह संरचना करते नहीं देखा जाता। महान कार्य महान व्यक्तियों द्वारा सम्पन्न होते रहे हैं। जो सृजन, परिपोषण और परिपालन के लिए पूरी तरह उत्तरदायी हैं, वो समय-समय पर धर्म की हानि और अधर्म की बाढ़ को रोकने के लिए अपनी ऊर्जा के अनोखे प्रयोग करता है। महत्वपूर्ण कार्य भगवान करते हैं और उसके श्रेय को शरीरधारी मुफ्त में ही प्राप्त कर लेते हैं। चेतना काम करती है और शरीर को श्रेय मिलता है। ईश्वर इच्छा तथा मानवीय पुरूषार्थ का समन्वय ही चमत्कार उत्पन्न करता है। युग निर्माण अभियान में मानवीय पुरूषार्थ को जाग्रत करने, प्रखर बनाने तथा उसे सही दिशा में सही ढंग से प्रयुक्त करने की प्रक्रिया सतत चल रही है। ईश्वरीय मार्गदर्शन, अनुग्रह, अनुकम्पा एवं सहायता की स्पष्ट झलक युग निर्माण योजना द्वारा सम्पन्न हुए अगणित लोकोपयोगी कार्यों, उपलब्धियों यथा वर्तमान हलचलों में मिलती है। इतने बड़े कार्य व्यक्ति विशेष के पुरूषार्थ से नहीं, वरन् दैवी प्रेरणा और अनुकम्पा के आधार पर ही आश्चर्यजनक रूप से ही विकसित, विस्तृत एवं सफल होते रहें हैं।

युगऋषि पं0 श्री राम शर्मा आचार्य, युग निर्माण योजना के प्रवर्तक के शब्दों में- अगले दिनों विश्व का समता एवं एकता को आकर जानना होगा। वसुधैव कुटुम्बकम् की मान्यताओं पर नया विश्व, नया समाज बनेगा। सारी दुनिया का एक राष्ट्र बनेगा, सुविधा की दृष्टि से प्रान्तों जैसे देश बने रहेंगे। मनुष्य की एक जाति होगी। ऊँच-नीच, जाति-पाँति के भेद-भाव समाप्त हो जायेंगे। उपजातियों का वर्गीकरण उपहासास्पद बन जायेगा। सारी दुनिया एक भाषा बोलेगी और सबके लिए एक धर्म, एक आचरण एवं एक कानून होगा। भोजन वस्त्र को सभ्यता माना जाता हो, तो सुविधा और साधनों की दृष्टि से वह अलग भी रह सकता है। परन्तु संस्कृति समस्त मानव जाति की एक होगी। धन व्यक्तिगत न रहेगा, उस पर समाज का स्वामित्व होगा, न कोई धनी रहेगा, न गरीब। सब भरपूर परिश्रम करेंगे और उपलब्ध साधनों का सभी समान रूप से हँसी-खुशी के साथ उपयोग करेंगे। आस्तिकता की व्याख्या में ईश्वर समदर्शी, सर्वव्यापक और न्यायकारी होने की मान्यता को प्रमुखता मिलेगी। भक्त की मनोकामनाएँ पूर्ण करते फिरने वाला बहुदेववाद मर जायेगा। कुकर्मों से रूष्ट और सद्भावना से प्रसन्न होने वाले ईश्वर को सब अपनी भावनाओं के द्वारा सम्पूजित किया करेंगे। उपासना के कर्मकाण्ड संक्षिप्त रह जाएँगे और वे समस्त विश्व के लिए एक जैसे होंगे। देशभक्ति, जातिभक्ति, भाषाभक्ति का विश्वभक्ति में विकास हो जाएगा। मानवों की तरह तब पशु-पक्षी भी समाज क्षेत्र में आ जाएँगे और उनका उत्पीड़न भी अपराध बन जायेगा। आशा करनी चाहिए कि ऐसा युग जल्दी आ रहा है। उसी की पूर्व भूमिका युग निर्माण योजना सम्पादित कर रही है। अभी कुछ दिनों तो अनेक स्वार्थ-संघर्ष और तीव्र होंगे तथा संकीर्णता और अनाचार के दुःख परिणामों को भली-भाँति अनुभव करके लोग उनसे विरत होने के लिए स्वयं आतुर होंगे। अगली आचार संहिता उन तथ्यों पर आधारित होगी जिनका हम लोग अभी युग निर्माण सत्संकल्पों के रूप में नित्य पाठ करते हैं। एक दिन इस जीवन पद्धति पर विश्व के सभी धर्म और देश चलने लगेंगे। नवयुग के अभिनव निर्माण के लिए हमें व्यक्तिगत और सामूहिक प्रयत्नों में तत्काल जुट जाना चाहिए और महाकाल के प्रयोजन में अपना हार्दिक योगदान अर्पित करना चाहिए।

इस सृष्टि का निर्माण, विकास और विलय परमात्मा के संकल्प से ही होता रहा है। परमात्मा की श्रेष्ठ कृति मनुष्य भी अपने समाज एवं संसार को संकल्पों के आधार पर ही बनाता-बदलता रहता है। युग निर्माण के ईश्वरीय संकल्प में हर नैष्ठिक की भागीदारी के लिए इस सत्संकल्प की रचना की है। इसके 18 सूत्र गीता के 18 अध्यायों की तरह सारगर्भित हैं। सूत्रों का गठन इस कुशलता से किया है कि यह क्षेत्र, भौगोलिक भेद और मानवीय वर्ग भेद से परे सभी साधक ईश्वरीय भागीदारी निभाते हुए अनुपम एवं अलौकिक लाभ प्राप्त कर सकते हैं।

1. हम ईश्वर को सर्वव्यापी, न्यायकारी मानकर उसके अनुशासन को अपने जीवन में उतारेंगे।
2. शरीर को भगवान का मन्दिर समझकर आत्म-संयम और नियमितता द्वारा आरोग्य की रक्षा करेंगे।
3. मन को कुविचारों और दुर्भावानाओं से बचाये रखने के लिए स्वाध्याय एवं सत्संग की व्यवस्था रखे रहेंगे।
4. इन्द्रिय-संयम, अर्थ-संयम, समय-संयम और विचार-संयम का सतत् अभ्यास करेंगे।
5. अपने आपको समाज का एक अभिन्न अंग मानेंगे और सबके हित में अपना हित समझेंगे।

6. मर्यादाओं को पालेंगे, वर्जनाओं से बचेंगे, नागरिक कर्तव्यों का पालन करेंगे और समाजनिष्ठ बने रहेंगे।
7. समझदारी, ईमानदारी, जिम्मेदारी और बहादुरी को जीवन का एक अविच्छिन्न अंग मानेंगे।
8. चारों ओर मधुरता, स्वच्छता, सादगी एवं सज्जनता का वातावरण उत्पन्न करेंगे।
9. अनीति से प्राप्त सफलता की अपेक्षा नीति पर चलते हुए असफलता को शिरोधार्य करेंगे।
10. मनुष्य के मूल्यांकन की कसौटी उसकी सफलताओं, योग्यताओं एवं विभूतियों को नहीं, उसके सद्विचारों और सत्कर्मों को मानेंगे।
11. दूसरों के साथ वह व्यवहार न करेंगे, जो हमें अपने लिए पसंद नहीं।
12. नर-नारी परस्पर पवित्र दृष्टि रखेंगे।
13. संसार में सत्प्रवृत्तियों के पुण्य प्रसार के लिए अपने समय, प्रभव, ज्ञान, पुरूषार्थ एवं धन का एक अंश नियमित रूप से लगाते रहेंगे।
14. परम्पराओं की तुलना में विवेक को महत्व देंगे।
15. सज्जनों को संगठित करने, अनीति से लोहा लेने ओर नवसृजन की गतिविधियों में पूरी रूचि लेंगे।
16. राष्ट्रीय एकता एवं समता के प्रति निष्ठावान रहेंगे। जाति, लिंग, भाषा, प्रान्त, समुदाय आदि के कारण परस्पर कोई भेद-भाव न बरतेंगे।
17. मनुष्य अपने भाग्य का निर्माता आप है, इस विश्वास के आधार पर हमारी मान्यता है कि हम उत्कृष्ट बनेंगे और दूसरों को श्रेष्ठ बनायेंगे, तो युग अवश्य बदलेगा।
18. हम बदलेंगे-युग बदलेगा, हम सुधरेंगे-युग सुधरेगा। इस तथ्य पर हमारा परिपूर्ण विश्वास है।

महाकाल का कार्यक्षेत्र क्षेत्र विशेष, वर्ग विशेष अथवा सम्प्रदाय विशेष नहीं है बल्कि पूरी दुनिया है। उनकी चेतना एक साथ हर जीवंत, जाग्रत आत्मा पर कार्य कर रही है। भारत की सर्वाधिक जनता देहातों में रहती है। यहाँ अशिक्षितों की संख्या एक तिहाई है। यही है भारत का असला स्वरूप, असली बहुमत। शिक्षा का अभाव, छोटे देहातों में यातायात साधनों से रहित आबादी, पिछड़ेपन का वातावरण। इस स्थिति में राजनीति, अर्थशास्त्र, समाजशास्त्र आदि के आधार पर यदि कुछ कहा समझा जाए, तो जनता इसे हृदयंगम नहीं कर सकेगी। हमें जो कुछ भी इस बहुमत जनता से कहना है, वह उसके बौद्धिक स्तर से तालमेल मिलाते हुए कहना चाहिए। तभी उसे ठीक तरह समझा और हृदयंगम किया जा सकेगा। इस देश का बौद्धिक आधार धार्मिकता से जुड़ा हुआ है। इस स्तर की जनता को उसकी परम्परागत मनोभूमि धर्मरूचि के सहारे ही प्रभावित किया जा सकता है। इस आधार पर कुशल मार्गदर्शक कुछ भी तथ्य इस पिछड़ें वर्ग के मनों पर उतार सकते हैं। रामायण, भगवतगीता, पुराण आदि का सहारा लेकर इस देश की अधिकांश जनता के मन में महत्वपूर्ण तथ्यों को खूबी के साथ बिठाया जा सकता है। उतना और किसी प्रकार सम्भव नहीं हो सकता। यही सब तथ्य हैं जिनके आधार पर व्यक्ति निर्माण, परिवार निर्माण और समाज निर्माण की गतिविधियों को अग्रगामी बनाने के लिए ऐसे भावनाशील लोग ढूँढ़कर निकाले गये हैं, सम्बद्ध किये गये हैं, जो विश्व मानव की सेवा को ईश्वर की उपासना मानते हैं। लोकमंगल के प्रयास में धर्मनिष्ठा की सार्थकता जोड़ते हैं। यही है युग निर्माण योजना, उसकी कार्य पद्धति और साधन-सामग्री जिसके आधार पर नवयुग के आगमन का, मनुष्य में देवत्व के उदय का, धरती पर स्वर्ग के अवतरण का कार्य चल रहा है। युग निर्माण योजना की कार्य पद्धति को अज्ञान असुर से लड़ने के लिए - प्रचारात्मक मोर्चा, अभाव के दैत्य से जूझने के लिए-रचनात्मक मोर्चा और अनाचार-अनीति से लड़ने के लिए-संघर्षात्मक मोर्चा, के तीन भागों में विभक्त किया गया है।

नानाजी देशमुख
"दीनदयाल शोध संस्थान (चित्रकूट)"

परिचय

नानाजी देशमुख का जन्म महाराष्ट्र के परभनी जिले के कदाली नामक छोटे से कस्बे में 11 अक्टूबर, 1911 में हुआ था। नानाजी का लम्बा और घटनापूर्ण जीवन अभाव और संघर्षों में बीता। उन्होंने छोटी उम्र में ही अपने माता-पिता को खो दिया। मामा ने उनका लालन-पालन किया। उनके पास शुल्क देने के लिए और पुस्तकें खरीदने के लिए पैसे नहीं थे किन्तु उनके अन्दर शिक्षा और ज्ञान प्राप्ति की उत्कट अभिलाषा थी। अतः इस कार्य के लिये उन्होंने सब्जी बेचकर पढ़ाई के लिए पैसे जुटाते थे। वे मंदिरों में रहे और पिलानी में बिरला इंस्टीट्यूट में उन्होंने उच्च शिक्षा प्राप्त की। बाद में तीस के दशक में वे आर.एस.एस. में शामिल हो गये। भले ही उनका जन्म महाराष्ट्र में हुआ, लेकिन उनका कार्यक्षेत्र राजस्थान और उत्तर प्रदेश में रहा। उनकी श्रद्धा देखकर सरसंघचालक श्री गुरु जी ने उन्हें प्रचारक के रुप में गोरखपुर भेजा बाद में वे उत्तर प्रदेश के प्रांत संचालक बने।

नानाजी देशमुख लोकमान्य बाल गंगाधर तिलक के राष्ट्रवादी विचारधारा से प्रेरित हुए। तिलक से प्रेरित होकर उन्होंने समाज सेवा और सामाजिक अतिविधियों में रुचि ली। आर.एस.एस. के आदि सरसंघचालक डा0 केशव बलिराम हेडगेवार से उनके पारिवारिक संबंध थे। हेडगेवार ने नानाजी में छिपी प्रतिभा को पहचान लिया और आर.एस.एस. की शाखा में आने के लिए प्रेरित किया।

1940 में, डा केशव बलिराम हेडगेवार के निधन के बाद उन्हें कई युवकों को महाराष्ट्र की आर.एस.एस. की शाखा में शामिल होने के लिए प्रेरित किया। नानाजी ऐसे लोगों में से थे जिन्होंने अपना सम्पूर्ण जीवन राष्ट्र की सेवा में अर्पित करने के लिए आर.एस.एस. से जुड़े। वे प्रचारक के रुप में उत्तर प्रदेश भेजे गये। आगरा में वे पहली बार डा दीनदयाल उपाध्याय से मिले। बाद में नानाजी गोरखपुर गये जहाँ उन्होंने लोगों को संघ की विचारधारा के बारे में बताया। ये कार्य बिल्कुल भी आसान नहीं था, संघ के पास दैनिक खर्च के लिए भी धन नहीं थे। उन्हें धर्मशालाओं में ठहरना पड़ता था, उन्हें लगातार धर्मशाला बदलना पड़ता था, क्योंकि एक धर्मशाला में लगातार तीन दिनों से ज्यादा समय तक ठहरने नहीं दिया जाता था। अंत में बाबा राघवदास नें उन्हें इस शर्त पर ठहरने दिया कि वे उनके लिए खाना बनायेंगे। तीन साल के अंदर उनकी मेहनत ने रंग लाई और गोरखपुर के आस-पास करीब 250 संघ की शाखाएँ खुल गई। नानाजी ने हमेशा शिक्षा पर बहुत जोर दिया। उन्होंने 1950 में गोरखपुर में पहले सरस्वती शिशु मन्दिर की स्थापना की।

1947 में आर.एस.एस. ने राष्ट्रधर्म और पांचजन्य नामक दो पत्रिकाओं और स्वदेश नामक पत्र की शुरुवात करने का फैसला किया। श्री अटल बिहारी बाजपेयी को संपादन और दीनदयाल उपाध्याय को मार्गदर्शन, जबकि नानाजी को प्रबन्ध निदेशक की जिम्मेदारी सौंपी गई। पैसे के अभाव में पत्र और पत्रिकाओं का प्रकाशन संगठन के लिए मुश्किल कार्य था, लेकिन इससे उनके उत्साह में कमी नहीं आई और सुदृढ़ राष्ट्रवादी सामग्री के कारण इन प्रकाशनों को लोकप्रियता और पहचान मिली। 1948 में राष्ट्रपिता महात्मा गांधी की हत्या के बाद

आर.एस.एस. पर प्रतिबंध लगा दिया गया, जिससे इन प्रकाशन कार्यों पर असर पड़ा। उन दिनों भूमिगत होकर इनका प्रकाशन कार्य जारी रहा।

जब आर.एस.एस. पर से प्रतिबंध हटा तो फैसला राजनीतिक संगठन भारतीय जनसंघ की स्थापना का फैसला हुआ। श्री गुरुजी ने नानाजी को उत्तर प्रदेश में भारतीय जनसंघ के महासचिव का प्रभार लेने को कहा। नानाजी का जमीनी कार्य उत्तर प्रदेश में भारतीय जनता पार्टी (भा.ज.पा) को स्थापित करने में अहम भूमिका निभाई। भा.ज.पा ने उत्तर प्रदेश के सभी जिलों में अपनी ईकाई बनाई, इस दौरान नानाजी नें पूरे उत्तर प्रदेश का दौरा किया और चौधरी चरण सिंह के नेतृत्व में सरकार में शामिल हो गई। नानाजी ने चौधरी चरण सिंह और डा0 राम मनोहर लोहिया से अच्छे संबंध थे, इसलिए गठबंधन में उन्होंने अहम भूमिका निभायी। उत्तर प्रदेश की पहली गैर-कांग्रेसी सरकार के गठन में विभिन्न राजनीतिक दलों को एकजुट करने में नानाजी ने अहम भूमिका निभाई।

उत्तर प्रदेश में भा.ज.पा ने पंडित दीनदयाल उपाध्याय की दृष्टि, अटल बिहारी वाजपेयी के वक्तृत्व और नानाजी के संगठनात्मक कार्यों के कारण भारतीय जनसंघ महत्वपूर्ण राजनीतिक शक्ति बन गया, न सिर्फ पार्टी कार्यकर्ताओं से बल्कि विपक्षी दलों के साथ भी नानाजी के संबंध अच्छे थे। नानाजी, विनोबा भावे के भुदान आंदोलन में सक्रिय रुप से शामिल हुए, दो महीनों तक विनोबा के साथ रहे, वे आंदोलन से प्रभावित हुए। जेपी आंदोजन में जब जयप्रकाश पर पुलिस नें लाठियाँ बरसाई, उस समय नानाजी ने जयप्रकाश को सुरक्षित निकाल लिया, जिसमें नानाजी को चोटें आई और इनका एक हाथ टूट गया। बाद में जयप्रकाश नारायण और पूर्व प्रधानमंत्री मोरारजी देसाई ने नानाजी के साहस की भूरि-भूरि प्रशंसा की, उन्हें पुरस्कार के तौर पर बतौर उद्योग मंत्री शामिल होने का न्यौता भी दिया, लेकिन नानाजी ने इनकार कर दिया। आपातकाल हटने के बाद चुनाव हुए, जिसमें बलरामपुर लोकसभा सीट से नानाजी सांसद चुने गए। 1980 में साठ साल की उम्र में उन्होंने सक्रिय राजनिति से सन्यास लेकर आदर्श की स्थापना की,। बाद में उन्होंने अपना पूरा जीवन सामाजिक और रचनात्मक कार्यों में लगा दिया। वे आश्रमों में रहे और कभी अपना प्रचार नहीं किया। जय प्रकाश नारायण के आह्वान पर उन्होंने सम्पूर्ण क्रान्ति को पूरा समर्थन दिया। जनता पार्टी के संस्थपकों में नानाजी प्रमुख थे। नानाजी ने दीनदयाल शोध संस्थान की स्थापना की और उसमें सेवा दी। उन्होंने चित्रकूट में चित्रकूट ग्रामोदय विश्वविद्यालय की स्थापना की। यह भारत का पहला ग्रामीण विश्वविद्यालय है और वे इसके पहले कुलाधिपति थे। 1999 में एन.डी.ए. सरकार ने उन्हें राज्यसभा से सांसद बनाया।

1969 में वे पहली बार चित्रकूट आए और अन्तिम रूप से वे चित्रकूट में बस गए। उन्होंने भगवान श्रीराम की कर्मभूमि चित्रकूट की दुर्दशा देखी। वे मंदाकिनी के तट पर बैठ गये ओर अपने जीवन काल में चित्रकूट को बदलने का फैसला किया। अपने वनवास के काल में राम ने दलित जनों के उत्थान का कार्य किया। इससे प्रेरणा लेकर नानाजी ने चित्रकूट को अपने सामाजिक कार्यों का केन्द्र बनाया। उन्होंने सबसे गरीब व्यक्ति की सेवा शुरू की। वे अक्सर कहा करते थे कि वे राजा राम से वनवासी राम की अधिक प्रशंसा करते हैं इसलिए वे अपना बचा हुआ जीवन चित्रकूट में बिताएंगे। उन्होंने अपने अन्तिम क्षण तक इस प्रण का पालन किया। उनका निधन चित्रकूट में 27 फरवरी 2010 को हो गया। नानाजी ने 95 वर्ष की उम्र में देश के पहले ऐसे व्यक्ति थे जिन्होंने अपना शरीर मेडिकल शोध के लिए दान करने की इच्छा जताई।

चित्रकूट ग्रामोदय विश्वविद्यालय

महात्मा गांधी चित्रकूट ग्रामोदय विश्वविद्यालय (MGCGV) मध्य प्रदेश के सतना जिले में मन्दाकिनी नदी के किनारे चित्रकूट में स्थित है। इसकी स्थापना का मुख्य उद्देश्य महात्मा गांधी के ग्रामीण विकास के स्वप्न को साकार कर ग्राम स्वराज्य की स्थापना है। अत: सम्यक तकनीक की शिक्षा और इसका प्रसार करना इसका प्रमुख लक्ष्य है। इसकी स्थापना 12 फ़रवरी सन् 1991 को महाशिवरात्रि के दिन मध्यप्रदेश सरकार के अधिनियम (9, 1991) के द्वारा हुई।

- सम्यक तकनीक (एप्रोरिएट टेक्नॉलोजी) का विकास, प्रचार-प्रसार एवं शिक्षण
- गांवों के विकास के लिये अक्षय कृषि तकनीकों (sustainable agricultural techniques) में अनुसंधान
- ग्रामीण संसाधनों का प्रबंधन
- महिलाओं सहित ग्रामीण जनता को शिक्षा देकर उनका सशक्तिकरण करना एवं उनमें जागरूकता पैदा करना
- उर्जा के वैकल्पिक साधनों पर अनुसंधान
- ग्रामीण कलाकारों एवं शिल्पकारों में कौशल (skill) विकसित करना

दीनदयाल शोध संस्थान

पं0 दीनदयाल उपाध्याय प्रणीत एकात्म मानववाद को मूर्त रूप दने के लिए नानाजी ने 1972 में नई दिल्ली में दीनदयाल शोध संस्थान की स्थापना की। यह दर्शन समाज के प्रति मानव की समग्र दृष्टि पर आधारित है जो भारत को आत्मनिर्भर बना सकता है। नानाजी देशमुख ने एकात्म मानववाद के आधार पर ग्रामीण भारत के विकास की रूपरेखा रखी। शुरूआती प्रयोगों के बाद उत्तर प्रदेश के गोंण्डा ओर महाराष्ट्र के बीड में नानाजी ने गांवों में स्वास्थ्य, सुरक्षा, शिक्षा, कृषि, आय अर्जन, संसाधनों के संरक्षण, सामाजिक विवेक के विकास के लिए एकात्म कार्यक्रम की शुरूआत की, पूर्ण परिवर्तन का आधार लोक सहयोग और सरकार है।

चित्रकूट परियोजना या आत्म निर्भरता के लिए अभियान की शुरूआत 26 जनवरी 2005 में चित्रकूट के आस-पास हुई, जो उत्तर प्रदेश और मध्य प्रदेश की सीमा पर स्थित है। इस परियोजना का उद्देश्य 2005 तक इन गांवों में आत्म निर्भरता हासिल करना था। परियोजना 2010 में पूरी हुई। परियोजना से उम्मीद जगी कि इसके आस-पास के 500 गांवों को आत्म निर्भर बनाया जाय जो भारत और दुनिया के लिए आदर्श बन सकता है। इस संस्थान की मदद से सैकड़ों गांवों को मुकदमा मुक्त और विवाद सुलझाने का आदर्श बनाया गया।

प्रशंसा और सम्मान

1999 में नानाजी देशमुख को पद्य्म विभूषण से सम्मानित किया गया। पूर्व राष्ट्रपति ए.पी.जे. अब्दुल कलाम ने नानाजी देशमुख और उनके संगठन दीनदयाल शोध संस्थान की प्रशंसा की। अब्दुल कलाम ने कहा कि

- चित्रकूट में मैंने नानाजी देशमुख और दीनदयाल उपाध्याय के उनके साथियों से मुलाकात की। संस्थान ग्रामीण विकास के प्रारूप को लागू करने वाला अनुपम संस्थान है। यह प्रारूप भारत के लिए उपयुक्त है। विकास कार्यों से अलग संस्थान विवादमुक्त समाज की स्थापना में मदद करता है। मैं समझता हूँ कि चित्रकूट के आस-पास 80 गांव मुकदमा मुक्त हैं। गांव के लोंगों ने सर्वसम्मति से फैसला किया है कि किसी विवाद का हल करने के लिए वे अदालत नहीं जायेंगे। तय हुआ है कि विवाद आपसी सहमति से सुलझा लिए जायेंगे। विकास के इस अनुपम प्रारूप को समाजिक संगठनों, न्यायायिक संगठनों और सरकार के माध्यम से देश के विभिन्न भागों में फैलाया जा सकता है। नानाजी चित्रकूट में जो कर रहें हैं वह अन्य लोगों के लिए आँखें खोलने वाला होना चाहिए।

महर्षि महेश योगी
"महर्षि यूनिवर्सिटी आफ मैनेजमेन्ट (हालैण्ड)"

परिचय

महर्षि महेश योगी का जन्म 12 जनवरी, 1918 को छत्तीसगढ़ के राजिम शहर के पास पांडुका गाँव में हुआ था। उनका मूल नाम महेश प्रसाद वर्मा था। उन्होंने इलाहाबाद विश्वविद्यालय से भौतिकी में स्नातक की उपाधि अर्जित की। उन्होंने 13 वर्ष तक ज्योतिर्मठ के शकराचार्य स्वामी ब्रह्मानन्द सरस्वती के सान्निध्य में शिक्षा ग्रहण की। महर्षि महेश योगी ने शंकराचार्य की मौजूदगी में रामेश्वरम् में 10 हजार बाल ब्रह्मचारियों को आध्यात्मिक योग और साधना की दीक्षा दी। हिमालय क्षेत्र में 2 वर्ष का मौन व्रत करने के बाद सन् 1955 ई. में उन्होंने "टी.एम. तकनीक (ट्रांसडेन्सल मेडिटेशन-भावातीत तकनीक)" की शिक्षा देना आरम्भ की। सन् 1957 में उनने टी.एम. आन्दोलन आरम्भ किया और इसके लिए विश्व के विभिन्न भागों का भ्रमण किया। महर्षि महेश योगी द्वारा चलाये गये आन्दोलन ने उस समय जोर पकड़ा जब राक ग्रुप "बीटल्स" ने 1968 में उनके आश्रम का दौरा किया। इसके बाद गुरूजी का टी.एम. पूरी पश्चिमी दुनिया में लोकप्रिय हुआ। उनके शिष्यों में पूर्व प्रधानमंत्री श्रीमती इन्दिरा गाँधी से लेकर आध्यात्मिक गुरू दीपक चोपड़ा तक शामिल रहे। महर्षि महेश योगी ने वेदों में निहीत ज्ञान पर अनेक पुस्तकों की रचना की। महर्षि महेश योगी अपनी शिक्षाओं एवं अपने उपदेश के प्रसार के लिए आधुनिक तकनीकों का सहारा लेते हैं। उनहोंने महर्षि मुक्त विश्वविद्यालय स्थापित किया जिसके माध्यम से आनलाइन शिक्षा दी जाती है। वे साप्ताहिक विडियो पत्रकार वार्ता आयोजित करते हैं। वे महर्षि प्रसारण के लिए उपग्रह व अन्तरजाल का सहारा लेते हैं। अपनी विश्व यात्रा की शुरूआत 1959 में अमेरिका से करने वाले महर्षि महेश योगी के दर्शन का मूल आधार था- "जीवन परमानन्द से भरपूर है और मनुष्य का जन्म इसका आनन्द उठाने के लिए हुआ है। प्रत्त्येक व्यक्ति में ऊर्जा, ज्ञान और सामथ्र्य का अपार भण्डार है तथा इसके सदुपयोग से वह जीवन को सुखद बना सकता है।" वर्ष 1990 में हालैण्ड के व्लोड्राप गाँव में ही अपनी सभी संस्थाओं का मुख्यालय बनाकर वह यहीं स्थायी रूप से बस गए और संगठन से जुड़ी गतिविधियों का संचालन किया। दुनिया भर में फैले लगभग 60 लाख अनुयाईयों के माध्यम से उनकी संस्थाओं ने आयुर्वेदिक चिकित्सा पद्धति और प्राकृतिक तरीके से बनाई गई कास्मेटिक हर्बल दवाओं के प्रयोग को बढ़ावा दिया। व्लोड्राप स्थित अपने आवास में डच के स्थानीय समयानुसार मंगलवार देर रात उन्होंने अपना शरीर त्याग दिया। शरीर त्याग से पूर्व महर्षि ने ये कहते हुए अपने को सेवानिवृत घोषित कर दिया कि उनका काम पूरा हो गया है और अपने गुरू के प्रति जो कर्तव्य था वो पूरा कर दिया है। महर्षि योगी ने एक मुद्रा की स्थापना भी की थी। महर्षि योगी की मुद्रा "राम" को नीदरलैण्ड में कानूनी मान्यता प्राप्त है। "राम" नाम की यह मुद्रा में चमकदार रंगों वाले एक, पाँच और दस के नोट हैं। इस मुद्रा को महर्षि की संस्था "ग्लोबल कन्ट्री आफ वर्ल्ड पीस" ने अक्टुबर 2002 में जारी किया था। डच सेन्ट्रल बैंक के अनुसार राम का उपयोग कानून का उल्लंघन नहीं

है। बैंक के प्रवक्ता ने स्पष्ट किया कि इसके सीमित उपयोग की अनुमति दी गई है। अमरीकी राज्य आइवा के महर्षि वैदिक सिटी में भी राम का प्रचलन है। वैसे 35 अमरीकी राज्यों में "राम" पर आधारित बान्ड्स चलते हैं। नीदरलैण्ड की डच दुकानों में एक "राम" के बदले दस यूरो मिल सकते हैं। डच सेन्ट्रल बैंक के प्रवक्ता का कहना है कि इस वक्त कोई एक लाख राम नोट चल रहें हैं।

महर्षि यूनिवर्सिटी आफ मैनेजमेन्ट

महर्षि यूनिवर्सिटी आफ मैनेजमेन्ट (महर्षि प्रबन्धन विश्वविद्यालय) जो पूर्व में महर्षि अन्तर्राष्ट्रीय विश्वविद्यालय के रूप में जाना जाता था, 1973 में महर्षि महेश योगी द्वारा स्थापित किया गया है। परिसर फेयरफील्ड, आयोवा, संयुक्त राज्य अमेरिका के पूर्व पार्सन्स कालेज के परिसर में स्थित है। विश्वविद्यालय अलाभकारी है और मान्यता प्राप्त कालेजों और स्कूलों के उत्तर-मध्य एसोसिएशन के उच्च शिक्षा आयोग द्वारा पीएच.डी. स्तर तक मान्य है। विश्वविद्यालय चेतना के विकास पर आधारित शिक्षा देता है जो टी.एम. (ट्रान्सडेन्सियल मेडिटेशन) द्वारा कराया जाता है। डिग्री कार्यक्रम में कला, विज्ञान, व्यापार और मानविकी उपलब्ध हैं।

विश्वविद्यालय कैम्पस 272 एकड़ में जंगली क्षेत्रों व दो छोटे झीलों से घिरा हुआ है जो 80 किमी मिसिसिपी नदी के पश्चिम में स्थित है। मूल पार्सन्स कालेज परिसर में 80 भवनों में से कई ऐतिहासिक स्थानों में सूचीबद्ध होने के कारण उन्हें महर्षि स्थापत्य वेद वास्तु कला उनका नवनिर्माण नहीं हुआ। विश्वविद्यालय परिसर में 17 मुख्य कक्षा सहित 45 से अधिक भवन हैं। सभी भवन पर्यावरण संरक्षण को ध्यान में रखकर बनाया गया है।

छात्र और शिक्षक दोनों के लिए दिन में दो बार प्रत्येक दिन टी.एम का अभ्यास आवश्यक रहता है। यह चेतना के आधार पर शिक्षा के लिए अनिवार्य विषय होता है। विश्वविद्यालय की कक्षा में उपस्थिति अनिवार्य होती है। महर्षि महेश योगी द्वारा बनाये गये 33 शिक्षा विडियों कक्षा के आधार पर प्रथमतया: रचनात्मक बुद्धि का विकास किया जाता है इसे वे क्रिएटिव इंटेलिजेंस साइंस कहते हैं। यह विज्ञान एक व्यवस्थित समझ है जो कि छात्रों को

किसी भी विषय को समझने के लिए सक्षम बनाता है। इसके द्वारा मानव चेतना के सैद्धान्तिक पहलुओं को समझा जाता है।

विश्वविद्यालय अपने छात्रों के मस्तिष्क के विकास का मूल्यांकन करने के लिए, शिक्षा की प्रक्रिया की प्रगति को मापने के लिए एक मस्तिष्क एकीकरण रिपोर्ट कार्ड रखता है। विश्वविद्यालय के संस्थापक सिद्धान्त निम्नवत् हैं-

1. व्यक्ति का पूर्ण क्षमता का विकास
2. शिक्षा के उच्चतम आदर्श का अनुभव
3. सरकारी उपलब्धियों में सुधार
4. विश्व परिवार में लाने वाले पुराने समय के अपराध और अन्य व्यवहार को हल करना
5. व्यक्ति और समाज के आर्थिक आकंक्षाओं की पूर्ति
6. अधिकतम बुद्धि से पर्यावरण के साथ चलना
7. वर्तमान समय के मानवता में अधिकतम आध्यात्मिक लक्ष्यों को प्राप्त करना।

जगद्‌गुरु रामभद्राचार्य
"जगद्‌गुरु रामभद्राचार्य विकलांग विश्वविद्यालय"

परिचय

जगद्‌गुरु रामभद्राचार्य (1950-), पूर्वाश्रम नाम गिरिधर मिश्र, चित्रकूट (उत्तर प्रदेश, भारत) में रहने वाले एक प्रख्यात विद्वान, शिक्षाविद्, बहुभाषाविद्, रचनाकार, प्रवचनकार, दार्शनिक और हिन्दू धर्मगुरु हैं। वे रामानन्द सम्प्रदाय के वर्तमान चार जगद्‌गुरु रामानन्दाचार्यों में से एक हैं और इस पद पर 1988 ई. से प्रतिष्ठित हैं। वे चित्रकूट में स्थित संत तुलसीदास के नाम पर स्थापित तुलसी पीठ नामक धार्मिक और सामाजिक सेवा संस्थान के संस्थापक और अध्यक्ष हैं। वे चित्रकूट स्थित जगद्‌गुरु रामभद्राचार्य विकलांग विश्वविद्यालय के संस्थापक और आजीवन कुलाधिपति हैं। यह विश्वविद्यालय केवल चतुर्विध विकलांग विद्यार्थियों को स्नातक तथा स्नातकोत्तर पाठ्यक्रम और डिग्री प्रदान करता है। जगद्‌गुरु रामभद्राचार्य दो मास की आयु में नेत्र की ज्योति से रहित हो गए थे और तभी से प्रज्ञाचक्षु हैं।

अध्ययन या रचना के लिए उन्होंने कभी भी ब्रेल लिपि का प्रयोग नहीं किया है। वे बहुभाषाविद् हैं और 22 भाषाएँ बोलते हैं। वे संस्कृत, हिन्दी, अवधी, मैथिली सहित कई भाषाओं में आशुकवि और रचनाकार हैं। उन्होंने 80 से अधिक पुस्तकों और ग्रंथों की रचना की है, जिनमें चार महाकाव्य (दो संस्कृत और दो हिन्दी में), रामचरितमानस पर हिन्दी टीका, अष्टाध्यायी पर काव्यात्मक संस्कृत टीका और प्रस्थानत्रयी (ब्रह्मसूत्र, भगवद्गीता और प्रधान उपनिषदों) पर संस्कृत भाष्य सम्मिलित हैं। उन्हें तुलसीदास पर भारत के सर्वश्रेष्ठ विशेषज्ञों में गिना जाता है और वे रामचरितमानस की एक प्रामाणिक प्रति के सम्पादक हैं, जिसका प्रकाशन तुलसी पीठ द्वारा किया गया है। स्वामी रामभद्राचार्य रामायण और भागवत के प्रसिद्ध कथाकार हैं भारत के भिन्न-भिन्न नगरों में और विदेशों में भी नियमित रूप से उनकी कथा आयोजित होती रहती है और कथा के कार्यक्रम संस्कार टीवी, सनातन टीवी इत्यादि चैनलों पर प्रसारित भी होते हैं।

2015 में भारत सरकार ने उन्हें पद्मविभूषण से सम्मानित किया।

माता शची देवी और पिता पण्डित राजदेव मिश्र के पुत्र जगद्‌गुरु रामभद्राचार्य का जन्म एक वसिष्ठगोत्रिय सरयूपारीण ब्राह्मण परिवार में भारत के उत्तर प्रदेश राज्य के जौनपुर जिले के सांडीखुर्द नामक ग्राम में हुआ। माघ कृष्ण एकादशी विक्रम संवत 2006 (तदनुसार 14 जनवरी 1950 ई), मकर संक्रान्ति की तिथि को रात के 10:34 बजे बालक का प्रसव हुआ। उनके पितामह पण्डित सूर्यबली मिश्र की एक चचेरी बहन मीरा बाई की

भक्त थीं और मीरा बाई अपने काव्यों में श्रीकृष्ण को गिरिधर नाम संबोधित करती थीं, अतः उन्होंने नवजात बालक को गिरिधर नाम दिया।

गिरिधर की नेत्रदृष्टि दो मास की अल्पायु में नष्ट हो गयी। मार्च 24, 1950 के दिन बालक की आँखों में रोहे हो गए। गाँव में आधुनिक चिकित्सा उपलब्ध नहीं थी। बालक को एक वृद्ध महिला चिकित्सक के पास ले जाया गया जो रोहे की चिकित्सा के लिए जानी जाती थी। चिकित्सक ने गिरिधर की आँखों में रोहे के दानों को फोड़ने के लिए गरम द्रव्य डाला, परन्तु रक्तस्राव के कारण गिरिधर के दोनों नेत्रों की ज्योति चली गयी। आँखों की चिकित्सा के लिए बालक का परिवार उन्हें सीतापुर, लखनऊ और मुम्बई स्थित विभिन्न आयुर्वेद, होमियोपैथी और पश्चिमी चिकित्सा के विशेषज्ञों के पास ले गया, परन्तु गिरिधर के नेत्रों का उपचार न हो सका। गिरिधर मिश्र तभी से प्रज्ञाचक्षु हैं। वे न तो पढ़ सकते हैं और न लिख सकते हैं और न ही ब्रेल लिपि का प्रयोग करते हैं वे केवल सुनकर सीखते हैं और बोलकर लिपिकारों द्वारा अपनी रचनाएँ लिखवाते हैं।

गिरिधर के पिता मुम्बई में कार्यरत थे, अतः उनका प्रारम्भिक अध्ययन घर पर पितामह की देख-रेख में हुआ। दोपहर में उनके पितामह उन्हें रामायण, महाभारत, विश्रामसागर, सुखसागर, प्रेमसागर, ब्रजविलास आदि काव्यों के पद सुना देते थे। तीन वर्ष की आयु में गिरिधर ने अवधी में अपनी सर्वप्रथम कविता रची और अपने पितामह को सुनाई। इस कविता में यशोदा माता एक गोपी को श्रीकृष्ण से लड़ने के लिए उलाहना दे रही हैं।

मेरे गिरिधारी जी से काहे लरी।।
तुम तरुणी मेरो गिरिधर बालक काहे भुजा पकरी।।
सुसुकि सुसुकि मेरो गिरिधर रोवत तू मुसुकात खरी।।
तू अहिरिन अतिसय झगराऊ बरबस आय खरी।।
गिरिधर कर गहि कहत जसोदा आँचर ओट करी।।

एकश्रुत प्रतिभा से युक्त बालक गिरिधर ने अपने पड़ोसी पण्डित मुरलीधर मिश्र की सहायता से पाँच वर्ष की आयु में मात्र पन्द्रह दिनों में श्लोक संख्या सहित सात सौ श्लोकों वाली सम्पूर्ण भगवद्गीता कण्ठस्थ कर ली। 1955 ई. में जन्माष्टमी के दिन उन्होंने सम्पूर्ण गीता का पाठ किया। संयोगवश, गीता कण्ठस्थ करने के 52 वर्ष बाद नवम्बर 30, 2007 ई. के दिन जगद्गुरु रामभद्राचार्य ने संस्कृत मूलपाठ और हिन्दी टीका सहित भगवद्गीता के सर्वप्रथम ब्रेल लिपि में अंकित संस्करण का विमोचन किया। सात वर्ष की आयु में गिरिधर ने अपने पितामह की सहायता से छन्द संख्या सहित सम्पूर्ण श्रीरामचरितमानस साठ दिनों में कण्ठस्थ कर ली। 1957 ई. में रामनवमी के दिन व्रत के दौरान उन्होंने मानस का पूर्ण पाठ किया। कालान्तर में गिरिधर ने समस्त वैदिक वाङ्मय, संस्कृत व्याकरण, भागवत, प्रमुख उपनिषद्, संत तुलसीदास की सभी रचनाओं और अन्य अनेक संस्कृत और भारतीय साहित्य की रचनाओं को कण्ठस्थ कर लिया।

गिरिधर मिश्र का उपनयन संस्कार निर्जला एकादशी के दिन जून 24, 1961 ई. को हुआ। अयोध्या के पण्डित ईश्वरदास महाराज ने उन्हें गायत्री मन्त्र के साथ-साथ राममन्त्र की दीक्षा भी दी। भगवद्गीता और रामचरितमानस का अभ्यास अल्पायु में ही कर लेने के बाद गिरिधर अपने गाँव के समीप अधिक मास में होने वाले रामकथा कार्यक्रमों में जाने लगे। दो बार कथा कार्यक्रमों में जाने के बाद तीसरे कार्यक्रम में उन्होंने रामचरितमानस पर कथा प्रस्तुत की, जिसे कई कथावाचकों ने सराहा।

7 जुलाई 1967 के दिन जौनपुर स्थित आदर्श गौरीशंकर संस्कृत महाविद्यालय से गिरिधर मिश्र ने अपनी औपचारिक शिक्षा प्रारम्भ की, जहाँ उन्होंने संस्कृत व्याकरण के साथ-साथ हिन्दी, आंग्लभाषा, गणित, भूगोल और इतिहास का अध्ययन किया। मात्र एक बार सुनकर स्मरण करने की अद्भुत क्षमता से सम्पन्न एकश्रुत गिरिधर मिश्र ने कभी भी ब्रेल लिपि या अन्य साधनों का सहारा नहीं लिया। तीन महीनों में उन्होंने वरदराजाचार्य विरचित ग्रन्थ लघुसिद्धान्तकौमुदी का सम्यक् ज्ञान प्राप्त कर लिया। प्रथमा से मध्यमा की परीक्षाओं में चार वर्ष तक कक्षा में प्रथम स्थान प्राप्त करने के बाद उच्चतर शिक्षा के लिए वे सम्पूर्णानन्द संस्कृत विश्वविद्यालय गए।

1971 में गिरिधर मिश्र वाराणसी स्थित सम्पूर्णानन्द संस्कृत विश्वविद्यालय में संस्कृत व्याकरण में शास्त्री (स्नातक उपाधि) के अध्ययन के लिए प्रविष्ट हुए। 1974 में उन्होंने सर्वाधिक अंक अर्जित करते हुए शास्त्री (स्नातक उपाधि) की परीक्षा उत्तीर्ण की। तत्पश्चात् वे आचार्य (परास्नातक उपाधि) के अध्ययन के लिए इसी विश्वविद्यालय में पंजीकृत हुए। परास्नातक अध्ययन के दौरान 1974 में अखिल भारतीय संस्कृत अधिवेशन में भाग लेने गिरिधर मिश्र नयी दिल्ली आए। अधिवेशन में व्याकरण, सांख्य, न्याय, वेदान्त और अन्त्याक्षरी में उन्होंने पाँच स्वर्ण पदक जीते। भारत की तत्कालीन प्रधानमन्त्रिणी श्रीमती इन्दिरा गाँधी ने उन्हें पाँचों स्वर्णपदकों के साथ उत्तर प्रदेश के लिए चलवैजयन्ती पुरस्कार प्रदान किया। उनकी योग्यताओं से प्रभावित होकर श्रीमती गाँधी ने उन्हें आँखों की चिकित्सा के लिए संयुक्त राज्य अमरीका भेजने का प्रस्ताव किया, परन्तु गिरिधर मिश्र ने प्रस्ताव को अस्वीकार कर दिया। 1976 में सात स्वर्णपदकों और कुलाधिपति स्वर्ण पदक के साथ उन्होंने आचार्य की परीक्षा उत्तीर्ण की। उनकी एक विरल उपलब्धि भी रही हालाँकि उन्होंने केवल व्याकरण में आचार्य उपाधि के लिए पंजीकरण किया था, उनके चतुर्मुखी ज्ञान के लिए विश्वविद्यालय ने उन्हें 30 अप्रैल 1976 के दिन विश्वविद्यालय में अध्यापित सभी विषयों का आचार्य घोषित किया।

आचार्य की उपाधि पाने के पश्चात् गिरिधर मिश्र विद्यावारिधि (पीएच. डी.) की उपाधि के लिए इसी विश्वविद्यालय में पण्डित रामप्रसाद त्रिपाठी के निर्देशन में शोधकार्य के लिए पंजीकृत हुए। संकटों के बीच उन्होंने अक्टूबर 14, 1981 को संस्कृत व्याकरण में सम्पूर्णानन्द संस्कृत विश्वविद्यालय से विद्यावारिधि (पीएच. डी) की उपाधि अर्जित की। उनके शोधकार्य का शीर्षक था अध्यात्मरामायणे अपाणिनीयप्रयोगानां विमर्शः और इस शोध में उन्होंने अध्यात्म रामायण में पाणिनीय व्याकरण से असम्मत प्रयोगों पर विमर्श किया। विद्यावारिधि उपाधि प्रदान करने के बाद विश्वविद्यालय अनुदान आयोग ने उन्हें सम्पूर्णानन्द संस्कृत विश्वविद्यालय के व्याकरण विभाग के अध्यक्ष के पद पर भी नियुक्त किया। लेकिन गिरिधर मिश्र ने इस नियुक्ति को अस्वीकार कर दिया और अपना जीवन धर्म, समाज और विकलांगों की सेवा में लगाने का निर्णय लिया।

1997 में सम्पूर्णानन्द संस्कृत विश्वविद्यालय ने उन्हें उनके शोधकार्य अष्टाध्याय्याः प्रतिसूत्रं शाब्दबोधसमीक्षणम् पर वाचस्पति (डी.लिट्) की उपाधि प्रदान की। इस शोधकार्य में गिरिधर मिश्र नें अष्टाध्यायी के प्रत्येक सूत्र पर संस्कृत के श्लोकों में टीका रची है।

1976 में गिरिधर मिश्र ने करपात्री महाराज को रामचरितमानस पर कथा सुनाई। स्वामी करपात्री ने उन्हें विवाह न करने, वीरव्रत धारण करके आजीवन ब्रह्मचारी रहने और किसी वैष्णव सम्प्रदाय में दीक्षा लेने का उपदेश दिया। गिरिधर मिश्र ने नवम्बर 19, 1983 के कार्तिक पूर्णिमा के दिन रामानन्द सम्प्रदाय में श्री श्री 1008 श्री रामचरणदास महाराज फलाहारी से विरक्त दीक्षा ली। अब गिरिधर मिश्र रामभद्रदास नाम से आख्यात हुए।

जगद्गुरु सनातन धर्म में प्रयुक्त एक उपाधि है जो पारम्परिक रूप से वेदान्त दर्शन के उन आचार्यों को दी जाती है जिन्होंने प्रस्थानत्रयी (ब्रह्मसूत्र, भगवद्गीता और मुख उपनिषद्) पर संस्कृत में भाष्य रचा है। मध्यकाल में भारत में कई प्रस्थानत्रयी भाष्यकार हुए थे यथा शंकराचार्य, निम्बार्काचार्य, रामानुजाचार्य, मध्वाचार्य, रामानन्दाचार्य और अंतिम थे वल्लभाचार्य (1479 से 1531 ई.)। वल्लभाचार्य के भाष्य के पश्चात् पाँच सौ वर्षों तक संस्कृत में प्रस्थानत्रयी पर कोई भाष्य नहीं लिखा गया।

जून 24, 1988 ई. के दिन काशी विद्वत् परिषद् वाराणसी ने रामभद्रदास का तुलसीपीठस्थ जगद्गुरु रामानन्दाचार्य के रूप में चयन किया। 3 फरवरी 1988 को प्रयाग में महाकुंभ में रामानन्द सम्प्रदाय के तीन अखाड़ों के महन्तों, सभी सम्प्रदायों, खालसों और संतों द्वारा सर्वसम्मति से काशी विद्वत् परिषद् के निर्णय का समर्थन किया गया। इसके बाद 1 अगस्त 1995 को अयोध्या में दिगंबर अखाड़े ने रामभद्रदास का जगद्गुरु रामानन्दाचार्य के रूप में विधिवत अभिषेक किया। अब रामभद्रदास का नाम हुआ जगद्गुरु रामानन्दाचार्य स्वामी रामभद्राचार्य। इसके बाद उन्होंने ब्रह्म सूत्र, भगवद्गीता और 11 उपनिषदों (कठ, केन, माण्डूक्य, ईशावास्य, प्रश्न, तैत्तिरीय, ऐतरेय, श्वेताश्वतर, छान्दोग्य, बृहदारण्यक और मुण्डक) पर संस्कृत में श्रीराघवकृपाभाष्य की रचना की। इन भाष्यों का प्रकाशन 1998 में हुआ। वे पहले ही नारद भक्ति सूत्र और रामस्तवराजस्तोत्र पर संस्कृत में

राघवकृपाभाष्य की रचना कर चुके थे। इस प्रकार स्वामी रामभद्राचार्य ने 500 वर्षों में पहली बार संस्कृत में प्रस्थानत्रयीभाष्यकार बनकर लुप्त हुई जगद्गुरु परम्परा को पुनर्जीवित किया और रामानन्द सम्प्रदाय को स्वयं रामानन्दाचार्य द्वारा रचित आनन्दभाष्य के बाद प्रस्थानत्रयी पर दूसरा संस्कृत भाष्य दिया।

संयुक्त राष्ट्र को सम्बोधन

अगस्त 28 से 31, 2000 ई के बीच न्यूयॉर्क में संयुक्त राष्ट्र द्वारा आयोजित सहस्राब्दी विश्व शान्ति शिखर सम्मलेन में भारत के आध्यात्मिक और धार्मिक गुरुओं में जगद्गुरु रामभद्राचार्य सम्मिलित थे। संयुक्त राष्ट्र को उद्बोधित करते हुए अपने में उन्होंने भारत और हिन्दू शब्दों की संस्कृत व्याख्या और ईश्वर के सगुण और निर्गुण स्वरूपों का उल्लेख करते हुए शान्ति पर वक्तव्य दिया। इस वक्तव्य द्वारा उन्होंने विश्व के सभी विकसित और विकासशील देशों से एकजुट होकर दरिद्रता उन्मूलन, आतंकवाद दलन और निःशस्त्रीकरण के लिए प्रयासरत होने का आह्वान किया। वक्तव्य के अन्त में उन्होंने शान्ति मन्त्र का पाठ किया।

जुलाई 2003 में जगद्गुरु रामभद्राचार्य इलाहाबाद उच्च न्यायालय के सम्मुख अयोध्या विवाद के अपर मूल अभियोग संख्या 5 के अन्तर्गत धार्मिक मामलों के विशेषज्ञ के रूप में साक्षी बनकर प्रस्तुत हुए (साक्षी संख्या ओ पी डब्लु 16) उनके शपथ पत्र और जिरह के कुछ अंश अन्तिम निर्णय में उद्धृत हैं। अपने शपथ पत्र में उन्होंने सनातन धर्म के प्राचीन शास्त्रों (वाल्मीकि रामायण, रामतापनीय उपनिषद्, स्कन्द पुराण, यजुर्वेद, अथर्ववेद, इत्यादि) से उन छन्दों को उद्धृत किया जो उनके मतानुसार अयोध्या को एक पवित्र तीर्थ और श्रीराम का जन्मस्थान सिद्ध करते हैं।

साहित्यिक कृतियाँ

जगद्गुरु रामभद्राचार्य ने 80 से अधिक पुस्तकों और ग्रंथों की रचना की है, जिनमें से कुछ प्रकाशित और कुछ अप्रकाशित हैं। उनकी प्रमुख रचनाएँ निम्नलिखित हैं।

महाकाव्य

1. श्रीभार्गवराघवीयम् (2002) - एक सौ एक श्लोकों वाले इक्कीस सर्गों में विभाजित और चालीस संस्कृत और प्राकृत के छन्दों में बद्ध 2121 श्लोकों में विरचित संस्कृत महाकाव्य। स्वयं महाकवि द्वारा रचित हिन्दी टीका सहित। इसका वर्ण्य विषय दो राम अवतारों (परशुराम और राम) की लीला है। इस रचना के लिए कवि को 2005 में संस्कृत के साहित्य अकादमी पुरस्कार से सम्मानित किया गया था। जगद्गुरु रामभद्राचार्य विकलांग विश्वविद्यालय, चित्रकूट द्वारा प्रकाशित।
2. अष्टावक्र (2010) - एक सौ आठ पदों वाले आठ सर्गों में विभाजित 864 पदों में विरचित हिन्दी महाकाव्य। यह महाकाव्य अष्टावक्र ऋषि के जीवन का वर्णन है, जिन्हें विकलांगों के पुरोधा के रूप में दर्शाया गया है। जगद्गुरु रामभद्राचार्य विकलांग विश्वविद्यालय, चित्रकूट द्वारा प्रकाशित।
3. अरुन्धती (1994) - 15 सर्गों और 1279 पदों में रचित हिन्दी महाकाव्य। इसमें ऋषि दम्पती वसिष्ठ और अरुन्धती के जीवन का वर्णन है। राघव साहित्य प्रकाशन निधि, राजकोट द्वारा प्रकाशित।

खण्डकाव्य

1. आजादचन्द्रशेखरचरितम् - स्वतन्त्रता सेनानी चन्द्रशेखर आजाद पर संस्कृत में रचित खण्डकाव्य (गीतादेवी मिश्र द्वारा रचित हिन्दी टीका सहित)। श्री तुलसी पीठ सेवा न्यास, चित्रकूट द्वारा प्रकाशित।
2. लघुरघुवरम् - संस्कृत भाषा के केवल लघु वर्णों में रचित संस्कृत खण्डकाव्य। श्री तुलसी पीठ सेवा न्यास, चित्रकूट द्वारा प्रकाशित।

3. सरयूलहरी - अयोध्या से प्रवाहित होने वाली सरयू नदी पर संस्कृत में रचित खण्डकाव्य। श्री तुलसी पीठ सेवा न्यास, चित्रकूट द्वारा प्रकाशित।
4. भृंगदूतम् (2004) - दो भागों में विभक्त और मन्दाक्रान्ता छन्द में बद्ध 501 श्लोकों में रचित संस्कृत दूतकाव्य। दूतकाव्यों में कालिदास का मेघदूतम्, वेदान्तदेशिक का हंससन्देशः और रूप गोस्वामी का हंसदूतम् सम्मिलित हैं। भृंगदूतम् में किष्किन्धा में प्रवर्षण पर्वत पर रह रहे श्रीराम का एक भँवरे के माध्यम से लंका में रावण द्वारा अपहृत माता सीता को भेजा गया सन्देश वर्णित है। जगद्गुरु रामभद्राचार्य विकलांग विश्वविद्यालय, चित्रकूट द्वारा प्रकाशित।
5. काका विदुर - महाभारत के विदुर पात्र पर विरचित हिन्दी खण्डकाव्य। श्री तुलसी पीठ सेवा न्यास, चित्रकूट द्वारा प्रकाशित।

पत्रकाव्य

1. कुब्जापत्रम् - संस्कृत में रचित पत्रकाव्य। जगद्गुरु रामभद्राचार्य विकलांग विश्वविद्यालय, चित्रकूट द्वारा प्रकाशित।

गीतकाव्य

2. राघव गीत गुंजन - हिन्दी में रचित गीतों का संग्रह। राघव साहित्य प्रकाशन निधि, राजकोट द्वारा प्रकाशित।
3. भक्ति गीत सुधा - भगवान श्रीराम और भगवान श्रीकृष्ण पर रचित ४३८ गीतों का संग्रह। राघव साहित्य प्रकाशन निधि, राजकोट द्वारा प्रकाशित।
4. गीतरामायणम् (2011) - सम्पूर्ण रामायण की कथा को वर्णित करने वाला लोकधुनों की ढाल पर रचित 1008 संस्कृत गीतों का महाकाव्य। यह महाकाव्य 36-36 गीतों से युक्त 28 सर्गों में विभक्त है। जगद्गुरु रामभद्राचार्य विकलांग विश्वविद्यालय, चित्रकूट द्वारा प्रकाशित।

रीतिकाव्य

श्रीसीतारामकेलिकौमुदी (2008) - 109 पदों के तीन भागों में विभक्त प्राकृत के छः छन्दों में बद्ध 327 पदों में विरचित हिन्दी (ब्रज, अवधी और मैथिली) भाषा में रचित रीतिकाव्य। काव्य का वर्ण्य विषय बाल रूप श्रीराम और माता सीता की लीलाएँ हैं। जगद्गुरु रामभद्राचार्य विकलांग विश्वविद्यालय, चित्रकूट द्वारा प्रकाशित।

शतककाव्य

1. श्रीरामभक्तिसर्वस्वम् - 100 श्लोकों में रचित संस्कृत काव्य जिसमें रामभक्ति का सार वर्णित है। त्रिवेणी धाम, जयपुर द्वारा प्रकाशित।
2. आर्याशतकम् - आर्या छन्द में 100 श्लोकों में रचित संस्कृत काव्य। अप्रकाशित।
3. चण्डीशतकम् - चण्डी माता को अर्पित 100 श्लोकों में रचित संस्कृत काव्य। अप्रकाशित।
4. राघवेन्द्रशतकम् - श्री राम की स्तुति में 100 श्लोकों में रचित संस्कृत काव्य। अप्रकाशित।
5. गणपतिशतकम् - श्री गणेश पर 100 श्लोकों में रचित संस्कृत काव्य। अप्रकाशित।
6. श्रीराघवचरणचिह्नशतकम् - श्रीराम के चरणचिह्नों की प्रशंसा में 100 श्लोकों में रचित संस्कृत काव्य। अप्रकाशित।

स्तोत्रकाव्य

1. श्रीगंगामहिम्नस्तोत्रम् - गंगा नदी की महिमा का वर्णन करता संस्कृत काव्य। राघव साहित्य प्रकाशन निधि, राजकोट द्वारा प्रकाशित।

2. श्रीजानकीकृपाकटाक्षस्तोत्रम् - सीता माता के कृपा कटाक्ष का वर्णन करता संस्कृत काव्य। श्री तुलसी पीठ सेवा न्यास, चित्रकूट द्वारा प्रकाशित।
3. श्रीरामवल्लभास्तोत्रम् - सीता माता की प्रशंसा में रचित संस्कृत काव्य। श्री तुलसी पीठ सेवा न्यास, चित्रकूट द्वारा प्रकाशित।
4. श्रीचित्रकूटविहार्यष्टकम् - आठ श्लोकों में श्रीराम की स्तुति करता संस्कृत काव्य। श्री तुलसी पीठ सेवा न्यास, चित्रकूट द्वारा प्रकाशित।
5. भक्तिसारसर्वत्रम् - संस्कृत काव्य। श्री तुलसी पीठ सेवा न्यास, चित्रकूट द्वारा प्रकाशित।
6. श्रीराघवभावदर्शनम् - आठ शिखरिणीयों में उत्प्रेक्षा अलंकार के माध्यम से श्रीराम की उपमा चन्द्रमा, मेघ, समुद्र, इन्द्रनील, तमालवृक्ष, कामदेव, नीलकमल और भ्रमर से देता संस्कृत काव्य। कवि द्वारा ही रचित अवधी कवित्त अनुवाद और खड़ी बोली गद्य अनुवाद सहित। श्री तुलसी पीठ सेवा न्यास, चित्रकूट द्वारा प्रकाशित।

सुप्रभातकाव्य

श्रीसीतारामसुप्रभातम् - चालीस श्लोकों (8 शार्दूलविक्रीडित, 24 वसन्ततिलक, 4 स्रग्धरा और 4 मालिनी) में रचित संस्कृत सुप्रभात काव्य। कवि द्वारा रचित हिन्दी अनुवाद सहित। जगद्गुरु रामभद्राचार्य विकलांग विश्वविद्यालय, चित्रकूट द्वारा प्रकाशित। कवि द्वारा ही गाया हुआ काव्य संस्करण युकी कैसेट्स, नयी दिल्ली द्वारा विमोचित।

भाष्यकाव्य

अष्टाध्याय्याः प्रतिसूत्रं शाब्दबोधसमीक्षणम् - पद्य में अष्टाध्यायी पर संस्कृत भाष्य। विद्यावारिधि शोधकार्यद्य राष्ट्रिय संस्कृत संस्थान द्वारा प्रकाश्यमानद्य

नाटक

1. श्रीराघवाभ्युदयम् - श्रीराम के अभ्युदय पर संस्कृत में रचित एकांकी नाटक। श्री तुलसी पीठ सेवा न्यास, चित्रकूट द्वारा प्रकाशित।
2. उत्साह - हिन्दी नाटक। श्री तुलसी पीठ सेवा न्यास, चित्रकूट द्वारा प्रकाशित।

प्रस्थानत्रयी पर संस्कृत भाष्य

1. श्रीब्रह्मसूत्रेषु श्रीराघवकृपाभाष्यम् - ब्रह्मसूत्र पर संस्कृत में रचित भाष्य। श्री तुलसी पीठ सेवा न्यास, चित्रकूट द्वारा प्रकाशित।
2. श्रीमद्भगवद्गीतासु श्रीराघवकृपाभाष्यम् - भगवद्गीता पर संस्कृत में रचित भाष्य। श्री तुलसी पीठ सेवा न्यास, चित्रकूट द्वारा प्रकाशित।
3. कठोपनिषदि श्रीराघवकृपाभाष्यम् - कठोपनिषद् पर संस्कृत में रचित भाष्य। श्री तुलसी पीठ सेवा न्यास, चित्रकूट द्वारा प्रकाशित।
4. केनोपनिषदि श्रीराघवकृपाभाष्यम् - केनोपनिषद् पर संस्कृत में रचित भाष्य। श्री तुलसी पीठ सेवा न्यास, चित्रकूट द्वारा प्रकाशित।
5. माण्डूक्योपनिषदि श्रीराघवकृपाभाष्यम् - माण्डूक्योपनिषद् पर संस्कृत में रचित भाष्य। श्री तुलसी पीठ सेवा न्यास, चित्रकूट द्वारा प्रकाशित।
6. ईशावास्योपनिषदि श्रीराघवकृपाभाष्यम् - ईशावास्योपनिषद् पर संस्कृत में रचित भाष्य। श्री तुलसी पीठ सेवा न्यास, चित्रकूट द्वारा प्रकाशित।

7. प्रश्नोपनिषदि श्रीराघवकृपाभाष्यम् - प्रश्नोपनिषद् पर संस्कृत में रचित भाष्य। श्री तुलसी पीठ सेवा न्यास, चित्रकूट द्वारा प्रकाशित।
8. तैत्तिरीयोपनिषदि श्रीराघवकृपाभाष्यम् - तैत्तिरीयोपनिषद् पर संस्कृत में रचित भाष्य। श्री तुलसी पीठ सेवा न्यास, चित्रकूट द्वारा प्रकाशित।
9. ऐतरेयोपनिषदि श्रीराघवकृपाभाष्यम् - ऐतरेयोपनिषद् पर संस्कृत में रचित भाष्य। श्री तुलसी पीठ सेवा न्यास, चित्रकूट द्वारा प्रकाशित।
10. श्वेताश्वतरोपनिषदि श्रीराघवकृपाभाष्यम् - श्वेताश्वतरोपनिषद् पर संस्कृत में रचित भाष्य। श्री तुलसी पीठ सेवा न्यास, चित्रकूट द्वारा प्रकाशित।
11. छान्दोग्योपनिषदि श्रीराघवकृपाभाष्यम् - छान्दोग्योपनिषद् पर संस्कृत में रचित भाष्य। श्री तुलसी पीठ सेवा न्यास, चित्रकूट द्वारा प्रकाशित।
12. बृहदारण्यकोपनिषदि श्रीराघवकृपाभाष्यम् - बृहदारण्यकोपनिषद् पर संस्कृत में रचित भाष्य। श्री तुलसी पीठ सेवा न्यास, चित्रकूट द्वारा प्रकाशित।
13. मुण्डकोपनिषदि श्रीराघवकृपाभाष्यम् - मुण्डकोपनिषद् पर संस्कृत में रचित भाष्य। श्री तुलसी पीठ सेवा न्यास, चित्रकूट द्वारा प्रकाशित।

अन्य संस्कृत भाष्य

1. श्रीनारदभक्तिसूत्रेषु श्रीराघवकृपाभाष्यम् - नारद भक्ति सूत्र पर संस्कृत में रचित भाष्य। श्री तुलसी पीठ सेवा न्यास, चित्रकूट, सतना, मध्य प्रदेश द्वारा प्रकाशित।
2. श्रीरामस्तवराजस्तोत्रे श्रीराघवकृपाभाष्यम् - रामस्तवराजस्तोत्रम् पर संस्कृत में रचित भाष्य। श्री तुलसी पीठ सेवा न्यास, चित्रकूट द्वारा प्रकाशित।

हिन्दी भाष्य

1. महावीरी - हनुमान् चालीसा पर हिन्दी में रचित टीका।
2. भावार्थबोधिनी - श्रीरामचरितमानस पर हिन्दी में रचित टीका।
3. श्रीराघवकृपाभाष्य - श्रीरामचरितमानस पर हिन्दी में नौ भागों में विस्तृत टीका। रच्यमान।

विमर्श

1. अध्यात्मरामायणे अपाणिनीयप्रयोगानां विमर्शः - अध्यात्म रामायण में पाणिनीय व्याकरण से असम्मत प्रयोगों पर संस्कृत विमर्श। वाचस्पति उपाधि हेतु शोधकार्य। अप्रकाशित।
2. श्रीरासपंचाध्यायीविमर्शः (2007) - भागवत पुराण की रासपंचाध्यायी पर हिन्दी विमर्श। जगद्गुरु रामभद्राचार्य विकलांग विश्वविद्यालय, चित्रकूट द्वारा प्रकाशित।

प्रवचन संग्रह

1. तुम पावक मँह करहु निवासा (2004) - रामचरितमानस में माता सीता के अग्नि प्रवेश पर सितम्बर 2003 में दिए गए नवदिवसीय प्रवचनों का संग्रह। जगद्गुरु रामभद्राचार्य विकलांग विश्वविद्यालय, चित्रकूट द्वारा प्रकाशित।
2. अहल्योद्धार (2006) - रामचरितमानस में श्रीराम द्वारा अहल्या के उद्धार पर अप्रैल 2000 में दिए गए नवदिवसीय प्रवचनों का संग्रह। जगद्गुरु रामभद्राचार्य विकलांग विश्वविद्यालय, चित्रकूट द्वारा प्रकाशित।
3. हर ते भे हनुमान (2008) - शिव के हनुमान रूप अवतार पर अप्रैल 2007 में दिए गए चतुर्दिवसीय प्रवचनों का संग्रह। जगद्गुरु रामभद्राचार्य विकलांग विश्वविद्यालय, चित्रकूट द्वारा प्रकाशित।

पुरस्कार और सम्मान

विरक्त दीक्षा के उपरान्त

1. 2006 में तत्कालीन लोक सभा अध्यक्ष सोमनाथ चटर्जी द्वारा वाणी अलंकरण पुरस्कार से सम्मानित किए जाते हुए जगद्गुरु रामभद्राचार्य
2. 2011 हिमाचल प्रदेश सरकार, शिमला की ओर से देवभूमि पुरस्कार। हिमाचल प्रदेश के तत्कालीन प्रधान न्यायाधीश जोसेफ कुरियन द्वारा प्रदत्त।
3. 2008 श्रीभार्गवराघवीयम् के लिए के के बिड़ला प्रतिष्ठान की ओर से श्री वाचस्पति पुरस्कार। राजस्थान के तत्कालीन राज्यपाल शैलेन्द्र कुमार सिंह द्वारा प्रदत्त।
4. 2007 तुलसी शोध संस्थान, इलाहाबाद नगर निगम की ओर से गोस्वामी तुलसीदास समर्चन सम्मान। भारत के भूतपूर्व प्रधान न्यायाधीश रमेश चन्द्र लाहोटी द्वारा प्रदत्त।
5. 2006 हिन्दी साहित्य सम्मलेन, प्रयाग की ओर से संस्कृत महामहोपाध्याय।
6. 2006 जयदयाल डालमिया श्री वाणी ट्रस्ट की ओर से श्रीभार्गवराघवीयम् के लिए श्री वाणी अलंकरण पुरस्कार। तत्कालीन लोकसभा अध्यक्ष सोमनाथ चटर्जी द्वारा प्रदत्त।
7. 2006 मध्य प्रदेश संस्कृत संस्थान, भोपाल, की ओर से श्रीभार्गवराघवीयम् के लिए बाणभट्ट पुरस्कार।
8. 2005 श्रीभार्गवराघवीयम् के लिए संस्कृत में साहित्य अकादमी पुरस्कार।
9. 2004 बादरायण पुरस्कार। तत्कालीन भारतीय राष्ट्रपति अब्दुल कलाम द्वारा प्रदत्त।
10. 2003 मध्य प्रदेश संस्कृत अकादमी की ओर से राजशेखर सम्मान।
11. 2003 लखनऊ स्थित भाऊराव देवरस सेवा न्यास की ओर से भाऊराव देवरस पुरस्कार।
12. 2003 दीवालीबेन मेहता चैरीटेबल ट्रस्ट द्वारा धर्म और संस्कृति में प्रगति के लिए दीवालीबेन पुरस्कार। भारत के भूतपूर्व प्रमुख न्यायाधीश पी एन भगवती द्वारा प्रदत्त।
13. 2003 उत्तर प्रदेश संस्कृत संस्थान, लखनऊ की ओर से अतिविशिष्ट पुरस्कार।
14. 2002 सम्पूर्णानन्द संस्कृत विश्वविद्यालय, वाराणसी, की ओर से कविकुलरत्न की उपाधि।
15. 2000 उत्तर प्रदेश संस्कृत संस्थान, लखनऊ की ओर से विशिष्ट पुरस्कार।
16. 2000 लाल बहादुर शास्त्री संस्कृत विद्यापीठ, नयी दिल्ली की ओर से महामहोपाध्याय की उपाधि।
17. 1999 कविराज विद्या नारायण शास्त्री अर्चन-सम्मान समिति, भागलपुर (बिहार) द्वारा संस्कृत भाषा को योगदान हेतु कविराज विद्या नारायण शास्त्री अर्चन-सम्मान पुरस्कार।
18. 1999 अखिल भारतीय हिन्दी भाषा सम्मेलन, भागलपुर (बिहार) द्वारा हिन्दी भाषा, साहित्य और संस्कृति को अमूल्य योगदान और उनके प्रचार-प्रसार हेतु महाकवि की उपाधि।
19. 1998 विश्व धर्म संसद द्वारा धर्मचक्रवर्ती की उपाधि।

पूर्वाश्रम में प्राप्त

1. 1976 सम्पूर्णानन्द संस्कृत विश्वविद्यालय, वाराणसी में कुलाधिपति स्वर्ण पदक।
2. 1976-77 सम्पूर्णानन्द संस्कृत विश्वविद्यालय, वाराणसी में आचार्य की परीक्षा में सात स्वर्ण पदक।
3. 1975 अखिल भारतीय संस्कृत वाद विवाद प्रतियोगिता में पाँच स्वर्ण पदक।
4. 1974 सम्पूर्णानन्द संस्कृत विश्वविद्यालय, वाराणसी में शास्त्री की परीक्षा में स्वर्ण पदक।

जगद्गुरु रामभद्राचार्य विकलांग विश्वविद्यालय

23 अगस्त 1996 ई के दिन स्वामी रामभद्राचार्य ने चित्रकूट में दृष्टिहीन विद्यार्थियों के लिए तुलसी प्रज्ञाचक्षु विद्यालय की स्थापना की। इसके बाद उन्होंने केवल विकलांग विद्यार्थियों के लिए उच्च शिक्षा प्राप्ति हेतु एक संस्थान की स्थापना का निर्णय लिया। इस उद्देश्य के साथ उन्होंने सितम्बर 27, 2001 ई को चित्रकूट, उत्तर प्रदेश, में जगद्गुरु रामभद्राचार्य विकलांग विश्वविद्यालय की स्थापना की। यह भारत और विश्व का प्रथम विकलांग विश्वविद्यालय है। इस विश्वविद्यालय का गठन उत्तर प्रदेश सरकार के एक अध्यादेश द्वारा किया गया, जिसे बाद में उत्तर प्रदेश राज्य अधिनियम 32 2001) में परिवर्तित कर दिया गया। इस अधिनियम ने स्वामी रामभद्राचार्य को विश्वविद्यालय का जीवन पर्यन्त कुलाधिपति भी नियुक्त किया। यह विश्वविद्यालय संस्कृत, हिन्दी, आंग्लभाषा, समाज शास्त्र, मनोविज्ञान, संगीत, चित्रकला (रेखाचित्र और रंगचित्र), ललित कला, विशेष शिक्षण, प्रशिक्षण, इतिहास, संस्कृति, पुरातत्त्वशास्त्र, संगणक और सूचना विज्ञान, व्यावसायिक शिक्षण, विधिशास्त्र, अर्थशास्त्र, अंग-उपयोजन और अंग-समर्थन के क्षेत्रों में स्नातक, स्नातकोत्तर और डॉक्टर की उपाधियाँ प्रदान करता हैं। विश्वविद्यालय में 2013 तक आयुर्वेद और चिकित्साशास्त्र (मेडिकल) का अध्यापन प्रस्तावित है। विश्वविद्यालय में केवल चार प्रकार के विकलांग - दृष्टिबाधित, मूक-बधिर, अस्थि-विकलांग (पंगु अथवा भुजाहीन) और मानसिक विकलांग छात्रों को प्रवेश की अनुमति है, जैसा कि भारत सरकार के विकलांगता अधिनियम १९९५ में निरूपित है। उत्तर प्रदेश सरकार के अनुसार यह विश्वविद्यालय प्रदेश के प्रमुख सूचना प्रौद्योगिकी और इलेक्ट्रानिक्स शैक्षणिक संस्थाओं में से एक है। मार्च 2010 ई में विश्वविद्यालय के द्वितीय दीक्षांत समारोह में कुल 354 विद्यार्थियों को विभिन्न शैक्षणिक उपाधियाँ प्रदान की गईं। जनवरी 2011 ई में आयोजित तृतीय दीक्षांत समारोह में 388 विद्यार्थियों को शैक्षणिक उपाधियाँ प्रदान की गईं।

भाग-2

अन्तिम विश्व कृति के विचार

महात्मा गाँधी (2 अक्टुबर, 1869 - 30 जनवरी, 1948)

एक विश्व - श्रेष्ठ विश्व के निर्माण के विचार

एक भारत - श्रेष्ठ भारत के निर्माण के विचार

एक नागरिक - श्रेष्ठ नागरिक के निर्माण के विचार

महात्मा गाँधी
(2 अक्टुबर, 1869 - 30 जनवरी, 1948)

परिचय

बापू व राष्ट्रपिता की उपाधियों से सम्मानित महात्मा गाँधी 19वीं शताब्दी के ऐसे महापुरूष हुए, जिन्होंने सत्य और अंहिसा के शस्त्र से, जिनके राज्य में कभी सूर्यास्त नहीं होता था, उस महाशक्तिशाली अंग्रेजी शासन को भारत से खदेड़ दिया। उन्होंने सत्य को ही ईश्वर माना और कहा कि ईश्वर ही सत्य है।

आश्विन, कृष्ण पक्ष, द्वादशी, सं.1926 तद्नुसार 2 अक्टुबर, 1869 ई0 को मोहनदास करमचन्द गाँधी ने जन्म लेकर, गुजरात राज्य के पोरबन्दर की धरती को धन्य किया। सात वर्ष की उम्र में उन्हें पाठशाला भेजा गया। अपनी सत्यनिष्ठा से अध्यापक को प्रभावित किया। रामायण, महाभारत का प्रभाव बचपन से ही जीवन पर पड़ा। गीता और नरसी मेहता के पदों की जीवन पर गहरी छाप लग गई। नरसी जी का "वैष्णवजण तो तेणे कहिये जे पीड़ पराई जाणे रे", यह भजन जीवन में समा गया और नित्य प्रार्थना का अंग बन गया। उनके पिता करमचन्द गाँधी मोध समुदाय से सम्बन्ध रखते थे और अंग्रेजों के अधीन वाले भारत के कठियावाड़ एजेन्सी में एक छोटी सी रियासत पोरबन्दर प्रांत के दीवान अर्थात प्रधान मंत्री थे। परनामी वैष्णव हिन्दू समुदाय की उनकी माता पुतलीबाई, करमचन्द की चैथी पत्नी थीं। उनकी पहली तीन पत्नियां प्रसव के समय मर गई थीं। छोटी उम्र में ही कस्तुरबा गाँधी के साथ इनका विवाह हो गया। बचपन में पढ़ते समय, बुरी संगत के कारण कुछ बुरी आदतें पड़ गई। 19 वर्ष की उम्र में बैरिस्टर बनने के लिए इंग्लैण्ड गये और माँ से की हुई प्रतिज्ञा के कारण सदैव कुसंग से बचे रहे। बैरिस्टर बनने के बाद भारत आये। यहाँ बैरिस्ट्री नहीं चली, तो दक्षिण अफ्रीका चले गये। काले-गोरे के भेद से उनका दिल दहल गया और अंग्रेजों के विरूद्ध आवाज उठाई। एक मुकदमें की पैरवी में उनको बड़ी ख्याति मिली। अफ्रीका से लौटने पर मुम्बई के अपोलो बन्दरगाह पर कठियावाड़ वेशभूषा में देखते ही असंख्य लोगों ने स्वागत किया। गाँधी जी, गोखले के साथ पूना आये। बाद में रेल के तीसरे दर्जे में बैठकर सारे देश का भ्रमण कर लोगों को पास से देख-समझा।

बिहार राज्य के चम्पारन जिले में नील की खेती करने वाले किसानों को सत्याग्रह की प्रेरणा देकर अंग्रेजों से मुक्ति दिलाई। "जलियाँवाला बाग" के नृशंस हत्याकाण्ड से गाँधी जी का हृदय द्रवित हो गया और सम्पूर्ण देश में असहयोग आन्दोलन की योजना क्रियान्वित करने का संकल्प लिया। जैसे ही आन्दोलन ने जोर पकड़ा, अंग्रेज सरकार ने गाँधी जी को पकड़कर बन्द करने की ठानी और "यंग इण्डिया" में प्रकाशित लेख के आधार पर बन्दी बनाकर "यरवदा" जेल भेज दिया गया। सत्यवादी, निश्छल भाव के कारण अंग्रेजों के दिल में गाँधी के प्रति सम्मान बढ़ रहा था। जेल के नियमों का गाँधी जी पूरा पालन करते थे। चरखा कातकर, महान लेखकों के ग्रन्थ पढ़कर अपना समय व्यतीत करते थे। वे अपनी छोटी भूल को भी हिमालय जैसी भूल मानते थे। हरिजन उद्धार,

सादा और श्रमपूर्ण नैतिक जीवन, अपने दोष देखकर दूसरों को क्षमा करने और सेवा करने के सिद्धान्त को अपनाया। जीवन पर्यन्त राम-नाम के जापक रहे।

1924 ई0 में हिन्दू-मुसलमानों के साम्प्रदायिक संघर्ष से उन्हें आन्तरिक पीड़ा हुई। दिल्ली में इक्कीस दिन का उपवास करना पड़ा। हिन्दू-मुसलमानों की ओर से मिलकर रहने का आश्वासन मिलने पर उपवास तोड़ा। चरखा और खादी आन्दोलन की प्रेरणा देकर स्वदेशी-स्वालम्बन का रास्ता दिखाया और विदेशी वस्त्रों का बहिष्कार कर होली जलाई। 12 मार्च, 1930 में नमक कानून तोड़ने के लिए दाण्डी यात्रा कर लाखों लोगों को आन्दोलन से जोड़ा अन्ततः सफलता प्राप्त की। लन्दन सरकार के गोलमेज परिषद् के आमंत्रण पर गाँधीजी अपने फकीरी देश में गये। परिषद् की बैठक के बाद गाँधी जी सम्राट जार्ज से मिले और भारत के विषय में अपनी बात कही।

भारत लौटकर आने पर मालूम हुआ कि वाइसराय इरविन के स्थान पर लार्ड विलिंगटन की नियुक्ति हुई है, जो गाँधी विरोघी हैं। उसने गाँधी-इरविन समझौते को तोड़ने की प्रक्रिया प्रारम्भ कर दी और 4 फरवरी, 1932 को गिरफ्तार कर यरवदा जेल भेज दिया। द्वितीय विश्वयुद्ध की घोषणा होने पर कांग्रेस ने अंग्रेज सरकार को सहायता देना अस्वीकार कर दिया। उस समय चर्चिल ब्रिटीश सरकार के प्रधानमंत्री थे तथा स्वतन्त्रता आन्दोलन के विरोधी थे। जापान की बढ़ती शक्ति को देखकर गाँधी जी ने सत्याग्रह आन्दोलन करने का निश्चय किया कि भारत स्वाधीन हो जाता है, तो शत्रु का खुलकर मुकाबला करेगें। उन्होंने चर्चिल के औपनिवेशक स्वराज्य के प्रस्ताव को ठुकरा दिया।

8 अगस्त, 1942 को "भारत छोड़ो आन्दोलन" का बिगुल बजा दिया गया। गाँधी जी को पकड़कर आगाखाँ महल में रखा गया। महादेव भाई देसाई ओर कस्तूरबा की मृत्यु के पश्चात् गाँधी जी एकाकी रह गये। स्वास्थ्य गिरने लगा, तो सरकार ने 7 मई, 1944 को जेल से रिहा कर दिया। सन् 1945 में विश्व युद्ध समाप्त हो गया। चर्चिल चुनाव में हार गया और उसके स्थान पर मजदूर नेता लार्ड एटली की सरकार बनी। एटली सरकार ने भारत को स्वाधीन करने का निश्चय कर लिया था और उन्होंने अपनी पार्लियामेन्ट में घोषणा की कि जून, 1948 को अंग्रेज भारत छोड़ देगें। लार्ड माउन्टबेटन को भारत का वायसराय बनाकर भेजा गया। लार्ड माउन्टबेटन ने मुस्लिम लीग के नेता जिन्नां और कांग्रेसी नेताओं से बातचीत की। जिन्ना पाकिस्तान की बात पर अडिग रहे। स्वाधीनता की दृष्टि से एक वर्ष पूर्व 15 अगस्त, 1947 को भारत को स्वतन्त्र करने की बात स्वीकार की गई। गाँधी जी कांग्रेसी नेताओं के बात से सहमत नहीं थे। दुःखी मन से नियति का विधान मानकर गाँधी जी मौन हो गये। 2 अक्टुबर को उनके जन्म दिन राष्ट्रीय पर्व "गाँधी जयंती" के नाम से मनाया जाता है और दुनियाभर में इस दिन अतंर्राष्ट्रीय अहिंसा दिवस के नाम से मनाया जाता है।

हिन्दुस्तान-पाकिस्तान के बँटवारे ने हिन्दू-मुस्लिम में परस्पर झगड़े की आग भड़का दी और खून से देश की धरती लाल हो गई। गाँधी जी प्रार्थना को बहुत महत्व देते थे। उन्हें पक्का विश्वास था कि प्रार्थना और राम-राम से बड़ी से बड़ी समस्या का समाधान मिल सकता है। शुक्रवार, 30 जनवरी, 1948 का वह काला दिन आया। बिड़ला हाउस में प्रार्थना सभा में उपस्थित भीड़ गाँधी जी की प्रतीक्षा कर रही थी। गाँधी जी मंच पर चढ़ ही रहे थे कि भीड़ में से निकल कर एक युवक ने उनके सीने पर पिस्तौल दाग दी। "हे राम" के साथ गाँधी जी की श्वास अंतरिक्ष में विलीन हो गई और वे अलौकिक ज्योति का प्रकाश विकीर्ण कर अनन्त ज्योति में समा गये।

गाँधी का विश्वास

गाँधी का जन्म हिन्दू धर्म में हुआ, उनके पूरे जीवन में अधिकतर सिद्धान्तों की उत्पत्ति हिन्दूत्व से हुआ। साधारण हिन्दू की तरह वे सारे धर्मों को समान रूप से मानते थे। और सारे प्रयास जो उन्हें धर्म परिवर्तन के लिए कोशिश किये जा रहें थे, उसे अस्वीकार कर दिया। वे ब्रह्मज्ञान के जानकार थे और सभी प्रमुख धर्मों को विस्तारपूर्वक पढ़ते थे। उन्होंने कहा कि हिन्दू धर्म के बारे में मैं जितना जानता हूँ यह मेरी आत्मा को सन्तुष्ट करती है। और सारी कमियों को पूरा करती है। जब मुझे सन्देह घेर लेती है। जब निराशा मुझे घूरने लगती है और जब मुझे आशा की कोई किरण नजर नहीं आती है तब मैं भगवद्गीता को पढ़ लेता हूँ। और तब मेरे मन को असीम शान्ति मिलती है और तुरन्त ही मेरे चेहरे से निराशा के बादल छंट जाते हैं। और मैं खुश हो जाता हूँ। मेरा पूरा जीवन

त्रासदियों से भरा है और यदि वो दृश्यात्मक और अमिट प्रभाव मुझ पर नहीं छोड़ता, मैं इसके लिए भगवद्गीता के उपदेशों का ऋणी हूँ।

गाँधी के लेखन

गाँधी जी एक सफल लेखक थे। कई दशकों तक वे अनेक पत्रों का संपादन कर चुके थे जिसमें गुजराती, हिन्दी और अंग्रेजी में हरिजन, इण्डियन ओपिनियन और यंग इण्डिया। जब वे भारत आये तब उन्होंने नवजीवन नामक मासिक पत्रिका निकाली। बाद में नवजीवन का प्रकाशन हिन्दी में भी हुआ। इसके अलावा उन्होंने लगभग हर रोज व्यक्तियों और समाचार पत्रों को पत्र लिखा। गाँधी का पूरा कार्य महात्मा गाँधी के संचित लेख नाम से 1960 में भारत सरकार द्वारा प्रकाशित किया गया है। यह लेखन लगभग 50 हजार पृष्ठों में समाविष्ट है और तकरीबन 100 खण्डों में प्रकाशित है। सन् 2000 में गाँधी के पूरे कार्यों का संशोधित संस्करण विवादों के घेरे में आ गया क्योंकि गाँधी के अनुयायियों ने सरकार पर राजनीतिक उद्देश्यों के लिए परिवर्तन शामिल करने का आरोप लगाया।

गाँधी के सिद्धान्त

सत्य - गाँधी जी ने अपना जीवन सत्य या सच्चाई की व्यापक खोज में समर्पित कर दिया। उन्होंने इस लक्ष्य को प्राप्त करने के लिए अपनी स्वयं की गलतियों और खुद पर प्रयोग करते हुए सीखने की कोशिश की। उन्होंने अपनी आत्म कथा को "द स्टोरी आफ माइ एकसपेरिमेण्ट विथ ट्रूथ" का नाम दिया। गाँधी जी ने कहा कि सबसे महत्वपूर्ण लड़ाई लड़ने के लिए अपने दुष्टात्माओं, भय और असुरक्षा जैसे तत्वों पर विजय पाना है। गाँधी जी ने अपने विचारों को सबसे पहले उस समय संक्षेप में व्यक्त किया जब उन्होंने कहा "भगवान ही सत्य है", बाद में उन्होंने अपने इस कथन को "सत्य ही भगवान है" में बदल दिया। इस प्रकार, सत्य में गाँधी के दर्शन हैं-परमेश्वर।

अहिंसा - हालांकि गाँधी जी अहिंसा के सिद्धान्त के प्रवर्तक विल्कुल नहीं थे फिर भी इसे बड़े पैमाने पर राजनैतिक क्षेत्र में प्रयोग करने वाले पहले व्यक्ति थे। अहिंसा और प्रतिकार का भारतीय धार्मिक विचारों में एक लम्बा इतिहास है और इसके हिन्दू, बौद्ध, यहूदी और ईसाई समुदाय में बहुत सी अवधारणाएं हैं। गाँधी जी ने अपनी आत्मकथा में अपने दर्शन और जीवन के मार्ग का वर्णन किया है। जिसमें लिखा है- जब मैं निराश होता हूँ तब मैं याद करता हूँ कि हालाँकि इतिहास सत्य का मार्ग होता है किन्तु प्रेम इसे सदैव जीत लेता है। यहाँ अत्याचारी और हत्यारे भी हुए हैं और कुछ समय के लिए वे अपराजेय लगते थे किन्तु अंत में उनका पतन ही होता है, इसका सदैव विचार करें।

गाँधी के विचार

1. विज्ञान का युद्ध किसी व्यक्ति को तानाशाही, शुद्ध और सरलता की ओर ले जाता है। अहिंसा का विज्ञान अकेले ही किसी व्यक्ति को शुद्ध लोकतन्त्र के मार्ग की ओर ले जा सकता है। प्रेम पर आधारित शक्ति सजा के डर से उत्पन्न शक्ति से हजार गुना अधिक और स्थायी होती है। यह कहना निन्दा करने जैसा होगा कि अहिंसा का अभ्यास केवल व्यक्तिगत तौर पर किया जा सकता है और व्यक्तिवादिता वाले देश इसका कभी भी अभ्यास नहीं कर सकते हैं। शुद्ध अराजकता का निकटतम दृष्टिकोण अहिंसा पर आधारित लोकतन्त्र होगा। सम्पूर्ण अहिंसा के आधार पर संगठित और चलने वाला कोई समाज शुद्ध अराजकता वाला समाज होगा।

2. मैंने भी स्वीकार किया कि एक अहिंसक राज्य में भी पुलिस बल की जरूरत अनिवार्य हो सकती है। पुलिस रैंकों का गठन अहिंसा में विश्वास रखने वालों से किया जायेगा। लोग उनकी हर सम्भव मदद करेंगे और आपसी सहयोग के माध्यम से वे किसी भी उपद्रव का आसानी से समाना कर लेंगे। श्रम और पूंजी तथा हड़तालों के बीच हिंसक झगड़ें बहुत कम होंगे और हिसंक राज्यों में तो बहुत कम होंगे क्योंकि अहिंसक समाज की बाहुलता का प्रभाव समाज में प्रमुख तत्वों का सम्मान करने के लिए महान होगा। इसी प्रकार साम्प्रदायिक अव्यवस्था के लिए कोई जगह नहीं होगी।

3. आध्यात्मिक और व्यवहारिक शुद्धता बड़े पैमाने पर ब्रह्मचर्य और वैराग्यवाद से जुदा होता है। गाँधी जी ने ब्रह्मचर्य को भगवान के करीब आने और अपने को पहचानने का प्राथमिक आधार के रूप में देखा था। अपनी आत्मकथा में वे बचपन की दुल्हन कस्तुरबा के साथ अपनी कामेच्छा और इष्र्या के संघर्षों को बताते हैं। उन्होंने महसूस किया कि यह उनका व्यक्तिगत दायित्व है कि उन्हें ब्रह्मचर्य रहना है ताकि वे बजाय हवस के प्रेम को सिख पायें। गाँधी के लिए ब्रह्मचर्य का अर्थ था- इन्द्रियों के अन्तर्गत विचारों, शब्द और कर्म पर नियंत्रण।
4. गाँधी जी का मानना था कि अगर एक व्यक्ति समाज सेवा में कार्यरत है तो उसे साधारण जीवन की ओर ही बढ़ना चाहिए जिसे वे ब्रह्मचर्य के लिए आवश्यक मानते हैं। उनकी सादगी ने पश्चिमी जीवन शैली को त्यागने पर मजबूर करने लगा और वे दक्षिण अफ्रीका में फैलने लगे थे इसे वे - खुद को शून्य के स्थिति में लाना, कहते हैं। जिसमें अनावश्यक खर्च, साधारण जीवन शैली को अपनाना और अपने वस्त्र स्वयं धोना आवश्यक है। अपने साधारण जीवन को दर्शाने के लिए उन्होंने बाद में अपनी बाकी जीवन में धोती पहनी।
5. गाँधी सप्ताह में एक दिन मौन धारण करते थे। उनका मानना था कि बोलने के परहेज से उन्हें आन्तरिक शान्ति मिलती है। उन पर यह प्रभाव हिन्दू मौन सिद्धान्त का है। वैसे दिनों में वे कागज पर लिखकर दूसरों के साथ सम्पर्क करते थे। 37 वर्ष की आयु से साढ़े तीन वर्षों तक गाँधी जी ने अखबारों को पढ़ने से इन्कार कर दिया जिसके जबाब में उनका कहना था कि जगत की आज जो स्थिर अवस्था है, उसने अपनी स्वयं का आन्तरिक अशान्ति की तुलना में अधिक भ्रमित किया है।
6. नियम के रूप में गाँधी विभाजन की अवधारणा के खिलाफ थे क्योंकि उनके धार्मिक एकता के दृष्टिकोण के प्रतिकूल थी। 6 अक्टुबर, 1946 में हरिजन में उन्होंने भारत का विभाजन, पाकिस्तान बनाने के लिए, के बारे में लिखा- पाकिस्तान की मांग जैसा कि मुस्लीम लीग द्वारा प्रस्तुत किया गया है, गैर इस्लामी है और मैं इसे पापयुक्त कहने से नहीं हिचकूँगा। इस्लाम मानव जाति के भाईचारे ओर एकता के लिए खड़ा है, न कि मानव परिवार के एक्य का अवरोध करने के लिए। इस वजह से जो यह चाहते हैं कि भारत दो युद्ध समूहों में बदल जाये, वे भारत और इस्लाम दोनों के दुश्मन हैं। वे मुझे टुकड़ों में काट सकते हैं, पर मुझे उस चीज के लिए राजी नहीं कर सकते जिसे मैं गलत समझता हूँ।

भारत के स्वतन्त्रता संग्राम में बिना शस्त्र, और सुरक्षा के अहिंसा का सत्य के बल पर व्यवहारिक जीवन में प्रत्यक्ष करने वाला महात्मा जिसने रामराज्य का सपना देखा था जिसे सम्पूर्ण विश्व सम्मान करता है तथा भारत में राष्ट्रपिता के रुप में स्थापित हैं। इनके नाम पर समर्थन कर तथा समर्थन मांग कर लोग स्वार्थ सिद्धि इतनी आसानी से करते आए हैं कि जनता भी अब इन स्वार्थियों को पहचानने लगी है। इनकी दिशा से शेष कार्य यह है कि जो अहिंसा का नाम बेचते हैं वे जरा अपने सुरक्षा घेरे से बाहर निकलकर अहिंसा का प्रदर्शन करें तथा रामराज्य अर्थात् "परशुराम परम्परा" की स्थापना करें।

स्पष्टीकरण

सार्वभौम आत्मतत्व से साक्षात्कार या अनुभव कर लेने के बाद कोई भी व्यक्ति एकत्व, अहिंसा और सत्य का ही समर्थक और व्यवहार करने वाला बन जाता है। और यह वही समझ सकता है जिसने सार्वभौम आत्मतत्व से साक्षात्कार या अनुभव किया हो। वर्तमान समाज में समस्या है कि बिना ऊँचाई (सार्वभौम आत्मतत्व से साक्षात्कार या अनुभव) पर पहुँचे ही व्यक्ति ऐसे ऊँचाई पर पहुँचे व्यक्ति के बारे में अपनी राय/मत को व्यक्त करने से तनिक भी नहीं हिचकते। वे ये नहीं समझते कि किसी पर्वत की चोटी पर जाकर ही अधिकतम देखा जा सकता है न कि पर्वत की तलहटी में खड़े होकर।

ईश्वर के आठवें अवतार भगवान श्रीकृष्ण के हिसांत्मक काल के उपरान्त अहिंसा का मार्ग का ही विकास प्रारम्भ हुआ। उनके बाद आये ईश्वर के आठवें अवतार भगवान बुद्ध ने उस अहिंसा के ही मार्ग को आगे बढ़ाया। परन्तु उनके उपरान्त भी हजारों वर्षों तक हिंसक काल ही रहा। निराकार संविधान आधारित लोकतन्त्र के

आने के बाद भी विश्व ने विश्व युद्ध तक को देखा है। लेकिन इतने युद्ध के बाद अब स्वतः ही संसार ने अहिंसा के मार्ग को उचित ठहराया है। उसी दौर में आपका (गाँधी जी) सत्य-अहिंसा का सफल प्रयोग, उसी अहिंसा के मार्ग को ही विकास की ओर गति प्रदान किया। अब स्थिति यह है कि जहाँ तक हो सके मानव युद्ध से बचना ही चाहता है और उसी ओर उसके विकास की गति भी है।

जो ऊँचाई (सार्वभौम आत्मतत्व से साक्षात्कार या अनुभव) पर पहुँच जाता है, उसके सम्बन्ध में आचार्य रजनीश "ओशो" की वाणी है - "कृष्ण शान्तिवादी नहीं हैं, कृष्ण युद्धवादी नहीं है। असल में वाद का मतलब ही होता है कि दो में से हम एक चुनते है। एक अन्य वादी है। कृष्ण कहते हैं, शान्ति में शुभ फलित होता हो तो स्वागत है, युद्ध में शुभ फलित होता हो तो स्वागत है। कृष्ण जैसे व्यक्तित्व की फिर जरुरत है जो कहे कि शुभ को भी लड़ना चाहिए, शुभ को भी तलवार हाथ में लेने की हिम्मत चाहिए निश्चित ही शुभ जब हाथ में तलवार लेता है, तो किसी का अशुभ नहीं होता। अशुभ हो नहीं सकता क्योंकि लड़ने के लिए कोई लड़ाई नहीं है। लेकिन अशुभ जीत न पाये इसलिए लड़ाई है तो धीरे-धीरे दो हिस्सा दुनियाँ के बट जायेंगे, जल्दी ही जहाँ एक हिस्सा भौतिकवादी होगा और एक हिस्सा स्वतंत्रता, लोकतन्त्र, व्यक्ति और जीवन के और मूल्यों के लिए होगा। लेकिन क्या ऐसे दूसरे शुभ के वर्ग को कृष्ण मिल सकते है? मिल सकते हैं। क्योंकि जब भी मनुष्य की स्थितियाँ इस जगह आ जाती है। जहाँ कि कुछ निर्णायक घटना घटने को होती है, तो हमारी स्थितियाँ उस चेतना को भी पुकार लेती हैं, उस चेतना को भी जन्म दे देती है वह व्यक्ति भी जन्म जाता है। इसलिए मैं कहता हूँ कि कृष्ण का भविष्य के लिए बहुत अर्थ है।"

"रामराज्य", का प्रारूप "परशुराम परम्परा" है। ईश्वर के सातवें अवतार भगवान श्रीराम ने ईश्वर के छठें अवतार भगवान परशुराम द्वारा दी गई व्यवस्था का ही प्रसार किये थे।

छठें अवतार भगवान परशुराम द्वारा दी गई व्यवस्था इस प्रकार थी-

1. प्रकृति में व्याप्त तीन गुण- सत्व, रज और तम के प्रधानता के अनुसार मनुष्य का चार वर्णों में निर्धारण। सत्व गुण प्रधान - ब्राह्मण, रज गुण प्रधान- क्षत्रिय, रज एवं तम गुण प्रधान- वैश्य, तम गुण प्रधान- शूद्र।
2. गणराज्य का शासक राजा होगा जो क्षत्रिय होगा जैसे- ब्रह्माण्डीय गणराज्य में प्रकृति जो रज गुण अर्थात् कर्म अर्थात् शक्ति प्रधान है।
3. गणराज्य में राज्य सभा होगी जिसके अनेक सदस्य होंगे जैसे- ब्रह्माण्डीय गणराज्य में प्रकृति के सत्व, रज एवं तम गुणों से युक्त विभिन्न वस्तु हैं।
4. राजा का निर्णय राजसभा का ही निर्णय है जैसे- ब्रह्माण्डीय गणराज्य में प्रकृति का निर्णय वहीं है जो सत्व, रज एवं तम गुणों का सम्मिलित निर्णय होता है।
5. राजा का चुनाव जनता करे क्योंकि वह अपने गणराज्य में सर्वव्यापी और जनता का सम्मिलित रुप है जैसे- ब्रह्माण्डीय गणराज्य में प्रकृति सर्वव्यापी है और वह सत्व, रज एवं तम गुणों का सम्मिलित रुप है।
6. राजा और उसकी सभा राज्य वादी न हो इसलिए उस पर नियन्त्रण के लिए सत्व गुण प्रधान ब्राह्मण का नियन्त्रण होगा जैसे- ब्रह्माण्डीय गणराज्य में प्रकृति पर नियन्त्रण के लिए सत्व गुण प्रधान आत्मा का नियन्त्रण होता है।

यह व्यवस्था जब तक निराकार आधारित लोकतन्त्र में संविधान का स्वरूप ग्राम से लेकर विश्व तक नहीं होता तब तक रामराज्य नहीं बन सकता। वर्तमान में ईश्वर के अन्तिम और दसवें अवतार द्वारा इसी को अहिंसक मार्ग से दृढ़ता प्रदान की जा रही है। और मानक आधारित समाज का निर्माण ही सत्यरूप में ईश्वरीय व्यवस्था है।

पूर्ण ईश्वरीय कर्म मार्ग है - पूर्ण प्रत्यक्ष अवतार से पूर्ण प्रेरक अवतार तक। प्रत्यक्ष अवतरण में शारीरिक शक्ति का प्रयोग होता है जबकि पूर्ण प्रेरक अवतरण में आध्यात्मिक सत्य ज्ञान शक्ति का प्रयोग होता है। इस मार्ग का मध्य श्रीकृष्ण थे जिनका जीवन आधा-आधा प्रत्यक्ष और प्रेरक का था।

एक विश्व - श्रेष्ठ विश्व के निर्माण के विचार

"यदि हम संसार का मार्ग ग्रहण करेंगे और संसार को और अधिक विभाजित करेंगे तो शान्ति, सहिष्णुता और स्वतन्त्रता के अपने उद्देश्य में सफल नहीं हो सकते। यदि हम इस युद्ध-विक्षिप्त दुनियाँ को शान्ति और सत्य का प्रकाश दिखाएं तो सम्भव है कि हम संसार में कोई अच्छा परिवर्तन कर सकें। लोकतन्त्र से मेरा मतलब समस्याओं को शान्तिपूर्वक हल करने से है। अगर हम समस्याओं को शान्तिपूर्वक हल नहीं कर पाते तो इसका मतलब है कि लोकतन्त्र को अपनाने में हम असफल रहें हैं।" **- पं0 जवाहर लाल नेहरू**

हम अपनी योजनाओं को सक्रिय रुप से क्रियान्वित करें, इसके लिए मानकों का होना अत्यन्त आवश्यक है तथा यह जरुरी है कि मानकों के निर्धारण व पालन हेतु प्रयत्नशील रहें।

साभार - भारतीय मानक ब्यूरो, त्रैमासिकी- "मानक दूत", वर्ष-19, अंक-1, 1999

-पं0 जवाहर लाल नेहरु

राष्ट्र के आधुनिकीकरण के लिए मानकीकरण एवं गुणता नियन्त्रण अनिवार्य है। ये उत्पाद को उसकी सामग्री और मानवीय साधनों के पूर्ण उपभोग में सहायता करते हैं उपभोक्ता का बचाव करते हैं और आंतरिक व्यवहार तथा निर्यात का स्तर ऊँचा उठाते हैं। इस प्रकार से ये आर्थिक विकास में भागीदार बनते हैं।

साभार -भारतीय मानक ब्यूरो, त्रैमासिकी- "मानक दूत", वर्ष-19, अंक-1, 1999

-इन्दिरा गाँधी

यह समय की माँग है कि जीवन के सभी क्षेत्रों में गुणता के प्रति राष्ट्रीय प्रतिबद्धता हो। हमारी संतुष्टि किसी भी प्रकार के उत्पादन से नहीं अपितु हमारे द्वारा उत्पादित उत्कृष्ट वस्तुओं और दी जाने वाली उत्कृष्ट सेवाओं से हो।

साभार - भारतीय मानक ब्यूरो, त्रैमासिकी- "मानक दूत", वर्ष-20, अंक-1-2, 2000

-राजीव गाँधी

किसी भी समाज का मानकीकरण पद्धति, इसे सृजित करने वाले समाज से न तो बेहतर होगी और न ही बदतर। इसकी प्रथमिकताएं, समाज के लक्ष्य हैं और इसके मूल्य समाज के मूल्य हैं।

साभार -भारतीय मानक ब्यूरो, त्रैमासिकी- "मानक दूत",वर्ष-20, अंक- 1-2, 2000

-डब्ल्यू0.टी.कैबेनो

मार्च, 1997 ई0

भारत, संयुक्त राष्ट्र संघ के पुनर्गठन में अपना योगदान दे। **-कौफी अन्नान**

बृहस्पतिवार, 7 सितम्बर, 2000 ई0

.... लेकिन भूमण्डलीय क्रिया का प्रारम्भ कहीं निर्मित हो चुका है और यदि संयुक्त राष्ट्र संघ में नहीं तो कहाँ? .... मैं जानता हूँ स्वयं की एक घोषणा कम महत्व रखती है। परन्तु दृढ़ प्रतिज्ञा युक्त एक घोषणा और यथार्थ लक्ष्य, सभी राष्ट्रों के नेताओं द्वारा निश्चित रुप से स्वीकारने योग्य, अपने सत्ताधारी की कुशलता का निर्णय के लिए एक पैमाने के रुप में विश्व के व्यक्तियों के लिए अति महत्व का हो सकता है। .... और मैं आशा करता हूँ कि यह कैसे हुआ? देखने के लिए सम्पूर्ण विश्व पीछे होगा।"

साभार-द टाइम्स आफ इण्डिया, नई दिल्ली, दि0 7 सितम्बर, 2000

- कौफी अन्नान

https://www.nytimes.com/2000/09/05/opinion/IHT-now-lets-set-a-new-course-for-the-world-no-less.html

शनिवार, 11 अप्रैल, 1998ई0

कुछ लोग कहते हैं कि हमारी सरकार भूमण्डलीकरण के खिलाफ है, लेकिन मैं आपको विश्वास दिलाना चाहता हूँ कि मैं गीता के संदेश को सारे भूमण्डल में प्रसारित करने का हिमायती हूँ। (दिल्ली के एक सार्वजनिक सभा में)

साभार - आज, वाराणसी, दि0-11-4-1998

-अटल बिहारी वाजपेयी

सोमवार, 8 नवम्बर, 1999 ई0

विश्व का रूपान्तरण तभी सम्भव है जब सभी राष्ट्र मान लें कि मानवता के सामने एक मात्र विकल्प शान्ति, परस्पर समभाव, प्रेम और एकजुटता है। भारतीय धर्मों के प्रतिनिधियों से मित्रवत् सूत्रपात होगा। तीसरी सहस्त्राब्दि में एशियाई भूमि पर ईसाइयत की जड़ें मजबूत होंगी। इस सहस्त्राब्दि को मनाने का अच्छा तरीका वही होगा कि हम धर्म के प्रकाश की ओर अग्रसर हों और समाज के प्रत्येक स्तर पर न्याय और समानता के बहाल के लिए प्रयासरत हों। हम सबको विश्व का भविष्य सुरक्षित रखने और उसे समृद्ध करने के लिए एकजुट होना चाहिए। विज्ञान और तकनीकी के क्षेत्र में प्रगति के साथ-साथ आध्यात्मिक उन्नति भी उतनी ही आवश्यक है। धर्म को कदापि टकराव का बहाना नहीं बनाना चाहिए-भारत को आशीर्वाद। (भारत यात्रा पर)

साभार - अमर उजाला, इलाहाबाद, दि0 08-11-1999

-जान पाल, द्वितीय

शनिवार, 18 दिसम्बर, 1999 ई0

दार्शनिक आधार पर चर्चा करने से ही अलगाव बढ़ता है। जब तक व्यावहारिक रूप में धार्मिकता के आधार पर विचारों का सामंजस्य नहीं स्थापित होगा, तब तक हम ऊपर नहीं उठ सकते। दार्शनिक दृष्टि से धर्म में अन्तर होता है लेकिन धार्मिक दृष्टि से नहीं। नई सदी में कार्यों को संपादित करने वाले आप (नये पीढ़ी से) ही है, पुरानी पीढ़ी आपके पीछे है लेकिन सारा दायित्व आप के ऊपर ही है इसलिए पहले अच्छी तरह से शिक्षा ग्रहण करें। (वाराणसी यात्रा में) साभार - अमर उजाला, इलाहाबाद दि0 18-12-1999

-दलाई लामा

जनवरी, 2011 ई0

पश्चिम जगत ने भौतिक जगत की सुख-सुविधाओं के लिए विश्व को बहुत कुछ दिया है। अब हमारी बारी है। उन्हें इसके एवज में कुछ चुकाने का समय है। हम उन्हें शान्ति व जीवन के लक्ष्य बारे में ज्ञान दें। शून्य आत्मसात् करने से बोधिसत्व की प्राप्ति सम्भव। भारत में आध्यात्मिकता का बोलबाला हजारों सालों से है इसके बावजूद भी यहाँ किसी भी धर्म को छुये बिना नैतिक मूल्यों की शिक्षा धर्म निरपेक्ष रूप से विकसित हुई है। यह आधुनिक युग में विश्व को भारत की सबसे बड़ी देन है। आज विश्व को ऐसे ही धर्मनिरपेक्ष नैतिक मूल्यों की शिक्षा की सख्त जरूरत है। बीसवीं सदी रक्तपात की सदी थी। 21वीं सदी संवाद की सदी होनी चाहिए। इससे कई समस्यायें अपने आप समाप्त हो जाती है। दुनिया में ऐसे लोगों की संख्या बहुत अधिक है जो किसी धर्म में विश्वास नहीं करते हैं इसलिए यह जरूरी है कि सेक्यूलर इथिक्स (धर्मनिरपेक्ष नैतिकता) को प्रमोट (बढ़ाना) करें जो वास्तविक और प्रैक्टिकल एप्रोच (व्यावहारिक) पर आधारित हो। धार्मिक कर्मकाण्डों के प्रति दिखावे का कोई मतलब नहीं है। आधुनिक शिक्षा व्यवस्था में मानव मूल्यों का अभाव है। यह सिर्फ मस्तिष्क के विकास पर जोर देती है। हृदय की विशालता पर नहीं। करूणा तभी आयेगी जब दिल बड़ा होगा। दुनिया के कई देशों ने इस पर ध्यान दिया है। कई विश्वविद्यालयों में इस पर प्रोजेक्ट चल रहा है।(सम्पूर्णानन्द संस्कृत विश्वविद्यालय, वाराणसी में "21वीं सदी में शिक्षा" विषय पर बोलते हुये। इस कार्यक्रम में केंन्द्रीय तिब्बती अध्ययन विश्वविद्यालय, सारनाथ, वाराणसी के कुलपति पद्मश्री गेशे नवांग समतेन, पद्मश्री प्रो.रामशंकर त्रिपाठी, महात्मा गाँधी काशी विद्यापीठ, वाराणसी के कुलपति प्रो. अवधराम, दीन दयाल उपाध्याय विश्वविद्यालय, गोरखपुर के पूर्व कुलपति प्रो. वेणी माधव शुक्ल, सम्पूर्णानन्द संस्कृत विश्वविद्यालय, वाराणसी के पूर्व कुलपति प्रो. अभिराज राजेन्द्र मिश्र और वर्तमान कुलपति प्रो. वी.कुटुम्ब शास्त्री, प्रति कुलपति प्रो.नरेन्द्र देव पाण्डेय, प्रो. रमेश कुमार द्विवेदी, प्रो. यदुनाथ दूबे इत्यादि उपस्थित थे।)

साभार - दैनिक जागरण व हिन्दुस्तान, वाराणसी, दि0 15, 17 व 18-01-2011

-दलाई लामा

मार्च, 2000 ई0

विश्व को लोकतन्त्र, भारत का उपहार; ज्ञान और सूचना आधारित सहयोग; भारत और अमेरिका मिलकर विश्व को नई दिशा दे सकता है; भारत यदि शून्य और दशमलव न दिया होता तो कम्प्यूटर चिप्स बनाना असम्भव होता; प्रत्येक देश कहता है हम महान हैं परन्तु कैसे? यह सिद्ध करना एक चुनौति है। इत्यादि।

(भारत यात्रा पर दि0 20-24 मार्च' 2000 के समय वक्तव्य)

-बिल क्लिन्टन

शनिवार, 27 जनवरी, 2001 ई0

ब्लैक होल (सर्वोच्च गुरूत्वाकर्षण की ब्रह्माण्डीय अति सघन वस्तु) के पी-ब्रेन्स माडल में पी-ब्रेन, स्थान के तीन आयामों और अन्य सात आयामों में चलती है जिनके बारे में हमें कुछ पता नहीं चलता। यदि हम सभी बलों के एकीकरण का एक सार्वभौम समीकरण विकसित करें तो हम ईश्वर के मस्तिष्क को जान जायेंगे क्योंकि हम भविष्य के कार्य का निर्धारण कर सकेंगे, और यह मनुष्य के मस्तिष्क के द्वारा सर्वोच्च अविष्कार होगी। एक प्रभावपरक सिद्धान्त को बहुत ज्यादा इसके शाब्दिक अर्थ में ग्रहण करने से बचा जाना चाहिए, दर्शन शास्त्र के महान परम्परा का अन्त। (बीसवीं शताब्दी के सबसे बड़े दार्शनिक विटगेंस्टीन के कहे शब्द- दर्शनशास्त्र के लिए एक मात्र शेष कार्य - भाषा का विश्लेषण करना ही बचा है पर वक्तव्य) भारत यात्रा पर

साभार -राष्ट्रीय सहारा, हस्तक्षेप, 27 जनवरी '2001

-प्रो0 स्टीफेन हाकिंग ("समय का संक्षिप्त इतिहास")

रविवार, 11 अगस्त, 2002 ई0

विश्व का कोई भी धर्म तभी आगे बढ़ता है जब वह अपने आप में नवीनता लाता है। सनातन धर्म नयी बातों को अपने आप में पचाने की क्षमता रखता है।

साभार - सन्मार्ग, वाराणसी, दि0 11 अगस्त 2002

-श्रीमती शीला दीक्षित

मंगलवार, 9 नवम्बर, 2010 ई0

एशिया अथवा पूरी दुनिया में भारत एक उभरता हुआ देश भर नहीं है, बल्कि यह पहले से उभर चुका है और मेरा यह दृढ़ विश्वास है कि भारत और अमेरिका के बीच सम्बन्ध, जो साझा हितों और मूल्यों से बंधे हैं, 21वीं शताब्दी की सर्वाधिक निर्णायक साझोदारीयों में से एक है। मैं इसी साझेदारी के निर्माण के लिए यहाँ आया हूँ। यह वह सपना है जिसे हम मिलकर साकार कर सकते हैं। साझा भविष्य के प्रति मेरे विश्वास का आधार भारत के समृद्ध अतीत के प्रति मेरे सम्मान पर आधारित है। भारत वह सभ्यता है जो हजारों वर्षों से दुनिया की दिशा तय कर रही है। भारत ने मानव शरीर के रहस्यों से परदा उठाया। यह कहना अतिशयोक्ति न होगी कि हमारे आज के सूचना युग की जड़ें भारतीय प्रयोगों से संबद्ध है, जिनमें शून्य की खोज शामिल है। भारत ने न केवल हमारे दिमाग को

खोला बल्कि हमारे नैतिक कल्पना को भी विस्तारित किया। मैं संयुक्त राष्ट्र सुरक्षा परिषद् का पुनर्गठन चाहूँगा, जिसमें भारत स्थायी सदस्य के रूप में मौजूद रहे।

विश्व में भारत सही स्थान हासिल कर रहा है, ऐसे में हमें दोनों देशों की साझेदारी को इस सदी की महत्वपूर्ण साझेदारी में परिवर्तन करने का ऐतिहासिक अवसर मिला है। चूँकि 21वीं सदी में ज्ञान ही मुद्रा है, इसलिए हम छात्रों, कालेजों और विश्वविद्यालयों में विनिमय को बढ़ावा देंगे।

व्यापक रूप में भारत और अमेरिका एशिया में साझेदार के तौर पर काम कर सकते हैं। दक्षिण पूर्व एशिया में आपके सहयोगियों की तरह हम भारत को लुक ईस्ट की नीति तक सीमित नहीं रखना चाहते, बल्कि हम चाहते हैं कि भारत पूर्वी एशिया में सक्रिय भूमिका निभाए। यह भारत की कहानी है। यही अमेरिका की भी कहानी है कि मतभेदों के बावजूद लोग मिलजुल कर काम कर सकते हैं। इस साझेदारी ने ही हमें वैश्विक विश्व में अद्भुत स्थान प्रदान किया है, हम स्वीकार सकते हैं कि हम एक साथ मिलकर क्या हासिल कर सकते हैं।, धन्यवाद, जय हिन्द, भारत व अमेरिका के बीच साझेदारी हमेशा बनी रहे।" (भारत यात्रा पर भारतीय संसद के सयुक्त सत्र में सम्बोधन का अंश)

साभार - दैनिक जागरण, वाराणसी, दि0 9 नवम्बर 2010

-बराक ओबामा

बुधवार, 28 जनवरी 2015 ई0

सौ से ज्यादा साल पहले अमेरिका ने भारत के बेटे स्वामी विवेकानन्द का स्वागत किया था। उन्होंने भाषण शुरू करने से पहले सम्बोधित किया था - मेरे प्यारे अमेरिकी भाइयों और बहनों। आज मैं कहता हूँ - मेरे प्यारे भारतीय भाइयों और बहनों। गर्व है कि अमेरिका में 30 लाख भारतीय हैं जो हमें जोड़े रखते हैं। हमारी दोस्ती सहज है। हम आगे भी हर क्षेत्र में एक-दूसरे के साथ बढ़ते रहेंगे। हम भारत की स्वच्छ ऊर्जा की आवश्यकताओं को पूरा करने के महत्वाकांक्षी लक्ष्यों का स्वागत करते हैं और इसमें मदद करने के लिए तैयार हैं। भारत व्यापक विविधता के साथ अपने लोकतन्त्र को मजबूती से आगे बढ़ाता है तो यह दुनिया के लिए एक उदाहरण होगा। भारत तभी सफल होगा जब वह धार्मिक आधार पर बँटेगा नहीं। धर्म का गलत इस्तेमाल नहीं होना चाहिए। हमें समाज को बाँटने वाले तत्वों से सावधान रहना होगा। भारतीय भाइयों और बहनों, हम परफेक्ट देश नहीं हैं। हमारे सामने कई चुनौतियाँ हैं। हममे कई समानताएँ हैं। हम कल्पनाशील और जुझारू हैं। हम सब एक ही बगिया के खुबसूरत फूल हैं। अमेरिका को भारत पर भरोसा है। हम आपके सपने साकार करने में आपके साथ हैं। आपका पार्टनर होने पर हमें गर्व है, जय हिन्द। (भारत के गणतन्त्र दिवस पर मुख्य अतिथि के रूप में भारत यात्रा पर विभिन्न कार्यक्रमों में व्यक्त वक्तव्यों का अंश) साभार - दैनिक जागरण, वाराणसी, दि0 26-28 जनवरी 2015

-बराक ओबामा

रविवार, 26 दिसम्बर, 2010 ई0

वैदिक काल से भारत के ज्ञान-विज्ञान एवं सत्य-अहिंसा के सिद्धान्तों का पूरा विश्व लोहा मानता आ रहा है। वर्तमान में उच्च कोटि के डाक्टर, इंजिनियर और सूचना विज्ञान के विशेषज्ञ पूरे विश्व में अपनी प्रतिभा के दम पर

छाये हुये हैं। आर्थिक महाशक्ति के रूप में भारत की पहचान बन रही है। इन्हीं खूबियों के बूते भारत और सनातन धर्म फिर से विश्व गुरू की पदवी हासिल करेगा। (गाँधी विद्या संस्थान, वाराणसी में)

साभार - दैनिक जागरण, वाराणसी, दि0 26 दिसम्बर, 2010

-गिरधर मालवीय

शनिवार, 17 मई 2014 ई0

काशी के राष्ट्र गुरू बने बिना भारत जगत गुरू नहीं बन सकता। देश अतीत की तरह आध्यात्मिक ऊँचाई पर पहुँचेगा तो स्वतः आर्थिक वैभव प्राप्त हो जायेगा। इसी खासियत की वजह से इतिहास में कभी भारत सोने की चिड़िया थी।" (वाराणसी संसदीय क्षेत्र से चुने गये श्री नरेन्द्र मोदी, वर्तमान प्रधानमंत्री (उस समय भावी) ने वाराणसी में बाबा विश्वनाथ के पूजन के उपरान्त व्यक्त सत्य विचार)

साभार - दैनिक जागरण, वाराणसी, दि0 18 मई 2014

"स्वामी विवेकानन्द एक महान दूरदर्शी थे जिन्होंने जगद्गुरू भारत का सपना देखा था"

साभार - दैनिक जागरण व काशी वार्ता, वाराणसी संस्करण, दि0 12-13 जनवरी, 2015

"युवाओं विश्व को एक करो" ("मन की बात" रेडियो कार्यक्रम द्वारा श्री बराक ओबामा के साथ)

साभार - दैनिक जागरण व काशी वार्ता, वाराणसी संस्करण, दि0 28 जनवरी, 2015

- श्री नरेन्द्र मोदी, प्रधानमंत्री, भारत

सोमवार, 12 जनवरी 2015 ई0

भारत के पहले ग्लोबल यूथ थे स्वामी विवेकानन्द

साभार - दैनिक जागरण व काशी वार्ता, वाराणसी संस्करण, दि0 12-13 जनवरी, 2015

- श्री राजनाथ सिंह, गृहमंत्री, भारत

रिजर्व बैंक से दस गुना विचार धन दे गये विवेकानन्द"

(स्वामी विवेकानन्द के शिकागो वकृतता के 122 वर्षगाँठ पर सन् 2015 में अलीगढ़ में)

- श्री राम नाइक, राज्यपाल, उत्तर प्रदेश, भारत

सोमवार, 2 मार्च, 2015 ई0

भारत पूरी दुनिया को शान्ति की राह दिखाने में संक्षम है। शस्त्र विध्वंशकारी होता है तो शास्त्र पशुता से मानवतावाद की ओर ले जाता है। आज आवश्यकता केवल शिक्षित होने की नहीं बल्कि सुशिक्षित हाने की है। केवल भौतिक विकास को सर्वांगिण विकास नहीं कहा जा सकता। भारत की प्रकृति व यहाँ के ज्ञान के खजाने को ढूढ़ने में पूरी दुनिया लगी है। हमसे दुनियाँ ने बहुत कुछ सिखा है। आज भी उसे शान्ति का रास्ता भारत ही दिखा सकता है।

साभार - दैनिक जागरण, वाराणसी, दि0 2 मार्च, 2015

-श्रीमती प्रतिभा पाटिल

एक भारत - श्रेष्ठ भारत के निर्माण के विचार

"हमारे युग की दो प्रमुख विषेशताएँ विज्ञान और लोकतंत्र है। ये दोनों टिकाऊ हैं। हम शिक्षित लोगों को यह नहीं कह सकते कि वे तार्किक प्रमाण के बिना धर्म की मान्यताओं को स्वीकार कर लें। जो कुछ भी हमें मानने के लिए कहा जाए, उसे उचित और तर्क के बल से पुष्ट होना चाहिए। अन्यथा हमारे धार्मिक विश्वास इच्छापूरक विचार मात्र रह जाएंगे। आधुनिक मानव को ऐसे धर्म के अनुसार जीवन बिताने की शिक्षा देनी चाहिए, जो उसकी विवेक-बुद्धि को जँचे, विज्ञान की परम्परा के अनुकूल हो। इसके अतिरिक्त धर्म को लोकतन्त्र का पोशक होना चाहिए, जो कि वर्ण, मान्यता, सम्प्रदाय या जाति का विचार न करते हुए प्रत्येक मनुष्य के बौद्धिक और आध्यात्मिक विकास पर जोर देता हो। कोई भी ऐसा धर्म, जो मनुष्य-मनुष्य में भेद करता है अथवा विशेषाधिकार, शोषण या युद्ध का समर्थन करता है, आज के मानव को रूच नहीं सकता। स्वामी विवेकानन्द ने यह सिद्ध किया कि हिन्दू धर्म विज्ञान सम्मत भी है और लोकतन्त्र का समर्थक भी। वह हिन्दू धर्म नहीं, जो दोषों से भरपूर है, बल्कि वह हिन्दू धर्म, जो हमारे महान प्रचारकों का अभिप्रेत था। मात्र जानकारियाँ देना शिक्षा नहीं है। यद्यपि जानकारी का अपना महत्व है और आधुनिक युग में तकनीकी की जानकारी महत्वपूर्ण भी है तथापि व्यक्ति के बौद्धिक झुकाव और उसकी लोकतान्त्रिक भावना का भी बड़ा महत्व है। ये बातें व्यक्ति को एक उत्तरदायी नागरिक बनाती हैं। शिक्षा का लक्ष्य है ज्ञान के प्रति समर्पण की भावना और निरन्तर सीखते रहने की प्रवृति। वह एक ऐसी प्रक्रिया है जो व्यक्ति को ज्ञान व कौशल दोनों प्रदान करती है तथा इनका जीवन में उपयोग करने का मार्ग प्रशस्त करती है। करूणा, प्रेम और श्रेष्ठ परम्पराओं का विकास भी शिक्षा के उद्देश्य हैं। जब तक शिक्षक शिक्षा के प्रति समर्पित और प्रतिबद्ध नहीं होता और शिक्षा को एक मिशन नहीं मानता तब तक अच्छी शिक्षा की कल्पना नहीं की जा सकती। शिक्षक उन्हीं लोगों को बनाया जाना चाहिए जो सबसे अधिक बुद्धिमान हों। शिक्षक को मात्र अच्छी तरह अध्यापन करके संतुष्ट नहीं हो जाना चाहिए। उसे अपने छात्रों का स्नेह और आदर अर्जित करना चाहिए। सम्मान शिक्षक होने भर से नहीं मिलता, उसे अर्जित करना पड़ता है।"

- डा0 सर्वपल्ली राधाकृष्णन

"शोषित वर्ग की सुरक्षा उसके सरकार और कांग्रेस दोनों से स्वतन्त्र होने में है। हमें अपना रास्ता स्वयं बनाना होगा और स्वयं। राजनीतिक शक्ति शोषितों की समस्याओं का निवारण नहीं हो सकती, उनका उद्धार समाज में उनका उचित स्थान पाने में निहित है। उनको अपना रहने का बुरा तरीका बदलना होगा। उनको शिक्षित होना चाहिए। एक बड़ी आवश्यकता उनकी हीनता की भावना को झकझोरने, और उनके अन्दर उस दैवीय असंतोष की स्थापना करने की है जो सभी ऊँचाइयों का स्रोत है। शिक्षित बनो!!!, संगठित रहो!!!, संघर्ष करो!!! सामाजिक क्रान्ति साकार बनाने के लिए किसी महान विभूति की आवश्यकता है या नहीं यह प्रश्न यदि एक तरफ रख दिया जाय, तो भी सामाजिक क्रान्ति की जिम्मेदारी मूलतः समाज के बुद्धिमान वर्ग पर ही रहती है, इसे वास्तव में कोई भी अस्वीकार नहीं कर सकता। भविष्य काल की ओर दृष्टि रखकर वर्तमान समय में समाज को योग्य मार्ग दिखलाना यह बुद्धिमान वर्ग का पवित्र कर्तव्य है। यह कर्तव्य निभाने की कुशलता जिस समाज के बुद्धिमान लोग दिखलाते हैं। वही जीवन कलह में टिक सकता है। सही राष्ट्रवाद है, जाति भावना का परित्याग। सामाजिक तथा आर्थिक पुनर्निर्माण के आमूल परिवर्तनवादी कार्यक्रम के बिना अस्पृश्य कभी भी अपनी दशा में सुधार नहीं कर सकते। राष्ट्रवाद तभी औचित्य ग्रहण कर सकता है जब लोगों के बीच जाति, नस्ल या रंग का अन्तर भुलाकर उसमें सामाजिक समरसता व मातत्व को सर्वोच्च स्थान दिया जाय। राष्ट्र का सन्दर्भ में राष्ट्रीयता का अर्थ होना चाहिए- सामाजिक एकता की दृढ़ भावना, अन्तर्राष्ट्रीय सन्दर्भ में इसका अर्थ है-भाईचारा। शिक्षा प्रत्येक व्यक्ति का जन्मसिद्ध अधिकार है अतः शिक्षा के दरवाजे प्रत्येक भारतीय नागरिक के लिए खुले होने चाहिए। एक व्यक्ति के शिक्षित होने का अर्थ है- एक व्यक्ति का शिक्षित होना लेकिन एक स्त्री के शिक्षित होने का अर्थ है कि एक परिवार का शिक्षित होना।"

- बाबा साहेब भीम राव अम्बेडकर

मंगलवार, 23 सितम्बर, 1997 ई0

हमारी संस्कृति कभी एकात्म नहीं रही। भारतीय संस्कृति की विशेषता विभिन्न संस्कृतियों को स्वीकार करने और उनके प्रति रचनात्मक दृष्टिकोण अपनाने की रही है। साभार - आज, वाराणसी, दि0 23-9-1997

-के.आर.नारायणन

बृहस्पतिवार, 25 सितम्बर, 1997ई0

आम आदमी से दूर हटकर साहित्य तो रचा जा सकता है, लेकिन वह निश्चित तौर पर भारतीय जन जीवन का साहित्य नहीं हो सकता। आम आदमी से जुड़ा साहित्य ही समाज के लिए कल्याकाणकारी हो सकता हैं।

साभार - दैनिक जागरण, वाराणसी, दि0-25-9-1997

-शंकर दयाल शर्मा

मई, 1998 ई0

जय जवान, जय किसान, जय विज्ञान (परमाणु बम परीक्षण मई, 1998 के बाद भारत के लिए)

-अटल बिहारी वाजपेयी

सोमवार, 28 सितम्बर, 1998 ई0

हिन्दुत्व महज धर्म नहीं, जीवन शैली है, आने वाली सदी में हिन्दुत्व ही विश्व को रास्ता दिखाएगा।

साभार - दैनिक जागरण, वाराणसी, दि0 28-9-98

-अटल बिहारी वाजपेयी

बुधवार, 30 जून, 1999 ई0

अकेले राजशक्ति के सहारे समाजिक बदलाव सम्भव नहीं

(30 जून, 1999 को लखनऊ में राष्ट्रीय पुर्ननिर्माण वाहिनी के शुभारम्भ में)

-अटल बिहारी वाजपेयी

शुक्रवार, 10 जुलाई, 1998 ई0

काल का बोध न रखने वाले राष्ट्र का आत्मबोध व दिशाबोध भी समाप्त हो जाता है।

साभार - दैनिक जागरण, वाराणसी, दि0 10-7-1998

-मुरली मनोहर जोशी

मंगलवार, 11 अगस्त, 1998 ई0

मैं आवाहन करता हूँ-देश की युवा पीढ़ी का, जो इस महान गौरवशाली देश का नेतृत्व करे और संकीर्णता, भय, आसमानता, असहिष्णुता से ऊपर उठकर राष्ट्र को ज्ञान-विज्ञान के ऐसे धरातल पर स्थापित करे कि लोग कहें यही तो भारत महान है। (विज्ञापन द्वारा प्रकाशित अपील)

साभार - दैनिक जागरण, वाराणसी, दि0 11-8-1998

-मुरली मनोहर जोशी

सोमवार, 13 जुलाई, 1998 ई0

भारत के लिए फ्रांस की राष्ट्रपति प्रणाली ज्यादा उपयुक्त।

साभार - दैनिक जागरण, वाराणसी, दि0-13-7-98

-आर. वेंकटरामन

शुक्रवार, 23 अक्टुबर, 1998 ई0

शिक्षा के भारतीयकरण, राष्ट्रीयकरण और आध्यात्मिकता से जोड़े जाने का प्रस्ताव है, उसका क्या अर्थ है? क्या पिछले पचास वर्षों से लागू शिक्षा प्रणाली गैर भारतीय, विदेशी थी जिसमे भारत की भूत और वर्तमान वास्तविकतायें नहीं थीं?'' (अटल विहारी वाजपेयी को लिखे पत्र में)

साभार - आज, वाराणसी, दि0 23-10-1998

-श्रीमती सोनिया गाँधी

बृहस्पतिवार, 16 मार्च, 2000 ई0

हिन्दू चिन्तन पर आधारित नई आचार संहिता बने।

साभार-अमर उजाला, इलाहाबाद दि0 16-03-2000

-के. एस. सुदर्शन

मंगलवार, 31 अक्टुबर, 2000 ई0

भारत बौद्धिक विस्फोट के मुहाने पर खड़ा है। हर क्षेत्र में भारतीयों का दखल हो रहा है। वह दिन समय नहीं, जब भारत भी पूरी दुनिया में अपना लोहा मनवाएगा। हालांकि इसका लाभ उठाने के लिए भारत को अतीत की पहेलीयों को सुलझाना होगा।"

साभार - अमर उजाला, वाराणसी, दि0 31 अक्टूबर 2000

-वी. एस. नायपाल (नोबेल पुरस्कार से सम्मानित)

शुक्रवार, 26 अगस्त, 2016 ई0

भारत को अब क्रमिक विकास की नहीं कायाकल्प की जरूरत है। यह तब तक संभव नहीं जब तक प्रशासनिक प्रणाली में आमूल-चूल परिवर्तन न हो। लिहाजा नई सोच, नई संस्थान और नई तकनीकी अपनानी होगी। 19वीं सदी के प्रशासनिक प्रणाली के साथ 21वीं सदी में नहीं प्रवेश किया जा सकता है। रत्ती-रत्ती प्रगति से काम नहीं चलेगा। यदि भारत को परिवर्तन की चुनौतियों से निपटना है तो हमें हर स्तर पर बदलाव लाना होगा। हमें कानूनों में बदलाव करना है, अनावश्यक औपचारिकताओं को समाप्त करना है, प्रक्रियाओं को तेज करना है और प्रौद्योगिकी अपनानी है। मानसिकता में भी बदलाव लानी है और यह तभी हो सकता है जब विचार परिवर्तनकारी हों। (नीति आयोग की ओर से आयोजित "भारत परिवर्तन व्याख्यान" के शुभारम्भ में, नई दिल्ली में)

- श्री नरेन्द्र मोदी, प्रधानमंत्री, भारत

एक नागरिक - श्रेष्ठ नागरिक के निर्माण के विचार

"मैं भारत में काफी घूमा हूँ। दाएं-बाएं, इधर-उधर मैंने यह देश छान मारा। और यहाँ मुझे एक भी भिखारी, एक भी चोर देखने को नहीं मिला। यह देश इतना समृद्ध है और इसके नैतिक मूल्य इतने उच्च हैं और यहाँ के लोग इतनी सक्षमता और योग्यता लिए हुए हैं कि हम यह देश कभी जीत सकते हैं यह मुझे नहीं लगा। इस देश की आध्यात्मिक और सांस्कृतिक परम्परा इस देश की रीढ़ है। और हमें यदि यह देश जीतना है तो इसे तोड़ना ही पड़ेगा। उसके लिए इस देश की प्राचीन शिक्षण पद्धति और संस्कृति बदलनी ही पड़ेगी। भारतीय लोग यदि यह मानने लगे कि विदेशी (विशेषतः) जो है श्रेष्ठ हैं, अपनी स्वयं की संस्कृति से भी ऊँची हैं तो वे अपना आत्म सम्मान गवाँ बैठेंगे। और फिर वे वही बनेंगे जो हम चाहते हैं-एक गुलाम देश"

- लार्ड मैकाले, वर्तमान भारत की शिक्षा प्रणाली इनकी कही जाती है।

(2 फरवरी, 1835 को ब्रिटेन की पार्लियामेन्ट में दिये गए लार्ड मैकाले के भाषण के कुछ अंश)

"जीवन में मेरी सर्वोच्च अभिलाषा यह है कि ऐसा चक्र प्रर्वतन कर दूँ जो कि उच्च एवं श्रेष्ठ विचारों को सब के द्वार-द्वार पर पहुँचा दे। फिर स्त्री-पुरूष को अपने भाग्य का निर्माण स्वंय करने दो। हमारे पूर्वजों ने तथा अन्य देशों ने जीवन के महत्वपूर्ण प्रश्नों पर क्या विचार किया है यह सर्वसाधारण को जानने दो। विशेषकर उन्हें देखने दो कि और लोग क्या कर रहे हैं। फिर उन्हें अपना निर्णय करने दो। रासायनिक द्रव्य इकट्ठे कर दो और प्रकृति के नियमानुसार वे किसी विशेष आकार धारण कर लेंगे-परिश्रम करो, अटल रहो। 'धर्म को बिना हानि पहुँचाये जनता की उन्नति'-इसे अपना आदर्श वाक्य बना लो।"

"शिक्षा का मतलब यह नहीं है कि तुम्हारे दिमाग में ऐसी बहुत सी बातें इस तरह से ठूंस दी जाये, जो आपस में लड़ने लगे और तुम्हारा दिमाग उन्हें जीवन भर हजम न कर सकें। जिस शिक्षा से हम अपना जीवन निर्माण कर सकें, मनुष्य बन सके, चरित्र गठन कर सकें और विचारों का सांमजस्य कर सके, वही वास्तव में शिक्षा कहलाने योग्य है। यदि तुम पाँच ही भावों को हजम कर तद्नुसार जीवन और चरित्र गठन कर सके तो तुम्हारी शिक्षा उस आदमी की अपेक्षा बहुत अधिक है जिसने एक पूरी की पूरी लाइब्रेरी ही कठंस्थ कर ली है।"

"उसी मूल सत्य की फिर से शिक्षा ग्रहण करनी होगी, जो केवल यहीं से, हमारी इसी मातृभूमि से प्रचारित हुआ था। फिर एक बार भारत को संसार में इसी मूल तत्व का-इसी सत्य का प्रचार करना होगा। ऐसा क्यों है? इसलिए नहीं कि यह सत्य हमारे शास्त्रों में लिखा है वरन् हमारे राष्ट्रीय साहित्य का प्रत्येक विभाग और हमारा राष्ट्रीय जीवन उससे पूर्णतः ओत-प्रोत है। इस धार्मिक सहिष्णुता की तथा इस सहानुभूति की, मातृभाव की महान शिक्षा प्रत्येक बालक, स्त्री, पुरुष, शिक्षित, अशिक्षित सब जाति और वर्ण वाले सीख सकते हैं। तुमको अनेक नामों से पुकारा जाता है, पर तुम एक हो। तथाकथित समाज-सुधार के विषय में हस्तक्षेप न करना क्योंकि पहले आध्यात्मिक सुधार हुये बिना अन्य किसी भी प्रकार का सुधार हो नहीं सकता, भारत के शिक्षित समाज से मैं इस बात पर सहमत हूँ कि समाज का आमूल परिवर्तन करना आवश्यक है। पर यह किया किस तरह जाये? सुधारकों की सब कुछ नष्ट कर डालने की रीति व्यर्थ सिद्ध हो चुकी है। मेरी योजना यह है, हमने अतीत में कुछ बुरा नहीं किया। निश्चय ही नहीं

किया। हमारा समाज खराब नहीं, बल्कि अच्छा है। मैं केवल चाहता हूँ कि वह और भी अच्छा हो। हमें असत्य से सत्य तक अथवा बुरे से अच्छे तक पहुँचना नहीं है। वरन् सत्य से उच्चतर सत्य तक, श्रेष्ठ से श्रेष्ठतर और श्रेष्ठतम तक पहुँचना है। मैं अपने देशवासियों से कहता हूँ कि अब तक जो तुमने किया, सो अच्छा ही किया है, अब इस समय और भी अच्छा करने का मौका आ गया है।"

"एक बात पर विचार करके देखिए, मनुष्य नियमों को बनाता है या नियम मनुष्य को बनाते हैं? मनुष्य रुपया पैदा करता है या रुपया मनुष्य पैदा करता है? मनुष्य कीर्ति और नाम पैदा करता है या कीर्ति और नाम मनुष्य को पैदा करते हैं? मेरे मित्रों, पहले मनुष्य बनिये, तब आप देखेंगे कि वे सब बाकी चीजें स्वयं आपका अनुसरण करेंगी परस्पर के घृणित द्वेषभाव को छोड़िये और सदुद्देश्य, सदुपाय, सत्साहस एवं सदीर्घ का अवलम्बन किजिए। आपने मनुष्य योनि में जन्म लिया है तो अपनी कीर्ति यहीं छोड़ जाइये।"

"निष्क्रियता, हीनबुद्धि और कपट से देश छा गया है। क्या बुद्धिमान लोग यह देखकर स्थिर रह सकते हैं? रोना नहीं आता? मद्रास, बम्बई, पंजाब, बंगाल-कहीं भी तो जीवनी शक्ति का चिन्ह दिखाई नहीं देता। तुम लोग सोच रहे हो, 'हम शिक्षित हैं' क्या खाक सीखा है? दूसरों की कुछ बातों को दूसरी भाषा में रटकर मस्तिष्क में भरकर, परीक्षा में उत्तीर्ण होकर सोच रहे हो कि हम शिक्षित हो गये हैं। धिक्धिक्, इसका नाम कहीं शिक्षा है? तुम्हारी शिक्षा का उद्देश्य क्या है? या तो ? क्लर्क बनना या एक वकील बनना, और बहुत हुआ तो क़्लर्की का ही दूसरा रूप एक डिप्टी मजिस्ट्रेट की नौकरी यही न? इससे तुम्हें या देश को क्या लाभ हुआ? "

"सिर्फ पुस्तकों पर निर्भर रहने से मानव-मन केवल अवनति की ओर जाता है। यह कहने से और घोर नास्तिकता क्या हो सकती है कि ईश्वरीय ज्ञान केवल इस पुस्तक में या उस शास्त्र में आबद्ध है।"

"सामाजिक व्याधि का प्रतिकार बाहरी उपायों द्वारा नहीं होगा; हमें उसके लिए भीतरी उपायों का अवलम्बन करना होगा-मन पर कार्य करने की चेष्टा करनी होगी। चाहे हम कितनी ही लम्बी चौड़ी बातें क्यों न करें, हमें जान लेना होगा कि समाज के दोषों को दूर करने के लिए प्रत्यक्ष रूप से नहीं वरन् शिक्षादान द्वारा परोक्ष रूप से उसकी चेष्टा करनी होगी।"

"बहुत दिनों तक मास्टरी करने से बुद्धि बिगड़ जाती है। ज्ञान का विकास नहीं होता। दिन रात लड़कों के बीच रहने से धीरे-धीरे जड़ता आ जाती है; इसलिए आगे अब मास्टरी न कर। मेरे पिताजी यद्यपि वकील थे, फिर भी मेरी यह इच्छा नहीं कि मेरे परिवार में कोई वकील बने। मेरे गुरुदेव इसके विरोधी थे एवं मेरा भी यह विश्वास है कि जिस परिवार के कुछ लोग वकील हो उस परिवार में अवश्य ही कुछ न कुछ गड़बड़ी होगी। हमारा देश वकीलों से छा गया है-प्रतिवर्ष विश्वविद्यालयों से सैकड़ों वकील निकल रहे हैं। हमारी जाति के लिए इस समय कर्मतत्परता तथा वैज्ञानिक प्रतिभा की आवश्यकता है।"

"लोगों को यदि आत्मनिर्भरशील बनने की शिक्षा नहीं दी जाए तो जगत के सम्पूर्ण ऐश्वर्य पूर्ण रुप से प्रदान करने पर भी भारत के एक छोटे से छोटे गाँव की भी सहायता नहीं की जा सकती। शिक्षा प्रदान हमारा पहला काम होना चाहिए, चरित्र एवं बुद्धि दोनों के ही उत्कर्ष साधन के लिए शिक्षा विस्तार आवश्यक है।"

"अनुभव ही ज्ञान का एक मात्र स्रोत है। विश्व में केवल धर्म ही ऐसा विज्ञान है जिसमें निश्चयत्व का अभाव है, क्योंकि अनुभव पर आश्रित विज्ञान के रूप में उसकी शिक्षा नहीं दी जाती। ऐसा नहीं होना चाहिए। परन्तु कुछ ऐसे लोगों का एक छोटा समूह भी सर्वदा विद्यमान रहता है, जो धर्म की शिक्षा अनुभव के माध्यम से देते हैं। ये लोग रहस्यवादी कहलाते हैं। और वे हरेक धर्म में, एक ही वाणी बोलते हैं। और एक ही सत्य की शिक्षा देते हैं। यह धर्म का यथार्थ विज्ञान है। जैसे गणित शास्त्र विश्व के किसी भी भाग में भिन्न-भिन्न नहीं होते। वे सभी एक ही प्रकार के होते है तथा उनकी स्थिति भी एक ही होती है। उन लोगों का अनुभव एक ही है और यही अनुभव धर्म का रूप धारण कर लेता है।"

"आखिर इस उच्च शिक्षा के रहने या न रहने से क्या बनता बिगड़ता है? यह कहीं ज्यादा अच्छा होगा कि यह उच्च शिक्षा प्राप्त कर नौकरी के दफ्तरों को खाक छानने के बजाय लोग थोड़ी सी यान्त्रिक शिक्षा प्राप्त करें जिससे काम-धन्धें में लगकर अपना पेट तो भर सकेंगे।"

- स्वामी विवेकानन्द

"इस देश को कुछ बाते समझनी होगी। एक तो इस देश को यह बात समझनी होगी कि तुम्हारी परेशानियों, तुम्हारी गरीबी, तुम्हारी मुसीबतों, तुम्हारी दीनता के बहुत कुछ कारण तुम्हारे अंधविश्वासों में है, कम से कम डेढ़ हजार साल पिछे घिसट रहा है। ये डेढ़ हजार साल पूरे होने जरूरी है। भारत को खिंचकर आधुनिक बनाना जरूरी है। मेरी उत्सुकता है कि इस देश का सौभाग्य खुले, यह देश भी खुशहाल हो, यह देश भी समृद्ध हो। क्योंकि समृद्ध हो यह देश तो फिर राम की धुन गुंजे, समृद्ध हो यह देश तो फिर लोग गीत गाँये, प्रभु की प्रार्थना करें। समृद्ध हो यह देश तो मंदिर की घंटिया फिर बजे, पूजा के थाल फिर सजे। समृद्ध हो यह देश तो फिर बाँसुरी बजे कृष्ण की, फिर रास रचे! यह दीन दरिद्र देश, अभी तुम इसमें कृष्ण को भी ले आओगे तो राधा कहाँ पाओगे नाचनेवाली? अभी तुम कृष्ण को भी ले आओगे, तो कृष्ण बड़ी मुश्किल में पड़ जायेंगे, माखन कहाँ चुरायेंगे? माखन है कहाँ? दूध दही की मटकिया कैसे तोड़ेंगे? दूध दही की कहाँ, पानी तक की मटकिया मुश्किल है। नलों पर इतनी भीड़ है! और एक आध गोपी की मटकी फोड़ दी, जो नल से पानी भरकर लौट रही थी, तो पुलिस में रिपोर्ट दर्ज करा देगी कृष्ण की, तीन बजे रात से पानी भरने खड़ी थी नौ बजते-बजते पानी भर पायी और इन सज्जन ने कंकड़ी मार दी। धर्म का जन्म होता है जब देश समृद्ध होता है। धर्म समृद्ध की सुवास है। तो मैं जरूर चाहता हूँ यह देश सौभाग्यशाली हो लेकिन सबसे बड़ी अड़चन इसी देश की मान्यताएं हैं। इसलिए मैं तुमसे लड़ रहा हूँ। तुम्हारे लिए। आज भारत गरीब है। भारत अपनी ही चेष्टा से इस गरीबी से बाहर नहीं निकल सकेगा, कोई उपाय नहीं है। भारत गरीबी के बाहर निकल सकता हैं, अगर सारी मनुष्यता का सहयोग मिले। क्योंकि मनुष्यता के पास इस तरह के तकनीक, इस तरह का विज्ञान मौजूद है कि इस देश की गरीबी मिट जाये। लेकिन तुम अकड़े रहे कि हम अपनी गरीबी खुद ही मिटायेंगे, तो तुम ही तो गरीबी बनाने वाले हो, तुम मिटाओगे कैसे? तुम्हारी बुद्धि इसकी भीतर आधार है, तुम इसे मिटाओगे कैसे? तुम्हें अपने द्वार-दरवाजे खोलने होंगे। तुम्हें अपना मस्तिष्क थोड़ा विस्तार करना होगा। तुम्हें मनुष्यता का सहयोग लेना होगा। और ऐसा नहीं कि तुम्हारे पास कुछ देने को नहीं है। तुम्हारे पास कुछ देने को है दुनिया को। तुम दुनिया को ध्यान दे सकते हो। अगर अमेरिका को ध्यान खोजना है तो अपने बलबूते नहीं खोज सकेगा अमेरिका। उसे भारत की तरफ नजर उठानी पड़ेगी। मगर वे समझदार लोग हैं। ध्यान सीखने पूरब चले आते हैं। कोई अड़चन नहीं है उन्हें बाधा नहीं है। बुद्धिमानी का लक्षण यही है कि जो जहाँ से मिल सकता हो ले लिया जाये। यह सारी पृथ्वी हमारी हैं। सारी मनुष्यता इकट्ठी होकर अगर उपाय करे तो कोई भी समस्या पृथ्वी पर बचने का कोई भी कारण नहीं है। दुनिया में दो तरह की शिक्षायें होनी चाहिए, अभी एक ही तरह की शिक्षा है। और इसलिए दुनिया में बड़ा अधुरापन है। बच्चों को हम स्कूल भेजते है, कालेज भेजते है, युनिवर्सिटी भेजते है, मगर एक ही तरह की शिक्षा वहाँ- कैसे जियो? कैसे आजिविका अर्जन करें? कैसे धन कमाओं? कैसे पद प्रतिष्ठा पाओं। जीवन के आयोजन सिखाते हैं जीवन की कुशलता सिखाते हैं। दूसरी इससे भी महत्वपूर्ण शिक्षा वह है- कैसे मरो? कैसे मृत्यु के साथ आलिंगन करो? कैसे मृत्यु में प्रवेश करो? यह शिक्षा पृथ्वी से बिल्कुल खो गयी। ऐसा अतीत में नहीं था। अतीत में दोनों शिक्षाएं उपलब्ध थीं। इसलिए जीवन को हमने चार हिस्सों में बाटा था। पच्चीस वर्ष तक विद्यार्थी का जीवन, ब्रह्मचर्य का जीवन। गुरू के पास बैठना। जीवन कैसे जीना है, इसकी तैयारी करनी है। जीवन की शैली सीखनी है। फिर पच्चीस वर्ष तक गृहस्थ का जीवन जो गुरू के चरणों में बैठकर सिखा है उसका प्रयोग, उसका व्यावहारिक प्रयोग। फिर जब तुम पचास वर्ष के होने लगो तो तुम्हारे बच्चे पच्चीस वर्ष के करीब होने लगेंगे। उनके गुरू के गृह से लौटने के दिन करीब होने लगेंगे। अब उनके दिन आ गये कि वे जीवन को जिये। फिर भी पिता और बच्चे पैदा करते चला जाये तो यह अशोभन समझा जाता था। यह अशोभन है। अब बच्चे, बच्चे पैदा करेंगे। अब तुम इन खिलौनों से उपर उठो। तो पच्चीस वर्ष वानप्रस्थ। जंगल की तरफ मुँह- इसका अर्थ होता है कि अभी जंगल गये नहीं, अभी घर छोड़ा नहीं लेकिन घर की तरफ पीठ जंगल की तरफ मुँह। ताकि तुम्हारे बेटों को तुम्हारी सलाह की जरूरत पड़े तो पूछ लें। अपनी तरफ से सलाह मत देना। वानप्रस्थी स्वयं सलाह नहीं देता। फिर पचहत्तर वर्ष के जब तुम हो जाओगे, तो सब छोड़कर जंगल चले जाना। वे शेष अंतिम पचीस वर्ष मृत्यु की तैयारी थे। उसी का नाम सन्यास था। पचीस वर्ष जीवन के प्रारम्भ में जीवन की तैयारी, और जीवन के अंत में पच्चीस वर्ष मृत्यु की तैयारी। उपाधियाँ मिलती है- पी0 एच0 डी0, डी0 लिट0 और डी0 फिल0। और उनका बड़ा सम्मान होता है। उनका काम

क्या है? उनका काम यह है कि वे तय करते हैं कि गोरखनाथ कब पैदा हुए थे। कोई कहता है दसवीं सदी के अंत में, कोई कहता है ग्यारहवीं सदी के प्रारम्भ में। इस पर बड़ा विवाद चलता है। बड़े-बड़े विश्वविद्यालयों के ज्ञानी सिर खपा कर खोज में लगे रहते है। शास्त्रों की, प्रमाणों की, इसकी, उसकी। उनकी पूरी जिन्दगी इसी में जाती है। इससे बड़ा अज्ञान और क्या होगा? गोरख कब पैदा हुए, इसे जानकर करोगे क्या? इसे जान भी लिया तो पाओगे क्या? गोरख न भी पैदा हुए, यह भी सिद्ध हो जाये, तो भी क्या फायदा? हुए हों या न हुए हों, अर्थहीन है। गोरख ने क्या जिया उसका स्वाद लो। इसलिए तुम्हारे विश्वविद्यालय ऐसी व्यर्थता के कामों में संलग्न है कि बड़ा आश्चर्य होता है कि इन्हें विश्वविद्यालय कहो या न कहो। इनका काम ही........तुम्हारे विश्वविद्यालय में चलने वाली जितनी शोध है, सब कूड़ा-करकट है।" **- आचार्य रजनीश "ओशो"**

"सुधर्मा, जरूरत है इस युग में अनगढ़ मानव को गढ़ने की। मनुष्य स्वार्थी, संकीर्णता से ग्रसित हो गया है। इन दुर्बलताओं के आक्रान्त मनमानी शक्ल दिखने में अक्सर आते हैं। पेट और परिवार को आदर्श मान बैठे हैं।"

-अवधूत भगवान राम

"मनुष्य अपने भाग्य का निर्माता आप है, इस विश्वास के आधार पर हमारी मान्यता है कि हम उत्कृष्ट बनेंगे और दूसरों को श्रेष्ठ बनायेंगे, तो युग अवश्य बदलेगा। हम बदलेंगे- युग बदलेगा, हम सुधरेंगे-युग सुधरेगा। इस तथ्य पर हमारा परिपूर्ण विश्वास है।" **- पं0 श्रीराम शर्मा आचार्य, संस्थापक, अखिल विश्व गायत्री परिवार**

बृहस्पतिवार, 11 सितम्बर, 1997 ई0

शिक्षा प्रक्रिया मे व्यापक सुधारों की जरूरत है। 'यह रास्ता दिल्ली की ओर जाता है' लिखा साइन बोर्ड पढ़ लेना मात्र शिक्षा नहीं है। इसके बारे में चिन्तन करना पड़ेगा और कोई लक्ष्य निर्धारित करना पड़ेगा। सामाजिक परिवर्तन किस तरह से, इसकी प्राथमिकताये क्या होगीं? यह तय करना पड़ेगा। इक्कीसवी शताब्दी के लिए हमें कार्यक्रम तय करने पड़ेंगे। मौजूदा लोकतन्त्र खराब नहीं है परन्तु इसको और बेहतर बनाने की आवश्यकता है।

साभार - दैनिक जागरण, ताराणसी, दि0 11-9-97

-रोमेश भण्डारी

शुक्रवार, 25 दिसम्बर, 1998 ई0

शिक्षा में दूरदृष्टि होनी चाहिए तथा हमारी शिक्षा नीति और शिक्षा व्यवस्था ऐसी होनी चाहिए जिससे हम भविष्य देख सकें और भविष्य की आवश्यकताओं को प्राप्त कर सकें।

साभार - आज, वाराणसी, दि0 25-12-1998

-केशरी नाथ त्रिपाठी

रविवार, 8 दिसम्बर, 2002 ई0

अच्छी शिक्षा व्यवस्था ही प्रबुद्ध नागरिक पैदा करती है, बच्चों को नैतिक शिक्षा प्रदान की जाय और रोजगार के नये अवसर पैदा किये जायें, राष्ट्रीय शान्ति व सार्वभौमिक सद्भाव के लिए सभी धर्म आध्यात्मिक आन्दोलन में शामिल हो जायें। नवीनता के द्वारा ही ज्ञान को धन में बदला जा सकता है।"

साभार, दैनिक जागरण, वाराणसी, दि0 8 दिसम्बर 2002

-ए.पी.जे. अब्दुल कलाम

रविवार, 8 जून, 2008 ई0

शासन में फैले भ्रष्टाचार के खिलाफ छात्र आगे आएं। शिक्षा का स्वदेशी मॉडल चाहिए। (गुरूकुल कांगड़ी विश्वविद्यालय के दीक्षांत समारोह में)

साभार - दैनिक जागरण, वाराणसी, दि0 8-06-2008

-लाल कृष्ण आडवाणी

बुधवार, 10 नवम्बर, 2010 ई0

विश्वविद्यालयों में सिर्फ परीक्षाओं में ही नहीं, शोध कार्यों में भी नकल का बोलबाला है, कोई भी विश्वविद्यालय ऐसा नहीं जिसके किसी शोध को अन्तर्राष्ट्रीय तो क्या, राष्ट्रीय स्तर पर भी मान्यता मिली हो। (लखनऊ में आयोजित 21 राज्य विश्वविद्यालयों व अन्य के कुलपतियों के सम्मेलन में)

साभार - दैनिक जागरण, वाराणसी, दि0 10 नवम्बर 2010 **-बी.एल.जोशी**

बुधवार, 21 नवम्बर, 2012 ई0

विश्वविद्यालय के कुलपतियों और शिक्षकों को शिक्षा का स्तर और उन्नत करना चाहिए। एक बार अपना दिल टटोलना चाहिए कि क्या वाकई उनकी शिक्षा स्तरीय है। हर साल सैकड़ों शोधार्थियों को पीएच.डी की उपाधि दी जा रही है, लेकिन उनमें से कितने नोबेल स्तर के हैं। साल में एक-दो शोध तो नोबेल स्तर के हों। (रूहेलखण्ड विश्वविद्यालय, बरेली, उ0प्र0, के दीक्षांत समारोह में)

साभार - अमर उजाला, लखनऊ, दि0 21.11.2012

-श्री बी.एल. जोशी

रविवार, 26 दिसम्बर, 2010 ई0

विश्व एक परिवार है न कि बाजार। भारतीय मानकों में गुरू-शिष्य परम्परा की अवधारणा को मजबूती देने की जरूरत है। शैक्षणिक संस्थानों में नई चेतना, विचारधारा निकालनी होगी जिससे सामाजिक व राष्ट्रीय उत्थान को बल मिले। शान्ति, मूल्यों की शिक्षा ही आज की आवश्यकता है। महामना की सोच मानवीय मूल्य के समावेश वाले युवाओं के मस्तिष्क का विकास था, चाहे वह इंजिनियर हो, विज्ञान या शिक्षाविद्। यहाँ के छात्र दुनिया में मानवीय मूल्य के राजदूत बनें ताकि देश में नम्बर एक बना बी.एच.यू. अब दुनिया के लिए आदर्श बने। इस विश्वविद्यालय (बी.एच.यू.) सरीखा दूसरा कोई उत्कृष्ट संस्थान ही नहीं जहाँ संयुक्त राष्ट्र संघ द्वारा यूनेस्को चेयर फार पीस एंड इंटरकल्चर अंडरस्टैण्डिंग की स्थापना हुई। विश्वविद्यालय का दक्षिणी परिसर मुख्य परिसर की सिर्फ कापी भर नहीं है, बल्कि यह तो भविष्य में "नये विश्वविद्यालय का रूप लेगा"

साभार - दैनिक जागरण, वाराणसी, दि0 26 दिसम्बर, 2010

-डा0 कर्ण सिंह

विज्ञान व आध्यात्म में काफी समानताएं हैं और दोनों के लिए अनुशासन सबसे ज्यादा जरूरी है। इन दोनों का मानव के विकास में भारी योगदान है। जब तक ये एक साथ मिलकर काम नहीं करेंगे उनका पूरा लाभ हासिल नहीं किया जा सकता। विश्वविद्यालय समाज के लिए उपयोगी अनुसंधान पर जोर दें ताकि उनका लाभ जनता व देश को हो। ज्ञान के लिए शिक्षा अर्जित की जानी चाहिए और देश के युवाओं के विकास के लिए शिक्षा पद्धति में समग्र दृष्टिकोण अपनाया जाना जरूरी है। इसका मकसद युवाओं को बौद्धिक और तकनीकी दृष्टि से सक्षम बनाना होना चाहिए। (विज्ञान व आध्यात्मिक खोज पर राष्ट्रीय सम्मेलन, नई दिल्ली के उद्घाटन में बोलते हुए)

साभार - हिन्दुस्तान, वाराणसी, दि0 13 मार्च, 2011

-श्रीमती प्रतिभा पाटिल

रविवार, 27 नवम्बर, 2011 ई0

शिक्षा का नया माडल विकसित करना होगा। पिछले 25 वर्षों से हम अमीर लोगों की समस्या सुलझा रहे हैं। अब हमें गरीबों की समस्या सुलझाने का नैतिक दायित्व निभाना चाहिए। देश में 25 वर्ष से कम उम्र के 55 करोड़ लोग हैं। हमें सोचना होगा कि हम उन्हें नौकरी और प्रशिक्षण कैसे देंगे। भौतिकी, रसायन, गणित जैसे पारम्परिक विषयों को पढ़ने का युग समाप्त हो गया। अब तो हमें रचनात्मकता, समन्वय, लीडरशिप, ग्लोबल तथा प्रोफेशनल विषयों को पढ़ने तथा सूचना तकनीक के जरिए पढ़ाई पर ध्यान केन्द्रित करने की जरूरत है। हमारे देश में जो अध्यापक हैं, वे शोध नहीं करते और जो शोध करते हैं वे पढ़ाते नहीं। हमें पूरी सोच को बदलनी है।

साभार - हिन्दुस्तान, वाराणसी संस्करण,27 नवम्बर, 2011

-सैम पित्रोदा

शनिवार- रविवार, 23-24 फरवरी, 2013 ई0

23-24 फरवरी, 2013 को प्रसिद्ध शिक्षाविद् व वैज्ञानिक प्रो0 यशपाल के पहल पर गन्ना विकास संस्थान, लखनऊ (उ0प्र0) के कान्फ्रेन्स रूम में "अमर उजाला फाउण्डेशन" की प्रस्तुति "संवाद"आयेजित की गई थी। जिसमें शहर के वैज्ञानिक व बुद्धिजीवीयों ने अपने विचार व्यक्त किये थे।

"विज्ञान व समाजशास्त्र को दो खांचे में बाँटने के नुकसान हमने देखें हैं। अब इस बँटवारे की दीवार तोड़नी होगी। तरीका क्या हो? जरूरत क्यों है?" वैज्ञानिकों व बुद्धिजीवीयों के जेहन में कौंध रहे कुछ ऐसे ही सवालों की बहस का केन्द्र बना "अमर उजाला" का "संवाद" कार्यक्रम। इस कार्यक्रम में निम्नलिखित विचार व्यक्त हुये थे-

1. ज्ञान को सीमाओं और खांचों में बाँटना खतरनाक है।- "अमर उजाला" का "संवाद" का परिणाम

2. पेपर व सिलेबस बनावटी व्यवस्था है

डिसिप्लिन यानी अनुशासन के नाम पर ज्ञान की हमने दीवारें बना दी हैं। इसे पार पाना कठिन होता जा रहा है। विभाग बढ़ रहें हैं और शिक्षक और विभागाध्यक्ष भी। लेकिन आपस में संवाद नहीं हो रहा है। खुदा ने तो यह नहीं कहा था कि ज्ञान बढ़ेगा तो अनुशासन बढ़ेगा। बच्चे जैसे-जैसे बड़े हो रहे हैं उनके सवालों का इस विभाजन से दम घुट रहा है। केमिस्ट्री का बच्चा क्यों नहीं हिस्ट्री पढ़ सकता है। छात्र जो पढ़ना चाहता है उसे पढ़ने दो। ज्ञान में अनुशासन कैसा? यह तो ज्ञान की उपज है। अनुशासन की दीवारें तोड़ दें, तभी विचारों को नई दिशा मिलेगी। नियम-कायदें, व्यवस्था के लिए हैं। इसलिए ऐसे नियमों को तोड़ दें, जो विकास में बाधक है। जो सिस्टम रचनात्मकता को मार रहा है, ज्ञान का बँटवारा कर रहा है, उसके उनमुक्त प्रवाह को रोक रहा है, उसे तोड़ दो। पेपर व सिलेबस बनावटी व्यवस्था है। वह वास्तविक ज्ञान को नहीं आँक सकते। विश्वविद्यालय अध्ययन प्रणाली को विषय व संकाय की परिधि से बाहर निकालें। **-प्रो0 यशपाल (पूर्व चेयरमैन, यू0जी0सी0, भारत)**

3. माईंडसेट बदलना होगा

खांचों में बँटी विषयगत, प्राथमिक और उच्च शिक्षा में जुड़े शिक्षकों के प्रति अलग-अलग महत्व की समस्या दरअसल पूरी तरह से मानसिकता से जुड़ी हुई है। आज भी प्राथमिक शिक्षा, उच्च शिक्षा के मुकाबले उपेक्षात्मक भाव से देखी जाती है चाहे वह पहचान देने की बात हो या संसाधन की। यही स्थिति विश्वविद्यालय में शिक्षक के स्नातक कक्षाओं में पढ़ाने को लेकर भी है।

-प्रो0 रूपरेखा वर्मा (पूर्व कुलपति, लखनऊ विश्वविद्यालय)

4. एक्सीलेंस की हो पहचान

कई विषय ऐसे हैं जिनका अध्ययन, विकास एवं निष्कर्ष पूरी तरह से दूसरे विषयों से सम्बद्ध है। हम अंतर अनुशासनिक शोध एवं प्रयोग करते भी हैं लेकिन नीति निर्धारण अथवा प्रशासनिक स्तर पर कुछ ऐसा जरूर कर दिया जाता है कि हम आपस में मिलकर भी न मिल सकें। विषय के खांचें में फँसने से कहीं अधिक जरूरी है एक्सीलेंस की पहचान करना। **-डा0 पी. के. सेठ (सी.ई.ओ., बायोटेक पार्क)**

5. बदलनी होगी धारणा

जब हम कोई नई शुरूआत करते हैं तो अपने आप बाधाएँ खड़ी होने लगती हैं। अपने देश में स्वीकार होने के लिए वाया अमेरिका और जर्मनी आना पड़ता है। यह प्रवृत्ति बदलनी होगी। व्यक्ति को उसके कार्यों एवं सोच के आधार पर स्वीकारने एवं सराहना की खासा आवश्यकता है। तभी नये विचारों को बल मिलेगा।

-डा0 प्रदीप श्रीवास्तव (साइनटून के जनक)

6. एक-दूसरे के विश्वास की जरूरत

बुद्धिजीवीयों को पथ-प्रदर्शक होने का दावा करने से बचना होगा बल्कि उन्हें समाज में सहयोगी की भूमिका निभानी होगी। 1997 में राज्य शिक्षा नीति पर काम करने के दौरान मैंने पाया कि छात्र से लेकर मंत्री तक की एक ही शिकायत थी कि मेरी कोई सुनता नहीं है। हमें समाज से जुड़कर मुद्दों को देखना एवं समझना होगा तब हम ज्यादा प्रभावी हो सकेंगे। एक-दूसरे के सम्मान व विश्वास की जरूरत है।

-प्रो0 राकेश चन्द्रा (पूर्व अध्यक्ष, दर्शनशास्त्र विभाग, लखनऊ विश्वविद्यालय)

7. समाज से हो शोधों का जुड़ाव

हमारी समस्या है कि हमें दूसरे का काम अच्छा लगता है, अपना किया समझ में नहीं आता है। इसलिए विषयों के परम्परागत स्वरूप से आगे बढ़ने का साहस नहीं जुट पा रहा है। आज भी वैज्ञानिक शोधों का सामाजिक मुद्दों से सीधे जुड़ाव नहीं हो पा रहा है। शोधों को प्रभावी बनाने के लिए विज्ञान एवं समाज विज्ञान को मिलकर चलना व काम करना होगा। **-डा0 अंशुमाली शर्मा (संयोजक, चाइल्ड लाइन)**

8. विविधताओं वाले संस्थानों की जरूरत

भारत में विश्वविद्यालय की सही परिकल्पना साकार होने में अभी वक्त लगेगा। गिने-चुने विद्यालय ही हैं जहाँ डिसिप्लिन के बाहर पठन-पाठन की बात की जाती है। हमें खुलेपन एवं विविधता पूर्ण शिक्षण संस्थान की जरूरत है। खासकर शिक्षण-प्रशिक्षण प्रक्रिया में बड़े बदलाव की जरूरत है क्योंकि आज विद्यालय वह वधशालाएँ बन चुके हैं जहाँ बच्चों की जिज्ञासाओं का कत्ल किया जाता है।

-प्रो0 यू. सी. वशिष्ठ (पूर्व विभागाध्यक्ष, लखनऊ विश्वविद्यालय)

9. तो कैसे बढ़ेगी रचनात्मकता

हम आज तक विश्वविद्यालयों की समाज में वास्तविक भूमिका के साथ न्याय नहीं कर पाये हैं। ताज्जुब की बात यह है कि विश्वविद्यालय के आवश्यक कार्यों में पढ़ाई शामिल ही नहीं है। स्कूलों में भी शिक्षण का दायरा इतना सीमित है कि बच्चों में रचनात्मक सोच के विकास की गुंजाइश खत्म होती जा रही है।

-नवीन तिवारी (आर.टी.आई. एक्टिविस्ट)

10. केवल चकाचौंध से ही न जुड़े साइंस

विज्ञान एवं तकनीकी ने धमक एवं चकाचौंध तो पैदा की है लेकिन आम आदमी की समस्याओं के हल से अभी नहीं जुड़ सका है। हमें यह तय करना होगा कि धमक ही पैदा करनी है या बाधाएँ दूर करनी हैं। आई.टी की खजड़ी तो चारों ओर बज रही है लेकिन हमारा सूचना विज्ञान आज भी बहुत कमजोर है। इस फासले को खत्म करना होगा। आइने की जगह चेहरे की धूल साफ करने की जरूरत है।

-प्रो0 भूमित्र देव (पूर्व कुलपति, आगरा, बरेली, गोरखपुर, मंगलयातन विश्वविद्यालय)

11. ट्रेंड तोड़ना होगा

विज्ञान एवं सामाजिक विज्ञानों को विषयगत खांचों एवं विभागों की दीवारों से बाहर निकालने की जरूरत है। विज्ञान का विद्यार्थी कला का विषय पढ़ना चाहता है तो उसे प्रोत्साहन तो दूर कक्षाओं में बैठना मुश्किल होता है। हम एक ऐसे परम्परागत सिस्टम में बँधे हैं जहाँ विद्यार्थी को अपने मन से पढ़ने के लिए कोई गुंजाइश ही नहीं है। इसके लिए विश्वविद्यालय का ढांचा बदलना जरूरी है।

-प्रो0 एम. पी. सिंह (पूर्व प्रतिकुलपति, लखनऊ विश्वविद्यालय)

12. यूनिवर्सिटी से अपेक्षाएँ तय करनी होगी

शिक्षण की गुणवत्ता महत्वपूर्ण प्रश्न है। शिक्षक के इंटेलिजेंसी का मूल्यांकन उसके भावनात्मक पहलू से भी होना जरूरी है। शिक्षक वह बेहतर है जो छात्र में विषय के प्रति रूचि पैदा करे। दुर्भाग्य से चयन प्रक्रिया की खामी के चलते बहुत से ऐसे लोग शिक्षक बन रहें हैं जो इसके लायक ही नहीं हैं। हमें विश्वविद्यालय से अपेक्षाएँ तय करनी होगी। इसे बहुत सारे आयामों में बाँधना भी एक समस्या है।

-डा0 एन. के. पाण्डेय (प्रोफेसर, भौतिकी विभाग, लखनऊ विश्वविद्यालय)

13. बदलाव की ओर बढ़ना होगा

खांचों में बँटा ज्ञान समाज एवं मानवता दोनों के लिए हितकर नहीं है। आज भी विश्वविद्यालय स्कूल बनाम विभाग की बहस में उलझे हुए हैं। हमें इसमें परिवर्तन की ओर बढ़ना होगा। दुर्भाग्यपूर्ण है कि पुस्तक चयन, पाठ्यक्रम, अध्ययन या शिक्षण प्रक्रिया से जुड़े किसी भी आयाम में छात्रों की कोई भागीदारी ही नहीं है। इस दिशा में प्रयास किए जाने चाहिए। **-डा0 विनोद चन्द्रा (शिक्षक समाजशास्त्र, जे.एन.पी.जी.)**

14. सार्थक बातें किससे हो यह सवाल

आपसी संवाद में सबसे बड़ी समस्या यह है कि हर कोई अपने महत्व एवं ज्ञान को दर्शाते हुए दूसरे से बात करना चाहता है। संस्थान के संवाद शिक्षण, नवाचार एवं नई विधा से जुड़े न होकर प्रमोशन, पब्लिकेशन, दूसरे की प्रगति, तीसरे की अवनति से जुड़े हैं। ऐसे में सार्थक बातें कैसे और किससे हों यह एक अहम सवाल है।

-अमित मिश्रा (वैज्ञानिक)

15. खुद अपनी भूमिका तय करनी होगी

आज अच्छे शिक्षकों की आवश्यकता है। लेकिन अच्छे शिक्षक के लिए अच्छे छात्र भी होने जरूरी हैं। हमें स्वयं अपनी भूमिका के बारे में सोचना होगा और ज्ञान-विज्ञान की सीमाओं से परे हटाकर इसके मानवीय स्वरूप में पहुँचाने की दिशा में आगे बढ़ना होगा। **-समरेन्द्र कुमार सिंह (समन्वयक, आंचलिक विज्ञान केन्द्र)**

16. आम लोगों तक पहुँचे विज्ञान

आज भी विज्ञान और शिक्षा का बड़ा स्वरूप बहुत हद तक प्रयोगशालाओं एवं उच्च शिक्षण संस्थानों के परिसर तक ही सीमित है। इसे गाँव व आम लोगों तक पहुँचाना जरूरी है। खासकर शिक्षक व वैज्ञानिक कम से कम इतनी जिम्मेदारी जरूर उठाएं कि जिस क्षेत्र या स्थान से वह जुड़े हैं, वहाँ वैज्ञानिक जागरूकता को बढ़ावा दें।

-डा0 मृदुल शुक्ला (वैज्ञानिक)

17. शोधार्थियों में समन्वय जरूरी

शोधार्थियों में बीच में आपसी समन्वय न होने के चलत भी बहुत बार समस्याएं आती हैं। इससे अच्छे रिजल्ट नहीं आते। हमें अपने विषयगत ज्ञान की विशेषता के दंभ से परे हटकर एक मिशन की तरह काम करना होगा और आम आदमी तक इसके फायदे पहुँचाने की संभावनाएं तलाशनी होगी। **-शास्त्री शुक्ला (वैज्ञानिक)**

18. आत्मावलोकन की जरूरत

बुद्धिजीवी स्वयं रास्ता ढूंढ रहे हैं तो पथ प्रदर्शक की उम्मीद उनसे बेमानी है। विश्वविद्यालयों में संवाद की गुंजाइश नहीं रह गई है और वह मोनोलाग बनते जा रहे हैं। कक्षाओं में प्रश्न पूछने के लिए जगह ही नहीं है बल्कि इसे समय की बरबादी माना जाता है। डिसिप्लिन सीमा रहीं है, दीवार नहीं। हमें कहीं न कहीं आत्मावलोकन की जरूरत है। **-प्रो0 राजेश मिश्र (विभागाध्यक्ष, समाजशास्त्र, लखनऊ विश्वविद्यालय)**

19. ज्ञान व सूचना के अन्तर को समझें

हमें ज्ञान व सूचना के अन्तर को समझने की जरूरत है। रचनात्मक ज्ञान का कोई विकल्प नहीं होता है। दुखद यह है कि अब भी विषय विशेषज्ञता को ज्ञान के ऊपर अधिक महत्व दिया जा रहा है। इंटर-डिसिप्लिनरी अध्ययन की राह में यह बड़ी बाधा है। **-डा0 सी. एस. नौटियाल (निदेशक, एन.बी.आर.आई)**

20. मौलिक विचारों को मिले महत्व

युवा के लिए आज शिक्षक रोल माडल नहीं रह गया है। वह परिसर के बाहर का व्यक्ति है। आज भी हम वैज्ञानिक दृष्टिकोण विकसित करने में पूरी तरह से सफल नहीं हो सके हैं। इस दिशा में काम करना होगा। प्रोजेक्ट एवं शोध कार्यों में मौलिक विचार प्रक्रिया को स्थान दिया जाना सर्वाधिक जरूरी है।

-प्रो0 सुधीर पंवार (जूलोजी विभाग, लखनऊ विश्वविद्यालय)

21. खुद करनी होगी पहल

शिक्षक जितना छात्र से जुड़ेगा, उससे संवाद करेगा उतना ही वह खुद बेहतर बन सकेगा। हम सिस्टम को बदलने के बारे में सोचना छोड़कर अपने स्तर से प्रयास करने की पहल करें। विश्वविद्यालय आज केवल प्रशासनिक निकाय बन गये हैं। जहाँ पढ़ाई केवल कभी-कभी आने वाले निर्देशों की तरह प्राथमिकता में है। शिक्षक के प्रमोशन में पढ़ाई पर एक भी नम्बर नहीं मिलता है।

-प्रो0 मनोज दीक्षित (निदेशक, कांशीराम पर्यटन प्रबन्धन संस्थान)

22. विषय के दायरे से निकलें

इंटर-डिसिप्लिनरी रिसर्च, पाठ्यक्रमों के निर्धारण के स्तर पर आई.आई.एम. या आई.आई.टी. के स्तर पर कोई बड़ी समस्या नहीं है। दरअसल डिसिप्लिन एवं स्पेसलाईजेशन की दीवारें हमने खुद खड़ी की है। हम किसी भी विषय की विशेषज्ञता के दायरे में स्वयं को खुद इतना कस लेते हैं कि दूसरे के लिए कोई संभावना नहीं रहती। अपने लिए भी नएपन की गुंजाइश पर विराम लगा लेते हैं। इसलिए हमें स्वयं के स्तर पर बदलाव लाने की जरूरत है। **-प्रो0 भरत भास्कर (आई.आई.एम., लखनऊ)**

23. स्वायत्तता व तानाशाही में फर्क समझें

असहज एवं असंतुष्ट होने की प्रवृत्ति क्रियाशीलता को ही बढ़ाती है। इससे हम समाधान की ओर बढ़ेंगे। हमें अकादमिक स्वायत्तता व तानाशाही के बीच के फर्क को समझना होगा। कहीं न कही आज हमारी प्रमाणिकता कम हुई है तभी शासन, प्रशासन या अन्य नियामकों को शिक्षण संस्थानों में हस्तक्षेप का मौका मिला है। हमें समाज आधारित प्रोजेक्ट तैयार करने होंगे ताकि विज्ञानी व समाज विज्ञानी दोनों ही साथ आकर वास्तविक मुद्दों पर काम कर सकें। **-प्रो0 यशवीर त्यागी (पूर्व विभागाध्यक्ष, लखनऊ विश्वविद्यालय)**

24. स्वीकार्यता खुद बनानी होगी

शिक्षा व्यवस्था का मूल उद्देश्य बच्चे का समाजीकरण है। यदि शिक्षा विज्ञान को बढ़ाने एवं समाज से जुड़े मुद्दों को छात्र को समझाने में सफल नहीं है तो फिर वह अप्रासंगिक है। ज्ञान कितना भी अधिक हो लेकिन वह संवेदनशील नहीं है, तो खतरनाक है। किसी भी प्रक्रिया में नई शुरूआत पर विरोध व उपहास होते हैं सहज स्वीकार्यता के लिए उन्हें पार करना जरूरी होगा। **-एन. पी. सिंह (निदेशक, गन्ना विकास संस्थान, लखनऊ)**

25. टीचर खुद को ब्राण्ड बनायें

किसी भी नई शुरूआत के लिए नजरिया चाहिए। अगर आप वास्तव में कुछ करना चाहते हैं तो उसके कई रास्ते निकलकर आयेंगे। शिक्षक को स्वयं को ब्राण्ड के रूप में स्थापित करने की जरूरत है। 2015 तक हमारे पास अमेरिका से अधिक स्मार्ट फोन होंगे, हम इस तकनीक का इस्तेमाल शिक्षा के लिए क्यों नहीं करते।

-डा0 मुकुल श्रीवास्तव (एसोसिएट प्रोफेसर, पत्रकारिता विभाग, लखनऊ विश्वविद्यालय)

बृहस्पतिवार, 25 दिसम्बर, 2014 ई0

अच्छी शिक्षा, शिक्षकों से जुड़ी है। शिक्षक को हर परम्पराओं का ज्ञान होना चाहिए। हम विश्व को अच्छे शिक्षक दे सकते हैं। विगत छह महीने से पूरा विश्व हमारी ओर देख रहा है। ऋषि-मुनियों की शिक्षा पर हमें गर्व है। 21वीं सदी में विश्व को उपयोगी योगदान देने की माँग है। पूर्णत्व के लक्ष्य को प्राप्त करना विज्ञान हो या तकनीकी, इसके पीछे परिपूर्ण मानव मन की ही विश्व को आवश्यकता है। रोबोट तो पाँच विज्ञानी मिलकर भी पैदा कर देंगे। मनुष्य का पूर्णत्व, तकनीकी में समाहित नहीं हो सकता। पूर्णता मतलब जनहित। कला-साहित्य से ही होगा नवजागरण। (बी.एच.यू. वाराणसी में) साभार - काशी वार्ता, वाराणसी संस्करण, दि0 26 दिसम्बर, 2014

- श्री नरेन्द्र मोदी, प्रधानमंत्री, भारत

बुधवार, 20 जनवरी, 2016 ई0

ऐसी शिक्षा की जरूरत है जो समर्पित, विश्वसनीय और आत्म विश्वास से लवरेज युवा तैयार करे। शिक्षा ऐसी होनी चाहिए जो न केवल काबिल पेशेवर दे बल्कि वो समाज व देश के प्रति जुड़ाव भी महसूस करे। (स्वामी राम हिमालयन विश्वविद्यालय के पहले दिक्षांत समारोह में बोलते हुएं)

- श्री प्रणव मुखर्जी, राष्ट्रपति, भारत

भाग-3

विश्व कृति

लव कुश सिंह “विश्वमानव”

सत्यकाशी ब्रह्माण्डीय एकात्म विज्ञान विश्वविद्यालय
(Satyakashi Universal Integration Science University-SUISU)

लव कुश सिंह "विश्वमानव"

आविष्कारकर्ता-मन (मानव संसाधन) का विश्व मानक एवं पूर्ण मानव निर्माण की तकनीकी
अगला दावेदार-भारत सरकार का सर्वोच्च नागरिक सम्मान-"भारत रत्न"

परिचय

अपने विशेष कला के साथ जन्म लेने वाले व्यक्तियों के जन्म माह अक्टुबर के सोमवार, 16 अक्टुबर 1967 (आश्विन, शुक्ल पक्ष-त्रयोदशी, रेवती नक्षत्र) समय 02.15 ए.एम. बजे को रिफाइनरी टाउनशिप अस्पताल (सरकारी अस्पताल), बेगूसराय (बिहार) में श्री लव कुश सिंह का जन्म हुआ और टाउनशिप के E1-53, E2-53, D2F-76, D2F-45 और साइट कालोनी के D-58, C-45 में रहें। इनकी माता का नाम श्रीमती चमेली देवी तथा पिता का नाम श्री धीरज नारायण सिंह जो इण्डियन आयल कापरिशन लि0 (आई.ओ.सी.लि.) के बरौनी रिफाइनरी में कार्यरत थे और उत्पादन अभियंता के पद से सन् 1995 में स्वैच्छिक सेवानिवृत हो चुके हैं। जो कि ग्राम-नियामतपुर कलाँ, पुरूषोत्तमपुर, मीरजापुर (उ0प्र0) पिन-231305 के निवासी हैं। दादा का नाम स्व.राजाराम व दादी का नाम श्रीमती दौलती देवी था। जन्म के समय दादा स्वर्गवासी हो चुके थे जो कभी कश्मीर के राजघराने में कुछ समय के लिए सेवारत भी थे। मार्च सन् 1991 में इनका विवाह चुनार क्षेत्र के धनैता (मझरा) ग्राम में शिव कुमारी देवी से हुआ और जनवरी सन् 1994 में पुत्र का जन्म हुआ। मई सन् 1994 में शिव कुमारी देवी की मृत्यु होने के उपरान्त वे लगभग घर की जिम्मेदारीयों से मुक्त रह कर भारत देश में भ्रमण करते हुये चिंतन व विश्वशास्त्र के संकलन कार्य में लग गये। किसी भी व्यक्ति का नाम उसके अबोध अवस्था में ही रखा जाता है अर्थात् व्यक्ति का प्रथम नाम प्रकृति प्रदत्त ही होता है। लव कुश सिंह नाम उनकी दादी स्व0 श्रीमती दौलती देवी के द्वारा उन्हें प्राप्त हुआ।

भारत देश के ग्रामीण क्षेत्र से एक सामान्य नागरिक के रूप में सामान्य से दिखने वाले श्री लव कुश सिंह एक अद्भुत नाम-रूप-गुण-कर्म के महासंगम हैं जिसकी पुनरावृत्ति असम्भव है। इनकी शिक्षा न्यू प्राइमरी स्कूल (प्राथमिक), रिफाइनरी टाउनशिप, बेगूसराय (बिहार), माधव विद्या मन्दिर इण्टरमीडिएट कालेज, पुरूषोत्तमपुर, मीरजापुर, उ0प्र0 (दसवीं-1981, 13 वर्ष 6 माह में), प्रभु नारायण राजकीय इण्टर कालेज, रामनगर, वाराणसी, उ0प्र0 (बारहवीं-1983, 15 वर्ष 6 माह में) और बी.एससी.(जीव विज्ञान) में 17 वर्ष 6 माह के उम्र में सन् 1985 ई0 में तत्कालिन गोरखपुर विश्वविद्यालय से सम्बद्ध श्री हरिश्चन्द्र स्नातकोत्तर महाविद्यालय, वाराणसी से पूर्ण हुई। तकनीकी शिक्षा में कम्प्यूटर प्रोग्रामिंग एण्ड सिस्टम एनालिसिस में स्नातकोत्तर डिप्लोमा इण्डिया एजुकेशन सेन्टर, एम-92, कनाट प्लेस, नई दिल्ली से सन् 1988 में पूर्ण हुई। परन्तु जिसका कोई प्रमाण पत्र नहीं है वह ज्ञान अद्भुत है। अपने तीन भाई-बहनों व एक पुत्र में वे सबसे बड़े व सबसे कम प्रमाणित शिक्षा प्राप्त हैं। एक अजीब पारिवारिक स्थिति यह है कि प्रारम्भ निरक्षर माँ से होकर अन्त "विश्वशास्त्र" को व्यक्त करने वाले श्री लव कुश सिंह तक एक ही परिवार में हैं।

सभी धर्मशास्त्रों और भविष्यवक्ताओं के अनुसार और सभी को सत्य रूप में वर्तमान करने के लिए "विश्वशास्त्र" को व्यक्त करने वाले श्री लव कुश सिंह समय रूप से संसार के सर्वप्रथम वर्तमान में रहने वाले व्यक्ति हैं क्यूँकि वर्तमान की परिभाषा है-पूर्ण ज्ञान से युक्त होना और कार्यशैली की परिभाषा है-भूतकाल का अनुभव, भविष्य की आवश्यकतानुसार पूर्णज्ञान और परिणाम ज्ञान से युक्त होकर वर्तमान समय में कार्य करना। स्वयं को आत्म ज्ञान होने पर प्रकृति प्रदत्त नाम के अलावा व्यक्ति अपने मन स्तर का निर्धारण कर एक नाम स्वयं रख लेता है। जिस प्रकार "कृष्ण" नाम है "योगेश्वर" मन की अवस्था है, "गदाधर" नाम है "रामकृष्ण परमहंस" मन की अवस्था है, "सिद्धार्थ" नाम है "बुद्ध" मन की अवस्था है, "नरेन्द्र नाथ दत्त" नाम है "स्वामी विवेकानन्द" मन की अवस्था है, "रजनीश" नाम है "ओशो" मन की अवस्था है। उसी प्रकार लव कुश सिंह ने अपने नाम के साथ "विश्वमानव" लागाकर मन की अवस्था को व्यक्त किया है और उसे सिद्ध भी किया है। व्यक्तियों के नाम, नाम है "भोगेश्वर विश्वमानव" उसकी चरम विकसित, सर्वोच्च और अन्तिम अवस्था है जहाँ समय की धारा में चलते-चलते मनुष्य वहाँ विवशतावश पहुँचेगा ऐसा उनका मानना है। जिस प्रकार श्रीकृष्ण के जन्म से पहले ही ईश्वरत्व उन पर झोंक दिया गया था अर्थात् जन्म लेने वाला देवकी का आठवाँ पुत्र ईश्वर ही होगा, यह श्रीकृष्ण को ज्ञात होने पर जीवनभर वे जनभावना को उस ईश्वरत्व के प्रति विश्वास बनाये रखने के लिए संघर्ष करते रहे, उसी प्रकार इस "लव-कुश" का नाम उन्हें ज्ञात होने पर वे भी इसे सिद्ध करने के लिए जीवनभर संघर्ष करते रहे जिसका परिणाम आपके समक्ष है।

श्री लव कुश सिंह "विश्वमानव"ने कभी किसी पद पर सरकारी नौकरी नहीं की इस सम्बन्ध में उनका कहना था कि-"नौकरी करता तो यह नहीं कर पाता। पद पर रहता तो केवल पद से सम्बन्धित ही विशेषज्ञता आ पाती। वैसे भी पत्र-व्यवहार या पुस्तक का सम्बन्ध ज्ञान और विचार से होता हैं उसमें व्यक्ति के शरीर से क्या मतलब? क्या कोई लंगड़ा या अंधा होगा तो उसका ज्ञान-विचार भी लंगड़ा या अंधा होगा? क्या कोई किसी पद पर न हो तो उसकी सत्य बात गलत मानी जायेगी? विचारणीय विषय है। परन्तु इतना तो जानता हूँ कि यह आविष्कार यदि सीधे-सीधे प्रस्तुत कर दिया जाता तो सभी लोग यही कहते कि इसकी प्रमाणिकता क्या है? फिर मेरे लिए मुश्किल हो जाता क्योंकि मैं न तो बहुत ही अधिक शिक्षा ग्रहण किया था, न ही किसी विश्वविद्यालय का उच्चस्तर का शोधकत्र्ता था। परिणामस्वरूप मैंने ऐसे पद "कल्कि अवतार" को चुना जो समाज ने पहले से ही निर्धारित कर रखा था और पद तथा आविष्कार के लिए व्यापक आधार दिया जिसे समाज और राज्य पहले से मानता और जानता है।"

भारत अपने शारीरिक स्वतन्त्रता व संविधान के लागू होने के उपरान्त वर्तमान समय में जिस कर्तव्य और दायित्व का बोध कर रहा है। भारतीय संसद अर्थात् विश्वमन संसद जिस सार्वभौम सत्य या सार्वजनिक सत्य की खोज करने के लिए लोकतन्त्र के रूप में व्यक्त हुआ है। जिससे स्वस्थ लोकतंत्र, समाज स्वस्थ, उद्योग और पूर्ण मानव की प्राप्ति हो सकती है, उस ज्ञान से युक्त विश्वात्मा श्री लव कुश सिंह "विश्वमानव" वैश्विक व राष्ट्रीय बौद्धिक क्षमता के सर्वोच्च और अन्तिम प्रतीक के रूप में व्यक्त हैं।

निःशब्द, आश्चर्य, चमत्कार, अविश्वसनीय, प्रकाशमय इत्यादि ऐसे ही शब्द उनके और उनके शास्त्र के लिए व्यक्त हो सकते हैं। विश्व के हजारों विश्वविद्यालय जिस पूर्ण सकारात्मक एवं एकीकरण के विश्वस्तरीय शोध को न कर पाये, वह एक ही व्यक्ति ने पूर्ण कर दिखाया हो उसे कैसे-कैसे शब्दों से व्यक्त किया जाये, यह सोच पाना और उसे व्यक्त कर पाना निःशब्द होने के सिवाय कुछ नहीं है।

"विश्वशास्त्र" के शास्त्राकार श्री लव कुश सिंह "विश्वमानव" अपने परिचितों से केवल सदैव इतना ही कहते रहे कि-"कुछ अच्छा किया जा रहा है" के अलावा बहुत अधिक व्याख्या उन्होंने कभी नहीं की। और अन्त में कभी भी बिना इस शास्त्र की एक भी झलक दिखाये एकाएक यह शास्त्र प्रस्तुत कर दिया जाये तो इससे बड़ा आश्चर्य क्या हो सकता है। जो इस स्तर पर है कि-"विश्व बुद्धि बनाम एकल बुद्धि। और उसका परिणाम ये है कि भारत को वर्तमान काल में विश्वगुरू और संयुक्त राष्ट्र संघ तक के लिए सार्वभौम सत्य-सैद्धान्तिक स्थापना योग्य मार्गदर्शन अभी ही उपलब्ध हो चुका है जिससे भारत जब चाहे तब उसका उपयोग कर सके।

जो व्यक्ति कभी किसी वर्तमान गुरू के शरणागत होने की आवश्यकता न समझा, जिसका कोई शरीरधारी प्रेरणा स्रोत न हो, किसी धार्मिक व राजनीतिक समूह का सदस्य न हो, इस कार्य से सम्बन्धित कभी

सार्वजनिक रूप से समाज में व्यक्त न हुआ हो, जिस विषय का आविष्कार किया गया, वह उसके जीवन का शैक्षणिक विषय न रहा हो, 50 वर्ष के अपने वर्तमान अवस्था तक एक साथ कभी भी 50 लोगों से भी न मिला हो, यहाँ तक कि उनको इस रूप में 50 आदमी भी न जानते हों, यदि जानते भी हो तो पहचानते न हों और जो पहचानते हों वे इस रूप को जानते न हों, वह अचानक इस शास्त्र को प्रस्तुत कर दें तो इससे बडा चमत्कार क्या हो सकता है।

जिस व्यक्ति का जीवन, शैक्षणिक योग्यता और कर्मरूप शास्त्र तीनों का कोई सम्बन्ध न हो अर्थात् तीनों तीन व्यक्तित्व का प्रतिनिधित्व करते हों, इससे बड़ी अविश्वसनीय स्थिति क्या हो सकती है।

मूल पाशुपत शैव दर्शन सहित अनेक मतों का सफल एकीकरण के स्वरूप श्री लव कुश सिह "विश्वमानव" के जीवन, कर्म और ज्ञान के अनेक दिशाओं से देखने पर अनेक दार्शनिक, संस्थापक, संत, ऋषि, अवतार, मनु, व्यास, व्यापारी, रचनाकर्ता, नेता, समाज निर्माता, शिक्षाविद्, दूरदर्शिता इत्यादि अनेक रूप दिखते हैं।

कार्य योजना(ACTION PLAN) की पुस्तकें

"आध्यात्मिक सत्य एवं दार्शनिक विरासत" के आधार पर "काल, मनु ,युग, व्यास, शास्त्र परिवर्तन", "मन में अन्तर (मनवन्तर) को समाप्त करने और मन के नवीनीकरण" के लिए "सार्वभौम सत्य-सिद्धान्त" पर आधारित "विश्वशास्त्र - द नालेज आफ फाइनल नालेज" शास्त्र को The Knowledge Equalizer के रूप में निम्नलिखित शीर्षक में 64 भागों में प्रकाशित किया कर दिया गया जिसमें परिचय, ज्ञान, कर्मज्ञान कार्यवाही योजना इत्यादि सभी कुछ हैं-

भाग के अनुसार

01. विश्वशास्त्र - विषय-प्रवेश
02. विश्वशास्त्र - अध्याय-एक: ईश्वर
03. विश्वशास्त्र - अध्याय-दो: जीवन परिचय
04. विश्वशास्त्र - अध्याय-तीन: ज्ञान परिचय
05. विश्वशास्त्र - अध्याय-चार: कर्म परिचय (सार्वजनिक प्रमाणित दृश्य महायज्ञ)
06. विश्वशास्त्र - अध्याय-पाँच (भाग - 01): सार्वजनिक प्रमाणित विश्वरूप
07. विश्वशास्त्र - अध्याय-पाँच (भाग - 02): सार्वजनिक प्रमाणित विश्वरूप
08. विश्वशास्त्र - परिशिष्ट

मुख्य शास्त्र

01. विश्वशास्त्र - द नालेज आफ फाइनल नालेज

सारांश के अनुसार

02. मैं सत्यकाशी से कल्कि महावतार बोल रहा हूँ (समष्टि गीता - यथार्थ प्रकाश)

शीर्षक के अनुसार

03. विश्वस्तरीय फिल्म लेखन कला
04. प्रारम्भिक सत्य - अन्तिम दृष्टि
05. सत्य धर्म - युग परिवर्तक दृष्टि
06. सत्य दार्शनिक-दर्शन और कर्म वेदान्त-विकास दर्शन

07. सत्य शास्त्र एवं पुराण रहस्य-महर्षि व्यास कला
08. संत एवं गुरू और विश्व संत एवं गुरू
09. समाज और ईश्वरीय समाज
10. सत्य शास्त्र और विश्वशास्त्र
11. कृति और विश्व कृति
12. भारत माता मन्दिर और विश्वधर्म मन्दिर
13. महाभारत और विश्वभारत
14. संविधान और विश्व संविधान
15. शिक्षा और पूर्ण शिक्षा
16. देवता और सार्वभौम देवता कल्कि
17. देवीयाँ और सार्वभौम देवी माँ क्ल्कि
18. द्वादश ज्योतिर्लिंग और 13वां अन्तिम ज्योतिर्लिंग
19. काशी - मोक्षदायिनी और जीवनदायिनी
20. सत्यकाशी - स्वर्णयुग का तीर्थ
21. काशी - रहस्योद्घाटन
22. 2020 - मन का नवीनीकरण
23. ईश्वर का संक्षिप्त इतिहास
24. अवतार - अन्तिम सत्य दृष्टि
25. भविष्यवाणियाँ और कल्कि अवतार
26. स्वामी विवेकानन्द और कल्कि अवतार
27. मनु, मनवन्तर और कल्कि महावतार
28. व्यास, शास्त्र और कल्कि महावतार
29. ऋषि, ऋषि परम्परा और कल्कि महावतार
30. दूसरा आगमन या अन्तिम आगमन
31. परिवर्तन-काल, मनु, युग, व्यास और शास्त्र
32. राम, रावण और सार्वभौम एकात्म
33. मैं, व्यक्तिगत या सार्वभौम
34. लव कुश (त्रेतायुग) और लवकुश (कलियुग)
35. कल्कि महावतार आ चुके हैं (ACTION PLAN)
36. लव कुश सिंह (कल्कि महाअवतार)-जीवन, ज्ञान, कर्म और विश्वरूप
37. वैश्विक बुद्ध - बुद्ध का भाग दो और अन्तिम
38. बुद्धा कृष्ण - कृष्ण का भाग दो और अन्तिम
39. सम्पूर्ण क्रान्ति-अन्तिम कार्य योजना
40. पुनर्निर्माण (RENEW)-समस्या, समाधान और राष्ट्र निर्माण की योजना
41. पुनर्निमाण (RENEW)- ग्राम एवं नगर वार्ड प्रेरक
42. विश्वशास्त्र द नालेज आफ फाइनल नालेज-परिचय
43. एन्टायर पालिटिक्स - पूर्ण पाठ्यक्रम
44. वसुधैव-कुटुम्बकम्
45. कर्मवेद: प्रथम, अन्तिम तथा पंचम वेद
46. आठवें अवतार श्रीकृष्ण के अनकहे संदेश

47. अयोध्या नहीं, मुंगेर है राम जन्मभूमि
48. विश्वमानव-भूतपूर्व नेतृत्वकर्ताओं का स्पष्टिकरण
49. विश्वमानव-वर्तमान नेतृत्वकर्ताओं का स्पष्टिकरण
50. विश्वमानव-वार्ता, वक्तव्य एवं वाणियाँ
51. विश्वमानव-पत्रावली, प्रसारण और अन्तिम पत्र
52. सत्य जनहित आह्वान
53. विश्व शान्ति-अन्तिम सत्य दृष्टि
54. नई विश्व व्यवस्था का रहस्य
55. समाजवाद - ब्रह्माण्डीय विकास का अवतारी मार्ग
56. भारतवाद - राष्ट्रवाद की मुख्यधारा
57. 100 वर्षीय संयुक्त राष्ट्र को अग्रिम सन्देश
58. सार्वभौम एकात्म-नव विश्व निर्माण
59. गणराज्य, संघ, मानकीकरण संगठन और सम्पूर्ण मानक
60. व्यापार केन्द्र (TRADE CENTRE)-दृश्य सत्य
61. मन का विश्वमानक और पूर्ण मानव निर्माण की तकनीकी-WCM-TLM-SHYAM.C
62. मानक विपणन प्रणाली (3F-Fire-Fuel-Fire)
63. स्वर्णयुग का मानक आदर्श नागरिक-दिशा निर्देश
64. विश्वधर्म: परिचय (स्वर्णयुग का धर्म)

व्यक्ति और विभागीय स्तर पर सफाई-सुधार का पहला प्रारूप की पुस्तक - डा0 रमेश कुमार द्वारा लिखित “विशाल ज्ञान विज्ञान सबका समाधान” है

सत्यकाशी ब्रह्माण्डीय एकात्म विज्ञान विश्वविद्यालय
(Satyakashi Universal Integration Science University-SUISU)

सत्यकाशी ब्रह्माण्डीय एकात्म विज्ञान विश्वविद्यालय, जिसकी स्थापना जीवनदायिनी सत्यकाशी क्षेत्र में उचित स्थान देखकर की जायेगी क्योंकि इसकी स्थापना के पीछे स्थान का कोई विशेष कारण और स्थान के लिए शास्त्रीय आधार नहीं है, इसके लिए पूरा सत्यकाशी क्षेत्र ही शास्त्रीय आधार के अन्तर्गत है।

विभिन्न सम्प्रदाय (धर्म), जाति, मत, दर्शन इत्यादि में विभाजित इस मानव समाज में वर्तमान तथा आने वाले भविष्य के समय की मूल आवश्यकता है-मानव के मनों का एकीकरण अर्थात् मानव मन का भूमण्डलीकरण एवं ब्रह्माण्डीयकरण। इसकी आवश्यकता इसलिए भी है क्योंकि मानव अपने विज्ञान व तकनीकी ज्ञान से प्राप्त संसाधनों का प्रयोग करते हुये, एक तरफ तो ब्रह्माण्ड की ओर चल पड़ा है तो दूसरी तरफ विध्वंस के लिए अनेक हथियारों का भी निर्माण कर चुका है। ऐसी स्थिति में हमें निश्चित रूप से ऐसे एकीकरण की आवश्यकता है जिससे हम इस पृथ्वी से मानसिक स्तर के विवादों को समाप्त कर सकें।

माया सभ्यता के अनुसार विश्व के मानव समाज यह भी मान रहें हैं कि 21 दिसम्बर, 2012 को दुनिया का अन्त हो जायेगा। जबकि हिन्दू धर्म शास्त्र विष्णु पुराण, भागवत पुराण, अग्नि पुराण, गरूड़ पुराण, पद्म पुराण इत्यादि में भगवान के दसवें और महाअवतार "कल्कि" का होना अभी शेष है। जिनसे कलियुग के अंधकार व विनाश को समाप्त करने का कार्य सम्पन्न होगा, साथ ही सत्ययुग का आरम्भ होगा। सिक्ख धर्म के पवित्र ग्रन्थ "दशम् ग्रन्थ" में भी "कल्कि अवतार" का वर्णन मिलता है।

सृजन और विनाश, का स्तर शारीरिक, आर्थिक व मानसिक होता है। जो एक व्यक्ति, समाज, देश और विश्व राष्ट्र के लिए होता है। व्यक्ति पर हुये शारीरिक, आर्थिक व मानसिक सृजन और विनाश को व्यक्ति ही अनुभव करता है परन्तु समाज, देश और विश्व राष्ट्र पर हुये शारीरिक, आर्थिक व मानसिक सृजन व विनाश को सार्वजनिक रूप से सभी देखते है। समाज, देश और विश्व राष्ट्र पर शारीरिक व आर्थिक सृजन और विनाश वर्तमान में तो चल ही रहा है जिसे सार्वजनिक रूप से मानव समाज देख रहा है।

भौतिकवादी पश्चिमी संस्कृति किसी भी सृजन व विनाश को मानसिक स्तर पर सोच ही नहीं सकता क्योंकि वह समस्त क्रियाकलाप को बाह्य जगत में ही घटित होता समझाता है जबकि वर्तमान समय मानसिक स्तर पर विनाश व सृजन का है। इस आधार पर यह कहा जा सकता है कि माया सभ्यता के अनुसार 21 दिसम्बर, 2012 को जो विनाश व सृजन होगा, वह मानसिक स्तर का ही होगा। जिसके परिणामस्वरूप सभी सम्प्रदाय, मत, दर्शन एक उच्च स्तर के विचार या सत्य में विलीन अर्थात् विनाश को प्राप्त करेगा। फलस्वरूप उच्च स्तर के विचार या सत्य में स्थापित होने से सृजन होगा। कुल मिलाकर माया सभ्यता के कैलेण्डर का अन्त तिथि 21 दिसम्बर, 2012, दुनिया के अन्त की तिथि नहीं बल्कि वह वर्तमान युग के अन्त की अन्तिम तिथि का अनुमान है जिसके बाद नये युग का आरम्भ होगा।

ईश्वर भी इतना मूर्ख व अज्ञानी नहीं है कि वह स्वयं को इस मानव शरीर में पूर्ण व्यक्त किये बिना ही दुनिया को नष्ट कर दे। इसके सम्बन्ध में हिन्दू धर्म शास्त्रों में सृष्टि के प्रारम्भ के सम्बन्ध में कहा गया है कि-"ईश्वर ने इच्छा व्यक्त की कि मैं एक हूँ, अनेक हो जाऊँ"। इस प्रकार जब वही ईश्वर सभी में है तब निश्चित रूप से जब तक सभी मानव ईश्वर नहीं हो जाते तब तक दुनिया के अन्त होने का कोई प्रश्न ही नहीं उठता और विकास क्रम चलता रहेगा।

21 दिसम्बर, 2012 के बाद का समय नये युग के प्रारम्भ का समय है जिसमें ज्ञान, ध्यान, चेतना, भाव, जन, देश, विश्व राष्ट्र, आध्यात्मिक जागरण, मानवता इत्यादि का विश्वव्यापी विकास होगा। परिणामस्वरूप सभी मानव को ईश्वर रूप में स्थापित होने का अवसर प्राप्त होगा। और यही विश्व मानव समाज की मूल आवश्यकता है। प्राचीन वैदिक काल में समाज को नियंत्रित करने के लिए ज्ञानार्जन सबके लिए खुला नहीं था परन्तु वर्तमान और

भविष्य की आवश्यकता यह है कि समाज को नियंत्रित करने के लिए सभी को पूर्ण ज्ञान से युक्त कर सभी के लिए ज्ञान को खोल दिया जाय। यही कारण था कि वेद को प्रतीकात्मक रूप में लिख कर गुरू-शिष्य परम्परा द्वारा उसकी व्याख्या की जाती रही थी जिससे राजा और समाज को नियंत्रण में रखा जा सके।

सभी मानव को ईश्वर रूप में स्थापित होने के लिए जो माध्यम चाहिए वह है-"एकात्म विज्ञान" व "ईश्वर शास्त्र" विषय से मानव को शिक्षित करना। इस आवश्यकता हेतु ही इस ट्रस्ट का गठन किया जा रहा है जिससे इस विषय पर शैक्षणिक पाठ्यक्रम के लिए पाठ्य पुस्तकों का सृजन किया जा सके। और शिक्षा पाठ्यक्रम में अनिवार्य रूप से अध्ययन के लिए शामिल कराया जा सके।

उद्देश्य एवं कार्यक्रमः-

01. मानव मन का एकीकरण अर्थात् मानव मन का भूमण्डलीकरण एवं ब्रह्माण्डीयकरण पर आधारित "एकात्म विज्ञान (Integration Science)" व "ईश्वर शास्त्र (Godics)" विषय के लिए विद्यालयों के विद्यार्थीयों के योग्य पाठ्य पुस्तक तैयार करना तथा शिक्षा पाठ्यक्रम में अनिवार्य रूप से शामिल कराने हेतु प्रयत्न करना।
02. मानव मन का एकीकरण अर्थात् मानव मन का भूमण्डलीकरण एवं ब्रह्माण्डीयकरण पर आधारित पूर्ण मानव निर्माण की तकनीकी डब्ल्यू. सी. एम-टी. एल. एम-श्याम डाट सी (WCM- TLM- SHYAM.C) के शिक्षा द्वारा विश्वस्तरीय मानव संसाधन का निर्माण करना तथा अध्यापकों को प्रशिक्षित करना और उन्हें जन समूहों, औद्योगिक संस्थानों, गुणवत्ता संस्थानों, प्रबन्ध संस्थानों, शिक्षा संस्थानों इत्यादि तक इसकी शिक्षा पहुँचाने के योग्य बनाना।
03. मानव मन का एकीकरण अर्थात् मानव मन का भूमण्डलीकरण एवं ब्रह्माण्डीयकरण पर आधारित विस्तारित एवं आविष्कृत विचार एवम् साहित्य, विषय एवम् विशेषज्ञ, ब्रह्माण्ड (अदृश्य एवम् दृश्य) के प्रबन्धक और क्रियाकलाप, मानव (अदृश्य एवम् दृश्य) के प्रबन्ध और क्रियाकलाप तथा उपासना स्थल का विश्वमानक द्वारा भारत सहित विश्व में वैज्ञानिक दृष्टिकोण, मानवतावाद, ज्ञानार्जन तथा सुधार की भावना का विकास करना।
04. मानव मन का एकीकरण अर्थात् मानव मन का भूमण्डलीकरण एवं ब्रह्माण्डीयकरण पर आधारित भारत के संविधान तथा संयुक्त राष्ट्र संघ के चार्टर अर्थात् संविधान को सत्य स्वरूप में स्थापित करने तथा भारत गणराज्य तथा संयुक्त राष्ट्र संघ के पुनर्गठन के लिए मार्गदर्शन देना साथ ही मन की गुणवत्ता के विश्वमानक की स्थापना के लिए उनके सम्बन्धित संगठनों / संस्थाओं को प्रेरित करना।
05. मानव मन का एकीकरण अर्थात् मानव मन का भूमण्डलीकरण एवं ब्रह्माण्डीयकरण पर आधारित संविधान की महत्ता, आवश्यकता, उपयोगिता तथा स्वतंत्रता, संस्कृति सामाजिक, आचार संहिता, एकता, रक्षा, अखण्डता, प्राकृतिक, पर्यावरण, स्वास्थ्य, राष्ट्रीयता, आर्थिक, मानक, मानदेय इत्यादि के प्रति जागरूक करना, नागरिकों को सविंधान में लिखित मूल कर्तव्य को परिभाषित करना एवं उसके प्रति जागृत करना तथा अन्तर्राष्ट्रीय सहयोग को विकसित करना।
06. मानव मन का एकीकरण अर्थात् मानव मन का भूमण्डलीकरण एवं ब्रह्माण्डीयकरण पर आधारित सर्वेभवन्तु-सुखिनः, बसुधैव-कुदुम्बकम्, बहुजन हिताय-बहुजन सुखाय, विश्व-बन्धुत्व, एकात्ममानवतावाद, धर्मनिरपेक्षता, सर्वधर्मसममाव, एकात्मकर्मवाद, संपूर्ण एकता, स्वराज, सुराज, नीतिक, नैतिक व दार्शनिक परम्परा का पुर्नस्थापना करना और उन्हें नवीन तथा अन्तिम रुप से परिभाषित करना।
07. मानव मन का एकीकरण अर्थात् मानव मन का भूमण्डलीकरण एवं ब्रह्माण्डीयकरण पर आधारित दार्शनिक-सार्वमौम-सिद्धान्त तथा भौतिक-सार्वमौम-सिद्धान्त में समन्वय स्थापित करने हेतु व्यक्ति से ब्रह्माण्ड स्तर तक के विवादमुक्त स्वरूप को व्यक्त करना।

08. मानव मन का एकीकरण अर्थात् मानव मन का भूमण्डलीकरण एवं ब्रह्माण्डीयकरण पर आधारित शोध संस्थाओं, अध्यात्मिक पर्यटन स्थलों, उद्देश्यों की पूर्ति हेतु विश्वमानक आधारित उपासना स्थलों, विद्यालयों, महाविद्यालयों, विश्वविद्यालयों या अन्य प्रकार के शैक्षिक-तकनीकी संस्थानों की प्रतिष्ठा करना, उनका निर्वाह और परिचालन करना तथा उनकी सहायता करना।

09. मानव मन का एकीकरण अर्थात् मानव मन का भूमण्डलीकरण एवं ब्रह्माण्डीयकरण पर आधारित स्वस्थ एवं पूर्ण लोकतंत्र की प्राप्ति के लिए संविधान, शिक्षा प्रणाली एवं अन्य सभी प्रणालियों के सत्य स्वरुप को परिभाषित कर उसकी स्थापना हेतु जनसाधारण, शासन, अन्य समितियों व सामाजिक-धार्मिक संगठन को प्रेरित करना व उनकी सहायता करना।

10. मानव मन का एकीकरण अर्थात् मानव मन का भूमण्डलीकरण एवं ब्रह्माण्डीयकरण पर आधारित स्वस्थ लोकतंत्र के धर्म एवं सभी धर्मों तथा उनके सभी धर्म ग्रन्थों के सत्य और धर्म निरपेक्ष-सर्वधर्मसमभाव स्वरुप को व्यक्त करते हुये उनमें समभाव-समदृष्टि द्वारा समन्वय स्थापित करना।

11. मानव मन का एकीकरण अर्थात् मानव मन का भूमण्डलीकरण एवं ब्रह्माण्डीयकरण पर आधारित शारीरिक, आर्थिक, मानसिक व्याधियों की मुक्ति हेतु विभिन्न प्रकार के प्राकृतिक चिकित्सा प्रणालियों को संचालित करना तथा नवीन प्रणालियों के विकास हेतु शोध व शिक्षण संस्थाओं की स्थापना करना।

12. मानव मन का एकीकरण अर्थात् मानव मन का भूमण्डलीकरण एवं ब्रह्माण्डीयकरण पर आधारित साहित्य, संगीत, कला, दृश्य-श्रव्य माध्यम जैसे वृतचित्र, चलचित्र, विज्ञान, शास्त्र, मानवीय मूल्यों इत्यादि को विकसित करने वाले विषयों से सम्बन्धित गोष्ठी, सेमिनार, प्रदर्शनी व कार्यक्रम आयोजित कर ऐसी गतिविधियों को बढ़ावा देना तथा उस पर आधारित साहित्यों-शास्त्रों का प्रकाशन कर जन साधरण तक पहुँचाकर शिक्षित समाज की परिकल्पना को साकार करना।

13. मानव मन का एकीकरण अर्थात् मानव मन का भूमण्डलीकरण एवं ब्रह्माण्डीयकरण पर आधारित मानवीय मूल्यों इत्यादि को विकसित करने वाले विषयों को बौद्धिक सम्पदा अधिनियम, कापीराइट अधिनियम, पेटेण्ट अधिनियम इत्यादि के अन्तर्गत पंजीकृत कराते हुये उस पर एकाधिकार रखना और उसे प्रसारित करने के योग्य बनाकर समान विचारधारा वाले ट्रस्ट/समिति को विक्रय या वितरण के लिए तय किये गये नियमानुसार उपलब्ध कराना।

14. समाजोत्थान व कल्याणार्थ वृद्ध गृह, वृद्धा आश्रम, विकलांग विद्यालय, स्वास्थ्य मेला, सामूहिक विवाह, गौशाला, हैण्डीक्राफ्ट प्रशिक्षण इत्यादि संचालित करना।

15. पिछड़े, अनुसूचित, अनुसूचित जन जाति व अल्पसंख्यक वर्ग के महिला एवं पुरूष को तकनीकी शिक्षण-प्रशिक्षण प्रदान करना।

16. निराश्रित/बेसहारा महिला व अनाथ बच्चों के लिए शिक्षा, आश्रम एवं स्वरोजगार की व्यवस्था करना।

17. उद्देश्य की प्राप्ति हेतु समान विचारधारा वाले ट्रस्ट/समिति का गठन कराना व उन्हें स्वायत्तता के साथ अधीनस्त करना।

18. प्रादेशिक सरकार, भारत सरकार, अन्य देशों तथा संयुक्त राष्ट्र संघ द्वारा चलाये जा रहे समाजोपयोगी कार्यक्रम व उद्योगों से सम्बन्धित क्रार्यक्रम में भाग लेना तथा उनके द्वारा आयोजित प्रशिक्षणों को संचालित करना जो विशेष रुप से मानव संसाधन विकास से सम्बन्धित हों।

19. उद्देश्यों की पूर्ति में सहायक होने वाले वृत-पत्रों और नियतकालीन पत्र-पत्रिकाओं तथा पुस्तकों और पत्रकों का मुद्रण और प्रकाशन करना, दृश्य-श्रव्य माध्यमों का निर्माण करना एवम् उनका निःशुल्क अथवा अन्य प्रकार से वितरण या विक्रय करना।

20. ऐसे अन्य किसी कार्य का परिचालन करना जो उपरोक्त किसी भी उद्देश्य से सम्बन्धित हो तथा अपरोक्ष या परोक्ष रुप से उसकी पूर्ति में सहायक हो सकता हो उसे करना।

ट्रस्ट के प्रतीक चिन्ह का अर्थ:-

ट्रस्ट के प्रतीक चिन्ह का अर्थ "दर्शन शास्त्र" तथा "पदार्थ / भौतिक विज्ञान" के सर्वोच्च और अन्तिम सिद्धान्त में एकीकरण तथा ईश्वर के मस्तिष्क को व्यक्त करता है।

भौतिक विज्ञान के अनुसार-भौतिक विज्ञान के नवीनतम आविष्कार के आविष्कारक महान वैज्ञानिक एवम् ब्रह्माण्ड वैज्ञानिक ब्रिटिश स्टीफेन विलियम हाकिंग (जिन्हें दूसरा आईन्सटाइन कहा जाता है) के अनुसार-"ब्लैक होल (सर्वोच्च गुरूत्वाकर्षण की ब्रह्माण्डीय अति सघन वस्तु) के पी-ब्रेन्स मॉडल में पी-ब्रेन स्थान के तीन आयामों और अन्य सात आयामों में चलती है जिनके बारे में हमें कुछ पता नहीं चलता। यदि हम सभी बलों के एकीकरण का एक सार्वभौम समीकरण विकसित करें तो हम ईश्वर के मस्तिष्क को जान जायेंगे क्योंकि हम भविष्य के कार्य का निर्धारण कर सकेंगे, और यह मनुष्य के मस्तिष्क के द्वारा सर्वोच्च अविष्कार होगी (साभार-प्रो0 स्टीफेन हाकिंग के भारत यात्रा पर राष्ट्रीय सहारा समाचार पत्र के 27 जनवरी "2001 को प्रकाशित "हस्तक्षेप" अंक से)"। भौतिक विज्ञान के वर्तमान ब्रह्माण्ड व्याख्या के अनुसार ब्लैक होल एक तन्त्र या ब्रह्माण्ड के अन्त का प्रतीक है अर्थात् वह एक तन्त्र या ब्रह्माण्ड के प्रारम्भ का भी प्रतीक होगा। इस प्रकार बाह्य अनुभूति से हम पाते है कि एक सिंगुलारिटी (एकलता) है तथा तीन और सात आयाम है।

दर्शन शास्त्र के व्यक्तिगत प्रमाणित मार्गदर्शक दर्शन के अनुसार-दर्शन शास्त्र से व्यक्त भारत के सर्वप्राचीन दर्शनों (बल्कि विश्व के) में से एक और वर्तमान तक अभेद्य सांख्य दर्शन में ब्रह्माण्ड विज्ञान की विस्तृत व्याख्या उपलब्ध है। स्वामी विवेकानन्द जी के व्याख्या के अनुसार-"प्रथमतः अव्यक्त प्रकृति (अर्थात् तीन आयाम-सत, रज, और तम), यह सर्वव्यापी बुद्धितत्व (1. महत्) में परिणत होती है, यह फिर सर्वव्यापी अंहतत्व (2. अहंकार) में और यह परिणाम प्राप्त करके फिर सर्वव्यापी इंद्रियग्राह्य भूत (3. तन्मात्रा-सूक्ष्मभूतः गंध, स्वाद, स्पर्श, दृष्टि, ध्वनि 4. इन्द्रिय ज्ञानः श्रोत, त्वचा, नेत्र, जिह्वा, घ्राण) में परिणत होता है। यही भूत समष्टि इन्द्रिय अथवा केन्द्र समूह (5. मन) और समष्टि सूक्ष्म परमाणु समूह (6. इन्द्रिय-कर्मः वाक, हस्त, पाद, उपस्थ, गुदा) में परिणत होता है। फिर इन सबके मिलने से इस स्थूल जगत प्रपंच (7. स्थूल भूतः आकाश, वायु, अग्नि, जल, पृथ्वी) की उत्पत्ति होती है। सांख्य मत के अनुसार यही सृष्टि का क्रम है और बृहत् ब्रह्माण्ड में जो है-वह व्यष्टि अथवा क्षुद्र ब्रह्माण्ड में भी अवश्य रहेगा। जब साम्यावस्था भंग होती है, तब ये विभिन्न शक्ति समूह विभिन्न रूपों में सम्मिलित होने लगते हैं और तभी यह ब्रह्माण्ड बहिर्गत होता है। और समय आता है जब वस्तुओं का उसी आदिम साम्यावस्था में फिर से लौटने का उपक्रम चलता है। (अर्थात् एक तन्त्र का अन्त) और ऐसा भी समय आता है कि सब जो कुछ भावापन्न है, उस सब का सम्पूर्ण अभाव हो जाता है। (अर्थात् सम्पूर्ण ब्रह्माण्ड का अन्त)। फिर कुछ समय पश्चात् यह अवस्था नष्ट हो जाती है तथा शक्तियों के बाहर की ओर प्रसारित होने का उपक्रम आरम्भ होता है। तथा ब्रह्माण्ड धीरे-धीरे तंरगाकार में बहिर्गत होता है। जगत् की सब गति तरंग के आकार में ही होता है-एक बार उत्थान, फिर पतन। प्रलय और सृष्टि अथवा क्रम संकोच और क्रम विकास (अर्थात् एक तन्त्र या सम्पूर्ण ब्रह्माण्ड का अन्त और आरम्भ) अनन्त काल से चल रहे

है। अतएव हम जब आदि अथवा आरम्भ की बात करते हैं तब हम एक कल्प (अर्थात् चक्र) आरम्भ की ओर ही लक्ष्य रखते हैं ।"

उपरोक्त दोनों में एकीकरण करते हुये दर्शन शास्त्र के सार्वजनिक प्रमाणित विकास / विनाश दर्शन के अनुसार-सृष्टि में, सृष्टि का कारण मानक अर्थात् आत्मा अर्थात् ब्लैक होल से सत्व गुण युक्त मार्गदर्शक दर्शन (Guider Philosophy) से प्रारम्भ होकर स्थिति में रज गुण युक्त क्रियान्वयन दर्शन (Operating Philosophy) से होते हुये प्रलय में तम गुण युक्त विकास / विनाश दर्शन (Destroyer / Development Philosophy) को व्यक्त करता है। जिससे आदान-प्रदान (Transaction), ग्रामीण (Rural), आधुनिकता / अनुकलनता (Advancement / Adaptability), विकास (Development), शिक्षा (Education), प्राकृतिक सत्य (Natural Truth) व धर्म (Religion) या एकत्व या केन्द्र व्यक्त होता है। ट्रस्ट के प्रतीक चिन्ह में यही दर्शाया गया है। साथ ही ट्रस्ट के अंग्रेजी नाम का संक्षिप्त नाम SUISU प्रतीक चिन्ह के नीचे लिखा है और उपर संक्षिप्त नाम का उच्चारण YES YOU I YES YOU लिखा है। जिसका हिन्दी अर्थ "हाँ तुम मैं हाँ तुम" है। अर्थात् तुम तभी हो जब मैं तुम्हारे साथ है। इस मैं का सार्वभौम रूप ही मनुष्य का सत्य रूप है।

कोई भी विकास दर्शन अपने अन्दर पुराने सभी दर्शनों को समाहित कर लेता है अर्थात् उसका विनाश कर देता है और स्वयं मार्गदर्शक दर्शन का स्थान ले लेता है। अर्थात् सृष्टि-स्थिति-प्रलय फिर सृष्टि। चक्रीय रूप में ऐसा सोचने वाला ही नये परिभाषा में आस्तिक और सिर्फ सीधी रेखा में सृष्टि-स्थिति-प्रलय सोचने वाला नास्तिक कहलाता है।

प्रारम्भ → **ईश्वर या काल चक्र** ← अन्त

(सार्वभौम सत्य-सिद्धान्त)/विश्व शास्त्र

अन्त ← **एकात्म ज्ञान, वाणी, प्रेम, कर्म, ध्यान व समर्पण** ← प्रारम्भ

१.सत्व गुण (ब्रह्मा) एकात्म ज्ञान व वाणी (मानक पौराणिक व्यक्ति चरित्र)		**३.तम गुण (शिव-शंकर/महेश)** एकात्म ज्ञान, वाणी, प्रेम, कर्म, ध्यान व समर्पण (मानक वैश्विक पौराणिक व्यक्ति चरित्र)

२.रज गुण (विष्णु)

एकात्म ज्ञान, वाणी, प्रेम व कर्म (मानक सामाजिक पौराणिक व्यक्ति चरित्र)

अदृश्य काल व विज्ञान		दृश्य काल व विज्ञान	
व्यक्तिगत प्रमाणित पूर्ण प्रत्यक्ष अवतार द्वारा धर्मयुद्ध का माध्यम **सार्वभौम सत्य-विचार**	सार्वजनिक प्रमाणित पूर्ण प्रत्यक्ष अवतार द्वारा धर्मयुद्ध का माध्यम **मानव-शरीर**	व्यक्तिगत प्रमाणित पूर्ण प्रेरक अवतार द्वारा धर्मयुद्ध का माध्यम **अर्थ (धन)**	सार्वजनिक प्रमाणित पूर्ण प्रेरक अवतार द्वारा धर्मयुद्ध का माध्यम **सार्वभौम सत्य-सिद्धान्त**
सत्युग **सत्य**	**त्रेतायुग** **यज्ञ (अदृश्य कर्म)**	**द्वापरयुग** **भक्ति और प्रेम**	**कलियुग** **संघ और योजना आधारित यज्ञ (दृश्य कर्म)**
ईश्वर के अंश अवतार ब्रह्मा के अंश अवतार विष्णु के अंश अवतार महेश के अंश अवतार ०१. मत्स्य ०२. कूर्म ०३. बाराह ०४. नृसिंह ०५. वामन अवतार	ईश्वर के अंश अवतार ब्रह्मा के पूर्ण अवतार विष्णु के अंश अवतार महेश के अंश अवतार ०७.श्री राम अवतार (मानक मानवीय व्यक्ति चरित्र)	ईश्वर के अंश अवतार ब्रह्मा के पूर्ण अवतार विष्णु के पूर्ण अवतार महेश के अंश अवतार ०८. श्री कृष्ण अवतार (मानक सामाजिक मानवीय व्यक्ति चरित्र)	ईश्वर के पूर्ण अवतार ब्रह्मा के पूर्ण अवतार विष्णु के पूर्ण अवतार महेश के पूर्ण अवतार १०. कल्कि अवतार (मानक वैश्विक मानवीय व्यक्ति चरित्र)
(सार्वजनिक प्रमाणित अंश प्रत्यक्ष अवतार) ईश्वर के अंश अवतार, ब्रह्मा के अंश अवतार विष्णु के अंश अवतार, महेश के अंश अवतार ०६. परशुराम अवतार		(सार्वजनिक प्रमाणित अंश प्रेरक अवतार) ईश्वर के अंश अवतार, ब्रह्मा के अंश अवतार विष्णु के अंश अवतार, महेश के अंश अवतार ०९. बुद्ध अवतार	

युगानुसार धर्म, धर्म-शास्त्र और प्रवर्तक

०१.वैदिक/सनातन धर्म-ऋषि-मुनि गण ई०पूर्व ६०००-२५००चार वेद और वैदिक साहित्य १. ईश्वर कृत - ऋगवेद, सामवेद, यजुवेद व अथर्ववेद २. ऋषि-मुनि कृत - संहिता, ब्राह्मण कृत ब्राह्मण (कर्म काण्ड) व आरण्यक (ज्ञान काण्ड), उपनिषद्, वेदांग या सूत्र-साहित्य शिक्षा (स्वर विज्ञान), कल्प (धर्मानुष्ठान)-श्रौत सूत्र, शुल्व सूत्र, गृह्य सूत्र, धर्म सूत्र, व्याकरण, निघण्टु, निरूक्त (व्युत्पत्ति), छन्द, ज्योतिष उपांग - सांख्य दर्शन (प्रकृति आधारित), वैशेषिक दर्शन (काल या समय आधारित), मीमांसा दर्शन (कर्म आधारित), चार्वाक दर्शन, अपौरूषेय दर्शन, योग दर्शन (पुरूषार्थ आधारित), न्याय दर्शन (परमाणु आधारित), वेदांत दर्शन (ब्रह्म आधारित) उपवेद- आयुर्वेद, धनुर्वेद, गान्धर्वेद, अथर्वेद। पुराण - मत्स्य, मार्कण्डेय, भागवत, भविष्य, ब्रह्म, ब्रह्माण्ड, ब्रह्म वैवर्त, वायु, विष्णु, बाराह, वामन, अग्नि, नारदीय, पद्म, लिंग, गरूण, कूर्म, स्कन्द। भगवान परशुराम कृत - परशुराम परम्परा - साकार आधारित लोकतंत्र व्यवस्था। महाकाव्य- वाल्मीकि रचित - रामायण - आदर्श मानक व्यक्ति चरित्र का प्रस्तुतीकरण।	०१.वेदान्त अद्वैत धर्म-श्रीकृष्ण ई०पूर्व ३००० गीता-अद्वैत दर्शन भगवान श्री कृष्ण कृत - साकार आधारित परशुराम परम्परा का नाश, पूर्ववर्ती सभी मतो का समन्वय व एकीकरण करते हुये निराकार आधारित लोकतंत्र व्यवस्था के प्रारम्भ का बीज शास्त्र "गीता/गीतोपनिषद्" व्यास रचित - महाभारत - आदर्श मानक व्यक्ति चरित्र समाहित आदर्श मानक सामाजिक व्यक्ति चरित्र अर्थात व्यक्तिगत प्रमाणित आदर्श मानक वैश्विक व्यक्ति चरित्र का प्रस्तुतीकरण।	०१.बौद्ध-बुद्ध- ई०पू० १५६७-४८७ ०२.कन्फ्यूसी-कन्फ्यूसियश-ई०पूर्व ५५१-४७९ ०३.टोईज्म-लोओत्से-ई०पूर्व ६०४-५१८ ०४.जैन-भगवान महावीर-ई०पूर्व ५३९-४६७ ०५.पारसी-जरथ्रुसट-ई० पूर्व ६ जेन्दा अवेस्ता ०६.ईसाई-ईसामसीह-३३ ई० बाईबल ०७.इस्लाम-मु०पैगम्बर-६७० ई० कुरआन ०८.सिक्ख-गुरुनानक-१५१० ई० गुरुग्रन्थसाहिब ०९.विश्वधर्म/वेदान्तधर्म/ अद्वैतधर्म/सत्यधर्म/ एकताधर्म/ लोकतन्त्रधर्म/ समष्टिधर्म/हिन्दूधर्म /प्राकृतिकधर्म/ संयुक्तमन धर्म/ ईश्वरधर्म/ सार्वजनिकधर्म/ दृश्यधर्म/ मानवधर्म/ धर्मनिरपेक्षधर्म सन् २०१२ ई० लवकुश सिंह "विश्वमानव" कृत - विश्वभारत - पूर्ववर्ती सभी धर्मो व मतो का समन्वय व एकीकरण करते हुये निराकार आधारित लोकतंत्र व्यवस्था का वृक्ष शास्त्र विश्व-नागरिक धर्म का धर्मयुक्त धर्मशास्त्र-कर्मवेद :प्रथम, अन्तिम तथा पंचम वेदीय श्रृंखला विश्व-राज्य धर्म का धर्मनिपेक्ष धर्मशास्त्र-विश्वमानक शून्य-मन की गुणवत्ता का विश्वमानक श्रृंखला, आदर्श मानक सामाजिक व्यक्ति चरित्र समाहित आदर्श मानक वैश्विक व्यक्ति चरित्र अर्थात सार्वजनिक प्रमाणित आदर्श मानक वैश्विक व्यक्ति चरित्र का प्रस्तुतीकरण।

जग के सत्य हैं तीन नाम, लवकुश, कृष्ण और राम ।
तम, रज और सत्व के ये परिणाम। शंकर, विष्णु और ब्रह्मा के समान ।
समझो इनको मिलेगा पूर्ण ज्ञान।

पी.एम. बना लो या सी.एम या डी.एम,
शिक्षा पाठ्यक्रम कैसे बनाओगे?
नागरिक को पूर्ण ज्ञान कैसे दिलाओगे?
राष्ट्र को एक झण्डे की तरह,
एक राष्ट्रीय शास्त्र कैसे दिलाओगे?
ये पी.एम. सी.एम या डी.एम नहीं करते,
राष्ट्र को एक दार्शनिक कैसे दिलाओगे?
वर्तमान भारत को जगतगुरू कैसे बनाओगे?
सरकार का तो मानकीकरण (ISO-9000) करा लोगे,
नागरिक का मानक कहाँ से लाओगे?
सोये को तो जगा लोगे,
मुर्दो में प्राण कैसे डालोगे?
वोट से तो सत्ता पा लोगे,
नागरिक में राष्ट्रीय सोच कैसे उपजाओगे?
फेस बुक पर होकर भी पढ़ते नहीं सब,
भारत को महान कैसे बनाओगे?

सार्वभौम सत्य-सिद्धान्त
का मनुष्य में अवतरण होता है
एक समय में अनेक में हो सकता है
अब सभी को बनना है

सम्पूर्ण एकीकरण
का
मानक शास्त्र

=

दृश्य काल
का
पूरक शास्त्र

विश्वशास्त्र
विश्वधर्म
का
अन्तिम उम्मीद

ये कथा है महाकाल की
परमार्थ की, यथार्थ की, सत्यार्थ की
दृश्य स्वार्थ की
अवतारों की है ये कहानी

"महाभारत" के बाद "विश्वभारत"

Next Largest T.V. Serial is "VISHWBHARAT"

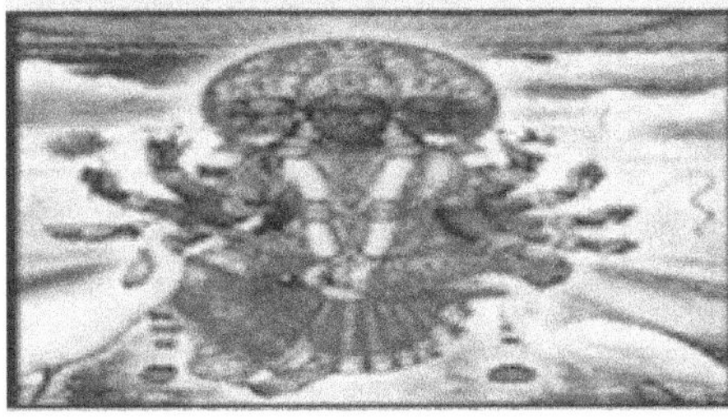

जय माँ कल्कि
माँ वैष्णों देवी की कथा की आगे की कथा पर आधारित
(हिन्दी)

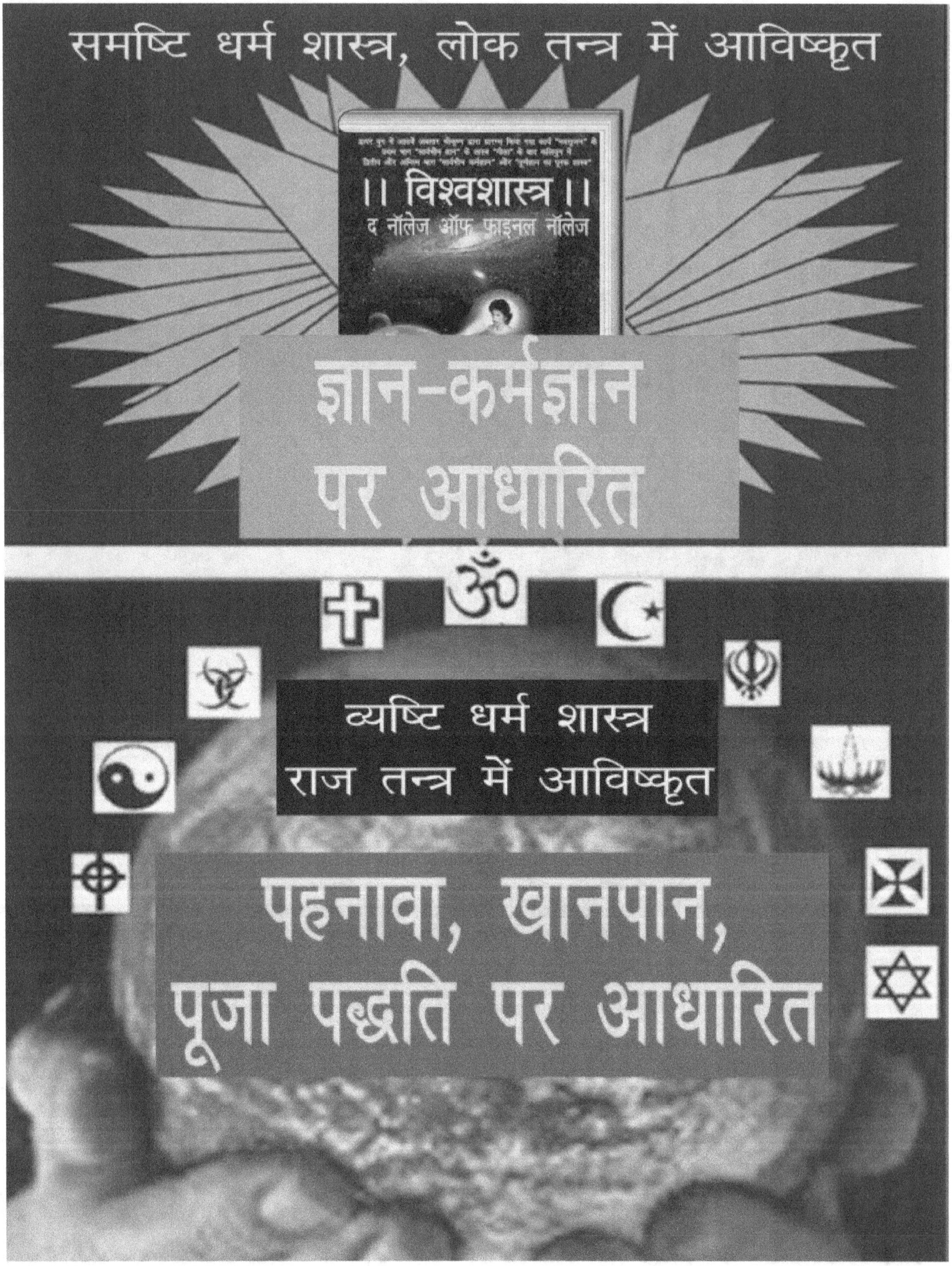
समष्टि धर्म शास्त्र, लोक तन्त्र में आविष्कृत
।। विश्वशास्त्र ।।
द नॉलेज ऑफ फाइनल नॉलेज
ज्ञान-कर्मज्ञान पर आधारित
व्यष्टि धर्म शास्त्र
राज तन्त्र में आविष्कृत
पहनावा, खानपान, पूजा पद्धति पर आधारित

KNOWLEDGE BOMB (K-BOMB)

एक आइडिया जो बदल दे पूरी दुनिया, जोश सत्य का और तरक्की के लिए नया और अन्तिम नजरिया

शनिवार, 22 दिसम्बर, 2012 से प्रारम्भ हो चुका है–

1. काल के प्रथम रूप अदृश्य काल से दूसरे और अन्तिम दृश्य काल का प्रारम्भ।
2. मन्वन्तर के वर्तमान 7वें मन्वन्तर वैवस्वत मनु से 8वें मन्वन्तर सावर्णि मनु का प्रारम्भ।
3. अवतार के 9वें बुद्ध से दसवें और अन्तिम अवतार–कल्कि महावतार का प्रारम्भ।
4. युग के चौथे कलियुग से पाँचवें युग स्वर्ण युग का प्रारम्भ।
5. व्यास और द्वापर युग में आठवें अवतार श्रीकृष्ण द्वारा प्रारम्भ किया गया कार्य "नवसृजन" के प्रथम भाग "सार्वभौम ज्ञान" के शास्त्र "गीता" से द्वितीय अन्तिम भाग "सार्वभौम कर्मज्ञान", पूर्णज्ञान का पूरक शास्त्र", लोकतन्त्र का "धर्मनिरपेक्ष कर्मशास्त्र" और आम आदमी का "समाजवादी शास्त्र" द्वारा व्यवस्था सत्यीकरण और मन के ब्रह्माण्डीयकरण और नये व्यास का प्रारम्भ।

ज्ञान व संस्कृति का क्षेत्र काशी–सत्यकाशी को राष्ट्रगुरू और भारत को जगतगुरू बनाने के लिए विश्व को एक अनुपम और सर्वोच्च प्रकाश भेंट

विभिन्न धर्मो के वर्तमान धर्म गुरूओं
एवं
एक मात्र राष्ट्रपुत्र स्वामी विवेकानन्द
के
१५१वीं जयंती वर्ष में
और
ब्रह्मलीन होने के १११ वर्ष बाद
राष्ट्र को समर्पित

www.vishwshastra.com

एक मात्र शेष दसवें और अन्तिम अवतार - कल्कि अवतार द्वारा अहिंसक और शान्ति रूप से इसलिए व्यक्त किया गया है क्योंकि वर्तमान समाज में मनुष्य को मानव बुद्धि व विश्व-राष्ट्र के विकास की सभी उम्मीद धर्म गुरूओं और राजनेताओं से ही है। उन्हें ईश्वर और उनके अवतारों की कोई आवश्यकता नहीं है।

जिस प्रकार त्रेतायुग से द्वापरयुग में परिवर्तन के लिए वाल्मिकि रचित "रामायण" अवतरित हुआ, जिस प्रकार द्वापरयुग से कलियुग में परिवर्तन के लिए महर्षि व्यास रचित "महाभारत" अवतरित हुआ, उसी प्रकार कलियुग से पाँचवें युग–स्वर्णयुग में परिवर्तन के लिए "विश्वशास्त्र" अवतरित हुआ है।

भाग-4

अन्तिम विश्व कृति होने का प्रमाण

एक विश्व - श्रेष्ठ विश्व के निर्माण के लिए आवश्यक कार्य

विश्वव्यापी स्थापना का स्पष्ट मार्ग

एक भारत - श्रेष्ठ भारत के निर्माण के लिए आवश्यक कार्य

एक नागरिक - श्रेष्ठ नागरिक के निर्माण के लिए आवश्यक कार्य

राष्ट्रीय सहजीवन आन्दोलन

स्वराज-सुराज आन्दोलन

"सत्य मानक शिक्षा" प्रणाली

सत्य मानक शिक्षा का व्यापार-पुनर्निर्माण (RENEW - Real Education National Express Way)

एक विश्व - श्रेष्ठ विश्व के निर्माण के लिए आवश्यक कार्य

ISO-9000 और ISO-14000 श्रृंखला की तरह "सम्पूर्ण मानक" अर्थात विश्वमानक - शून्य (WS-0) श्रृंखला की विश्वव्यापी स्थापना।

प्रकाशित खुशमय तीसरी सहस्त्राब्दि के साथ यह एक सर्वोच्च समाचार है कि नयी सहस्त्राब्दि केवल बीते सहस्त्राब्दियों की तरह एक सहस्त्राब्दि नहीं है। यह प्रकाशित और विश्व के लिए नये अध्याय के प्रारम्भ का सहस्त्राब्दि है। केवल वक्तव्यों द्वारा लक्ष्य निर्धारण का नहीं बल्कि स्वर्गीकरण के लिए असिमीत भूमण्डलीय मनुष्य और सर्वोच्च अभिभावक संयुक्त राष्ट्र संघ सहित सभी स्तर के अभिभावक के कर्तव्य के साथ कार्य योजना पर आधारित। क्योंकि दूसरी सहस्त्राब्दि के अन्त तक विश्व की आवश्यकता, जो किसी के द्वारा प्रतिनिधित्व नहीं हुई उसे विवादमुक्त और सफलतापूर्वक प्रस्तुत किया जा चुका है। जबकि विभिन्न विषयों जैसे-विज्ञान, धर्म, आध्यात्म, समाज, राज्य, राजनीति, अन्तर्राष्ट्रीय सम्बन्ध, परिवार, व्यक्ति, विभिन्न संगठनों के क्रियाकलाप, प्राकृतिक, ब्रह्माण्डीय, देश, संयुक्त राष्ट्र संघ इत्यादि की स्थिति और परिणाम सार्वजनिक प्रमाणित दृश्य रुप में थे।

विज्ञान के सर्वोच्च आविष्कार के आधार पर अब यह विवाद मुक्त हो चुका है कि मन केवल व्यक्ति, समाज, और राज्य को ही नहीं प्रभावित करता बल्कि यह प्रकृति और ब्रह्माण्ड को भी प्रभावित करता है। केन्द्रीयकृत और ध्यानीकृत मन विभिन्न शारीरिक सामाजिक और राज्य के असमान्यताओं के उपचार का अन्तिम मार्ग है। स्थायी स्थिरता, विकास, शान्ति, एकता, समर्पण और सुरक्षा के लिए प्रत्येक राज्य के शासन प्रणाली के लिए आवश्यक है कि राज्य अपने उद्देश्य के लिए नागरिकों का निर्माण करें। और यह निर्धारित हो चुका है कि क्रमबद्ध स्वस्थ मानव पीढ़ी के लिए विश्व की सुरक्षा आवश्यक है। इसलिए विश्वमानव के निर्माण की आवश्यकता है, लेकिन ऐसा नहीं है और विभिन्न अनियन्त्रित समस्या जैसे-जनसंख्या, रोग, प्रदूषण, आतंकवाद, भ्रष्टाचार, विकेन्द्रीकृत मानव शक्ति एवं कर्म इत्यादि लगातार बढ़ रहे है। जबकि अन्तरिक्ष और ब्रह्माण्ड के क्षेत्र में मानव का व्यापक विकास अभी शेष है। दूसरी तरफ लाभकारी भूमण्डलीकरण विशेषीकृत मन के निर्माण के कारण विरोध और नासमझी से संघर्ष कर रहा है। और यह असम्भव है कि विभिन्न विषयों के प्रति जागरण समस्याओं का हल उपलब्ध करायेगा।

मानक के विकास के इतिहास में उत्पादों के मानकीकरण के बाद वर्तमान में मानव, प्रक्रिया और पर्यावरण का मानकीकरण तथा स्थापना आई0 एस0 ओ0-9000 एवं आई0 एस0 ओ0-14000 श्रृंखला के द्वारा मानकीकरण के क्षेत्र में बढ़ रहा है। लेकिन इरा बढ़ते हुये श्रृंखला में मनुष्य की आवश्यकता (जो मानव और मानवता के लिए आवश्यक है) का आधार "मानव संसाधन का मानकीकरण" है क्योंकि मनुष्य सभी (जीव और निर्जीव) का निर्माणकर्ता और उसका नियन्त्रणकर्ता है। मानव संसाधन के मानकीकरण के बाद सभी विषय आसानी से लक्ष्य अर्थात् विश्वस्तरीय गुणवत्ता की ओर बढ़ जायेगी क्योंकि मानव संसाधन के मानक में सभी तन्त्रों के मूल सिद्धान्त का समावेश होगा।

वर्तमान समय में शब्द- "निर्माण" भूमण्डलीय रुप से परिचित हो चुका है इसलिए हमें अपना लक्ष्य मनुष्य के निर्माण के लिए निर्धारित करना चाहिए। और दूसरी तरफ विवादमुक्त, दृश्य, प्रकाशित तथा वर्तमान सरकारी प्रक्रिया के अनुसार मानक प्रक्रिया उपलब्ध है। जैसा कि हम सभी जानते हैं कि मानक हमेशा सत्य का सार्वजनिक प्रमाणित विषय होता है न कि विचारों का व्यक्तिगत प्रमाणित विषय। अर्थात् प्रस्तुत मानक विभिन्न विषयों जैसे-आध्यात्म, विज्ञान, तकनीकी, समाजिक, नीतिक, सैद्धान्तिक, राजनीतिक इत्यादि के व्यापक समर्थन के साथ होगा। "उपयोग के लिए तैयार" तथा "प्रक्रिया के लिए तैयार" के आधार पर प्रस्तुत मानव के विश्व स्तरीय निर्माण विधि को प्राप्त करने के लिए मानव निर्माण तकनीकी WCM-TLM-SHYAM.C (World Class Manufactuing–Total Life Maintenance- Satya, Heart, Yoga, Ashram, Meditation.Conceousnesas) प्रणाली आविष्कृत है जिसमें सम्पूर्ण तन्त्र सहभागिता (Total System Involvement-TSI) है और विश्वमानक शून्य: मन की गुणवत्ता का विश्वमानक श्रृंखला (WS-0: World Standard of Mind Series) समाहित है। जो विश्वमानव निर्माण

प्रक्रिया की तकनीकी और मानव संसाधन की गुणवत्ता का विश्वमानक है। जैसे-औद्योगिक क्षेत्र में इन्स्टीच्यूट आफ प्लान्ट मेंन्टीनेन्स, जापान द्वारा उत्पादों के विश्वस्तरीय निर्माण विधि को प्राप्त करने के लिए उत्पाद निर्माण तकनीकी डब्ल्यू0 सी0 एम0-टी0 पी0 एम0-5 एस (WCM-TPM-5S (World Class Manufacturing - Total Productive Maintenance -Siri (छँटाई), Seton (सुव्यवस्थित), Sesaso (स्वच्छता), Siketsu (अच्छास्तर), Shituke (अनुशासन) प्रणाली संचालित है। जिसमें सम्पूर्ण कर्मचारी सहभागिता (Total Employees Involvement) है।) का प्रयोग उद्योगों में विश्व स्तरीय निर्माण प्रक्रिया के लिए होता है। और आई.एस.ओ.-9000 (ISO-9000) तथा आई.एस.ओ.-14000 (ISO-14000) है।

युग के अनुसार सत्यीकरण का मार्ग उपलब्ध कराना ईश्वर का कर्तव्य है आश्रितों पर सत्यीकरण का मार्ग प्रभावित करना अभिभावक का कर्तव्य है। और सत्यीकरण के मार्ग के अनुसार जीना आश्रितों का कर्तव्य है जैसा कि हम सभी जानते है कि अभिभावक, आश्रितों के समझने और समर्थन की प्रतिक्षा नहीं करते। अभिभावक यदि किसी विषय को आवश्यक समझते हैं तब केवल शक्ति और शीघ्रता से प्रभावी बनाना अन्तिम मार्ग होता है। विश्व के बच्चों के लिए यह अधिकार है कि पूर्ण ज्ञान के द्वारा पूर्ण मानव अर्थात् विश्वमानव के रुप में बनना। हम सभी विश्व के नागरिक सभी स्तर के अभिभावक जैसे-महासचिव संयुक्त राष्ट्र संघ, राष्ट्रों के राष्ट्रपति-प्रधानमंत्री, धर्म, समाज, राजनीति, उद्योग, शिक्षा, प्रबन्ध, पत्रकारिता इत्यादि द्वारा अन्य समानान्तर आवश्यक लक्ष्य के साथ इसे जीवन का मुख्य और मूल लक्ष्य निर्धारित कर प्रभावी बनाने की आशा करते हैं। क्योंकि लक्ष्य निर्धारण वक्तव्य का सूर्य नये सहस्त्राब्दि के साथ डूब चुका है। और कार्य योजना का सूर्य उग चुका है। इसलिए धरती को स्वर्ग बनाने का अन्तिम मार्ग सिर्फ कर्तव्य है। और रहने वाले सिर्फ सत्य-सिद्धान्त से युक्त संयुक्तमन आधारित मानव है, न कि संयुक्तमन या व्यक्तिगतमन से युक्तमानव।

आविष्कार विषय "व्यक्तिगत मन और संयुक्तमन का विश्व मानक और पूर्णमानव निर्माण की तकनीकी है जिसे धर्म क्षेत्र से कर्मवेद: प्रथम, अन्तिम तथा पंचमवेदीय श्रृंखला तथा शासन क्षेत्र से WS-0: मन की गुणवत्ता का विश्व मानक श्रृंखला तथा WCM-TLM-SHYAM.C तकनीकी कहते है। सम्पूर्ण आविष्कार सार्वभौम सत्य-सिद्धान्त अर्थात सम्पूर्ण ब्रह्माण्ड में व्याप्त अटलनीय, अपरिवर्तनीय, शाश्वत व सनातन नियम पर आधारित है, न कि मानवीय विचार या मत पर आधारित।" सम्पूर्ण ब्रह्माण्ड में व्याप्त एक ही सत्य-सिद्धान्त द्वारा व्यक्तिगत व संयुक्त मन को एकमुखी कर सर्वोच्च, मूल और अन्तिम स्तर पर स्थापित करने के लिए शून्य पर अन्तिम आविष्कार WS-0 श्रृंखला की निम्नलिखित पाँच शाखाएँ है।

1. डब्ल्यू.एस. (WS)-0 : विचार एवम् साहित्य का विश्वमानक
2. डब्ल्यू.एस. (WS)-00 : विषय एवम् विशेषज्ञों की परिभाषा का विश्वमानक
3. डब्ल्यू.एस. (WS)-000 : ब्रह्माण्ड (सूक्ष्म एवम् स्थूल) के प्रबन्ध और क्रियाकलाप का विश्वमानक
4. डब्ल्यू.एस. (WS)-0000 : मानव (सूक्ष्म तथा स्थूल) के प्रबन्ध और क्रियाकलाप का विश्वमानक
5. डब्ल्यू.एस. (WS)-00000 : उपासना और उपासना स्थल का विश्वमानक

मानक का अर्थ है-"वह सर्वमान्य पैमाना, जिससे हम उस विषय का मूल्यांकन करते हैं। जिस विषय का वह पैमाना होता है।" इस प्रकार मन की गुणवत्ता का मानक व्यक्ति तथा संयुक्त व्यक्ति (अर्थात संस्था, संघ, सरकार इत्यादि) के मूल्याकंन का पैमाना है चूँकि आविष्कार का विषय सर्वव्यापी ब्रह्माण्डीय नियम पर आधारित है। इसलिए वह प्रत्येक विषयों से सम्बन्धित है जिसकी उपयोगिता प्रत्येक विषय के सत्यरूप को जानने में है। चूँकि मानव कर्म करते-करते ज्ञान प्राप्त करते हुये प्रकृति के क्रियाकलापों को धीरे-धीरे अपने अधीन करने की ओर अग्रसर है इसलिए पूर्णतः प्रकृति के पद पर बैठने के लिए प्रकृति द्वारा धारण की गई सन्तुलित कार्यप्रणाली को मानव द्वारा अपनाना ही होगा अन्यथा वह सन्तुलित कार्य न कर अव्यवस्था उत्पन्न कर देगा। यह वैसे ही है जैसे किसी कर्मचारी को प्रबन्धक (मैंनेजर) के पद पर बैठा दिया जाये तो सन्तुलित कार्य संचालन के लिए प्रबन्धक की सन्तुलित कार्यप्रणाली को उसे अपनाना ही होगा अन्यथा वह सन्तुलित कार्य न कर अव्यवस्था उत्पन्न कर देगा। आविष्कार की उपयोगिता व्यापक होते हुये भी मूल रूप से व्यक्ति स्तर से विश्व स्तर तक के मन और संयुक्त मन

के प्रबन्ध को व्यक्त करना एवम् एक कर्मज्ञान द्वारा श्रृंखला बद्ध करना है जिससे सम्पूर्ण शक्ति एक मुखी हो विश्व विकास की दिशा में केन्द्रित हो जाये। परिणामस्वरूप एक दूसरे को विकास की ओर विकास कराते हुये स्वयं को भी विकास करने के लिए पूर्ण स्वतन्त्रता प्राप्त हो जायेगी। सम्पूर्ण क्रियाकलापों को संचालित करने वाले मूल दो कर्ता-मानव (मन) और प्रकृति (विश्वमन) दोनों का कर्मज्ञान एक होना आवश्यक है। प्रकृति (विश्वमन) तो पूर्ण धारण कर सफलतापूर्वक कार्य कर ही रही है। मानव जाति में जो भी सफलता प्राप्त कर रहे हैं वे अज्ञानता में इसके आंशिक धारण में तथा जो असफलता प्राप्त कर रहे हैं, वे पूर्णतः धारण से युक्त है। इसी कर्मज्ञान से प्रकृति, मानव और संयुक्त मन प्रभावित और संचालित है। किसी मानव का कर्मक्षेत्र सम्पूर्ण ब्रह्माण्ड हो सकता है और किसी का उसके स्तर रूप में छोटा यहाँ तक कि सिर्फ स्वयं व्यक्ति का अपना स्तर परन्तु कर्मज्ञान तो सभी का एक ही होगा।

विश्वव्यापी स्थापना का स्पष्ट मार्ग

मन (मानव संसाधन) के अन्तर्राष्ट्रीय/विश्व मानक श्रृंखला के विश्वव्यापी स्थापना के निम्नलिखित शासनिक प्रक्रिया द्वारा स्पष्ट मार्ग है।

1. **जनता द्वारा -** जनता व जन संगठन जनहित के लिए सर्वोच्च न्यायालय में यह याचिका दायर की जा सकती है कि सभी प्रकार के संगठन जैसे- राजनीतिक दल, औद्योगिक समूह, शिक्षण समूह जनता को यह बतायें कि वह किस प्रकार के मन का निर्माण कर रहा है तथा उसका मानक क्या है?
2. **भारत सरकार द्वारा -** भारत सरकार इस श्रृंखला को स्थापित करने के लिए संसद में प्रस्ताव प्रस्तुत कर अपने संस्थान भारतीय मानक ब्यूरो (BIS) के माध्यम से समकक्ष श्रृंखला स्थापित कर विश्वव्यापी स्थापना के लिए अन्तर्राष्ट्रीय मानकीकरण संगठन (ISO) के समक्ष प्रस्तुत कर सकता है। साथ ही संयुक्त राष्ट्र संघ (UNO) में भी प्रस्तुत कर संयुक्त राष्ट्र संघ के पुर्नगठन व पूर्ण लोकतंत्र की प्राप्ति के लिए मार्ग दिखा सकता है।
3. **राजनीतिक दल द्वारा -** भारत का कोई एक राष्ट्रीय राजनीतिक दल विश्व राजनीतिक पार्टी संघ (WPPO) का गठन कर प्रत्येक देश से एक राजनीतिक दल को संघ में साथ लेते हुए संयुक्त राष्ट्र संघ पर स्थापना के लिए दबाव बना सकता है।
4. **सयुंक्त राष्ट्र संघ (UNO) द्वारा -** संयुक्त राष्ट्र संघ सीथे इस मानक श्रृंखला को स्थापना के लिए अपने सदस्य देशों के महासभा के समक्ष प्रस्तुत कर अन्तर्राष्ट्रीय मानकीकरण संगठन व विश्व व्यापार संगठन के माध्यम से सभी देशों में स्थापित करने के लिए उसी प्रकार बाध्य कर सकता है, जिस प्रकार ISO-9000 व ISO-14000 श्रृंखला का विश्वव्यापी स्थापना हो रहा है।
5. **अन्तर्राष्ट्रीय मानकीकरण संगठन (ISO) द्वारा -** अन्तर्राष्ट्रीय मानकीकरण संगठन सीधे इस श्रृंखला को स्थापित कर सभी देशों के लिए संयुक्त राष्ट्र संघ व विश्व व्यापार संगठन के माध्यम से सभी देशों में स्थापित करने के लिए उसी प्रकार बाध्य कर सकता है, जिस प्रकार ISO-9000 या ISO-14000 श्रृंखला का विश्वव्यापी स्थापना हो रहा है।

मानव एवं संयुक्त मानव (संगठन, संस्था, ससंद, सरकार इत्यादि) द्वारा उत्पादित उत्पादों को धीरे-धीरे वैश्विक स्तर पर मानकीकरण हो रहा है। ऐसे में संयुक्त राष्ट्र संघ को प्रबन्ध और क्रियाकलाप का वैश्विक स्तर पर मानकीकरण करना चाहिए। जिस प्रकार औद्योगिक क्षेत्र अन्तर्राष्ट्रीय मानकीकरण संगठन (International Standardisation Organisation-ISO) द्वारा संयुक्त मन (उद्योग, संस्थान, उत्पाद इत्यादि) को उत्पाद, संस्था, पर्यावरण की गुणवत्ता के लिए ISO प्रमाणपत्र जैसे- ISO-9000, ISO-14000 श्रृंखला इत्यादि प्रदान किये जाते है उसी प्रकार संयुक्त राष्ट्र संघ को नये अभिकरण विश्व मानकीकरण संगठन (World Standardisation

Organisation-WSO) बनाकर या अन्त्रतराष्ट्रीय मानकीकरण संगठन को अपने अधीन लेकर ISO-0/WSO-0 का प्रमाण पत्र योग्य व्यक्ति और संस्था को देना चाहिए जो गुणवत्ता मानक के अनुरूप हों। भारत को यही कार्य भारतीय मानक ब्यूरो (Bureau of Indiand Standard-BIS) के द्वारा IS-0 श्रृंखला द्वारा करना चाहिए। भारत को यह कार्य राष्ट्रीय शिक्षा प्रणाली (National Education System-NES) व विश्व को यह कार्य विश्व शिक्षा प्रणाली (World Education System-WES) द्वारा करना चाहिए।

एक भारत - श्रेष्ठ भारत के निर्माण के लिए आवश्यक कार्य

आचार्य रजनीश "ओशो" की वाणी है - "इस देश को कुछ बाते समझनी होगी। एक तो इस देश को यह बात समझनी होगी कि तुम्हारी परेशानियों, तुम्हारी गरीबी, तुम्हारी मुसीबतों, तुम्हारी दीनता के बहुत कुछ कारण तुम्हारे अंध विश्वासों में है, कम से कम डेढ़ हजार साल पिछे घिसट रहा है। ये डेढ़ हजार साल पूरे होने जरूरी है। भारत को खिंचकर आधुनिक बनाना जरूरी है। मेरी उत्सुकता है कि इस देश का सौभाग्य खुले, यह देश भी खुशहाल हो, यह देश भी समृद्ध हो। क्योंकि समृद्ध हो यह देश तो फिर राम की धुन गुंजे, समृद्ध हो यह देश तो फिर लोग गीत गाँये, प्रभु की प्रार्थना करें। समृद्ध हो यह देश तो मंदिर की घंटिया फिर बजे, पूजा के थाल फिर सजे। समृद्ध हो यह देश तो फिर बाँसुरी बजे कृष्ण की, फिर रास रचे!"

भारत को सम्पूर्ण क्रान्ति की जरूरत है। क्रान्ति के प्रति विचार यह है कि- "राजनीतिक, आर्थिक व सामाजिक परिस्थिति में उसकी स्वस्थता के लिए परिवर्तन ही क्रान्ति है, और यह तभी मानी जायेगी जब उसके मूल्यों, मान्यताओं, पद्धतियों और सम्बन्धों की जगह नये मूल्य, मान्यता, पद्धति और सम्बन्ध स्थापित हों। अर्थात क्रान्ति के लिए वर्तमान व्यवस्था की स्वस्थता के लिए नयी व्यवस्था स्थापित करनी होगी। यदि व्यवस्था परिवर्तन के आन्दोलन में विवेक नहीं हो, केवल भावना हो तो वह आन्दोलन हिंसक हो जाता है। हिंसा से कभी व्यवस्था नहीं बदलती, केवल सत्ता पर बैठने वाले लोग बदलते है। हिंसा में विवेक नहीं उन्माद होता है। उन्माद से विद्रोह होता है क्रान्ति नहीं। क्रान्ति में नयी व्यवस्था का दर्शन - शास्त्र होता है अर्थात क्रान्ति का लक्ष्य होता है और उस लक्ष्य के अनुरुप उसे प्राप्त करने की योजना होती है। दर्शन के अभाव में क्रान्ति का कोई लक्ष्य नहीं होता।"

सम्पूर्ण क्रान्ति से हमारा तात्पर्य सभी विषयों के अपने सत्य अर्थों में स्थापना से है। जो आपके शब्दों में "आध्यात्मिक एवं दार्शनिक विरासत के आधार पर एक भारत - श्रेष्ठ भारत" है। लोकतन्त्र से हम राजतन्त्र में नहीं जा सकते इसलिए व्यवस्था परिवर्तन का अर्थ ही निरर्थक है। आवश्यकता है वर्तमान लोकतन्त्र व्यवस्था को ही सत्य आधारित करने की जिसे व्यवस्था सत्यीकरण कहा जा सकता है। इस कार्य में हमें मानकशास्त्र की आवश्यकता है जिससे तोल कर यह देख सके कि इस लोकतन्त्र व्यवस्था में कहाँ सुधार करने से सत्यीकरण हो जायेगा। यह मानकशास्त्र ही "विश्वशास्त्र" है। जो भारत के तेज विकास सहित कायाकल्प का प्रारूप है। तेज विकास वही देश कर सकता है जहाँ के नागरिक अपने देश के प्रति समर्पित हों और कम से कम उनका मस्तिष्क देश स्तर तक व्यापक हो। संकुचित मस्तिष्क को व्यापक करने से ही वह वर्तमान में आ पायेगा। इन सब उद्देश्यों की प्राप्ति के लिए मूल रूप में निम्नलिखित कार्य करने आवश्यक हैं जो आध्यात्मिक एवं दार्शनिक विरासत का सार्वभौम सत्य-सिद्धान्त रूप है-

अ. भारत के विश्व गुरू बनने के लिए

"सम्पूर्ण मानक" अर्थात विश्वमानक - शून्य श्रंखला (WS-0) की विश्वव्यापी स्थापना।

अधिकतम प्रभावी लाभ – विश्व विकास की मुख्यधारा का निर्धारण करते हुये भारत का विश्व के प्रति दायित्व - नव विश्व निर्माण और मानवता की अगली पीढ़ी के उदय को पूर्ण करते हुये दृश्य काल में भारत अपनी गुरूता को सिद्ध कर सकेगा। साथ ही विश्व कल्याण के अपने दायित्व को निभा सकेगा। विचार आधारित विश्व से मानक आधारित विश्व का निर्माण, देश आधारित राष्ट्रवाद से वैश्विक राष्ट्रवाद का उदय, एकात्मकर्मवाद से मानव के शक्ति का विश्व विकास की दिशा में एकीकरण, पावर और प्राफिट के मूल उद्देश्य से मानव मस्तिष्क विकास और शासन प्रणाली के वैश्विक मानकीकरण की दिशा में उदय, देशों के विस्तारवादी और विश्व शक्ति की नीति से समन्वयवादी और विश्व परिवारवाद का उदय, इत्यादि जो कुछ इस मानव समाज और प्रकृति के लिए सत्य-सुन्दर-शिव हो सकता है उस दिशा में उदय।

न्यूनतम प्रभावी हानि – वैश्विक स्तर पर विचार आधारित तानाशाही समाज, तानाशाही राष्ट्रवाद और तानाशाही देश का निर्धारण, नकारात्मक चरित्र के समाज और देश का निर्धारण।

ब. संविधानानुसार पूर्ण गणराज्यों के संघ के निर्माण के लिए

1. ***संविधान को मानक गणराज्य (ब्रह्माण्डीय गणराज्य-अवतारी परम्परा) के अनुसार करना जिससे भारत एक मानक गणराज्य और लोकतन्त्र का उदाहरण बने सके।***

"रामराज्य", का प्रारूप "परशुराम परम्परा" है। ईश्वर के सातवें अवतार भगवान श्रीराम ने ईश्वर के छठें अवतार भगवान परशुराम द्वारा दी गई व्यवस्था का ही प्रसार किये थे।

छठें अवतार भगवान परशुराम द्वारा दी गई व्यवस्था इस प्रकार थी-

1. प्रकृति में व्याप्त तीन गुण- सत्व, रज और तम के प्रधानता के अनुसार मनुष्य का चार वर्णों में निर्धारण। सत्व गुण प्रधान - ब्राह्मण, रज गुण प्रधान- क्षत्रिय, रज एवं तम गुण प्रधान- वैश्य, तम गुण प्रधान- शूद्र।
2. गणराज्य का शासक राजा होगा जो क्षत्रिय होगा जैसे- ब्रह्माण्डीय गणराज्य में प्रकृति जो रज गुण अर्थात् कर्म अर्थात् शक्ति प्रधान है।
3. गणराज्य में राज्य सभा होगी जिसके अनेक सदस्य होंगे जैसे- ब्रह्माण्डीय गणराज्य में प्रकृति के सत्व, रज एवं तम गुणों से युक्त विभिन्न वस्तु हैं।
4. राजा का निर्णय राजसभा का ही निर्णय है जैसे- ब्रह्माण्डीय गणराज्य में प्रकृति का निर्णय वही है जो सत्व, रज एवं तम गुणों का सम्मिलित निर्णय होता है।

5. राजा का चुनाव जनता करे क्योंकि वह अपने गणराज्य में सर्वव्यापी और जनता का सम्मिलित रुप है जैसे- ब्रह्माण्डीय गणराज्य में प्रकृति सर्वव्यापी है और वह सत्व, रज एवं तम गुणों का सम्मिलित रुप है।
6. राजा और उसकी सभा राज्य वादी न हो इसलिए उस पर नियन्त्रण के लिए सत्व गुण प्रधान ब्राह्मण का नियन्त्रण होगा जैसे- ब्रह्माण्डीय गणराज्य में प्रकृति पर नियन्त्रण के लिए सत्व गुण प्रधान आत्मा का नियन्त्रण होता है।

यह व्यवस्था जब तक निराकार आधारित लोकतन्त्र में संविधान का स्वरूप ग्राम से लेकर विश्व तक नहीं होता तब तक रामराज्य नहीं बन सकता।

भारत में निम्लिखित रुप व्यक्त हो चुका था।

1. ग्राम, विकास खण्ड, नगर, जनपद, प्रदेश और देश स्तर पर गणराज्य और गणसंघ का रुप।
2. सिर्फ ग्राम व नगर स्तर पर राजा (ग्राम व नगर पंचायत अध्यक्ष) का चुनाव सीधे जनता द्वारा।
3. गणराज्य को संचालित करने के लिए संचालक का निराकार रुप- संविधान।
4. गणराज्य के तन्त्रों को संचालित करने के लिए तन्त्र और क्रियाकलाप का निराकार रुप-नियम और कानून।
5. राजा पर नियन्त्रण के लिए ब्राह्मण का साकार रुप- राष्ट्रपति, राज्यपाल, जिलाधिकारी इत्यादि।

निम्नलिखित शेष समष्टि कार्य पूर्ण करना है।

1. गणराज्य या लोकतन्त्र के सत्य रुप- गणराज्य या लोकतन्त्र के स्वरुप का अन्तर्राष्ट्रीय/ विश्वमानक।
2. राजा और सभा सहित गणराज्य पर नियन्त्रण के लिए साकार ब्राह्मण का निराकार रुप- मन का अन्तर्राष्ट्रीय/ विश्वमानक।
3. गणराज्य के प्रबन्ध का सत्य रुप- प्रबन्ध का अन्तर्राष्ट्रीय/ विश्वमानक।
4. गणराज्य के संचालन के लिए संचालक का निराकार रुप- संविधान के स्वरुप का अन्तर्राष्ट्रीय/ विश्वमानक।
5. साकार ब्राह्मण निर्माण के लिए शिक्षा का स्वरुप- शिक्षा पाठ्यक्रम का अन्तर्राष्ट्रीय/ विश्वमानक।

अधिकतम प्रभावी लाभ – अधिकतम अधिकार से युक्त मुख्य/प्रधान संचालक (भारत में प्रधानमंत्री) के सीधे जनता द्वारा चुनाव होने पर वह सच्चे अर्थों में जनता का प्रतिनिधि होगा और सरकार अपने कार्यकाल तक स्थिर रहेगी, सरकार के हटाने का रास्ता बन्द हो चुका होगा जिससे विकास कार्य में बाधा नहीं आयेगी। सदस्यों के खरीद-फरोख्त की अलोकतान्त्रिक रास्ता हमेशा के लिए बन्द हो जायेगा।
न्यूनतम प्रभावी हानि – पार्टी/दल तन्त्र का धीरे-धीरे अवनति।

2. पूर्ण गणराज्य के लिए नगर व ग्राम पंचायत को देश के संविधान की भाँति संविधान देकर गणराज्य बनाते हुये उसका सम्बन्ध सीधे जिलाधिकारी, केन्द्र सरकार और सम्बन्धित मन्त्रालय से करना।

अधिकतम प्रभावी लाभ – "स्वयं का कर्म और स्वयं का परिणाम" के आधार पर पंचायत और निवासी आत्मनिर्भर बनेंगे। पंचायत की सभी वर्तमान स्थिति जिलाधिकारी, केन्द्र सरकार और सम्बन्धित मन्त्रालय के सामने होंगे।
न्यूनतम प्रभावी हानि – पंचायत स्तर के भ्रष्टाचारीयों को नुकसान होगा।

3. राज्यों के विधानसभा को सदैव के लिए समाप्त करना।

अधिकतम प्रभावी लाभ – जन प्रतिनिधियों पर बढ़ते खर्च को कम किया जा सकेगा और विकास कार्य में बेवजह बाधा नहीं आयेगी।
न्यूनतम प्रभावी हानि – विधानसभा स्तर पर राजनीति को व्यापार बना लेने वालों को नुकसान होगा।

4. **संसदीय क्षेत्र का परिसीमन करते हुये सांसद की संख्या कम से कम दो गुना करना।**

अधिकतम प्रभावी लाभ – संसदीय क्षेत्र में विकास कार्य पर दृष्टि रखने में सांसदों को आसानी होगी।
न्यूनतम प्रभावी हानि – कुछ भी नहीं ।

5. **संसदीय क्षेत्र में सांसद का कार्यालय, संसद सत्र के दौरान दिल्ली केवल अस्थायी निवास के लिए हास्टल।**

अधिकतम प्रभावी लाभ – सांसद के अतिरिक्त खर्च में कमी और अपने संसदीय क्षेत्र पर अधिक ध्यान। जन सम्पर्क में सदैव उपलब्ध रहने का अवसर।
न्यूनतम प्रभावी हानि – अकर्मठ सांसदों को।

6. **सांसद प्रत्याशी केवल उसी क्षेत्र का पैत्रिक निवासी और एक चुनाव में केवल एक चुनाव क्षेत्र से ही चुनाव प्रत्याशी बनने की अनुमति।**

अधिकतम प्रभावी लाभ – सांसद, जनता से पूर्णतया परिचित। दो स्थानों से चुनाव में आने पर प्रतिबन्ध अर्थात चुनाव खर्च को बचाना।
न्यूनतम प्रभावी हानि – कई स्थानों और कहीं से भी चुनाव में आ जाने वालों का रास्ता बन्द।

7. **भारतीय ऋषि आश्रम पद्धतिनुसार सरकारी सेवा का सेवानिवृत्ति की उम्र 50 वर्ष (गृहस्थ आश्रम), फिर 25 वर्ष सम्बन्धित विभाग का मार्गदर्शक मण्डल (वानप्रस्थ आश्रम) में 50 प्रतिशत उपस्थिति अनिवार्य और 50 प्रतिशत वेतन, फिर जीवनपर्यन्त पेंशन और अन्य सुविधाएँ (सन्यास आश्रम)।**

अधिकतम प्रभावी लाभ – कर्मचारीयों की शारीरिक कर्मठता और अनुभव के मार्गदर्शन पर आधारित होने से कार्य कुशलता-पूर्णता में तेजी आयेगी और नये युवा वर्ग को सेवा के अवसर मिलने में भी अधिक अवसर प्राप्त होगा। 50 वर्ष के बाद समाज से जुड़ने का भी अवसर प्राप्त होगा अन्यथा वे विशेष प्रकार के बनकर घर-समाज में अव्यवस्था उत्पन्न करते हैं।
न्यूनतम प्रभावी हानि – अकर्मठ-निकम्में कर्मचारीयों को नुकसान होगा।

8. **बढ़ती जनसंख्या और चुनाव एक बहुत बड़ी समस्या है। एक नागरिकता संख्या (इण्टिग्रेटेड सर्किट-चिप युक्त आधार कार्ड) से मतदाता सूची का बार-बार बनाना, चुनाव खर्च में अप्रत्याशित रूप से कमी, मतदान प्रतिशत में अत्यधिक बढ़ोत्तरी, 100 प्रतिशत सत्य मतदाता इत्यादि को मात्र एक साफ्टवेयर से नियंत्रित किया जा सकता है। स्मार्टफोन/इन्टरनेट से आनलाइन मत के साथ ही डिजीटल मत का प्रमाण पत्र मिले जो विकेन्द्रित खुला वेबसाइट पर अपलोड करने की सुविधा हो जिससे दोनों (सरकार और जनता) मत का परिणाम सामने हो।**

अधिकतम प्रभावी लाभ – चुनाव खर्च में कमी, अधिकतम मतदाताओं की भागीदारी, परिणाम शीघ्र, पूर्णतया पारदर्शी, मतदाता सूची हमेशा तैयार।

न्यूनतम प्रभावी हानि – चुनाव में भ्रष्टाचार करने वालों पर पूर्ण प्रतिबन्ध।

9. **नागरिक के सभी प्रकार के सबसीडी को समाप्त कर सीधे एक न्यूनतम आर्थिक सहायता उनके एक अलग बैंक खाते में मासिक रूप से दी जाये जिसका उपयोग वे केवल दैनिक जीवनयापन के खरीददारी में कर सकें। खरीद की ये वस्तुऐं उसके अपने जिले में निर्मित/उत्पादित होती हों (यहाँ तक की राशन भी वे अपने पंचायत से निर्धारित मूल्य पर ही खरीदें) जिससे "आत्मनिर्भर भारत और लोकल-वोकल" के सिद्धान्त को व्यावहारिक बनाया जा सके। योग्य नागरिक की खोज बैंक में जमा धनराशि से की जा सकती है।**

अधिकतम प्रभावी लाभ – जिला स्तर पर उद्योगों का विकास, सरकारी राशन की दुकान का भ्रष्टाचार पूर्णतया बन्द, केवल योग्य नागरिक को ही सबसीडी
न्यूनतम प्रभावी हानि –भ्रष्टाचार करने वालों पर पूर्ण प्रतिबन्ध।

10. **सरकारी विभागीय स्तर पर सफाई-सुधार (भ्रष्टाचार समाप्त) करने के लिए पहली गलती पर 1000/-रुपये जुर्माना, दूसरी गलती निश्चित समय में होने पर 5 गुना (5000/-रुपये) जुर्माना, तीसरी गलती पर 10 गुना (20000/-रुपये) जुर्माना राजकोष में जमा करायें। इससे देश की आर्थिक स्थिति ठीक होगी। विभाग का हर कर्मचारी ठीक चलने और सुधार का ध्यान रखेगा। साथ ही गलती करने वाले के परिवार वाले भी सुधरेंगे और गलती करने वाले को, गलती न करने के लिये प्रेरित करेंगे। जबकि सारा परिवार नमकहरामी के पैसे से मौज कर रहा था, तो वह सजा का हकदार भी तो है। जब कम पगार आयेगी, तो परेशानी तो बढ़ेगी ही। जिससे आने वाला नेता भी पहले से सीखें। उसके घर के प्राणी, सम्बन्धी भी गलती करने से रोकें। समाज, जनता, उसकी गलती पर, उसे नफरत की निगाह से देखें।** (पुस्तक – "विशाल ज्ञान विज्ञान - सबका समाधान" में विस्तृत विवरण उपलब्ध)

अधिकतम प्रभावी लाभ – कर्मचारीयों में कर्मठता बढ़ेगी, समयानुसार कार्य पूर्ण होगा, नागरिक में सरकारी कामों के प्रति निगरानी की प्रवृत्ति बढ़ेगी।
न्यूनतम प्रभावी हानि –भ्रष्टाचार करने वालों पर पूर्ण प्रतिबन्ध।

स. गणराज्य के सशक्तता के लिए

01. नगर व ग्राम पंचायत कार्यालय में कम्प्यूटर केन्द्र।
02. प्राथमिक शिक्षा (प्राथमिक विद्यालय), नगर व ग्राम पंचायत के अधीन करना और उसी क्षेत्र के शिक्षक का दैनिक भुगतान के आधार पर भर्ती करना। ताकि निवासी का बच्चा और निवासी शिक्षक, स्वयं का कर्म और स्वयं का परिणाम के अनुसार निवासी में कर्तव्य भावना का विकास हो सके।
03. नगर व ग्राम पंचायत के लाभ-हानि का ब्यौरा सार्वजनिक करना और उस अनुसार ही पिछड़े क्षेत्र पर विशेष ध्यान देना।
04. नगर व ग्राम पंचायत से ही सीधे प्रतिदिन सभी आकड़े केन्द्र को जिससे जनगणना, पशुगणना या अन्य आकड़ों के लिए विशेष अभियान की जरूरत नहीं। कार्ड, भूमि व नागरिक से सम्बन्धित सभी प्रमाण-पत्र नगर व ग्राम पंचायत से ही।

05. कृषि उत्पाद का भण्डारण (गोदाम) ग्राम पंचायत स्तर पर। पंचायत से ही सीधे नागरिक, अन्य पंचायत और भारत सरकार द्वारा खरीददारी एवं भण्डारण।
06. "अतिथि देवो भवः" - नगर व ग्राम पंचायत के द्वारा बाहरी आगन्तुक, खोजकर्ता, आविष्कारक, निराश्रित के लिए "भोजन की गारण्टी" जिसे अन्नक्षेत्र कहते हैं। बाहरी का अर्थ कम से कम 50 किलोमीटर दूर का निवासी। लगातार 2 भोजन से अधिक नहीं, फिर उस पंचायत या 50 किलोमीटर के दायरे के अन्य पंचायत में 7 दिन बाद सम्भव)

द. गणराज्यः एक भारत - श्रेष्ठ भारत के स्थिरता के लिए

01. नागरिक के मस्तिष्क को आधुनिक, चिन्तनशील, पूर्ण, एकीकृत, समकक्षीकरण व समझ से युक्त करने के लिए "सत्य मानक शिक्षा" से युक्त करना। जिसके लिए राष्ट्रीय लोकतान्त्रिक नागरिक पात्रता परीक्षा (National Democratic Civilian Elegibility Test - NDCET) सरकारी सेवाओं के लिए अनिवार्य करना साथ ही छात्र के लिए अनिवार्य रूप से कभी भी उत्तीर्ण करना आवश्यक तभी उनका शैक्षिक डिग्री मान्य। इस प्रकार शिक्षक पात्रता परीक्षा (Teacher Elegibility Test - TET) अपने आप समाप्त हो जायेगी।
02. भारत के प्रति समर्पित नागरिक निर्माण का पाठ्यक्रम "सत्य मानक शिक्षा" को संविधान का अंग बनाना।
03. एक राष्ट्र - एक पाठ्यक्रम - एक शिक्षा बोर्ड की व्यवस्था क्योंकि शिक्षा का सम्बन्ध राष्ट्र से है न कि राष्ट्र के किसी भाग से।
04. शिक्षा और आवश्यक वस्तु के विपणन क्षेत्र में भारतीय आध्यात्म एवं दर्शन आधारित स्वदेशी विपणन प्रणाली: 3-एफ (3-F: Fuel-Fire-Fuel) अनिवार्य रूप से लागू करना जिससे उनका खर्च ही उन्हें आर्थिक लाभ दे। फलस्वरूप क्रय शक्ति में बढ़ोत्तरी।
05. न्याय क्षेत्र में समय सीमा में बद्ध न्याय और आर्थिक अपराध का दण्ड सर्वोच्च करना।
06. आरक्षण का आधार शारीरिक, आर्थिक व मानसिक करना।
07. नीजी क्षेत्र के विद्यालय और चिकित्सालय के शुल्क को नियंत्रित करना।
08. भूमि विक्रय पंजीकरण, ब्रोकर को दर्ज कराये बिना न करना। ब्रोकर को कानून के दायरे में लाना।
09. एक राष्ट्र - एक बिक्री कर - एक आयकर। सभी कर समाप्त।
10. एक राष्ट्र - एक राष्ट्रीय लोकतान्त्रिक नागरिक संहिता, दण्ड संहिता जो महिला-पुरूष में भेद ना करे।
11. एक राष्ट्र - एक राष्ट्रीय लोकतान्त्रिक धर्म (समष्टि धर्म) जिसकी सीमा देश स्तर, अन्य प्रचलित धर्म व्यक्तिगत धर्म (व्यष्टि धर्म) जिसकी सीमा परिवार क्षेत्र।
12. एक राष्ट्र - एक नागरिकता संख्या (इण्टिग्रेटेड सर्किट-चिप युक्त आधार कार्ड) - सम्पूर्ण शारीरिक - आर्थिक/संसाधन - मानसिक - क्रियाकलाप - उपलब्धता (नागरिक डाटाबेस), निगरानी अर्थात यात्रा सम्बन्धित टिकट, होटल व थाने से भी जोड़ना।
13. पद पर नियुक्ति के समय न्यूनतम योग्यता को ही अधिकतम योग्यता निर्धारित करना अर्थात जिस पद के लिए जो योग्यता निर्धारित की जाती है, नियुक्ति के समय उम्मीदवार की अधिकतम योग्यता भी वही होनी चाहिए अन्यथा अयोग्य घोषित। नियुक्ति उपरान्त शिक्षा ग्रहण करने की स्वतन्त्रता।
14. भारतीय ऋषि आश्रम पद्धतिनुसार उत्तराधिकार सम्बन्धी अधिनियम जिसमें यह प्राविधान हो कि 25 वर्ष की अवस्था (गृहस्थ आश्रम में प्रवेश) में उसे पैतृक सम्पत्ति अर्थात दादा की सम्पत्ति जिसमें पिता की अर्जित सम्पत्ति शामिल न रहें, पुत्र के अधिकार में हो जाये।

एक नागरिक - श्रेष्ठ नागरिक के निर्माण के लिए आवश्यक कार्य

"नया भारत (NEW INDIA)", केवल आर्थिक विकास से नहीं बनाया जा सकता, उसके लिए राष्ट्रीय बौद्धिक विकास भी चाहिए। **पं0 दीन दयाल उपाध्याय की ये वाणी विचारणीय है - "पूंजीवादी साहस और पूंजी को महत्व देते है तो कम्युनिस्ट श्रम को। पूंजीवादी स्वयं के लिए अधिक हिस्सा माँगते है और कम्युनिस्ट अपने लिए। यह नारा अनुचित, अन्यायपूर्ण और समाजघाती है। धन का अभाव मनुष्य को निष्करूण और क्रूर बना देता है। तो धन का प्रभाव उसे शोषक सामाजिक दायित्व निरपेक्ष, दम्भी और दमनकारी। मनुष्य पशु नहीं है केवल पेट भर जाने से वह सुखी और संतुष्ट हो जायेगा। उसकी जीवन यात्रा "पेट" से आगे "परमात्मा" तक जाती है। उसके मन उसकी बुद्धि और उसकी आत्मा का भी कुछ तकाजा है। इस तकाजे को ध्यान में रखे बिना बनाई गई प्रत्येक व्यवस्था अल्पकालिक ही नही घातक भी होगी।"**

भारत को विश्व गुरू बनाना व अच्छे दिन लाना, यह फल है जिसका जड़ व्यक्ति के मस्तिष्क और गाँव में है। जड़ को मजबूत करने से भारत नामक वृक्ष से अपने आप फल निकलने लगेंगे। पुनर्निर्माण व्यक्ति के मस्तिष्क को मजबूत करने का ही कार्यक्रम है। शेष व्यक्ति व शासन मिलकर पूरा कर लेगें इसका हमें विश्वास है।

जो व्यक्ति या देश केवल आर्थिक उन्नति को ही सर्वस्व मानता है वह व्यक्ति या देश एक पशुवत् जीवन निर्वाह के मार्ग पर है-जीना और पीढ़ी बढ़ाना। दूसरे रूप में इसे ऐसे समझा जा सकता है कि ऐसे व्यक्ति जिनका लक्ष्य धन रहा था वे अपने धन के बल पर अपनी मूर्ति अपने घर पर ही लगा सकते हैं परन्तु जिनका लक्ष्य धन नहीं था, उनका समाज ने उन्हें, उनके रहते या उनके जाने के बाद अनेकों प्रकार से सम्मान दिया है और ये सार्वजनिक रूप से सभी के सामने प्रमाणित है। पूर्णत्व की प्राप्ति का मार्ग शारीरिक-आर्थिक उत्थान के साथ-साथ मानसिक-बौद्धिक उत्थान होना चाहिए और यही है ही। इस प्रकार भारत यदि पूर्णता व विश्व गुरूता की ओर बढ़ना चाहता है तब उसे मात्र कौशल विकास ही नहीं बल्कि राष्ट्रीय बौद्धिक विकास की ओर भी बढ़ना होगा। बौद्धिक विकास, व्यक्ति व राष्ट्र का इस ब्रह्माण्ड के प्रति दायित्व है और उसका लक्ष्य है।

राष्ट्र के पूर्णत्व के लिए पूर्ण शिक्षा निम्नलिखित शिक्षा का संयुक्त रूप है-

अ-सामान्यीकरण (Generalisation) शिक्षा

ज्ञान के लिए- यह शिक्षा व्यक्ति और राष्ट्र का बौद्धिक विकास कराती है जिससे व्यक्ति व राष्ट्रीय सुख में वृद्धि होती है।

ब-विशेषीकरण (Specialisation) शिक्षा

कौशल के लिए- यह शिक्षा व्यक्ति और राष्ट्र का कौशल विकास कराती है जिससे व्यक्ति व राष्ट्रीय उत्पादकता में वृद्धि होती है।

स-सत्य नेटवर्क (REAL NETWORK)

समाज में प्रकाशित होने के लिए - क्योंकि कोई भी क्यों न हो उसे स्वयं अपना परिचय (BIO-DATA) देना पड़ता है तभी उसके अनुसार समाज उसका उपयोग करता है।

वर्तमान समय में विशेषीकरण की शिक्षा, भारत में चल ही रहा है और वह कोई बहुत बड़ी समस्या भी नहीं है। समस्या है सामान्यीकरण शिक्षा की। व्यक्तियों के विचार से सदैव व्यक्त होता रहा है कि-मैकाले शिक्षा पद्धति बदलनी चाहिए, राष्ट्रीय शिक्षा नीति व पाठ्यक्रम बनना चाहिए। ये तो विचार हैं। पाठ्यक्रम बनेगा कैसे?, कौन बनायेगा? पाठ्यक्रम में पढ़ायेंगे क्या? ये समस्या थी। और वह हल की जा चुकी है। जो भारत सरकार के सामने सरकारी-निजी योजनाओं जैसे ट्रांसपोर्ट, डाक, बैंक, बीमा की तरह निजी शिक्षा के रूप में "पुनर्निर्माण-सत्य शिक्षा का राष्ट्रीय तीव्र मार्ग" द्वारा पहली बार इसके आविष्कारक द्वारा प्रस्तुत है। जो राष्ट्र निर्माण का व्यापार है।

राष्ट्रीय सहजीवन आन्दोलन

"सहजीवन" का अर्थ है निवासियों के समूह द्वारा आपस में मिल-लुलकर रहना तथा समस्याओं को हल करना जिससे समूह की सुरक्षा का कार्य भी सम्पन्न हो जाता है। ''रक्षा'' शब्द का अर्थ होता है कि किसी दुर्घटना होने पर या होने की सम्भावना को निष्प्रभावी करना जबकि ''सुरक्षा'' शब्द का अर्थ है कि किसी दुर्घटना होने या न होने की सम्भावना के बावजूद ऐसी व्यवस्था करना जिससे दुर्घटना की स्थिति को बनने ही न दिया जाय। ''रक्षा'' फल आधारित है तो ''सुरक्षा'' कारण आधारित। ''रक्षा'' परिणाम व्यक्त होने पर होती है तो ''सुरक्षा'' परिणाम व्यक्त ही न हो इसके लिए की जाती है। व्यष्टि (व्यक्ति) हो या समष्टि (संयुक्त व्यक्ति या देश) उसके मूलतः शारीरिक, आर्थिक व मानसिक दुर्घटना होने की सम्भावना रहती है। अर्थात् जिस प्रकार व्यक्ति के लिए शारीरिक, आर्थिक व मानसिक दुर्घटना होने की सम्भावना होती है ठीक उसी प्रकार व्यक्ति समूह अर्थात् देश के लिए शारीरिक, आर्थिक व मानसिक दुर्घटना की सम्भावना रहती है। रक्षा हो या सुरक्षा हो या शान्ति, एकता, स्थिरता इसका अर्थ यह नहीं होता कि यथावत् स्थिति बनाये रखा जाय और उसके लिए रक्षा, सुरक्षा, शान्ति, एकता, स्थिरता के उपाय किये जाय बल्कि इन उपायों के साथ शारीरिक, आर्थिक व मानसिक विकास भी होते रहना चाहिए। राष्ट्रीय सुरक्षा में व्यष्टि व समष्टि दोनों की सुरक्षा समाहित है। प्रारम्भ में राष्ट्रीय सहजीवन आन्दोलन, व्यक्ति के शारीरिक और आर्थिक सुरक्षा का आन्दोलन है। राष्ट्रीय रचनात्मक आन्दोलन व्यष्टि और समष्टि के शारीरिक, आर्थिक व मानसिक विकास व रचना का आन्दोलन है जो राष्ट्रीय सहजीवन आन्दोलन के व्यष्टि मानसिक सुरक्षा और समष्टि आर्थिक व मानसिक सुरक्षा का कार्य भी सम्पन्न करता है। शेष सुरक्षा-समष्टि के शारीरिक सुरक्षा का कार्य सरकार के अधीन है।

वर्तमान समय में राष्ट्रीय सहजीवन आन्दोलन में वहीं कार्य हैं जो सरकार से मुक्त स्वव्यवस्था तथा सरकार के वैधानिक प्रक्रिया के अनुसार व्यक्ति स्वयं अपनी उपलब्धता से सुरक्षित रह और कर सकता है अर्थात् व्यष्टि के शारीरिक और आर्थिक सुरक्षा का कार्य जो ''धर्मदान'' और ''सहभागिता'' के सत्य अर्थों तथा उसके महत्व को व्यक्त करता है।

दान की आवश्यकता सामाजिक विषमता को कम करने के लिए होती है जिसका रुप शारीरिक, आर्थिक व मानसिक में से एक या दो या सभी हो सकते हैं। अपराधिक प्रवृत्ति युक्त योजना और मार्गदर्शन इत्यादि का कारण सामाजिक विषमता ही होती है। यह निश्चित तौर पर कहा जा सकता है कि यदि किसी मुहल्ले में एक भूख से पीड़ित परिवार हो और एक सम्पन्न परिवार तो निश्चित रुप से यह विषमता सम्पन्न परिवार के लिए शारीरिक, आर्थिक व मानसिक रुप से घातक होती है या ऐसे मुहल्ले की गली, बिजली, पानी, स्वच्छता, व्यवस्था की स्थिति ठीक न हो तो क्या सम्पन्न परिवार उसके प्रभाव से बच पायेगा? जबकि सम्पन्न परिवारों के आपसी सहयोग से, जो उसके सन्तुलन पर कोई प्रभाव भी नहीं डाल सकता क्योंकि उसके उस सहयोग से दूरगामी लाभ उसके ही खर्च को बचाता है। मुहल्ले की व्यवस्था सुधर सकती है और स्वयं उसके पड़ोसी भी उससे भली-भाँति आत्मीय सम्बन्ध के आधार पर साथ ही साथ रहेंगे। फिर कौन अपराधिक योजना-मार्गदर्शन बनायेगा? फिर पूरा मुहल्ला ही एक दूसरे के लिए सुरक्षा प्रहरी ही बना रहेगा। इसलिए प्रत्येक व्यक्ति को अपने-अपने सन्तुलन के साथ कम से कम मुहल्ले की व्यवस्था को ही देखने में उतनी रुचि लेनी चाहिए जितनी की वह अपनी व्यवस्था के लिए रुचि रखता है। साथ ही देश तथा विश्व स्तरीय सूचनाओं तथा व्यवस्थाओं का ज्ञान भी रखने के लिए प्रयत्नशील रहना चाहिए जिससे वह स्वयं उच्च मन स्तर का बने तथा दूसरों के लिए जो अपने ही हैं, उनका मार्गदर्शन भी कर सकें। ज्ञान के लिए थोड़ा समय, अध्ययन, मनन और चर्चा ही खर्च होता है जो उसका अपना है परन्तु वह बहुत ही लाभकारी होता है जो किसी धन के बदले नहीं प्राप्त किया जा सकता। ज्ञान इसलिए लाभकारी है क्योंकि वह प्रत्येक क्षण व्यक्ति के लिए अनेक मार्ग व्यक्त करता है। और यह सब कर्म चलते-फिरते, मिलते-जुलते ही हो जाने वाला कार्य है और सामाजिक प्रणी मानव का स्वभाव ही यही है बस उद्देश्य निर्धारित होना चाहिए।

राष्ट्रीय सहजीवन आन्दोलन कोई संगठन नहीं है। इसकी प्रथम और सर्वोच्च इकाई मुहल्ले स्तर तक ही है। राष्ट्रीय सहजीवन आन्दोलन मात्र इस सुरक्षा उपाय की जानकारी आप तक पहुँचा रहा है जो आपके अपनों के लिए, आप द्वारा स्वयं के लिए तथा आपके निवास स्थान के लिए है। और जो पूर्णतः आप पर ही निर्भर है। इसलिए गाँव व मुहल्ला स्तर पर ग्यारह सदस्यों की कमेटी गठित कर मुहल्ले की सार्वजनिक और व्यक्तिगत समस्याओं को सहभागिता से हल करें। शिव भाव से जीव सेवा करें। अपने से नीचे के लोगों को साथ लेकर बढ़ना भारतीय संस्कृति और दैवी प्रवृत्ति है जबकि दबाकर बढ़ना आसुरी प्रवृत्ति है।

स्वराज-सुराज आन्दोलन

शासक और मार्गदर्शक आत्मा सर्वव्यापी है। इसलिए एकात्म का अर्थ संयुक्त आत्मा या सार्वजनिक आत्मा है। जब एकात्म का अर्थ संयुक्त आत्मा समझा जाता है तब वह समाज कहलाता है। जब एकात्म का अर्थ व्यक्तिगत आत्मा समझा जाता है तब व्यक्ति कहलाता है। व्यक्ति (अवतार) संयुक्त आत्मा का साकार रुप होता है जबकि व्यक्ति (पुनर्जन्म) व्यक्तिगत आत्मा का साकार रुप होता है। शासन प्रणाली में समाज का समर्थक दैवी प्रवृत्ति तथा शासन व्यवस्था प्रजातन्त्र या लोकतन्त्र या स्वतन्त्र या मानवतन्त्र या समाजतन्त्र या जनतन्त्र या बहुतन्त्र या स्वराज कहलाता है और क्षेत्र गण राज्य कहलाता है ऐसी व्यवस्था सुराज कहलाती है। शासन प्रणाली में व्यक्ति का समर्थक असुरी प्रवृत्ति तथा शासन व्यवस्था राज्यतन्त्र या राजतन्त्र या एकतन्त्र कहलाता है और क्षेत्र राज्य कहलाता है ऐसी व्यवस्था कुराज कहलाती है। सनातन से ही दैवी और असुरी प्रवृत्तियों अर्थात् दोनों तन्त्रों के बीच अपने-अपने अधिपत्य के लिए संघर्ष होता रहा है। जब-जब समाज में एकतन्त्रात्मक या राजतन्त्रात्मक अधिपत्य होता है तब-तब मानवता या समाज समर्थक अवतारों के द्वारा गणराज्य की स्थापना की जाती है। या यूँ कहें गणतन्त्र या गणराज्य की स्थापना-स्वस्थता ही अवतार का मूल उद्देश्य अर्थात् लक्ष्य होता है शेष सभी साधन अर्थात् मार्ग।

अवतारों के प्रत्यक्ष और प्रेरक दो कार्य विधि हैं। प्रत्यक्ष अवतार वे होते हैं जो स्वयं अपनी शक्ति का प्रत्यक्ष प्रयोग कर समाज का सत्यीकरण करते हैं। यह कार्य विधि समाज में उस समय प्रयोग होता है जब अधर्म का नेतृत्व एक या कुछ मानवों पर केन्द्रित होता है। प्रेरक अवतार वे होते हैं जो स्वयं अपनी शक्ति का अप्रत्यक्ष प्रयोग कर समाज का सत्यीकरण जनता एवं नेतृत्वकर्ता के माध्यम से करते हैं। यह कार्य विधि समाज में उस समय प्रयोग होता है जब समाज में अधर्म का नेतृत्व अनेक मानवों और नेतृत्वकर्ताओं पर केन्द्रित होता है।

इन विधियों में से कुल मुख्य दस अवतारों में से प्रथम सात (मत्स्य, कूर्म, वाराह, नृसिंह, वामन, परशुराम, राम) अवतारों ने समाज का सत्यीकरण प्रत्यक्ष विधि के प्रयोग द्वारा किया था। आठवें अवतार (श्रीकृष्ण) ने दोनों विधियों प्रत्यक्ष ओर प्रेरक का प्रयोग किया था। नवें (भगवान बुद्ध) और अन्तिम दसवें अवतार की कार्य विधि प्रेरक ही है।

जल-प्लावन (जहाँ जल है वहाँ थल और जहाँ थल है वहाँ जल) के समय मछली से मार्ग दर्शन (मछली के गतीशीलता से सिद्धान्त प्राप्त कर) पाकर मानव की रक्षा करने वाला ईश्वर (सार्वभौम सत्य-सिद्धान्त) का पहला अंशावतार मत्स्यावतार के बाद मानव का पुनः विकास प्रारम्भ हुआ। दूसरे कूर्मावतार (कछुए के गुण का सिद्धान्त), तीसरे- वाराह अवतार (सुअर के गुण का सिद्धान्त), चौथे- नृसिंह (सिंह के गुण का सिद्धान्त), तथा पाँचवे वामन अवतार (ब्राह्मण के गुण का सिद्धान्त) तक एक ही साकार शासक और मार्गदर्शक राजा हुआ करते थे और जब-जब वे राज्य समर्थक या उसे बढ़ावा देने वाले इत्यादि असुरी गुणों से युक्त हुए उन्हें दूसरे से पाँचवें अंशावतार ने साकार रुप में कालानुसार भिन्न-भिन्न मार्गों से गुणों का प्रयोग कर गणराज्य का अधिपत्य स्थापित किया।

ईश्वर (सार्वभौम सत्य-सिद्धान्त) के छठें अंश अवतार परशुराम के समय तक मानव जाति का विकास इतना हो गया था कि अलग-अलग राज्यों के अनेक साकार शासक और मार्गदर्शक राजा हो गये थे उनमें से जो भी राज्य समर्थक असुरी गुणों से युक्त थे उन सबको परशुराम ने साकार रुप में वध कर डाला। परन्तु बार-बार वध की

समस्या का स्थाई हल निकालने के लिए उन्होंने राज्य और गणराज्य की मिश्रित व्यवस्था द्वारा एक व्यवस्था दी जो आगे चलकर "परशुराम परम्परा" कहलायी। व्यवस्था निम्न प्रकार थी-

1. प्रकृति में व्याप्त तीन गुण- सत्व, रज और तम के प्रधानता के अनुसार मनुष्य का चार वर्णों में निर्धारण। सत्व गुण प्रधान - ब्राह्मण, रज गुण प्रधान-क्षत्रिय, रज एवं तम गुण प्रधान-वैश्य, तम गुण प्रधान-शूद्र।
2. गणराज्य का शासक राजा होगा जो क्षत्रिय होगा जैसे-ब्रह्माण्डीय गणराज्य में प्रकृति जो रज गुण अर्थात् कर्म अर्थात् शक्ति प्रधान है।
3. गणराज्य में राज्य सभा होगी जिसके अनेक सदस्य होंगे जैसे-ब्रह्माण्डीय गणराज्य में प्रकृति के सत्व, रज एवं तम गुणों से युक्त विभिन्न वस्तु हैं।
4. राजा का निर्णय राज्यसभा का ही निर्णय है जैसे-ब्रह्माण्डीय गणराज्य में प्रकृति का निर्णय वहीं है जो सत्व, रज एवं तम गुणों का सम्मिलित निर्णय होता है।
5. राजा का चुनाव जनता करे क्योंकि वह अपने गणराज्य में सर्वव्यापी और जनता का सम्मिलित रुप है जैसे-ब्रह्माण्डीय गणराज्य में प्रकृति सर्वव्यापी है और वह सत्व, रज एवं तम गुणों का सम्मिलित रुप है।
6. राजा और उसकी सभा राज्यवादी न हो इसलिए उस पर नियन्त्रण के लिए सत्व गुण प्रधान ब्राह्मण का नियन्त्रण होगा जैसे- ब्रह्माण्डीय गणराज्य में प्रकृति पर नियन्त्रण के लिए सत्व गुण प्रधान आत्मा का नियन्त्रण होता है।

ईश्वर (सार्वभौम सत्य-सिद्धान्त) के सातवें अंश अवतार श्रीराम द्वारा इसी परशुराम परम्परा का ही प्रसार और स्थापना हुआ था।

ईश्वर (सार्वभौम सत्य-सिद्धान्त) के आठवें अवतार श्रीकृष्ण के समय तक स्थिति यह हो गयी थी राजा पर नियन्त्रण के लिए नियुक्त ब्राह्मण भी समाज और धर्म की व्याख्या करने में असमर्थ हो गये। क्योंकि अनेक धर्म साहित्यों, मत-मतान्तर, वर्ण, जातियों में समाज विभाजित होने से व्यक्ति संकीर्ण और दिग्भ्रमित हो गया था और राज्य समर्थकों की संख्या अधिक हो गयी थी परिणामस्वरुप मात्र एक ही रास्ता बचा था- नवमानव सृष्टि। इसके लिए उन्होंने सम्पूर्ण धर्म-साहित्यों और मत-मतान्तरों के एकीकरण के लिए आत्मा के सर्वव्यापी व्यक्तिगत प्रमाणित निराकार स्वरुप का उपदेश "गीता" व्यक्त किये और गणराज्य का उदाहरण द्वारिका नगर का निर्माण कर किये। उनकी गणराज्य व्यवस्था उनके जीवन काल में ही नष्ट हो गयी परन्तु "गीता" आज भी प्रेरक बनी हुई है।

ईश्वर (सार्वभौम सत्य-सिद्धान्त) के नवें अवतार भगवान बुद्ध के समय पुनः राज्य एकतन्त्रात्मक होकर हिंसात्मक हो गया परिणामस्वरुप बुद्ध ने अहिंसा के उपदेश के साथ व्यक्तियों को धर्म, बुद्धि और संघ के शरण में जाने की शिक्षा दी। संघ की शिक्षा गणराज्य की शिक्षा थी। धर्म की शिक्षा आत्मा की शिक्षा थी। बुद्धि की शिक्षा, प्रबन्ध और संचालन की शिक्षा थी जो प्रजा के माध्यम से प्रेरणा द्वारा गणराज्य के निर्माण की प्रेरणा थी।

ईश्वर (सार्वभौम सत्य-सिद्धान्त) के दसवें और अन्तिम अवतार के समय तक राज्य और समाज स्वतः ही प्राकृतिक बल के अधीन कर्म करते-करते सिद्धान्त प्राप्त करते हुए पूर्ण गणराज्य की ओर बढ़ रहा था परिणामस्वरुप गणराज्य का रुप होते हुए भी गणराज्य सिर्फ राज्य था और एकतन्त्रात्मक अर्थात् व्यक्ति समर्थक तथा समाज समर्थक दोनों की ओर विवशतावश बढ़ रहा था।

भारत में निम्लिखित रुप व्यक्त हो चुका था।

1. ग्राम, विकास खण्ड, नगर, जनपद, प्रदेश और देश स्तर पर गणराज्य और गणसंघ का रुप।
2. सिर्फ ग्राम व नगर स्तर पर राजा (ग्राम व नगर पंचायत अध्यक्ष) का चुनाव सीधे जनता द्वारा।
3. गणराज्य को संचालित करने के लिए संचालक का निराकार रुप- संविधान।
4. गणराज्य के तन्त्रों को संचालित करने के लिए तन्त्र और क्रियाकलाप का निराकार रुप-नियम और कानून।
5. राजा पर नियन्त्रण के लिए ब्राह्मण का साकार रुप- राष्ट्रपति, राज्यपाल, जिलाधिकारी इत्यादि।

विश्व स्तर पर निम्नलिखित रुप व्यक्त हो चुका था।

1. गणराज्यों के संघ के रुप में संयुक्त राष्ट्र संघ का रुप।

2. संघ के संचालन के लिए संचालक और संचालक का निराकार रुप- संविधान।
3. संघ के तन्त्रों को संचालित करने के लिए तन्त्र और क्रियाकलाप का निराकार रुप- नियम और कानून।
4. संघ पर नियन्त्रण के लिए ब्राह्मण का साकार रुप-पाँच वीटो पावर।
5. प्रस्ताव पर निर्णय के लिए सदस्यों की सभा।
6. नेतृत्व के लिए राजा- महासचिव।

जिस प्रकार आठवें अवतार द्वारा व्यक्त आत्मा के निराकार रुप "गीता" के प्रसार के कारण आत्मीय प्राकृतिक बल सक्रिय होकर गणराज्य के रुप को विवशतावश समाज की ओर बढ़ा रहा था उसी प्रकार अन्तिम अवतार द्वारा निम्नलिखित शेष समष्टि कार्य पूर्ण कर प्रस्तुत कर देने मात्र से ही विवशतावश उसके अधिपत्य की स्थापना हो जाना है।

1. गणराज्य या लोकतन्त्र के सत्य रुप- गणराज्य या लोकतन्त्र के स्वरुप का अन्तर्राष्ट्रीय/ विश्व मानक।
2. राजा और सभा सहित गणराज्य पर नियन्त्रण के लिए साकार ब्राह्मण का निराकार रुप- मन का अन्तर्राष्ट्रीय/ विश्व मानक।
3. गणराज्य के प्रबन्ध का सत्य रुप- प्रबन्ध का अन्तर्राष्ट्रीय/ विश्व मानक।
4. गणराज्य के संचालन के लिए संचालक का निराकार रुप- संविधान के स्वरुप का अन्तर्राष्ट्रीय/ विश्व मानक।
5. साकार ब्राह्मण निर्माण के लिए शिक्षा का स्वरुप- शिक्षा पाठ्यक्रम का अन्तर्राष्ट्रीय/ विश्व मानक।

जिस प्रकार केन्द्र में संविधान संसद है, प्रदेश में संविधान विधान सभा है उसी प्रकार ग्राम-नगर में भी संविधान होना चाहिए जिस प्रकार केन्द्र और प्रदेश के न्यायालय और पुलिस व्यवस्था है उसी प्रकार ग्राम-नगर के भी होने चाहिए कहने का अर्थ ये है कि जिस प्रकार की व्यवस्थायें केन्द्र और प्रदेश की अपनी हैं उसी प्रकार की व्यवस्था छोटे रुप में ग्राम-नगर की भी होनी चाहिए। संघ (राज्य) या महासंघ (केन्द्र) से सम्बन्ध सिर्फ उस गणराज्य से होता है, प्रत्येक नागरिक से नहीं संघ या महासंघ का कार्य मात्र अपने गणराज्यों में आपसी समन्वय व सन्तुलन करना होता है उस पर शासन करना नहीं तभी तो सच्चे अर्थों में गणराज्य व्यवस्था या स्वराज-सुराज व्यवस्था कहलायेगी। यहीं राष्ट्रपिता महात्मा गाँधी की प्रसिद्ध युक्ति "भारत ग्राम (नगर) गणराज्यों का संघ हो" का सत्य अर्थ है।

“सत्य मानक शिक्षा” प्रणाली

शिक्षा, शिक्षा माध्यम, शिक्षक/गुरू और विद्यार्थी/छात्र

एक कोशिका से दूसरे कोशिका को ज्ञान के अग्रसरण/संचरण के द्वारा विकसित हो रहे जीवों में मानव, ज्ञान क्रान्ति के अन्तिम लक्ष्य के पास पहुँच रहा है। जीव आते हैं, जाते हैं, और समय की धारा में ज्ञान, संसाधन और अपनी पीढ़ी को आगे बढ़ा कर चले जाते हैं। कुल मिलाकर मनुष्य केवल प्रकृति के अदृश्य ज्ञान को दृश्य ज्ञान में परिवर्तित करने का माध्यम मात्र है। मानव की मात्र इतनी ही कहानी होते हुये भी वह आर्थिक लाभ पाने के मानवीय चक्र में ज्ञान पाने के ईश्वरीय चक्र से इतना दूर होते जा रहा है कि उसे यह नहीं पता कि वह स्वयं मानव जाति के अस्तित्व को ही इस कमलरूपी पृथ्वी पर विराजमान होने से पहले ही मिटा देना चाहता है।

इस क्रम में ज्ञान के अदृश्य संचरण से प्रारम्भ हुआ जीवन, फिर संकेत, फिर मौखिक, फिर भाषा लिपि, फिर हस्तलिखित पुस्तक, फिर मुद्रित पुस्तक से अब हम सभी डिजिटल विडियो-आडियो तक पहुँच चुके हैं। जहाँ हमारी यात्रा एक दृश्य जीव शिक्षक/गुरू से शुरू हुयी थी वहीं अब हम सभी एक अदृश्य मानव निर्मित अजीव शिक्षक/गुरू (डिजिटल विडियो-आडिया शैक्षणिक सामग्री) की ओर बढ़ रहे हैं। इस क्रम से सबसे बड़ा नुकसान "समझ" का हुआ। "समझ" गिरती गयी और मानव निर्मित संस्था द्वारा प्रमाणित योग्यता सबको प्राप्त होती गयी। और शब्दों के अर्थ "समझ" के अनुसार बदलते गये। एक कोशिका से दूसरे कोशिका को ज्ञान के अग्रसरण/संचरण का प्राकृतिक नियम व्यापार में बदल गया। शिक्षक/गुरू भी आर्थिक प्रणाली से संचालित होने लगे साथ ही विद्यार्थी/छात्र भी। जिस प्रकार मुख्य आत्मा के उपस्थिति में ब्रह्माण्ड संचालित और प्रकृति नाच रही है उसी प्रकार मनुष्य निर्मित "मुद्रा" से ब्रह्माण्ड तो संचालित नहीं हो सकता लेकिन मनुष्य जरूर नाच रहा है। विद्या अर्जन के इस विकास क्रम में जो बातें आयीं वे हैं- शिक्षा माध्यम, शिक्षक/गुरू और विद्यार्थी/छात्र शिक्षा पाठ्यक्रम।

शिक्षा माध्यम

शिक्षा माध्यम उस माध्यम से सम्बन्धित है जिसके द्वारा एक शिक्षक/गुरू अपने विद्यार्थी/छात्र में ज्ञान का संचरण करता है जो भाषा, चित्र, संकेत, आवाज इत्यादि हो सकते हैं। इसके अलावा शिक्षक/गुरू की अपनी समझ की कला भी हो सकती है जिससे वह आसानी से अपने विद्यार्थी/छात्र में ज्ञान का संचरण कर दे।

शिक्षक/गुरू

स्वामी विवेकानन्द जी ने कहा था-*"हम गुरु के बिना कोई ज्ञान प्राप्त नहीं कर सकते। अब बात यह है कि यदि मनुष्य, देवता अथवा कोई स्वर्गदूत हमारे गुरु हो, तो वे भी तो ससीम हैं, फिर उनसे पहले उनके गुरु कौन थे? हमें मजबूर होकर यह चरम सिद्धान्त स्थिर करना ही होगा कि एक ऐसे गुरु हैं जो काल के द्वारा सीमाबद्ध या अविच्छिन्न नहीं हैं। उन्हीं अनन्त ज्ञान सम्पन्न गुरु को, जिनका आदि भी नहीं और अन्त भी नहीं, ईश्वर कहते हैं। गुरु के सम्बन्ध में यह जान लेना आवश्यक है कि उन्हें शास्त्रों का मर्म ज्ञान हो। वैसे तो सारा संसार ही बाइबिल, वेद, पुराण पढ़ता है, पर वे तो केवल शब्द राशि है। धर्म की सूखी ठठरी मात्र है। जो गुरु शब्दाडंबर के चक्कर में पड़ जाते हैं, जिनका मन शब्दों की शक्ति में बह जाता है, वे भीतर का मर्म खो बैठते हैं। जो शास्त्रों के वास्तविक मर्मज्ञ हैं, वे ही असल में सच्चे धार्मिक गुरु हैं। संसार के प्रधान आचार्यों में से कोई भी शास्त्रों की इस प्रकार नानाविध व्याख्या करने के झमेले में नहीं पड़ा। उन्होनें श्लोकों के अर्थ में खींचातानी नहीं की। वे शब्दार्थ और भावार्थ के फेर में नहीं पड़े। फिर भी उन्होंने संसार को बड़ी सुन्दर शिक्षा दी। इसके विपरीत, उन लोगों ने जिनके पास सिखाने को कुछ भी नहीं, कभी एकाध शब्द को ही पकड़ लिया और उस पर तीन भागों की एक मोटी पुस्तक लिख डाली, जिसमें सब अनर्थक बातें भरी हैं। भगवान श्रीरामकृष्ण कहते थे- "जब एक बहुत बड़ी लहर आती है, तो छोटे-छोटे नाले और गड्ढे अपने आप ही लबालब भर जाते हैं। इसी प्रकार जब एक अवतार जन्म लेता है, तो समस्त संसार में*

आध्यात्मिकता की एक बड़ी बाढ़ आ जाती है और लोग वायु के कण-कण में धर्मभाव का अनुभव करने लगते हैं। अनात्मज्ञ पुरूषों की बुद्धि एकदेश-दर्शिनी (Single Dimensional) होती है। आत्मज्ञ पुरूषों की बुद्धि सर्वग्रासिनी (Multi Dimensional) होती है। आत्मप्रकाश होने से, देखोगे कि दर्शन, विज्ञान सब तुम्हारे अधीन हो जायेंगे"

कुल मिलाकर जैसी शिक्षा, वैसा शिष्य और अन्त में वैसा ही शिक्षक क्योंकि शिक्षा प्राप्ति के बाद बहुत से विद्यार्थी/छात्र अलग-अलग व्यापार के साथ "पढ़ो और पढ़ाओ" वाले व्यापार में भी जाते है और शिक्षक भी बनते हैं। अन्त में हल यही निकलेगा कि अदृश्य मानव निर्मित अजीव शिक्षक/गुरू (डिजिटल विडियो-आडिया शैक्षणिक सामग्री) के रूप में सामने आयेगा और सरकारी शिक्षा संस्थान मात्र एक पंजीकरण केन्द्र, परीक्षा केन्द्र संचालक और प्रमाण-पत्र दाता बनेगा।

शब्दों के अर्थ "समझ" के अनुसार बदलते रहने से शब्द "आशीर्वाद" के भी अर्थ बदल गये। वर्तमान में "आशीर्वाद" यूँ ही मिल जाते हैं। प्रारम्भ में यह "आशीर्वाद" ऋषि-मुनि-गुरू जन सिर्फ योग्य को ही प्रदान करते थे ताकि उनके शब्द कभी असत्य न हों। और यदि असत्य होने की सम्भावना दिखे तो उसे वे सत्य में परिवर्तित करने के लिए भी हर नीति का प्रयोग करते थे। ऐसे ही गुरू थे- गुरू द्रोणाचार्य। जिन्होंने सर्वश्रेष्ठ धनुर्धर का "आशीर्वाद" अपने शिष्य अर्जुन को दिया था। और वे अपने "आशीर्वाद" को सत्य में परिवर्तित करने के लिए बीच में आ गये एकलव्य का नीति के अन्तर्गत अँगूठा माँगकर अपने "आशीर्वाद" की रक्षा की। यह मात्र एक सन्देश है- शब्द "आशीर्वाद" के सही अर्थ का।

विद्यार्थी/छात्र

स्वामी विवेकानन्द जी ने कहा था-*"जिस व्यक्ति की आत्मा से दूसरी आत्मा में शक्ति का संचार होता है वह गुरु कहलाता है और जिसकी आत्मा में यह शक्ति संचारित होती है उसे शिष्य कहते हैं।"* हमारे दृष्टि में छात्र वे हैं जो किसी शैक्षणिक संस्थान के किसी शैक्षणिक पाठ्यक्रम में प्रवेश ले कर अध्ययन करते हैं। और विद्यार्थी वे हैं जो सदैव अपने ज्ञान व बुद्धि का विकास कर रहे हैं और उसके वे इच्छुक भी हैं। इस प्रकार सभी मनुष्य व जीव, जीवन पर्यन्त विद्यार्थी ही बने रहते हैं चाहे उसे वे स्वीकार करें या ना करें। जबकि छात्र जीवन पर्यन्त नहीं रहा जा सकता।

कहा जाता है-"छात्र शक्ति, राष्ट्र शक्ति", लेकिन कौन सी शक्ति? उसकी कौन सी दिशा? तोड़-फोड़, हड़ताल, या अनशन वाली या समाज व राष्ट्र को नई दिशा देने वाली? स्वामी विवेकानन्द को मानने व उनके चित्र लगाकर छात्र राजनीति द्वारा राष्ट्र को दिशा नहीं मिल सकती बल्कि उन्होंने क्या कहा और क्या किया था, उसे जानने और चिन्तन करने से राष्ट्र को दिशा मिल सकती है और "छात्र शक्ति, राष्ट्र शक्ति" की बात सत्य हो सकती है। हम सभी ज्ञान युग और उसी ओर बढ़ते समय में हैं इसलिए केवल प्रमाण-पत्रों वाली शिक्षा से काम नहीं चलने वाला है।

छात्रों की विवशता है कि उनके शिक्षा बोर्ड व विश्वविद्यालय जो पाठ्यक्रम तैयार करेंगे वही पढ़ना है और छात्रों की यह प्रकृति भी है कि वही पढ़ना है जिसकी परीक्षा ली जाती हो। जिसकी परीक्षा न हो क्या वह पढ़ने योग्य नहीं है? बहुत बढ़ा प्रश्न उठता है। तब तो समाचार पत्र, पत्रिका, उपन्यास इत्यादि जो पाठ्यक्रम के नहीं हैं उन्हें नहीं पढ़ना चाहिए। शिक्षा बोर्ड व विश्वविद्यालय तो एक विशेष पाठ्यक्रम के लिए ही विशेष समय में परीक्षा लेते हैं परन्तु ये जिन्दगी तो जीवन भर आपकी परीक्षा हर समय लेती रहती है तो क्या जीवन का पाठ्यक्रम पढ़ना अनिवार्य नहीं है?

"व्यापार" और "शिक्षा का व्यापार"

जहाँ भी, कुछ भी आदान-प्रदान हो रहा हो, वह सब व्यापार के ही अधीन है। व्यक्ति का जितना बड़ा ज्ञान क्षेत्र होता है ठीक उतना ही बड़ा उसका संसार होता है। फलस्वरूप उस ज्ञान क्षेत्र पर आधारित व्यापार का संचालन करता है इसलिए ही ज्ञान क्षेत्र के विस्तार के लिए सदैव प्रयत्नशील रहना चाहिए। प्रत्येक व्यक्ति ही व्यापारी

है और वही दूसरे के लिए ग्राहक भी है। यदि व्यक्ति आपस में आदान-प्रदान कर व्यापार कर रहें हैं तो इस संसार-ब्रह्माण्ड में ईश्वर का व्यापार चल रहा है और सभी वस्तुएँ उनके उत्पाद है। उन सब वस्तुओं का आदान-प्रदान हो रहा है जिसके व्यापारी स्वयं ईश्वर है, ये सार्वभौम सत्य-सिद्धान्त है।

शिक्षा क्षेत्र का यह दुर्भाग्य है कि जीवन से जुड़ा इतना महत्वपूर्ण विषय "व्यापार", को हम एक अनिवार्य विषय के रूप में पाठ्यक्रम में शामिल नहीं कर सकें। इसकी कमी का अनुभव उस समय होता है जब कोई विद्यार्थी 10वीं या 12वीं तक की शिक्षा के उपरान्त किसी कारणवश, आगे की शिक्षा ग्रहण नहीं कर पाता। फिर उस विद्यार्थी द्वारा पढ़े गये विज्ञान व गणित के वे कठिन सूत्र उसके जीवन में अनुपयोगी लगने लगते हैं। यदि वहीं वह व्यापार के ज्ञान से युक्त होता तो शायद वह जीवकोपार्जन का कोई मार्ग सुगमता से खोजने में सक्षम होता।

ज्ञान के वर्तमान और उसी ओर बढ़ते युग में व्यापार के तरीके भी बदल रहें हैं। ऐसी स्थिति में स्वयं को भी बदलते हुये अपने ज्ञान को बढ़ाना होगा अन्यथा प्रतियोगिता भरे जीवन के संघर्ष में पिछे रह जाने के सिवा कोई रास्ता नहीं होगा। वर्तमान समय में गाँवों तक भी कम्प्यूटर व इन्टरनेट की पहुँच तेजी से बढ़ रही है। कम्प्यूटर व इन्टरनेट केवल चला लेना ही ज्ञान नहीं है। चलाना तो कला है। कला को व्यापार में बदल देना ही सत्य में ज्ञान-बुद्धि है। हम कम्प्यूटर व इन्टरनेट से किस प्रकार व्यापार कर सकते हैं, इस पर अध्ययन-चिंतन-मनन करना आवश्यक है। इस सम्बन्ध में भारत रत्न एवं पूर्व राष्ट्रपति श्री ए.पी.जे.अब्दुल कलाम का कथन पूर्ण सत्य है कि- **"नवीनता के द्वारा ही ज्ञान को धन में बदला जा सकता है।"**

प्रत्येक मनुष्य के लिए 24 घंटे का दिन और उस पर आधारित समय का निर्धारण है और यह पूर्णतः मनुष्य पर ही निर्भर है कि वह इस समय का उपयोग किस गति से करता है। उसके समक्ष तीन बढ़ते महत्व के व्यापार के स्तर हैं- 1. शरीर आधारित व्यापार, 2. धन/अर्थ आधारित व्यापार और 3. ज्ञान आधारित व्यापार। इन तीनों के विकास की अपनी सीमा, शक्ति, गति व लाभ है। शरीर के विकास के उपरान्त मनुष्य को धन के विकास की ओर, धन के विकास के उपरान्त मनुष्य को ज्ञान के विकास की ओर बढ़ना चाहिए अन्यथा वह अपने से उच्च स्तर वाले का गुलाम हो जाता है।

दुनिया बहुत तेज (फास्ट) हो गई है। मनुष्य की व्यस्तता बढ़ती जा रही है। सभी को कम समय में बहुत कुछ चाहिए। तो ऐसी शिक्षा की भी जरूरत है जो कम समय में पूर्ण शिक्षित बना दे। एक व्यक्ति सामान्यतः यदि स्नातक (ग्रेजुएशन) तक पढ़ता है तो वह कितने पृष्ठ पढ़ता होगा और क्या पाता है? विचारणीय है। एक व्यक्ति इंजिनियर व डाक्टर बनने तक कितना पृष्ठ पढ़ता है? यह तो होती है कैरियर की पढ़ाई इसके अलावा कहानी, कविता, उपन्यास, फिल्म इत्यादि के पीछे भी मनुष्य अपना समय मनोरंजन के लिए व्यतीत करता है। और सभी एक चमत्कार के आगे नतमस्तक हो जाते हैं तो पूर्ण मानसिक स्वतन्त्रता और पूर्णता कहाँ है? विचारणीय विषय है। ऐसे व्यक्ति जिनका धनोपार्जन व्यवस्थित चल रहा है वे ज्ञान की आवश्यकता या उसके प्राप्ति की आवश्यकता के प्रति रूचि नहीं लेते परन्तु वे भूल जाते हैं कि ज्ञान की आवश्यकता तो उन्हें ज्यादा है जिनके सामने भविष्य पड़ा है और उन्हें आवश्यकता है जो देश-समाज-विश्व के नीति का निर्माण करते हैं। ऐसे आधार की आवश्यकता है जिससे आने वाली पीढ़ी और विश्व निर्माण के चिन्तक दोनों को एक दिशा प्राप्त हो सके। वे जो मशीनवत् लग गये हैं वे जहाँ लगे हैं सिर्फ वहीं लगे रहें, आखिर में वे भी तो संसार के विकास में ही लगे हैं उन्हें न सही उनके बच्चों को तो ज्ञान की जरूरत होगी। जिसके लिए वे एक लम्बा समय और धन उनपर खर्च करते हैं। गरीबी, बेरोजगारी इत्यादि का बहुत कुछ कारण ज्ञान, ध्यान, चेतना जैसे विषयों का मनुष्य के अन्दर अभाव होने से ही होता है। मनुष्य जीवन पर्यन्त रोजी-रोटी, धनार्जन इत्यादि के लिए भागता रहता है परन्तु यदि मात्र 6 महीने वह ज्ञान, ध्यान, चेतना जैसे विषयों पर पहले ही प्रयत्न कर ले तो उसके सामने विकास के अनन्त मार्ग खुल जाते हैं। ज्ञान, ध्यान, चेतना की यही उपयोगीता है जिसे लोग निरर्थक समझते हैं। बचपन से अनेक वर्षों तक माता-पिता-अभिभावक अपने बच्चों के विद्यालय में धन भेजते हैं, बच्चा वहाँ से कौन सा सामान लाता है, विचारणीय विषय है? बच्चा वहाँ से जो लाता है उस सामान का नाम है-"शिक्षा" और वह जहाँ से लाता है, वह है-"शिक्षा का व्यापार केन्द्र"। इस प्रकार अलग-अलग शिक्षा और विद्या के व्यापार केन्द्र, आज के और आने वाले समय में विकास की ओर अग्रसर ज्ञानयुग में चल और

खुल रहे हैं। बहुत से विद्यार्थी अलग-अलग व्यापार के साथ "पढ़ो और पढ़ाओ" वाले व्यापार में भी जाते हैं जो मनुष्य के धरती पर रहने तक चलता रहेगा। इस क्रम में जब तक परीक्षा में नकल होते रहेंगे तब तक शिक्षा व्यापार तेजी से विकास करता रहेगा और साथ ही जब तक सेवानिवृत्ति की उम्र बढ़ाते रहेंगे, सरकार पर बेरोजगारी का बोझ बढ़ता रहेगा और सरकार रिक्त पदों की भर्ती वाला व्यापार करती रहेगी।

"सत्य मानक शिक्षा" का व्यापार-एक अन्तहीन व्यापार

एक नदी पर पुल था जिसे कोई व्यक्ति पैदल दो घण्टे में पार करता था। यह पुल पैदल यात्रीयों के लिए रोक दिया गया था जिसके लिए पुल के ठीक मध्य (एक घण्टे की यात्रा) पर एक गार्ड नियुक्त था। गार्ड एक घण्टे सोता था और एक घण्टे जागता था। एक चालाक व्यक्ति को पुल से नदी पार करना अतिआवश्यक था। इसलिए गार्ड जब सोया तब वह यात्रा प्रारम्भ किया जैसे ही गार्ड के जागने का समय आया, वह वापस लौटने लगा। गार्ड समझा कि वह दूसरे किनारे से आ रहा है इसलिए उसने उस यात्री को पकड़ा और दूसरी ओर भेज दिया। इस प्रकार यात्री नदी पार हो गया।

यदि हम में से किसी को तैरकर नदी पार करना हो और आधे से पहले ही हमारा हिम्मत टूटने लगे तो हम वापस ही आना चाहेंगे। यदि आधे से अधिक तैरने के बाद हिम्मत टूटने लगेगा तो हौसला बढ़ाकर आगे ही बढकर पार करना चाहेंगे।

इसी प्रकार मनुष्य के विकास क्रम में हम सब अदृश्य विज्ञान (आध्यात्म) से दृश्य विज्ञान (भौतिक) की ओर बढ़ गये हैं। नदी या पुल का एक किनारा अदृश्य विज्ञान है तो दूसरा किनारा दृश्य विज्ञान। वर्तमान का हमारा अधिकतम जीवन नदी के दूसरे किनारे दृश्य विज्ञान की ओर है, हर पल। जन्म से ही हम अधिकतम वे सब वस्तुएँ प्रयोग कर रहे हैं जिसका कच्चा माल भले ही ईश्वरकृत हो परन्तु उपयोग का रूप मनुष्यकृत है और विज्ञान द्वारा निर्मित है। इस प्रकार मनुष्य निर्माता के रूप में अपना रूप व्यक्त कर ईश्वर की ओर ही बढ़ रहा है।

नदी के पुल पर बैठे उस गार्ड का काम और तैरने वाले का निर्णय "सत्य शिक्षा" है। वर्तमान में मनुष्य समाज अदृश्य काल से चलकर दृश्य काल में आ चुका है। आधे से वापस किनारे जाना "सत्य" को पाना है। और आधे से दूसरे किनारे पार हो जाना "सिद्धान्त" को पाना है। इन्हीं सिद्धान्त को पाने के बाद संविधान-नियम-कानून का जन्म होता है जिससे आज हम सभी संचालित व प्रभावित है। इस "सत्य-सिद्धान्त" की शिक्षा ही "सत्य मानक शिक्षा" है।

वर्तमान में जीने का अर्थ होता है-विश्व ज्ञान जहाँ तक बढ़ चुका है वहाँ तक के ज्ञान से अपने मस्तिष्क को युक्त करना। तभी डेढ़ हजार वर्ष पुराने हमारे मस्तिष्क का आधुनिकीकरण हो पायेगा। सिर्फ वर्तमान में तो पशु रहकर कर्म करते हैं। "सत्य मानक शिक्षा" मनुष्य के मस्तिष्क के आधुनिकीकरण की शिक्षा है या विज्ञान की भाषा में कहें तो मस्तिष्क के आधुनिकीकरण का साफ्टवेयर या माइक्रोचिप्स (Integrated Circuit-I.C) है। वर्तमान की अब नवीनतम परिभाषा है-"पूर्ण ज्ञान से युक्त होना" और कार्यशैली की परिभाषा है-"भूतकाल का अनुभव, भविष्य की आवश्यकतानुसार पूर्णज्ञान और परिणाम ज्ञान से युक्त होकर वर्तमान समय में कार्य करना।"

ज्ञान के इस युग में शिक्षा-विद्या-कला का व्यापार मनुष्य के धरती पर रहने तक रहेगा। ऐसी स्थिति में "सत्य मानक शिक्षा"का व्यापार भी उस समय तक के लिए स्थायित्व में है। शिक्षा-विद्या-कला कोई प्रापर्टी नहीं है कि पिता जी ग्रहण कर चुके हैं तो पुत्र को हिस्सा प्राप्त हो जायेगा। पुत्र को भी वहीं से अर्थात् अक्षर ज्ञान से शुरू होना पड़ेगा जहाँ से पिता ने शुरू किया था। इस प्रकार "सत्य मानक शिक्षा"का व्यापार एक अन्तहीन व्यापार है जो मनुष्य के पृथ्वी पर रहने तक चलता रहेगा।

स्कूल-कालेजों के जाल से शिक्षा के व्यापार का विकास होता है न कि शिक्षा का। शिक्षा का विकास तो शिक्षा पाठ्यक्रम पर निर्भर होता है जिससे शिक्षक और शिक्षार्थी दोनों निर्मित होते हैं। जब तक पूर्ण शिक्षा पाठ्यक्रम का निर्माण नहीं होता, शिक्षा का विकास नहीं हो सकता लेकिन शिक्षा के व्यापार का विकास होता रहेगा।

आध्यात्म और विज्ञान ने मानव सभ्यता के विकास में अब कम से इतना विकास तो कर ही चुका है कि अब हमें मन के एकीकरण के लिए कार्य करना चाहिए। और उस मन पर कार्य करने का ही परिणाम है-

सम्पूर्ण ब्रह्माण्ड में व्याप्त एक ही सत्य-सिद्धान्त द्वारा व्यक्तिगत व संयुक्त मन को एकमुखी कर सर्वोच्च, मूल और अन्तिम स्तर पर स्थापित करने के लिए शून्य पर अन्तिम आविष्कार WS-0 श्रृंखला की निम्नलिखित पाँच शाखाएँ है।

1. डब्ल्यू.एस. (WS)-0: विचार एवम् साहित्य का विश्वमानक
2. डब्ल्यू.एस. (WS)-00: विषय एवम् विशेषज्ञों की परिभाषा का विश्वमानक
3. डब्ल्यू.एस. (WS)-000: ब्रह्माण्ड (सूक्ष्म एवम् स्थूल) के प्रबन्ध और क्रियाकलाप का विश्वमानक
4. डब्ल्यू.एस. (WS)-0000: मानव (सूक्ष्म तथा स्थूल) के प्रबन्ध और क्रियाकलाप का विश्वमानक
5. डब्ल्यू.एस. (WS)-00000: उपासना और उपासना स्थल का विश्वमानक

और पूर्णमानव निर्माण की तकनीकी WCM-TLM-SHYAM.C (World Class Manufacturing – Total Life Maintenance – Satya-Heart-Yog-Ashram-Meditaion.Conciousness) है।

जो शिक्षा का नया माडल है। गरीबों की समस्या सुलझानें का नैतिक दायित्व है। देश में 25 वर्ष से कम उम्र के 55 करोड़ लोगों के लिए पुनर्निर्माण जैसी योजना हैं। उन्हें नौकरी और प्रशिक्षण की व्यवस्था है। रचनात्मकता, समन्वय, लीडरशिप, ग्लोबल तथा प्रोफेशनल विषयों को पढ़ने तथा सूचना तकनीक के जरिए पढ़ाई पर ध्यान केन्द्रित करने से युक्त है। हमारे देश में जो अध्यापक हैं, वे शोध नहीं करते और जो शोध करते हैं वे पढ़ाते नहीं, इसलिए शिक्षार्थी को ही शोध पत्र (विश्वशास्त्र) पढ़ाया जाय क्योंकि शिक्षक पढ़ने से तो रहे क्योंकि समान्यतः धन के आने की सुनिश्चितता के बाद लोग पढ़ना छोड़ देते हैं, यही नहीं कोशिश तो यह भी रहती है कि पढ़ाना भी न पड़े और उन्हें सेवा से हटाया भी नहीं जा सकता।

स्वामी विवेकान्द जी ने कहा था – *"सुधारकों से मैं कहूंगा कि मैं स्वयं उनसे कहीं बढ़कर सुधारक हूँ। वे लोग इधर-उधर थोड़ा सुधार करना चाहते हैं- और मैं चाहता हूँ आमूल सुधार। हम लोगों का मतभेद है केवल सुधार की प्रणाली में। उनकी प्रणाली विनाशात्मक है और मेरी संघटनात्मक। मैं सुधार में विश्वास नहीं करता, मैं विश्वास करता हूँ स्वाभाविक उन्नति में।"*

स्वाभाविक उन्नति तभी होती है जब संसाधन उपलब्ध हो। कार-मोटरसाइकिल घर में पहले से रहता है तो स्वाभाविक रूप से कम उम्र में ही घर के लोग चलाना सिख जाते हैं

जो व्यक्ति या देश केवल आर्थिक उन्नति को ही सर्वस्व मानता है वह व्यक्ति य। देश एक पशुवत् जीवन निर्वाह के मार्ग पर है-जीना और पीढ़ी बढ़ाना। दूसरे रूप में इसे ऐसे समझा जा सकता है कि ऐसे व्यक्ति जिनका लक्ष्य धन रहा था वे अपने धन के बल पर अपनी मूर्ति अपने घर पर ही लगा सकते हैं परन्तु जिनका लक्ष्य धन नहीं था, उनका समाज ने उन्हें, उनके रहते या उनके जाने के बाद अनेकों प्रकार से सम्मान दिया है और ये सार्वजनिक रूप से सभी के सामने प्रमाणित है। पूर्णत्व की प्राप्ति का मार्ग शारीरिक-आर्थिक उत्थान के साथ-साथ मानसिक-बौद्धिक उत्थान होना चाहिए और यही है ही। इस प्रकार भारत यदि पूर्णता व विश्व गुरूता की ओर बढ़ना चाहता है तब उसे मात्र कौशल विकास ही नहीं बल्कि राष्ट्रीय बौद्धिक विकास की ओर भी बढ़ना होगा। बौद्धिक विकास, व्यक्ति व राष्ट्र का इस ब्रह्माण्ड के प्रति दायित्व है और उसका लक्ष्य है।

राष्ट्र के पूर्णत्व के लिए पूर्ण शिक्षा निम्नलिखित शिक्षा का संयुक्त रूप है-

अ-सामान्यीकरण (Generalisation) शिक्षा

ज्ञान के लिए- यह शिक्षा व्यक्ति और राष्ट्र का बौद्धिक विकास कराती है जिससे व्यक्ति व राष्ट्रीय सुख में वृद्धि होती है।

ब-विशेषीकरण (Specialisation) शिक्षा

कौशल के लिए- यह शिक्षा व्यक्ति और राष्ट्र का कौशल विकास कराती है जिससे व्यक्ति व राष्ट्रीय उत्पादकता में वृद्धि होती है।

स-सत्य नेटवर्क (REAL NETWORK)

समाज में प्रकाशित होने के लिए-क्योंकि कोई भी क्यों न हो उसे स्वयं अपना परिचय (BIO-DATA) देना पड़ता है तभी उसके अनुसार समाज उसका उपयोग करता है।

वर्तमान समय में विशेषीकरण की शिक्षा, भारत में चल ही रहा है और वह कोई बहुत बड़ी समस्या भी नहीं है। समस्या है सामान्यीकरण शिक्षा की। व्यक्तियों के विचार से सदैव व्यक्त होता रहा है कि-मैकाले शिक्षा पद्धति बदलनी चाहिए, राष्ट्रीय शिक्षा नीति व पाठ्यक्रम बनना चाहिए। ये तो विचार हैं। पाठ्यक्रम बनेगा कैसे?, कौन बनायेगा? पाठ्यक्रम में पढ़ायेंगे क्या?

एक पूर्ण मानव निर्माण प्रक्रिया में शिक्षा पाठ्यक्रम के स्वरूप का विश्वमानक निम्नवत् है। जो किसी विशेष देश-काल-पात्र पर निर्भर नही करता अर्थात् यह प्रत्येक देशों और व्यक्तियों के लिए शिक्षा का स्वरूप है। जिससे ब्रह्माण्डीय, वैश्विक और व्यक्तिगत संतुलन, स्थिरता, एकता, प्रबन्ध, विकास, शान्ति और सुरक्षा निर्धारित होती है।

1. प्राइमरी शिक्षा (कक्षा-5 तक)-भाषा ज्ञान आधारित:- क्षेत्रीय, देश, विश्व और विज्ञान की भाषा का ज्ञान, सामान्य विज्ञान, सामान्य ज्ञान, चित्र कला।

2. जूनियर हाई स्कूल (कक्षा-6 से 8 तक)-समाज ज्ञान आधारित:- क्षेत्रीय, देश, विश्व और विज्ञान की भाषा का ज्ञान, सामान्य विज्ञान, सामान्य ज्ञान, चित्र कला का विस्तार, खेल, संगीत, कृषि, समाज विज्ञान।

3. हाई स्कूल (कक्षा-9 से 10 तक)-सामान्यीकृत ज्ञान आधारित:- ज्ञान-कर्मज्ञान समाहित WCM-TLM-SHYAM.C (World Class Manufacturing – Total Life Maintenance – Satya-Heart-Yog-Ashram-Meditaion.Conciousness) प्रणाली अर्थात शिक्षा पाठ्यक्रम का विश्व मानक, कालानुसार विज्ञान, तकनीकी, व्यापारीक व प्रबन्धकीय ज्ञान की शिक्षा।

4. इण्टरमीडिएट (कक्षा-11 से 12 तक)-विशेषीकृत ज्ञान आधारित:- कौशल विकास की शिक्षा।

5. उच्च शिक्षा-इच्छानुसार विशेष क्षेत्र आधारित

शिक्षा, शिक्षक और शिक्षार्थी

अब्राहम लिंकन का जन्म 12 फरवरी, 1809 को एक गरीब अश्वेत परिवार में हुआ था। वे प्रथम रिपब्लिकन थे जो अमेरिका के 16वें राष्ट्रपति बने। इनका कार्यकाल सन् 1861 से 1865 तक था। उसके पहले वे एक वकील, इलिअन्स स्टेट के विधायक (लेजिस्लेटर), अमेरिका के हाउस ऑफ रिप्रेजेन्टेटिव के सदस्य थे। वे दो बार सीनेट के चुनाव में असफल भी हुए। उन्होंने अमेरिका को उसके सबसे बड़े संकट – गृहयुद्ध से पार लगाया। अमेरिका में दास प्रथा के अंत का श्रेय लिंकन को ही जाता है।

अब्राहम लिंकन, अपने पुत्र के शिक्षक के नाम एक पत्र अंग्रेजी में दिये थे जिसका मधु पन्त द्वारा हिन्दी भावानुवाद "हिन्दुस्तान" समाचार पत्र में प्रकाशित हुआ था और http://thumri.blogspot.com/2008/02/blog-post_05.html पर भी उपलब्ध है। उसे हम इस शास्त्र में इसलिए लिख रहें हैं क्योंकि इस शास्त्र का मूल उद्देश्य "पूर्ण शिक्षा" है। कोई भी व्यक्ति इस "विश्वशास्त्र" का ज्ञाता क्यों न बन जाये परन्तु प्रस्तुत पत्र का भाव यदि उसके हृदय में जन्म नहीं लेता तो वह ईश्वरीय मनुष्य नहीं, मात्र केवल मशीनी मनुष्य ही होगा जो विद्वान तो हो सकता है परन्तु इन्सान नहीं। प्रस्तुत पत्र का भावानुवाद यह सिद्ध करता है कि यही सत्य अर्थ में सत्य–शिक्षा है, ऐसी शिक्षा प्रदान करने वाला ही सत्य–शिक्षक है और ऐसी शिक्षा ग्रहण करने वाला ही सत्य–शिक्षार्थी है। और अगर ऐसा नहीं है तो शिक्षा, शिक्षक और शिक्षार्थी तीनों स्वयं को ही धोखा दे रहे हैं।

हे शिक्षक
मै जानता हूँ और मानता हूँ
कि न तो हर व्यक्ति सही होता है
और न ही होता है सच्चा,
किन्तु तुम्हें सिखाना होगा कि
कौन बुरा है और कौन अच्छा।
दुष्ट व्यक्ति के साथ–साथ आदर्श प्रणेता भी होते हैं,
स्वार्थी राजनीतिज्ञों के साथ–साथ समर्पित नेता भी होते हैं,
दुश्मनों के साथ–साथ मित्र भी होते हैं,
हर विरूपता के साथ–साथ सुन्दर चित्र भी होते हैं।
समय भले ही लग जाये पर
यदि सिखा सको तो उसे सिखाना,
कि पाये हुये पाँच से अधिक मूल्यवान है–
स्वयं एक कमाना।
पायी हुई हार को कैसे झेलें, उसे यह भी सिखाना
और साथ ही सिखाना, जीत की खुशियाँ मनाना।
यदि हो सके तो उसे ईर्ष्या या द्वेष से परे हटाना
और जीवन में छिपी मौन मुस्कान का पाठ पढ़ाना।
जितनी जल्दी हो सके उसे जानने देना
कि दूसरों को आतंकित करने वाला
स्वयं कमजोर होता है,
वह भयभीत व चिंतित है क्योंकि
उसके मन में स्वयं चोर होता है।
उसे दिखा सको तो दिखाना–
किताबों में छुपा खजाना
और उसे वक्त देना चिंता करने के लिए
कि आकाश के परे उड़ते पक्षियों का आह्लाद,
सूर्य के प्रकाश में मधुमक्खियों का निनाद,
हरी–भरी पहाड़ियों से झाँकते फूलों का संवाद,
कितना विलक्षण होता है–
अविस्मरणीय.....अगाध.......
उसे यह भी सिखाना–
धोखे से सफलता पाने से असफल होना सम्माननीय है।
और अपने विचारों पर भरोसा रखना
अधिक विश्वसनीय है।
चाहे अन्य सभी उसको गलत ठहरायें
परन्तु
स्वयं पर अपनी आस्था बनी रहे, यह विचारणीय है।
उसे यह भी सिखाना कि वह सदय के साथ सदय हो
किन्तु कठोर के साथ कठोर।
और लकीर का फकीर बनकर,
उस भीड़ के पीछे न भागे जो करती हो–निरर्थक शोर
उसे सिखाना
कि वह सबकी सुनते हुए अपने मन की भी सुन सके
यदि सिखा सको तो सिखाना कि वह दुःख में भी
मुस्करा सके,
घनी वेदना से आहत हो, पर खुशी के गीत गा सके।
उसे यह भी सिखाना, आँसू बहते हों तो बहने दे,
इसमें कोई शर्म नहीं....कोई कुछ कहता हो...कहने दे।
उसे सिखाना–
वह सनकियों को कनखियों से हँसकर टाल सके
पर अत्यन्त मृदुभाषी से बचने का ख्याल रखे।
वह अपने बाहुबल व बुद्धिबल का
अधिकतम मोल पहचान पाये,
परन्तु अपनी आत्मा व हृदय की बोली न लगवाए।
वह भीड़ के शोर में भी अपने कान बंद कर सके
और स्वतः की अन्तरात्मा की सही आवाज सुन सके।
सत्य के लिए लड़ सके और सत्य के लिए अड़ सके।
उसे सहानुभूति से समझाना
पर प्यार के अतिरेक से मत बहलाना।
क्योंकि तप–तप कर ही लोहा खरा बनता है,
ताप पाकर ही सोना निखरता है।
उसे साहस देना ताकि वक्त पड़ने पर अधीर बने
सहनशील बनाना ताकि वह वीर बने।
उसे सिखाना कि
वह स्वयं पर असीम विश्वास करे,
ताकि समस्त मानव जाति पर भरोसा व आस धरे।
यह एक बड़ा सा लम्बा–चौड़ा अनुरोध है
पर तुम कर सकते हो, क्या इसका तुम्हें बोध है?
मेरे और तुम्हारे...दोनों के साथ उसका रिश्ता है,
सच मानो,
मेरा बेटा एक प्यारा सा नन्हा फरिश्ता है।

सत्य मानक शिक्षा का व्यापार-पुनर्निर्माण
(RENEW - Real Education National Express Way)

पौराणिक कथाओं में एवं आधारित फिल्म या दूरदर्शन के धारावाहिकों में दिखाया जाता है कि नारद जी देव लोक जाते हैं और पृथ्वी की समस्याओं को देवताओं के समक्ष रखते हैं और उस अनुसार देवतागण अपने कार्य क्षेत्रानुसार समस्या पर चिन्तन करते हैं एवं हल निकालकर पृथ्वीवासियों को उपलब्ध कराते हैं।

शिक्षा में सुधार, सामाजिक परिवर्तन या कोई अन्य समस्या पर सम्मेलन, सेमिनार, संवाद इत्यादि केवल समस्या विषय पर चिन्तन हैं। जैसे पौराणिक कथाओं में देवताओं का समस्या पर चिन्तन होता है लेकिन समस्या का हल ही ना निकले तो चिन्तन केवल एक आयोजन मात्र बनकर रह जाता है। हाँ, देश-विदेश में इस प्रकार के होने वाले आयोजन से निकले विचार उनके लिए महत्वपूर्ण जरूर बन जाता है जो कहीं दूर से इसे आकड़े के रूप में देखते हुये मनुष्यों के लिए आवश्यकता समझते हुये हल पर कार्य करने वाले होते हैं। इसलिए ही तो कहा गया है-

भक्त वही, जो भगवान को बेच सके,

चेला वही, जो गुरू से कुछ ले सके,

संत वही, जो समाज को कुछ दे सके,

और

अवतार वही, जो पृथ्वी की आवाज सुन सके।

वो आवाज सुनी गयी और उसका हल तैयार किया गया। जो निम्न मूल सिद्धान्त पर आधारित है। यदि यह सार्वजनिक रूप से सत्य है, स्वीकार है तो यह समझना चाहिए कि "सत्य मानक शिक्षा" का विवादमुक्त पाठ्यक्रम प्राप्त किया जा चुका है और वह मैकाले शिक्षा पाठ्यक्रम को बदले बिना "पूरक शिक्षा पाठ्यक्रम" के रूप में उपलब्ध है।

ये सिद्धान्त हैं-

1. **सम्पूर्ण ब्रह्माण्ड में कुछ भी स्थिर नहीं है।**
2. **सभी स्वयं की स्थिरता और शान्ति के लिए गतिशील हैं।**
3. **उस सार्वभौम एकात्म (सार्वभौम आत्मा) का कोई नाम नहीं हैं, उसका नाम मानवीय भाषा के केवल शब्द हैं।**

इस आधार पर "सत्य मानक शिक्षा" का पाठ्यक्रम और उसे जन-जन तक पहुँचाने के लिए योजना बनाया गया है जिसका विस्तृत विवरण "विश्वशास्त्र" के अध्याय-4 में उपलब्ध है। संक्षिप्त में यहाँ प्रस्तुत किया जा रहा है।

स्पष्ट दिशा प्राप्त करने के पूर्व शिक्षा के सम्बन्ध में और उसे जन-जन तक पहुँचाने की योजना पर कुछ महापुरूषों के विचार-वाणियों को भी देख लिया जाये, जो निम्नखित हैं-

ये पाठ्यक्रम क्या है?

व्यक्ति के पूर्णता के लिए निम्न तीन प्रकार के पाठ्यक्रम उपलब्ध है-
अ-सामान्यीकरण (Generalization) शिक्षा - ज्ञान के लिए
ब-विशेषीकरण (Specialization) शिक्षा - कौशल के लिए
स-सत्य नेटवर्क (REAL NETWORK) शिक्षा - समाज में प्रकाशित होने के लिए

अ-सामान्यीकरण (Generalization) शिक्षा

इसके अन्तर्गत REAL EDUCATION, REAL PROFESSION, REAL BOOK, REAL STATUS, REAL ESTATE AGENT, REAL KISAN की शिक्षा पाठ्यक्रम हैं। जो पत्राचार द्वारा संचालित है। यह व्यक्ति के स्वयं अपने बुद्धि के विकास से सम्बन्धित पाठ्यक्रम है।

हम सभी व्यक्ति आधारित राजतन्त्र में राजा से उठकर व्यक्ति आधारित लोकतन्त्र में आये, फिर संविधान आधारित लोकतन्त्र में आ गये। अब पूर्ण लोकतन्त्र के लिए मानक आधारित लोकतन्त्र में हम सभी को पहुँचने की अटलनीय यात्रा का चक्र है। अर्थात् व्यक्ति आधारित समाज व शासन से उठकर मानक आधारित समाज व शासन के निर्माण की यात्रा है। वर्तमान तक के धार्मिक-सामाजिक-राजनैतिक नेतागण जिस पूर्ण लोकतन्त्र और परफेक्ट देश या विश्व का सपना देखते हैं, पुनर्निर्माण-सत्य शिक्षा का राष्ट्रीय तीव्र मार्ग, उसी को पूर्ण करने का मार्ग है। और यह विश्व व उसके नागरिकों की विवशतापूर्ण आवश्यकता भी है। "सत्य मानक शिक्षा व पूर्ण ज्ञान" से मानवों को शिक्षित करने की एक प्रणाली व पाठ्यक्रम है पाठ्यक्रम को 20 वर्षों के मेहनत से तैयार किया गया है। इस पाठ्यक्रम को अन्य रूप में

1. व्यवस्था परिवर्तन व सत्यीकरण का प्रथम पाठ्यक्रम
2. "पूर्ण ज्ञान का पूरक पाठ्यक्रम" और "आम आदमी का समाजवादी पाठ्यक्रम"
3. काल, मनवन्तर और युग परिवर्तन का कल्कि अवतार द्वारा व्यक्त पाठ्यक्रम
4. सम्पूर्ण क्रान्ति की कार्य योजना का पाठ्यक्रम
5. विश्व शान्ति, एकता व विश्व सरकार का मार्गदर्शक मानक पाठ्यक्रम भी कहा जाता है।

यह कार्य भारतीय संविधान की धारा-51 (ए): नागरिक का मूल कर्तव्य के अनुसार राष्ट्र और मानव का "आध्यात्मिक सत्य" आधारित सर्वोच्च कर्तव्य का उदाहरण है।

इस पाठ्यक्रम से क्या लाभ है?

1. ज्ञान-ध्यान-चेतना के वर्तमान और भविष्य के युग में आपको पूर्णता प्रदान करता है।
2. आप चाहे जो भी शिक्षा व प्रोफेशनल शिक्षा प्राप्त किये हों, ये आपको पूरक शिक्षा देकर पूर्ण बनाता है।
3. जीवन के प्रत्येक क्षेत्र के विषय के तत्व को समझने की दिव्य-दृष्टि प्रदान करता है।
4. पृथ्वी पर हुये और हो रहे समस्त व्यापार को एक साथ आपके सामने रखता है।
5. आपको अपना मालिक स्वयं बनाता है।

यह पाठ्यक्रम किसके लिए है?

1. यह पाठ्यक्रम उन सभी विश्व के नागरिकों के लिए है जो इस पृथ्वी पर रहते हैं।
2. विशेषकर उनके लिए है जो ज्ञान के लिए ही अपना समय व धन खर्च करने के लिए विद्यालय, महाविद्यालय व विश्वविद्यालय की शरण में हैं।

3. यह उनके लिए भी है जो शिक्षा क्षेत्र में शिक्षक हैं और वे भी जो सामाजिक-राजनीतिक नेतृत्व के क्षेत्र में हैं।
4. यह उनके लिए नहीं है जो धन एकत्रित करने के क्षेत्र में सफल हो चुके हैं और जो धन को ही ज्ञान समझते हैं।

इस पाठ्यक्रम की मान्यता क्या है?

1. यह पाठ्यक्रम किसी भी देश के सरकारी संस्थान द्वारा मान्य नहीं है न ही इससे कोई सरकारी नौकरी आपको प्राप्त होनी है।
2. वर्तमान की सरकारी शिक्षा प्रणाली आपको अगली कक्षा में प्रवेश और परीक्षा पास कर निर्भरता देने वाली है।
3. यह पाठ्यक्रम आपको जीवन की परीक्षा पास करने व आप में आत्मनिर्भरता देने वाली है।
4. यह पाठ्यक्रम विश्व के बुद्धिजीवियों से मान्यता प्राप्त व उनके सपनों का पाठ्यक्रम है।
5. यह पाठ्यक्रम ईश्वरीय मान्यता प्राप्त है।

परन्तु हमारा सदैव प्रयत्न रहेगा कि ये पाठ्यक्रम विश्वविद्यालय अनुदान आयोग, मानव संसाधन मंत्रालय, भारत सरकार से मान्यता प्राप्त होकर विद्यालयों के शिक्षा पाठ्यक्रम अनिवार्य विषय के रूप में शामिल हो जिससे विश्व स्तरीय मानव का निर्माण प्रारम्भ हो सके जिसकी आवश्यकता पूरे विश्व में है। जिस ओर विश्व की बौद्धिक शक्ति की गति भी है।

सत्य शिक्षा (REAL EDUCATION)

1. पूर्ण ज्ञान में प्रमाण पत्र (Certificate in Complete Knowledge-CCK)
2. ईश्वर शास्त्र व व्यापार ज्ञान में प्रमाण पत्र
3. (Certificate in Godics & Business Knowledge-CGBK)
4. अवतार ज्ञान में प्रमाण पत्र (Certificate in Avatar Knowledge-CAK)
5. 04. गुरू ज्ञान में प्रमाण पत्र (Certificate in Guru Knowledge-CGK)
6. 05. संस्थागत धर्म में डिप्लोमा (Diploma in Institutional Religion-DIR)
7. पूर्ण शिक्षा में स्नातक (Bachelor in Complete Education-BCE)
8. पूर्ण शिक्षा में परास्नातक (Master in Complete Education-MCE)

सत्य पेशा (REAL PROFESSION)

01. दृश्य योग, ध्यान और चेतना में प्रमाण पत्र (Certificate in visible Yoga, Meditation & Consciousness - CVYMC)
02. डब्ल्यू.सी.एम-टी.एल.एम-श्याम.सी में प्रमाण पत्र (Certificate in WCM-TLM-SHYAM.C Technology-CWT)
03. डब्ल्यू.एस.ओ-0 और कर्मज्ञान में प्रमाण पत्र (Certificate in WSO-0 & Work Knowledge-CWWK)
04. पुराण लेखन कला में प्रमाण पत्र (Certificate in Art of Puran writing-CAPW)
05. सार्वभौम विचार पर आधारित फिल्म लेखन में प्रमाण पत्र (Certificate in Art of Universal thought based Film writing-CAUFW)

सत्य पुस्तक (REAL BOOK)

14. विशाल ज्ञान विज्ञान सबका समाधान (Vishal Gyan Vigyan sabka samadhan-VGVSS)

15. विश्वशास्त्र: द नालेज आफ फाइनल नालेज (VISHWSHASTRA: THE KNOWLEDGE OF FINAL KNOWLEDGE - VKFK)

सत्य स्थिति (REAL STATUS)

1. जीवन का पैमाना (Scale Your Life) - ईश्वर चक्र पर स्वयं की स्थिति का ज्ञान (Know Your Position on GOD CYCLE -KYPGC)

उपरोक्त पाठ्यक्रम हिन्दी, अंग्रेजी, गुजराती, बंगला व पंजाबी भाषा में उपलब्ध है।

ब - विशेषीकरण (Specialization) शिक्षा

इसके अन्तर्गत जो विद्यार्थी के निवास क्षेत्र में ही संस्थागत रूप से संचालित है। यह व्यक्ति के स्वयं अपने आजिविका के विकास से सम्बन्धित पाठ्यक्रम है। व्यक्ति कितना भी ज्ञानी क्यों न हो जाये उसे अपने आजीविका के लिए काम तो करना ही पड़ता है। इसलिए उसे युगानुसार कौशल सम्बन्धित पाठ्यक्रम की आवश्यकता होती है।

01. सत्य कौशल (REAL SKILL)
02. सत्य डिजीटल कोचिंग (REAL DIGITAL COACHING)

इस पाठ्यक्रम से क्या लाभ है?

इन पाठ्यक्रमों से व्यक्ति कौशल का विकास करता है और अपनी आजिवीका के लिए सक्षम बनते हुए राष्ट्र के विकास में भागीदार बनता है।

यह पाठ्यक्रम किसके लिए है?

इन पाठ्यक्रमों को कोई भी व्यक्ति अपने कौशल विकास के लिए कर सकता है और अपनी आजिवीका के लिए स्वयं को सक्षम बना सकता है।

इस पाठ्यक्रम की मान्यता क्या है?

REAL SKILL का सभी शिक्षा पाठ्यक्रम भारत सरकार के से मान्यता प्राप्त है।

सत्य कौशल (REAL SKILL)

A-Computer Courses

Certificate Programme in Computer Applications, Computer Hardware & Networking, Desk Top Publishing (DTP), Office Automation through ICT, Programme in Website Design, Certificate Programme in AutoCAD, Multi-Media / Graphic Design Training , Certificate in Computer Concepts, Certificate course in Computerized Accounting, C, C++ and OOPs, Core Java, Advanced Java, Visual Basic with Access, Oracle, SQL and PL SQL, MS.NET, Computer Teacher Training Course, Computer Teacher Training Course, Diploma In Computer Application, Diploma In Computer Hardware And Networking, Certificate Programme in 3ds Max 3, Certificate Program me in CATIA V5, Certificate Programme in graphics, Asp.NET, Visual Basic, Adobe Photo & Flash

B-Conventional Training

Plumbing, Electrician, Sheet metal works, Welding (gas&electric resistance), Welding (gas&electric resistance), Fitter, Machinist, Turner, Draftsman (civil), CNC Programming & Operation, Certificate Programme in Pro-Engineering, Diesel mechanic, Tools & Die maker, Motor Vehicle Mechanic, Scooter & auto cycle mechanic, Book binder, Digital Photography, Carpenter, Spray Painting, Powder Coating, Pneumatics operation training, Hydrailics operation training

C-Electronic Courses

Mobile Repairing, Radio and TV repair, Repairing of electrical gadgets, Repair of refrigerator & AC, Electrical appliances repairing.

D-Leather Technology

Foot Wear Designing & Pattern Cutting (Manual), Foot Wear Designing & Pattern Cutting (CAD&Manual), Shoe CAD Designing Course, Leather Goods Manufacture, Textiles and Leather Garments Manufacture, Foot Wear Machine Maintenance, Shoe Upper Clicking, Shoe Upper Closing, Foot Wear Lasting, Making & Finishing, Foot Wear Making / Different Foot Wear Constructions.

E-Miscellaneous Courses

Beauty Parlor, Soft toys making, Fashion designing, Fashion Designing, Embroidery & needle work, Boutique, Health & fitness centre, Watch & clock mechanic, Cookery, Modern Secretarial Practice

F-Incubation

Incubation for Small Enterprise Establishment

सत्य डिजीटल कोचिंग (REAL DIGITAL COACHING)

"डिजिटल कोचिंग" विज्ञान के तकनीकी द्वारा प्रस्तुत एक मानव निर्मित अजीव शिक्षक/गुरू (डिजिटल विडियो-आडिया शैक्षणिक सामग्री) है। जो उपरोक्त शिक्षा को विद्यार्थीयों के अन्दर ज्ञान का संचरण कराता है। जिसके लिए आवश्यक उपकरण निम्नप्रकार हैं-

1. दृश्य माध्यम - एल.सी.डी-40 इंच या इससे बड़ा
2. हाई स्पीड कम्प्यूटर सी.पी.यू, की बोर्ड, माउस, स्पीकर
3. बिजली की उपलब्धता के लिए - यू.पी.एस, इन्वर्टर, बिजली/जेनरेटर
4. कक्षा - 200 वर्ग फीट से 400 वर्ग फीट

पाठ्यक्रम-

1. विशेषीकरण (Specialization) शिक्षा - इसके अन्तर्गत कक्षा-12 तक के सभी पाठ्यक्रम उपलब्ध हैं।
2. सामान्यीकरण (Generalization) शिक्षा - इसके अन्तर्गत पुनर्निर्माण के सभी पाठ्यक्रम उपलब्ध हैं।

छात्रवृत्ति-

यह डिजिटल कोचिंग कोई भी व्यक्ति प्रारम्भ कर सकता है। यदि उसका डिजिटल कोचिंग भारतीय आध्यात्म एवं दर्शन आधारित स्वदेशी विपणन प्रणाली 3-एफ (3-F: Fuel-Fire-Fuel) से जुड़ता है तो प्रत्येक छात्र छात्रवृत्ति, सहायता और रायल्टी प्राप्त कर सकता है। अन्यथा वह अपने अनुसार डिजिटल कोचिंग का शुल्क निर्धारित करने के लिए स्वतन्त्र है।

स-सत्य नेटवर्क (REAL NETWORK)

किसी भी युग में अवतार, महापुरूष, संत या किसी भी व्यक्ति के गुण को सीधे देखकर पहचानने की क्षमता किसी भी व्यक्ति के अन्दर नहीं रही है। उस व्यक्ति को, स्वयं के अपने गुणों को ज्ञान, कर्म, जीवन के माध्यम द्वारा व्यक्त करना होता है। उसके बाद ही कुछ लोग उन्हें पहचानते हैं और उनके साथ एक-दूसरे के सदुपयोग के लिए साथ आते रहे हैं। प्राचीन समय में यह कार्य बहुत कठिन होता था इसके लिए वे अनेक प्रकार के आयोजन करते थे।

वर्तमान युग में भी अनेक प्रकार के आयोजन जैसे-सेमिनार, सम्मेलन, प्रदर्शनी, मेले, परीक्षाएँ, प्रतिस्पर्धा इत्यादि द्वारा अपनी योग्यता प्रदर्शित किये जाते हैं। परन्तु यह सब समय लेने वाला है और आम नागरिक के योग्यता को व्यक्त करने का माध्यम नहीं बन पाता। दुनिया बहुत तेज हो चुकी है। ऐसे में किसी विशेष कार्य के लिए कोई भी संस्था/व्यक्ति/योजना संचालक शीघ्रता से अपने कार्य के लिए योग्य व्यक्ति से जुड़ना चाहता है। सीधे व्यक्ति से व्यक्ति के सम्बन्धित होने, परिचय बनाने के कार्य में मनुष्य जीवन इतना छोटा है कि वह एक सीमित दायरे तक ही रह जाता है। व्यापक दायरे तक जाने के लिए व्यक्ति का निराकार रूप विचार-गुण-योग्यता को ही प्रकाशित करना होता है।

शैक्षिक संस्थान अपने शिक्षार्थी की योग्यता को प्रकाशित करने के लिए अनेक कार्यक्रम जैसे-सेमिनार, सम्मेलन, परीक्षाएँ, प्रतिस्पर्धा इत्यादि आयोजित करती रहती है। राष्ट्र निर्माण का व्यापार-पुनर्निर्माण भी अपने विद्यार्थी के गुणों को प्रकाशित करने के लिए डिजिटल सत्य नेटवर्क की सुविधा और आजीवन रायल्टी प्रदान करता है।

भारत एक भाव प्रधान मनोरंजन आधारित देश है इसलिए भारत को एक बाजार की दृष्टि से अन्य देशों द्वारा देखा जाता है। इसका परिणाम यह है कि डिजिटल नेटवर्क के रूप में आये अनेक सोशल नेटवर्किंग वेबसाइट आपको नेटवर्क तो उपलब्ध करातीं हैं परन्तु आपकी योग्यता व निवास क्षेत्रानुसार, आपसे कोई सम्पर्क कर आपकी शक्ति का उपयोग कर सके, ऐसी सुविधा उपलब्ध नहीं कराती। कहा जाता है-"ईश्वर सब देख रहा है" । डिजिटल वेबसाइट आधारित तकनीकी के आ जाने से और उस पर आपकी योग्यता की स्थिति उपलब्ध होने से आपको कौन-कौन कहाँ से देख रहा है ये आप भी नहीं जान सकते। और यदि आप उनके योग्य हुये तो आपसे सम्पर्क कर लेंगे। जिस प्रकार ईश्वर आपकी योग्यतानुसार इस संसार में आपको कार्य सौंपता है। वर्तमान डिजिटल तकनीकी के युग में स्वयं को प्रकाशित करना आसान हो गया है। स्वयं को प्रकाशित करें और दूसरे के प्रकाश में स्वयं को लायें। इसके लिए राष्ट्र निर्माण का व्यापार-पुनर्निर्माण द्वारा निम्नलिखित नेटवर्क उपलब्ध हैं।

01. डिजिटल ग्राम नेटवर्क (Digital Village Network)
02. डिजिटल नगर वार्ड नेटवर्क (Digital City Ward Network)
03. डिजिटल एन.जी.ओ/ट्रस्ट नेटवर्क (Digital NGO/Trust Network)
04. डिजिटल विश्वमानक मानव नेटवर्क (Digital World Standard Human Network)
05. डिजिटल नेतृत्व नेटवर्क (Digital Leader Network)
06. डिजिटल जर्नलिस्ट नेटवर्क (Digital Journalist Network)

07. डिजिटल शिक्षक नेटवर्क (Digital Teacher Network)
08. डिजिटल शैक्षिक संस्थान नेटवर्क (Digital Educational Institute Network)
09. डिजिटल लेखक-ग्रन्थकार-रचयिता नेटवर्क (Digital Author Network)
10. डिजिटल गायक नेटवर्क (Digital Singer Network)
11. डिजिटल खिलाड़ी नेटवर्क (Digital Sports Man Network)
12. डिजिटल पुस्तक विक्रेता नेटवर्क (Digital Book Saler Network)
13. डिजिटल होटल और आहार गृह नेटवर्क (Digital Hotel & Restaurant Network)

मैकाले शिक्षा पद्धति हम बदल नहीं सकते लेकिन अलग से "सत्य मानक शिक्षा" ग्रहण तो कर सकते हैं।

सरकारी पाठ्यक्रम बनाम नीजी पाठ्यक्रम / सार्वभौम आत्मीय पाठ्यक्रम / ईश्वरीय पाठ्यक्रम

ज्ञान के इस युग में ज्ञान की ओर चलें

विश्वशास्त्र अध्याय	पाठ्यक्रम	उपाधि
विषय प्रवेश	पाठ्यक्रम – 1 PAPER - 1	पूर्ण ज्ञान में प्रमाण पत्र (Certificate in Complete Knowledge-CCK)
अध्याय–एक	पाठ्यक्रम – 2 PAPER - 2	ईश्वर शास्त्र व व्यापार ज्ञान में प्रमाण पत्र (Certificate in Godics & Business Knowledge-CGBK)
अध्याय–दो	पाठ्यक्रम – 3 PAPER - 3	अवतार ज्ञान में प्रमाण पत्र (Certificate in Avatar Knowledge-CAK)
अध्याय–तीन	पाठ्यक्रम – 4 PAPER - 4	गुरू ज्ञान में प्रमाण पत्र (Certificate in Guru Knowledge-CGK)
अध्याय–चार	पाठ्यक्रम – 5 PAPER - 5	संस्थागत धर्म में डिप्लोमा (Diploma in Institutional Religion-DIR)
अध्याय–पाँच	पाठ्यक्रम – 6 PAPER - 6	पूर्ण शिक्षा में स्नातक (Bachelor in Complete Education-BCE)
परिशिष्ट	पाठ्यक्रम – 7 PAPER - 7	पूर्ण शिक्षा में परास्नातक (Master in Complete Education-MCE)

इस पाठ्यक्रग की मान्यता क्या है?

1. यह पाठ्यक्रम किसी भी देश के सरकारी संस्थान द्वारा मान्य नहीं है न ही इससे कोई सरकारी नौकरी आपको वर्तमान में प्राप्त होनी है।
2. वर्तमान की सरकारी शिक्षा प्रणाली आपको अगली कक्षा में प्रवेश और परीक्षा पास कर निर्भरता देने वाली है।
3. यह पाठ्यक्रम आपको जीवन की परीक्षा पास करने व आप में आत्मनिर्भरता देने वाली है।
4. यह पाठ्यक्रम विश्व के बुद्धिजीवियों से मान्यता प्राप्त व उनके सपनों का पाठ्यक्रम है।
5. यह पाठ्यक्रम ईश्वरीय मान्यता प्राप्त है।

परन्तु हमारा सदैव प्रयत्न रहेगा कि ये पाठ्यक्रम विश्वविद्यालय अनुदान आयोग, मानव संसाधन मंत्रालय, भारत सरकार से मान्यता प्राप्त होकर विद्यालयों के शिक्षा पाठ्यक्रम में अनिवार्य विषय के रूप में शामिल हो जिससे विश्व स्तरीय मानव का निर्माण प्रारम्भ हो सके जिसकी आवश्यकता पूरे विश्व में है। जिस ओर विश्व की बौद्धिक शक्ति की गति भी है।

इस पाठ्यक्रम से लाभ

1. चेला/शिष्य बनने और आशीर्वाद प्राप्त करने से मुक्त होकर आत्मनिर्भरता/गुरूता/स्वतन्त्रता की ओर यात्रा।
2. "पूजा ही कर्म है" से "कर्म ही पूजा है" की ओर यात्रा।
3. विकास के साथ विकास दर्शन की ओर यात्रा।
4. व्यक्ति विकास से वैश्विक विकास की ओर एकीकृत यात्रा।
5. वैश्विक विकास के मुख्य धारा की समझ और मुख्य धारा की ओर यात्रा।

भाग-5

समष्टि धर्म दृष्टि

अनिर्वचनीय कल्कि महाअवतार भोगेश्वर श्री लव कुश सिंह" विश्वमानव" का मानवों के नाम खुला चुनौती पत्र

अनिर्वचनीय कल्कि महाअवतार का काशी-सत्यकाशी क्षेत्र से विश्व शान्ति का अन्तिम सत्य-सन्देश

मानवों के नाम खुला चुनौति पत्र

प्रिय मानवों,

हम (अवतारी श्रृंखला) आप लोगों के प्रति कल्याण भावना रखते हुये उन सभी रहस्यों को खोलकर रख देना चाहते है जिससे आज तक हम आप का भोग करते आये है। पत्र के अन्त में यह भी बताऊँगा कि इन रहस्यों के खोलने के प्रति मेरा उद्देश्य क्या है? और यह भाव हमारे मन में क्यों आया? दिल खोलकर यह भी स्पष्ट करेंगे कि हम लोगों की उत्पत्ति कैसे हुई? और हमने अपने अधिपत्य के लिए क्या-क्या किया। अब स्थिति क्या है तथा भाविष्य में काल की गति किस ओर जा रही है?

इन सब बातों को स्पष्ट करने से पहले कुछ सूत्रों को स्पष्ट करना चाहूँगा। वर्तमान समय में यह देख रहा हूँ कि आरोप-प्रत्यारोप तथा अपने अपने सीमित मस्तिष्क से अनेकों प्रकार की व्याख्या की संस्कृति बढ़ती जा रही है। इस सम्बन्ध में यह कहना चाहूँगा कि सर्वप्रथम यह जानो कि अब तक के संसार में उत्पन्न कोई भी महापुरूष, पैगम्बर, दूत इत्यादि सार्वजनिक प्रमाणित रूप से पूर्ण रूप में नही थे। क्योंकि यदि वे पूर्ण होते तो उनके द्वारा व्यक्त विचारों की सत्ता उसी भाँति निर्विरोध रूप से स्थापित हो चुकी होती जिस प्रकार सार्वजनिक प्रमाणित विज्ञान ने अपनी सत्ता को अल्प समय में ही सभी के उपर स्थापित कर लिया है। दूसरी बात यह है कि सीमित मस्तिष्क से असीम मस्तिष्क (या अपने से अधिक मस्तिष्क) की सही व्याख्या कभी नहीं की जा सकती। यदि तुम श्री कृष्ण (या अपने से अधिक) की व्याख्या करना चाहते हो तो पहले श्री कृष्ण के मस्तिष्क (या अपने से अधिक मस्तिष्क) के बराबर होना पड़ेगा। इसी प्रकार बुद्ध, मुहम्मद, ईसा इत्यादि के सम्बन्ध में भी है। तीसरी बात यह है कि आरोप-प्रत्यारोप की संस्कृति से कोई हल नही निकलता, न ही बुद्धि का विकास होता है बल्कि साम्प्रदायिक विद्वेष व एक दूसरे का प्रचार-प्रसार ही होता है। क्योंकि तुम विरोध या आरोप-प्रत्यारोप ही सही परन्तु अपने विरोधी का नाम तो लेते ही हो। फलस्वरूप जिसके पास बुद्धि की प्रबलता होती है उसके लिए अल्प बुद्धि वाला विरोधी प्रचारक बन जाता है। और यह तो तुम जानते ही होगे कि हम बुद्धि प्रबल वर्ग है। इसलिए तुम लोग अनजाने ही हमारे प्रचारक बने बैठे हो। इसके लिए आवश्यक है कि तुम लोग ऐसे रास्ते को अपनाओं जिससे हम लोगों का नाम न ही आये और तुम लोग में बुद्धि का विकास तेजी से हो। तुम्हें यह बात सदा याद रखनी पड़ेगी कि बुद्धि के विकास से संगठित संगठन लम्बी अवधि तक स्थायित्व बनाये रहती है जबकि इसके विपरीत संगठित संगठन को कभी भी बुद्धि के प्रयोग द्वारा विखण्डित किया जा सकता है। प्रायः ऐसे संगठन का प्रयोग तुम्हारे अपने ही नेता अपने स्वार्थ को साधने में करते है।

हे मानवों, पहले कर्म या पहले ज्ञान बुद्धि? यह प्रश्न तो पहले अण्डा या पहले मुर्गी? जैसा प्रश्न है, और यह सदा से अनसुलझा ही है और रहेगा भी। परन्तु इतना तो जानना आवश्यक है कि हम कर्म करते-करते कुछ नियमों को प्राप्त करते है। यदि हम इन नियमों पर ध्यान देते रहते हैं तो हमें अपने गलतियों के पुनरावृत्ति को रोकने में सहयोग मिलता है। इन नियमों का जानना ही ज्ञान-बुद्धि कहलाता है। अब कोई व्यक्ति यह सोच सकता है कि कर्म करने से पहले हम इन नियमों का अध्ययन करेंगे तो कोई यह सोच सकता है कि ज्ञान-बुद्धि को पढ़ने से क्या होगा, हमें पहले कर्म करना है। इस स्थिति में इन दोनों में पहले नियमों को अध्ययन कर कर्म करने वाले व्यक्ति के जीवन में विकास की गति अधिक होगी जबकि पहले कर्म करने वाला व्यक्ति उन्हीं नियमों को कर्म करते-करते अनुभव करेगा जो पहले ही अनुभव कर व्यक्त की जा चुकी है। शिक्षा का अर्थ यही है कि पहले उन तमाम नियमों का अध्ययन कर लिया जाय फिर कर्मरत हुआ जाय। हम ऐसा ही करते रहे हैं और तुम को नचाते रहे हैं।

कम समय में अधिकतम ज्ञान-बुद्धि के विकास का मार्ग यह है कि जिस प्रकार विज्ञान के क्षेत्र में जिस वस्तु का आविष्कार पूर्ण हो जाता है। पुनः उसके आविष्कार पर समय व बुद्धि खर्च नहीं करते बल्कि उसके आगे की ओर आविष्कार या उस आविष्कार को समझने पर समय व बुद्धि खर्च किया जाता है। उसी प्रकार ज्ञान के क्षेत्र में जो भी आविष्कार हो चुके हैं सीधे वहाँ से प्रारम्भ करना चाहिए। विज्ञान के क्षेत्र में आविष्कार कहाँ तक पहुँचा है

इसकी चर्चा हम इस पत्र में बाद में करेंगे। परन्तु ज्ञान के क्षेत्र में समन्वायाचार्य श्रीकृष्ण के बाद विद्रोही के रूप में भगवान बुद्ध आये, इनके बाद पुनः समन्वयाचार्य श्री रामकृष्ण-स्वामी विवेकानन्द आये, फिर विद्रोही के रूप में आचार्य रजनीश "ओशो" आये। ओशो के बाद कार्य शेष है। इसलिए बुद्धि के सम्बन्ध में ओशो का क्या कहना है यह देखना आवश्यक है। ओशो का कहना है -" अगर तुम अकड़े रहे कि हम अपनी गरीबी खुद ही मिटा येंगे, तो तुम ही तो गरीबी बनाने वाले हो, तुम मिटाओगे कैसे? तुम्हारी बुद्धि इसके भीतर आधार है, तुम इसे मिटाओगे कैसे? तुम्हें अपने द्वार-दरवाजे खोलने होंगे। तुम्हें अपना मस्तिष्क थोड़ा विस्तीर्ण करना होगा। इस देश को कुछ बाते समझनी होंगी। एक तो इस देश को यह बात समझनी होंगी कि तुम्हारी परेशानियों, तुम्हारी गरीबी, तुम्हारी मुसीबतों, तुम्हारी दीनता के बहुत कुछ कारण तुम्हारे अंधविश्वासों में है। भारत अभी भी समसामयिक नहीं है, कम से कम डेढ़ हजार वर्ष पिछे घिसट रहा है। ये डेढ़ हजार साल पूरे होने जरूरी है। भारत को खींचकर आधुनिक बनाना जरूरी है। लेकिन सबसे बड़ी अड़चन इस देश की मान्यताएँ है। इसलिए मैं लड़ रहा हूँ तुम्हारे लिए।" यह डेढ़ हजार वर्षों का अन्तर हम किसके परिश्रम से उत्पन्न बुद्धि की देन है? विचार करो मानवों।

अब हम अपने मूल विषय की ओर आते हैं परन्तु इसे समझने के लिए अपने ही बुद्धि, ज्ञान, तथा विज्ञान का ही प्रयोग उचित होगा और सदैव ध्यान में रखना होगा कि यदि सिर्फ कृष्ण को लेकर समाज निर्माण चाहोगे तो न हो सकेगा। इसी प्रकार न ही सिर्फ बुद्ध से, न मुहम्मद से, न ही ईसा या अन्य किसी से। हाँ भीड़ इकट्ठा हो जायेगी परन्तु बुद्धि विकास नहीं।

प्रारम्भ से अब तक की कथा इस प्रकार है। मानव के वर्तमान सभ्यता तक की यात्रा में उत्थान-पतन के अनेकों चरण आये परन्तु इनमें मुख्य चरण ऐसे थे जो सम्पूर्ण मानव सभ्यता और मानवता को पतन के मोड़ पर ले जाने वाली थी। उनमें -

मानव सभ्यता पर पहला संकट काल प्रकृति द्वारा आज से कई हजार वर्ष पूर्व आया था। उस समय पृथ्वी एक भंयकर प्राकृतिक आपदा का शिकार हो गयी थी, फलस्वरूप जहाँ जल था वहाँ थल, तथा जहाँ थल था वहाँ जल की स्थिति अधिकतम स्थानों पर उत्पन्न हो गयी। इस आपदा के स्थिर होने के बाद कुछ लोग एक टापू पर जीवित बच गये। जहाँ मानव सभ्यता के विकास के लिए आवश्यक संसाधन नहीं थी फलस्वरूप उनका वहाँ से बड़े भूभाग पर जाना विवशता बन गयी। उनमें से एक बुद्धि प्रबल व्यक्ति ने मछलियों के स्वभाव जल की धारा के विपरीत दिशा में गति करने से ज्ञान (सिद्धान्त) प्राप्त कर नाव द्वारा मछलियों की दिशा की ओर चल पड़े और वे ऐसे स्थान पर पहुँच गये जो मानव सभ्यता के विकास के लिए पूर्ण योग्य थी। ये स्थान ही हिमालय का क्षेत्र था। इस प्रकार बुद्धि प्रबल उस व्यक्ति ने मानव सभ्यता को उसके संकट काल से बचाया।

मानव सभ्यता पर दूसरा संकट काल मानवों द्वारा ही उत्पन्न हो गया था। प्रथम संकट काल के उपरान्त कालान्तर में जल स्तर घटने लगा और हिमालय के चारो ओर की ओर भूमि रिक्त होती गयी। प्रथम दृष्टि में आयी भूमि ही कूर्मांचल क्षेत्र है। जैसे-जैसे भूमि रिक्त होती गयी मानव सभ्यता का विकास व प्रसार होना पुनः प्रारम्भ हो गया। जनसंख्या व कार्य बढ़ने से व्यवस्था संकट उत्पन्न हो गया जिससे दो व्यवस्था प्रणाली का जन्म हुआ। पहला - हम अपनी व्यवस्था खुद मिलकर-बैठकर आपसी सहमति से करेंगे। दूसरा- सभी व्यवस्थओं की जिम्मेदारी किसी एक व्यक्ति के उपर छोड़ दिया जाय। पहली व्यवस्था गणराज्य या समाजवाद कहलायी तथा दूसरी व्यवस्था राज्य या व्यक्तिवाद कहलायी। पहली व्यवस्था के समर्थक देवता कहलाये क्योंकि ये प्रकृति के समर्थक और उसके अनुसार सभी के सह-अस्तित्व को महत्ता देते थे जबकि दूसरी व्यवस्था के समर्थक असुर कहलाये क्योंकि ये सिर्फ अपनी इच्छा और अस्तित्व को महत्ता देते थे। समयोपरान्त दोनों व्यवस्थाओं में अपने-अपने अधिपत्य के लिए युद्ध होने लगा। फलस्वरूप मानवता व मानव सभ्यता का विकास रूक कर पतन की ओर जाने लगी। संकट के इस समय में एक सहनशील, शांत, धैर्यवान, लगनशील व्यक्ति ने दोनों पक्षो के बीच मध्यस्थ की भूमिका के द्वारा विचारों के मंथन अर्थात निर्णायक बहस से अनेक विचारों पर समन्वय स्थापित कर मानव सभ्यता के विकास की ओर दोनों पक्षों का ध्यान केन्द्रित किया। फलस्वरूप मानव सभ्यता पुनः विकास की ओर बढ़ चली।

मानव सभ्यता पर तीसरा संकट काल राज्य का नेतृत्व करने वाले राजा के कारण ही उत्पन्न हो गया। दूसरे संकट के उपरान्त राज्य का नेतृत्व करने वाला राजा अपने साम्राज्य को विशाल रूप से विकसित किया और अपने प्रभाव को लगातार बढ़ाता जा रहा था ऐसी स्थिति में समाज समर्थक देवताओं का मनोबल समाप्त होने की ओर हो गया। इस स्थिति का अनुभव कर एक मेधावी, सूझ-बुझ, सम्पन्न, पुरूषार्थी, धीर-गम्भीर, निष्कामी, बलिष्ठ, सक्रिय, अहिंसक और समूह प्रेमी व्यक्ति ने लोगों का मनोबल बढ़ाया, उन्हें उत्साहित और सक्रिय किया जिसके परिणामस्वरूप समाज समर्थकों के मनोबल में वृद्धि हुई और उस राजा के राज्य को समाप्त कर गणराज्य व्यवस्था की स्थापना से मानवता आधारित मानव सभ्यता का विकास पुनः प्रारम्भ हो गया।

मानव सभ्यता पर चौथा संकट काल पुनः राज्य का नेतृत्व करने वाले राजा के कारण ही उत्पन्न हो गया। उसने पूर्व के सभी सह-अस्तित्व के विचारों को तोड़कर अपनी इच्छा से व्यवस्था चलाने को प्राथमिकता दी। और प्रजा के कष्टों में वृद्धि होने लगी। परिणामस्वरूप उस राजा का पुत्र प्रजाहित को ध्यान में लेते हुये समाज समर्थक बन गया। राजा अपने पुत्र को समाज समर्थक बनता देख अपने पुत्र को ही अनेक प्रकार के कष्ट देने लगा। वह राजा इतना बलशाली था कि उसको युद्ध से हराना नामुकिन था, उसके कार्यों से उसके सहयोगी दरबारी भी अन्दर ही अन्दर घृणा करते थे। परन्तु प्रत्यक्ष विरोध किसी के लिए सम्भव नहीं था। इन परिस्थितियों में सभी समाज समर्थक प्रजा देवता भी विरोधक क्षमता को खो चुके थे। ऐसी स्थिति में उस राजा का एक दरबारी ही प्रत्यक्ष रूप से एका-एक हिंसक बनकर दरबार में ही राजा का वध कर डाला चूँकि वह दरबारियों के मन की स्थिति को अच्छी प्रकार जानता था इसलिए ऐसा करने में उसे कोई बाधा नहीं थी। वहीं वह राजा अपने प्रभुत्व के कारण सभी दरबारियों को अपने हित में ही समर्पित रहने वाला समझकर भ्रम में था। राजा का वध के उपरान्त राजा के समाज समर्थक पुत्र ने गणराज्य व्यवस्था द्वारा मानव सभ्यता के विकास के लिए आगे कर्म किया। जिसका निर्माता वह हिंसक दरबारी व्यक्ति था।

मानव सभ्यता पर पाँचवा संकट काल पुनः राज्य का नेतृत्व करने वाले राजा के ही कारण उत्पन्न हो गया था। यह राजा इतना अधिक कुशल था कि इसने समाज समर्थक गुणों को भी आत्मसात् कर समाज समर्थक देवताओं का भी विश्वास पात्र बन गया। परिणामस्वरूप समाज समर्थक देवता भी राजा का गुणगान करते हुये आश्वस्त व निष्क्रिय होने लगे। इस राजा ने अपने राज्य का प्रसार व्यापक रूप से किया। इस स्थिति में मानव सभ्यता का वर्तमान तो सुरक्षित था परन्तु भविष्य अन्धकार में था क्योंकि वर्तमान राजा के उपरान्त, आवश्यक नहीं था कि नया राजा भी उसी राजा की भाँति हो और तब तक समाज समर्थक पूर्ण रूप से निष्क्रिय हो गये र हेंगे। इस स्थिति को एक दूर दृष्टा व्यक्ति ने समझकर राजा के ही गुण का प्रयोग करते हुये उससे थोड़ी सी भूमि लेकर उस व्यि ने उस भूमि पर गणराज्य व्यवस्था की स्थापना व व्यवस्था को जीवित कर, उसके सुख से प्रजा को परिचित कराया। फलस्वरूप इस व्यवस्था का प्रसार होने लगा और राजा का सु-राज्य भी स्व-राज से समाप्त हो गया। गणराज्य की स्थापना कर उस व्यक्ति ने मानवता और मानव सभ्यता को विकास की ओर गति दी।

मानव सभ्यता पर छठा सकंट काल अनेक राज्यों के नेतृत्व करने वाले अनेक राजाओं के कारण गणराज्य व्यवस्था के स्थायी स्थिरता के लिए उत्पन्न हो गया। पाँचवे संकट से निकलने के बाद जनसंख्या और भूमि का विस्तार इतना अधिक हो चुका था कि एक राजा और राज्य के अधीन नियत्रंण असम्भव हो गया, जिसके परिणामस्वरूप अनेक राजाओं के नेतृत्व में अलग-अलग अनेक राज्य स्थापित हो गये थे। ऐसी स्थिति में राज्यवाद बढ़ रहा था। और राज्यवादी राजाओं का वध भी असम्भव होता जा रहा था। ऐसी स्थिति में गणराज्य या समाजवाद की स्थिरता पर प्रश्न चिन्ह लगने लगा था। फलस्वरूप एक व्यक्ति ने अनेक राज्यवादी राजाओं का वध करके अनेक राज्यों को गणराज्य के रूप में परिवर्तित कर दिया। परन्तु उस व्यक्ति ने देखा कि यह समस्या का स्थायी हल नहीं हो सकता क्योंकि अनेकों राजाओं का वध बारबार सम्भव नहीं और ऐसा करने से प्रजा में अन्यवाद अर्थात हमारे कार्य दूसरे करें का भाव बढ़ रहा था। इन स्थितियों के स्थायी हल के लिए उस व्यक्ति ने राज्यवाद और समाजवाद दोनों में समन्वय स्थापित कर एक नई व्यवस्था का सूत्रपत किया। इस व्यवस्था के लिए उस पुरूष ने ब्रह्माण्ड में व्याप्त व्यवस्था सिद्धान्तों को आधार बनाया तथा मूल तीन गुणों की पहचान की

1. सत्व गुण- सुख, ज्ञान और प्रकाश अर्थात आत्मा और सूक्ष्म बुद्धि अर्थात मार्गदर्शक और विकास दर्शन का गुण
2. रज गुण- आंकाक्षा, इच्छा और सकाम कर्म अर्थात भाव हृदय और मन अर्थात क्रियान्वयन दर्शन का गुण
3. तम गुण - अज्ञान, दुःख और अंधकार अर्थात इन्द्रिय, अनात्म, प्राण और स्थूल शरीर अर्थात विनाश दर्शन का गुण।

इन गुणों के आधार पर सभी जीव विभजित किये गये। मानव जाति में चार विभाजन हुये।

1. सत्व गुण प्रधान- ब्राह्मण वर्ग
2. रज गुण प्रधान - क्षत्रिय वर्ग
3. रज तम गुण प्रधान - वैश्य वर्ग
4. तम गुण प्रधान - शूद्र वर्ग।

इन गुणों के आधार पर उनके लिए कर्म निर्धारित किये गये। और गणराज्य की व्यवस्था बनायी गयी जो इस प्रकार थी।

1. गणराज्य का एक रज गुण प्रधान - क्षत्रिय राजा होगा क्योंकि ब्रह्माण्डीय गणराज्य में रज गुण प्रधान प्रकृति ही राजा है।
2. राजा, राज्यवादी न हो इसलिए उस पर सत्व गुण प्रधान -ब्राह्मण का नियंत्रण होगा क्योंकि ब्रह्माण्डीय गणराज्य में रज गुण प्रधान प्रकृति पर नियंत्रण के लिए सत्व गुण प्रधान आत्मा है।
3. राजा, सीधे आम जनता से चुना जायेगा क्योंकि ब्रह्माण्डीय गणराज्य में प्रकृति सर्वव्यापी है और वह सभी गुणों का सम्मिलित रूप है।
4. राजा का निर्णय राज्यसभा के दो तिहाई बहुमत से हो क्योंकि ब्रह्माण्डीय गणराज्य में प्रकृति का निर्णय सत्व, रज व तम तीन गुणों में से दो गुणों के समर्थन का ही रूप होता है।
5. रज-तम प्रधान-वैश्य तथा तम प्रधान शूद्र चूंकि इन्द्रिय, प्राण और स्थूल शरीर पर ही केन्द्रित रहते है इसलिए इन्हें बुद्धि ज्ञान से नियत्रिंत न करके बल, कानून व आज्ञा के नियत्रंण में रखा जाय।

इस प्रकार उस महापुरूष ने राज्य व गणराज्य के मिश्रित व्यवस्था से एक सर्वमान्य व्यवस्था को स्थापित कर मानवता व मानव सभ्यता के विकास के लिए स्थायी मार्ग उपलब्ध कराया जो दीर्घ काल तक चली।

मानव सभ्यता पर सातवां संकट काल गणराज्य के नयी व्यवस्था के स्थायी स्थिरता के कारण आया। छठें संकट से उत्थान की ओर अग्रसर करने वाले पुरूष के समक्ष यह समस्या आयी कि नयी व्यवस्था को बने रहने और उसके प्रसार का दायित्व किसे सौंपा जाय। इसके लिए उस पुरूष ने अन्य सहयोगियों के सहयोग और योजनाबद्ध तरीके से एक राजा के पुत्र (भावी राजा) में नई व्यवस्था के प्रसार के लिए योग्यता का निर्माण किये परिणामस्वरूप उस युवराज ने अपने जीवन पर्यन्त इस व्यवस्था की स्थापना और प्रसार किया तथा मानवता और मानव सभ्यता की रक्षा की।

मानव सभ्यता पर आठवां संकट काल गणराज्य व्यवस्था के कारण नहीं बल्कि उस व्यवस्था के पीठासीन व्यक्तियों के कर्तव्य विमुख और देवता तथा असुर संस्कारों के पूर्ण पहचान से बुद्धि के अक्षम हो जाने के कारण आया। इस संकट काल के समय राजा को नियंत्रण व मार्गदर्शन में रखने वाला ब्राह्मण भी जनकल्याण से विमुख हो स्व-कल्याण में लिप्त हो चुका था। यह स्थिति छोटे राज्यों से लेकर बड़े राज्यों में व्याप्त हो चुकी थी। ऐसी स्थिति में एक व्यक्ति ने यह देखा कि पीछे, जब भी मानवता पर संकट आया, तब उस संकट से किसी व्यक्ति के द्वारा उत्थान हो जाने पर जब तक उत्थान करने वाला व्यक्ति जीवित रहता था तभी तक गणराज्य व्यवस्था यथावत् रहती थी। बाद में पुनः राज्यवादी व्यवस्था स्थापित हो जाती थी। दूसरे यह कि व्यवस्था कोई भी खराब नहीं होती उस पर बैठने वाले लोगों की बुद्धि के अनुसार ही व्यवस्था का रूप संचालित होता है मानवता और मानव सभ्यता के इस संकट काल में सभी अपने अपने बुद्धि को पूर्ण तथा व्यक्तिगत स्वार्थ में इस प्रकार डूबे हुये थे कि बिना पूर्ण वध के उत्थान मुश्किल हो चुका था। परिणामस्वरूप उस अति बुद्धि सम्पन्न व्यक्ति ने आम जनता को सक्रिय करने के लिए प्रेरित किया, गणराज्य के उदाहरण स्वरूप एक नगर का निर्माण कराया तथा पूर्ण वध के लिए उस समय

के विशाल राज्य के नेतृत्व में उपजे विवाद का सहारा प्राप्त कर बहुत से एकतन्त्रात्मक राज्यों को नष्ट किया और करवाया। साथ ही उस समय में समाज में व्याप्त अनेक मत-मतान्तार व विचारों के एकीकरण के लिए सत्य-विचार का ज्ञान भी दिया जिससे व्यक्ति, व्यक्ति पर विश्वास न कर अपने बुद्धि से स्वयं निर्णय करें और प्रेरणा प्राप्त करता रहे। इस प्रकार साकार व्यक्ति आधारित मानवता के सर्वोच्च संकट से उस व्यक्ति ने नई निराकार सिद्धान्त आधारित मानवता के उत्थान का मार्ग उपलब्ध कराया।

मानव समाज पर नौवां संकट काल वर्तमान से लगभग 2500 वर्ष पूर्व आया था जिसका कारण राजाओं का साम्राज्यवादी-प्रसारवादी व्यवहार था। इस समय मानव समाज जितना विकास करता वह अल्पसमय में एक राज्य से दूसरे राज्य में युद्ध करने में ही नष्ट हो जाता। सम्पूर्ण मानवता हिंसा से भर उठी थी। ऐसे में राजपरिवार का ही एक युवा व्यक्ति अपने परिवार तथा राज्य का त्याग कर अहिंसा का सन्देश दिया। तथा प्रजा को प्रेरित करने के लिए धर्म, संघ और बुद्धि के शरण में जाने की मूल शिक्षा दी। एक राजा के द्वारा इस युवा सन्यासी के सन्देश को स्वीकार कर शिष्य बन जाने से इस सन्यासी का प्रसार जितना हुआ उससे बहुत कम उसके विचारों का हुआ परिणामस्वरूप अल्पअवधि के लिए हिंसा भरे मानव समाज को थोड़ी राहत मिली और सभ्यता उत्थान की ओर अग्रसर हुई।

हे मानवों, मानव सभ्यता और मानवता के दसवें, अन्तिम तथा वर्तमान संकट का खुलासा हम इस पत्र में आगे करेंगे। यहाँ हम कुछ ऐसे रहस्यों का खुलासा करने जा रहे है। जो वर्तमान मानव के दृष्टि में परिवर्तन हाने मात्र के कारण उत्पन्न हुई है।

पाँचवें सकंट के समय तक भारत के मूल निवासी ही भारत की भूमि के अधिपति थे, परन्तु वे राज्य को कुशलता पूर्वक चलाने में असमर्थ होते जा रहे थे। इसी समय में हिमालय के उत्तर-पश्चिम क्षेत्र से भारत के बाहर के मनुष्यों का भारत में आगमन हुआ। इस समय भारत के मूल निवासी प्रकृति पूजक बहुदेववाद को मानती थी। भारत के बाहर से आये मनुष्यों ने भारत के मूल निवासियों के लिए राज्य प्रशासन में अपने ज्ञान-बुद्धि का प्रयोग कर एक अच्छे मार्गदर्शक का कार्य करते थे। प्रकृति के गुणों के आधार पर जब मनुष्यों का विभाजन हुआ तब भारत के मूल निवासी शूद्र वर्ग की योग्यता रखते थे। परन्तु ऐसा नही था कि भारत के बाहर से आये मनुष्य ब्राह्मण, क्षत्रिय, तथा वैश्य वर्ग में अर्थात भारत के बाहर सभी उच्च वर्ग में तथा भारत के मूल निवासी सभी निम्न वर्ग में थे। परन्तु उनमें इसकी अधिकता थी। कालान्तर में ये वर्ग जन्म आधारित हो अनेक उपवर्गों -जातियों में विभाजित हो गयी। जिसका रूप तर्तमान में दिख रहा है। परन्तु आज भी यदि जन्म आधारित दृष्टि से हटकर गुण आधारित दृष्टि से देखोगे तो प्रत्येक वर्ग या जाति में प्रत्येक वर्ग के व्यक्ति दिखाई पड़ेंगे। भारत के बाहर के ये व्यक्ति ही आर्य कहलाये तथा कालान्तर में मानव सभ्यता में अनेक उत्थान-पतन से ये आर्य जाति और मूल भारतीय जाति इतने अधिक मिश्रित हुये कि वर्तमान में समग्र हिन्दू जाति ही आर्यों की मूल पहचान बन गयी। और अब सभी के लिए शस्त्र बल बढ़ाकर क्षत्रिय बनना, ज्ञान बल बढ़ाकर ब्राह्मण बनना तथा धन बल बढ़ाकर वैश्य बनाना खुला हुआ है, परन्तु जातियाँ इसके लिए प्रयत्न तो करे।

प्रकृति के तीन गुणों में से सर्वोच्च, शुद्ध और सर्वव्यापी गुण सत्व आधारित मानव वर्ग ही हम हैं। जन्म के समय हम आदर्श ब्राह्मण थे। हमारा कार्य ब्रह्माण्ड में सर्वव्यापी अटलनीय, अपरिवर्तनीय सत्य-सिद्धान्त और उसके अनुसार कर्म विधान की अनुभूति करना तथा राजा और राज्य के माध्यम से उसे प्रभावी बनाना था। बदले में राजा द्वारा हमें साधन-सुविधा प्राप्त होती थी। यही हमारा सम्पूर्ण जीवन था। इस क्रम में हम लोगों न सर्वव्यापी सत्य-सिद्धान्तों को संहिता रूप में लिखा जो बाद में विषयों आधारित विभक्त होकर चार वेद ऋगु, यजु, साम और अथर्वेद का रूप धारण किया। इसी प्रकार धर्म अनुष्ठान एवम् पवित्र ग्रन्थो की व्याख्या से सम्बन्धित ग्रन्थ अरण्यक का सृजन हम लोगों ने किया। कालान्तर में जब राजाओं द्वारा यज्ञों से यथेष्ठ फल न प्राप्त होने की बुद्धि आयी तब क्षत्रिय राजाओं न स्वयं अपने कर्मों के अनुभव से दर्शन क्षेत्र में अपने बुद्धि को दिशा दी, जिसके फलस्वरूप अधिकतम उपनिषद् उन्होंने स्वयं लिखे जो बाद में भारतीय दर्शन का मुख्य आधार बनी। इस क्रम में हमलोगों ने वेदांग अर्थात सूत्र साहित्य में 1. स्वर विज्ञान से सम्बन्धित शिक्षा 2. धर्मानुसार अर्थात कल्प में चार वर्ग - श्रोत सूत्र

(श्रोत यज्ञ से सम्बन्धित), शुल्क सूत्र (यज्ञ स्थल तथा अग्निवेदी निर्माण तथा माप से सम्बन्धित जो आगे चलकर ज्योतिष का आधार बना) गृहय सूत्र (मानव जीवन से सम्बन्धित अनुष्ठान) तथा धर्म सूत्र (धार्मिक तथा अन्य प्रकार के नियम जो आगे चलकर भारतीय विधि का आधार बना) 3. व्याकरण 4. निरूक्त अर्थात व्युत्पत्ति 5. छन्द 6. ज्योतिष की भी रचना की। मनुष्य को पुरूषार्थ करने के लिए- धर्म, अर्थ, काम, मोक्ष तथा आदर्श जीवन के लिए ब्रह्मचर्य, गृहस्थ, वानप्रस्थ तथा सन्यास आश्रम की व्यवस्था हम प्राचीन आदर्श ब्राह्मणों की ही देन है।

हे प्रिय मानवों हम प्राचीन आदर्श ब्राह्मण प्रत्येक विषय को चक्रीय रूप में देखते हैं और यह ज्ञान हमने भारत के मूल निवासी ऋषियों से ही प्राप्त किये जिसके आधार पर समस्त वैदिक साहित्य का विस्तार हुआ है। हम प्रचीन ब्राह्मण ईश्वरवादी है और ईश्वर को स्वीकारते थे परन्तु उस रूप में नहीं जिस रूप में वर्तमान समाज मानता है, वर्तमान समाज का ईश्वर, मूर्ति, जप, तप, व्रत, पर्व, त्यौहार इत्यादि तो हमारी अगली पीढ़ी ने अपने जीवकोपार्जन और ईश्वर की ओर आपको लाने के लिए तब बनायी, जब हमारे कर्मकण्डों को राजाओं और राज्यों का समर्थन मिलना बन्द हो गया। हम ईश्वर को निराकार सर्वव्यापी, सर्वशक्तिमान सत्य-सिद्धान्त के रूप में देखते हैं। तथा जो इसे अपने जीवन में धारण कर प्रत्यक्ष या अप्रत्यक्ष रूप से मानव सभ्यता और मानव उत्थान के लिए अगले चरण के रूप में कालानुसार प्रयोग करता हैं उसे साकार ईश्वर या अवतार कहे। इस प्रकार मानव सभ्यता और मानवता पर आये उपरोक्त वर्णित नौ सकंटों से उत्थान की ओर ले जाने वाले व्यक्तियों को हमने क्रमशः उनके गुणों के आधार पर तथा नाम से मत्स्य, कूर्म, वाराह, नृसिंह, वामन, परशुराम तथा राम को प्रत्यक्ष अंशावतार, श्री कृष्ण को व्याक्तिगत प्रमाणित प्रत्यक्ष एवम् प्रेरक पूर्णावतार तथा भगवान बुद्ध को प्रेरक अंशावतार कहा और स्वीकार किया है। और जो भी ऐसा करेगा वह अवतार कहा ही जायेगा। सत्य कहूँ तो हम आदर्श ब्राह्मणों का वही प्रतिरूप होता है। और मात्र अवतार ही हमलोगों के समर्पण का कारण होता है। वही मात्र एक सर्वोच्च आदर्श ब्राह्मण होता है क्योंकि वही ब्रह्म है। यहाँ तक आने के लिए तुम्हें स्थूल शरीर, इन्द्रिय, प्राण, भाव, मन तथा सूक्ष्म बुद्धि को पार करना होगा। अर्थात तुम्हारा मन इन सब विषयों में होते हुये भी इनसे मुक्त होना चाहिए। तभी तुम इन सबका संचालन कर सकते हो। अभी तो तुम इस क्रम में धीरे-धीरे बढ़ते हुए बुद्धि तक पहुँच रहे हो। मैं नहीं कह रहा कि तुम बुद्धिहीन हो, तुम्हारा कर्म कह रहा है। क्योंकि बुद्धि का अर्थ यह नहीं होता कि तुम स्थूल शरीर, इन्द्रिय, प्राण, भाव, मन की पूर्ति के लिए अपनी बुद्धि लगाओ। ऐसी बुद्धि क्षैतिज अर्थात जीवन स्तर की बुद्धि कही जाती है। तुम्हें उध्र्व अर्थात सामाजिक, राजनीतिक, राष्ट्रीय, वैश्विक स्तर की ओर बुद्धि खर्च करनी चाहिए। तभी तुम्हारा उत्थान हो सकता है। जब तुम सर्वोच्च और आत्मीय स्तर पर पहुँच जाओगे तो तुम ब्राह्मण, क्षत्रिय, वैश्य व शूद्र में आवश्यकतानुसार व समयानुसार परिवर्तित हो अभिनय करने में हमलोगों की भाँति कुशल हो जाओगे। क्योंकि यह एक पर एक आवरण की भाँति गुणों का संक्रमणीय, संग्रहणीय और गुणात्मक रूप है। अर्थात शूद्र होने पर वैश्य के गुणों को नहीं समझा जा सकता। परन्तु वैश्य होने पर शूद्र के गुण को आसानी से समझा जा सकता है। इसी प्रकार क्षत्रिय होने पर वैश्य व शूद्र के गुणों को, ब्राह्मण होने पर क्षत्रिय, वैश्य व शूद्र के गुणों को तथा आदर्श ब्राह्मण अर्थात ब्रह्म होने पर ब्राह्मण, क्षत्रिय, वैश्य व शूद्र के गुणों को आसानी से समझा जा सकता है। आदर्श ब्राह्मण अर्थात ब्रह्म का अंश तो सभी में विद्यमान है परन्तु वह गुणों के आवरण से छिपा है। इन गुणों पर एक-एक कर नियंत्रण करते हुये आवरण हटाते जाओ अन्ततः तुम स्वयं को ब्रह्म रूप में देखोगे। तुम कहोगे इससे क्या होगा? तो हम यह स्पष्ट और सत्य रूप से कहते हैं कि तुम हम लोगों जैसे हो जाओगे और तुम्हारी बुद्धि क्षैतिज सहित उध्र्व हो जायेगी। तब तुम अपने वास्तविक अधिकार को प्राप्त कर पाओगे।

हे मानवों इस संसार में मानव शरीर से व्यक्त होने वाले व्यवहारों में असीम विभिन्नता और विचित्रता है। हमलोगों का प्रयत्न सत्य तथा लोककल्याण के स्थायी भाव को बनाये रखने के लिए विभिन्न रूपों से इस ओर मोड़ना तथा जोड़ना ही रहा है। इन मानव व्यवहारों के विचित्रताओं और विभिन्नताओं में कुछ तो ऐसे होते हैं जो अपनी ही इच्छा पर आजीवन संकल्पित रहते हैं। ये ऐसे होते हैं कि 'हम नहीं बदलेगे चाहे जमाना क्यों न बदल जाये' कुछ ऐसे होते हैं जो अपनी इच्छा की पूर्ति के लिए अनेकों प्रकार के अनैतिक कार्य करने से भी नहीं चूकते, चाहे उसका परिणाम अन्ततः दुःखदायी ही क्यों न हो। कुछ ऐसे होते हैं जो व्यक्तिगत स्तर पर आर्दश व्यक्ति के रूप में तो कुछ

समाजिक स्तर पर तो कुछ वैश्विक स्तर पर आर्दश के रूप में स्वयं को प्रस्तुत करते हैं। मनुष्य के इन विभिन्न व्यवहारों की क्रिया के रूप में समझने के लिए ही हमलोगों ने पुराणों की रचना की। जिससे मनुष्य अनेक प्रकार के व्यवहारों सहित समग्र ब्रह्माण्ड को एक साथ समझ सके और अपने व्यवहार को नियंत्रित कर सके। साथ ही स्वयं अपने व्यवहारों को समझे और उसके अनुसार व्यक्त हो सके। हे मानवों जगत् का सम्पूर्ण कल्याण स्वकल्याण में ही निहित है परन्तु जो स्व का अर्थ सिर्फ व्यक्तिगत समझते हैं वे ही व्यक्तिवादी असुरी प्रकृति के होते हैं तथा जो स्व का अर्थ सार्वमौभ, जिसमें वह स्वयं भी होता है, ऐसा समझते हैं वे दैवी समाजवादी प्रकृति के होते हैं। असुरी प्रवृत्तियाँ सिर्फ सीधी रेखा में सोचती ही जैसे - जन्म फिर मृत्यु जबकि दैवी प्रवृत्तियाँ चक्रीय रूप में अर्थात जन्म फिर मृत्यु फिर जन्म इस प्रकार सोचती हैं। समस्त पुराणों की रचना दैवी प्रवृति की ही कृतियाँ हैं। जिसमें असुरों के आदर्श गुरू को शुक्राचार्य कहा गया है। जबकि देवताओं के आदर्श गुरू को गुरू बृहस्पति कहा गया। राजाओं के आदर्श राजा को इन्द्र कहा गया है। अन्य सभी ब्रह्माण्ड में उपलब्ध प्रभावकारी विषयों को देवताओं के रूप में कल्पना कर प्रक्षेपित किया गया है। जैसे - वायु देव, अग्नि देव, चन्द्र देव इत्यादि। इसी प्रकार आदर्श व्यक्ति चरित्र को ब्रहमा एवम् परिवार तथा आदर्श सामाजिक व्यक्ति चरित्र अर्थात व्यक्तिगत प्रमाणित आदर्श वैश्विक व्यक्ति चरित्र को विष्णु एवम् परिवार तथा आदर्श वैश्विक व्यक्ति अर्थात सार्वजनिक प्रमाणित आदर्श वैश्विक व्यक्ति चरित्र को शिव-शंकर एवम् परिवार के रूप में प्रक्षेपित है। यहाँ ध्यान देने योग्य यह है कि आदर्श वैश्विक व्यक्ति चरित्र में आदर्श सामाजिक व्यक्ति चरित्र तथा आदर्श समाजिक व्यक्ति चरित्र में आदर्श व्यक्ति चरित्र समाहित है। इन आदर्श चरित्रों की इनकी गुणों के अनुसार इनके वस्त्र, शस्त्र, शास्त्र, वाहन इत्यादि भी प्रक्षेपित किये गये हैं। जो मात्र व्यक्तिगत प्रमाणित प्रतिकात्मक मानव रूप में प्रक्षेपण मात्र है न कि वास्तविकता के आधार रूप में। इन मानक आदर्श चरित्रों के पूर्ण या अंश रूप में जो भी मानव संसार में व्यक्त होता है उसे पुनर्जन्म या अंश या पूर्ण अवतार के रूप में स्वीकार किया जाता है। और चूंकि दैवी प्रवृत्तियाँ प्रत्येक वस्तु के पूर्व के भी एक अस्तित्व को स्वीकार करती हैं। इसलिए इन पुनर्जन्म या अंश या पूर्ण अवतारों को आदर्श मानक चरित्रों से जोड़कर अवतारी पुराण की रचना की जाती रही है। इस अनुसार उपरोक्त नौ अंश-पूर्ण अवतारों में दो - श्रीराम को ब्रह्मा का पूर्णावतार तथा श्री कृष्ण को विष्णु का पूर्णावतार कहा गया जबकि शेष सात (मत्स्य, कूर्म, वाराह, नृसिंह, वामन, परशुराम तथा बुद्ध), ईश्वर (सत्य-सिद्धान्त) के अंशावतार के रूप में स्वीकार किये गये हैं।

हे मानवों शास्त्र रचनाकार को व्यास उपाधि से पुकारा जाता है। व्यास कितने दिव्य और दूर द्रष्टा रहे होंगे, इस पर विचार करना आवश्यक है क्योंकि अन्ततः हम सभी के विचारों का निर्माण विचारों को ही पढ़कर या सुनकर ही होता रहा है और अनुभव द्वारा उसकी पुष्टि की जाती रही है। व्यास रचित पुराणों में कुल 24 (1. श्री सनकादि, 2. वराहावतार, 3. नारद मुनि, 4. नर-नारायण, 5. कपिल, 6. दत्तात्रेय, 7. यज्ञ, 8. ऋषभदेव, 9. पृथु, 10. मत्स्यावतार, 11. कूर्म, 12. धन्वन्तरि, 13. मोहिनी, 14. हयग्रीव, 15. नृसिंह, 16. वामन, 17. गजेन्द्रोधारावतार, 18. परशुराम , 19. वेदव्यास, 20. हन्सावतार, 21. राम, 22. कृष्ण, 23. बुद्ध, 24. कल्कि) अवतार जिसमें मुख्य 10 (मत्स्य, कूर्म, वाराह, नृसिंह, वामन, परशुराम, राम, कृष्ण, बुद्ध और कल्कि) अवतार का ही विवरण है। दोनों में अन्तिम, कल्कि अवतार ही हैं। तो क्या अन्तिम अवतार के बाद अवतारी श्रृंखला का कार्य समाप्त हो जायेगा? और यदि यह सत्य होता है तब व्यास के उस अवतारी श्रृंखला के गणित को आप लोग क्या कहोगे? इसे जानने के लिए मानव सभ्यता के उस अन्तिम संकट को पहचानना होगा जो अन्तिम अवतार का कार्य होगा। यह अन्तिम अवतार ही सार्वजनिक प्रमाणित आदर्श वैश्विक व्यक्ति चरित्र और शिव-शंकर के पूर्णावतार के रूप में होगा। क्योंकि कालक्रम में ब्रह्मा के पूर्णावतार के रूप में श्रीराम तथा विष्णु का पूर्णावतार के रूप में श्रीकृष्ण का अवतरण हो चुका है।

मानव सभ्यता पर दसवाँ और अन्तिमं संकट काल स्वयं मानवों द्वारा ही उत्पन्न हो गया था जिसका ज्ञान स्वयं मानवों को भी नहीं था। इस संकट को समझने के लिए एक सत्य-प्रत्यक्ष वृतान्त उदाहरणस्वरूप लिख रहा हूँ-

मैं जब भी हाबड़ा (पश्चिम बंगाल) जाता हूँ तब दो स्थानों पर अवश्य जाता हूँ। पहला राम कृष्ण मिशन, बेलूड़ मठ और दूसरा वनस्पति उद्यान (बोटेनिकल गार्डन)। यहाँ कुल अब तक तीन बार, सन् 1984 (कालेज शैक्षणिक यात्रा), सन् 1987 (स्वयं) और सन् 2010 (स्वयं) में जा चुका हूँ। राम कृष्ण मिशन, बेलूड़ मठ इसलिए जाता हूँ क्योंकि वहाँ से सर्वोच्च "आध्यात्मिक सत्य" की अनुभूति कर सकूँ, उस मन स्तर से स्वयं का योग करा सकूँ। वनस्पति उद्यान (बोटेनिकल गार्डन) इसलिए जाता हूँ क्योंकि वहाँ एक वट वृक्ष है जिसे बिग बनियान ट्री (Big Banyan Tree) कहते हैं, यहाँ बैठकर मैं संसार की संरचना, तन्त्र और उसके संगठन से स्वयं का महायोग कराता हूँ। इन दोनों के कारण स्वयं को मैं सार्वभौम का एक इकाई होते भी, स्वयं को सार्वभौम ही अनुभव करता हूँ और यह सतत मेरे अन्दर प्रवाहित होता रहता है।

बड़ा वट वृक्ष (Big Banyan Tree), सैकड़ों वर्ष पुराना एक विशाल क्षेत्र में फैला वट वृक्ष है। जिसका मूल वृक्ष अब अस्तित्व में नहीं है उसके तनों से निकले सैंकड़ों जड़ वर्तमान में स्वयं एक वृक्ष, फिर उनके तनों से निकले सैंकड़ों जड़ भी वर्तमान में एक-एक वृक्ष के रूप में स्थापित हैं और सभी एक-दूसरे से जुड़े हुये हैं, बस जो नहीं है, वह है मूल वृक्ष। इस प्रकार सम्पूर्ण वृक्ष परिवार एक बड़े क्षेत्र में फैल चुका है और निरन्तर जारी भी है। प्रत्येक स्वयं स्वतन्त्र वृक्ष के रूप में स्थापित वृक्ष का अपने परिवार के रूप में तना, पत्ता, फूल और फल सब निकलते रहते हैं और जिसे जहाँ अर्थात नजदीकी स्रोत से सुविधा अर्थात खुराक मिल सकता हैं वहाँ से प्राप्त करते हुये विकास कर रहे हैं। इस कार्य में आपस में कोई विवाद नहीं है। कोई किसी पर अधिपत्य जमाना नहीं चाहता, ना ही अन्य के विकास में कोई बाधा पहुँचाता है। जिसको जिस ओर उचित वातावरण मिलता जाता है, उस ओर वह विकास कर रहा है। कुल मिलाकर स्व प्रेरित सुशासन की भाँति संचालित है। इस वट वृक्ष के सबसे बाद अर्थात वर्तमान के तनों-पत्तों के लिए उसका जन्मदाता व पालनकर्ता के रूप में उसका नजदीकी जड़ ही है इसलिए उसकी कथा-कहानी वहीं से शुरू होती है और वहीं तक उसका ज्ञान है जो एक संकुचित और सीमित ज्ञान है। वह पूर्ण को नहीं जान रहा, उसका पूर्णत्व, सार्वभौम पूर्णत्व नहीं बल्कि सीमित पूर्णत्व है। सीमित पूर्णत्व में भी वह आनन्द में हैं और विकासशील है। उसका विकास होना सार्वभौम का ही विकास होना है परन्तु उसे उसका ज्ञान नहीं है और वह उस सार्वभौम के विकास में अपने योगदान को करते हुये भी स्वयं को गौरवान्वित नहीं अनुभव कर रहा है। सार्वभौम से युक्त होने के बाद भी उसे अपने परिवार से ही जुड़ा रहना उसकी विवशता भी है और इसके अलावा कोई अन्य मार्ग भी नहीं हैं। उसके सार्वभौम का मार्ग भी उसके अपने परिवार के ही मार्ग से होकर जाता है। वृक्ष के साथ यह मजबूरी भी है कि क्योंकि वह स्थिर है इसलिए उसका छोटा परिवार केवल पड़ोस तक के ही दायरे के सम्पर्क में है। दूसरे छोर के परिवार का क्या हाल है उसे कुछ नहीं पता।

हे मानवों, ये संसार भी उपरोक्त वट वृक्ष के सामन ही फैला हुआ है। परन्तु उस भाँति विकास नहीं कर रहा है। मनुष्य के अन्दर बीमारी की भाँति अधिकतम "शक्ति और लाभ (पावर और प्राफिट)" की दौड़ ने उसे अधिपत्य, अत्याचार, दूसरे को दबाना इत्यादि से युक्त कर दिया है। और जो इस दौड़ में नहीं हैं वे सीमित पूर्णत्व में आनन्द के साथ विकासशील हैं। उन्हें और भी तेज विकास की इच्छा है परन्तु उनके बुद्धि का दायरा ही सीमित है इसलिए उन्हें मार्ग नहीं मिल रहा है। यदि उनको मार्ग भी मिल रहा हो तो वट वृक्ष की भाँति उसके नजदीकी जन्मदाता ने उसे यह बता रखा है कि जब उस सार्वभौम का मार्ग मेरे ही रास्ते से जाता है तो जो मैं कह रहा हूँ उसे करो। और इसके लिए वे अपने परिवार के लिए अनेक प्रकार की प्रणाली दे रखे हैं। जबकि ये प्रणाली देने वाले उनके नजदीकी जन्मदाता स्वयं कहाँ से आये हैं स्वयं उन्हे भी नहीं पता। क्योंकि वे स्वयं भी उस वट वृक्ष के खो गये मूल जड़ की तरह अपने मूल जड़ को नहीं जानते। वे भी अपने नजदीकी जन्मदाता का ही अनुसरण कर रहे होते हैं। ये प्रणालीयाँ अनेक प्रकार की हैं उदाहरणस्वरूप कुछ मुख्य निम्नवत् हैं-

1. उनके द्वारा प्रस्तुत कुछ पुस्तकें होती हैं जिन्हें नियमानुसार प्रतिदिन पढ़ना होता है। पढ़ने के पूर्व शुद्धता की भी प्रक्रिया अनिवार्य होती है अन्यथा पुस्तकें परिणाम नहीं दे पायेंगी, ये भी शर्त होती हैं।
2. उनके द्वारा भोजन से सम्बन्धित कुछ नियम बना दिये जाते हैं कि क्या खाना है और क्या नहीं खाना है।
3. उनके द्वारा कोई मन्त्र दे कर उसे नियमानुसार जपने के लिए दे दिया जाता है।

4. उनके द्वारा किसी यन्त्र-तन्त्र द्वारा समस्या मुक्ति का उपाय बता दिया जाता है।
5. उनके द्वारा किसी विशेष प्रकार के रंग और ढ़ग के वस्त्र निर्धारित कर दी जाती है जिससे उनकी पहचान एक अलग रूप में हो। अर्थात समाज का एक और विभाजन कर उसे प्रस्तुत कर देते हैं।

सामान्य रूप से सभी द्वारा अनिवार्य रूप से ये भी निर्धारित कर दी जाती है कि किसी दूसरे के नियमों को न तो जानना है, न सुनना है, न पढ़ना है और न ही उसमें शामिल होना है। अर्थात एक गतिशील प्राणी मनुष्य को जिसे सदैव श्रेष्ठ से, श्रेष्ठतम और सर्वोच्च तक उठने-विकास करने के लिए निर्मित किया गया था, उसे एक सीमित दायरे में बुद्धिबद्ध कर दिया गया। मनुष्य जिसका निर्माण अपनी मस्तिष्क को असीम क्षमता को विकसित कर ईश्वर रूप में व्यक्त होना था, उसे जड़ (स्थिर) बना दिया गया।

हे मानवों, मनुष्यों की सबसे बड़ी कमजोरी "स्वयं में गुणों का विकास कर स्वयं बन जाने या हो जाने" में नहीं बल्कि "पाने" की इच्छा है। इस पाने की इच्छा की कमजोरी का परिणाम ही है उपरोक्त अनेक प्रकार के बुद्धिबद्ध करने की विधियाँ।

हे मानवों, उपरोक्त के पृष्ठभूमि में उनका उद्देश्य केवल अपने स्वार्थ की पूर्ति के सिवाय कुछ नहीं होता। क्योंकि मार्गदर्शक या प्रेरक या शिक्षक का उद्देश्य स्वयं से श्रेष्ठ मानव का निर्माण होता है न कि सदैव जीवन भर एक ही प्रणाली या प्रक्रिया या कक्षा में पढ़ते-दुहराते रहने के लिए विवश करना। उपरोक्त के पृष्ठभूमि में शारीरिक-आर्थिक-मानसिक शोषण का ही कार्य विभिन्न प्रकार से चल रहा है। कोई अपने कृषि कार्य को मुफ्त में हल करवा रहा है, तो कोई अपने नाम के उत्पादों को सिर्फ उन्हें ही खरीदने के लिए बुद्धिबद्ध कर दिया है।

हे मानवों, इन सबको आस्था का व्यापार कहते हैं। जबकि मैं देख रहा हूँ कि प्रत्येक संस्कारित करने की क्रिया जो उस काल के लिए आस्था का विषय था। उसके अगले काल के लिए संस्कारित करने की नयी क्रिया उपलब्ध हो जाने के बावजूद, मानव शरीर पिछले काल के संस्कारित करने वाली क्रिया के प्रति आस्था रखते हुये मूर्खता का स्पष्ट प्रदर्शन कर रहा है। सभी कालों में, सभी संस्कारित करने की क्रियाओं में मैं (सार्वभौम आत्मा) ही आस्था का विषय था परन्तु क्रिया के प्रति आस्था रखना मूर्खता का स्पष्ट प्रमाण ही तो है। चाहे वह व्यक्तिगत इच्छा से हो या सामाजिक प्रदर्शन की इच्छा से। इन समस्त संस्कारित करने के क्रिया के पीछे जो रहस्य आज तक गोपनीय था उसे मैंने तुम्हारें समक्ष सार्वजनिक प्रकाशित कर दिया है। अब कुछ भी गोपनीय नहीं। बावजूद इसके प्रत्येक मनुष्य अपनी मूर्खता रूपी आस्था को प्रदर्शित करने के लिए स्वतन्त्र है। परन्तु वह मुझ (सार्वभौम आत्मा) को प्राप्त नहीं कर सकता। हे मानवों, ईश्वर बहुमत से नहीं निर्धारित किया जाता इसलिए ही उसे अनिवर्चनीय कहा गया है। किसी भी वस्तु के प्रति आस्था के विकास से और समस्त मानवों को उसके प्रति आस्थावान् बना देने से वह वस्तु गुण प्रकट कर वैसा नहीं बन सकती जैसा आप उम्मीद करते हो।

हे मानवों, एक तरह से देखा जाये तो उपरोक्त व्यवस्था से कोई समस्या है ही नहीं क्योंकि जिसकी इच्छा जहाँ से पूर्ति हो रही है और विकास का मार्ग मिल रहा है, वह वहाँ से जुडा हुआ है। इसलिए मानव सभ्यता पर आया यह दसवाँ और अन्तिम संकट, संकट होते हुये भी संकट जैसा नहीं दिखता। इस व्यवस्था से हमें कोई समस्या भी नहीं है। समस्या ये है कि धर्म को जिस उद्देश्य के लिए निर्मित किया गया था वही धर्म, संकट में है। यह धर्म ही उस वट वृक्ष का मूल है, सार्वभौम है, समष्टि है। इसके ज्ञान से युक्त दोनों को अर्थात विशाल संसार रूपी वट वृक्ष के छोटे-छोटे परिवार के नेतृत्वकर्ता मुखिया सहित उसके सदस्यों को होना आवश्यक है। तभी परिवार के नेतृत्वकर्ता मुखिया द्वारा बनाये गये उपरोक्त प्रणाली-नियम परिणाम-फल दे पायेंगे जिसकी इच्छा परिवार के सदस्य करते हैं।

हे मानवों, अब सार्वजनिक प्रमाणित आदर्श वैश्विक व्यक्ति चरित्र और शिव-शंकर के पूर्णावतार के रूप में होने वाले अन्तिम अवतार के स्वरूप को समझते हैं जिनसे संकट में पड़े धर्म का उत्थान होना है-

इस क्रम में पहले शिव-शंकर के रूप को समझते हैं। फिर अन्तिम अवतार के लिए बचे शेष कार्य को भी समझेंगे। शिव-शंकर अवतार के आठ रूप और उनके अर्थ निम्नवत हैं-

1. शर्व- सम्पूर्ण पृथ्वी को धारण कर लेना अर्थात पृथ्वी के विकास या सृष्टि कार्य में इस रूप को पार किये बिना सम्भव न होना।
2. भव- जगत को संजीवन देना अर्थात उस विषय को देना जिससे जगत संकुचित व मृत्यु को प्राप्त होने न पाये।
3. उग्र- जगत के भीतर और बाहर रहकर श्री विष्णु को धारण करना अर्थात जगत के पालन के लिए प्रत्यक्ष या प्रेरक कर्म करना।
4. भीम- सर्वव्यापक आकाशात्मक रूप अर्थात आकाश की भाँति सर्वव्यापी अनन्त ज्ञान जो सभी नेतृत्व विचारों को अपने में समाहित कर ले।
5. पशुपति- मनुष्य समाज से पशु प्रवृत्तियों को समाप्त करना अर्थात पशु मानव से मनुष्य को उठाकर ईश्वर मानव की ओर ले जाना। दूसरे रूप में जीव का शिव रूप में निर्माण।
6. ईशान- सूर्य रूप से दिन में सम्पूर्ण संसार में प्रकाश करना अर्थात ऐसा ज्ञान जो सम्पूर्ण संसार को पूर्ण ज्ञान से प्रकाशित कर दे।
7. महादेव- चन्द्र रूप से रात में सम्पूर्ण संसार में अमृत वर्षा द्वारा प्रकाश व तृप्ति देना अर्थात ऐसा ज्ञान जो संसार को अमृतरूपी शीतल ज्ञान से प्रकाशित कर दे।
8. रूद्र- जीवात्मा का रूप अर्थात शिव का जीव रूप में व्यक्त होना।

शिव-शंकर देवता व दानव दोनों के देवता हैं जबकि श्री विष्णु सिर्फ देवताओं के देवता हैं। अर्थात शिव-शंकर जब रूद्र रूप की प्राथमिकता में होंगे तब उनके लिए देवता व दानव दोनो प्रिय होंगे लेकिन जब उग्र रूप की प्राथमिकता में होंगे तब केवल देवता प्रिय होंगे। अर्थात शिव-शंकर का पूर्णवतार इन आठ रूपों से युक्त हो संसार का कल्याण करते हैं।

हे मानवों, अब सार्वजनिक प्रमाणित आदर्श वैश्विक व्यक्ति चरित्र और शिव-शंकर के पूर्णावतार के रूप में होने वाले अन्तिम अवतार के कार्य को समझते हैं जिनसे संकट में पड़े धर्म का उत्थान होना है-

ईश्वर (सार्वभौम सत्य-सिद्धान्त) के दसवें और अन्तिम अवतार के समय तक राज्य और समाज स्वतः ही प्राकृतिक बल के अधीन कर्म करते-करते सिद्धान्त प्राप्त करते हुए पूर्ण गणराज्य की ओर बढ़ रहा था परिणामस्वरुप गणराज्य का रुप होते हुए भी गणराज्य सिर्फ राज्य था और एकतन्त्रात्मक अर्थात् व्यक्ति समर्थक तथा समाज समर्थक दोनों की ओर विवशतावश बढ़ रहा था।

भारत में निम्लिखित रुप व्यक्त हो चुका था।

1. ग्राम, विकास खण्ड, नगर, जनपद, प्रदेश और देश स्तर पर गणराज्य और गणसंघ का रुप।
2. सिर्फ ग्राम स्तर पर राजा (ग्राम व नगर पंचायत अध्यक्ष) का चुनाव सीधे जनता द्वारा।
3. गणराज्य को संचालित करने के लिए संचालक का निराकार रुप- संविधान।
4. गणराज्य के तन्त्रों को संचालित करने के लिए तन्त्र और क्रियाकलाप का निराकार रुप-नियम और कानून।
5. राजा पर नियन्त्रण के लिए ब्राह्मण का साकार रुप- राष्ट्रपति, राज्यपाल, जिलाधिकारी इत्यादि।

विश्व स्तर पर निम्नलिखित रुप व्यक्त हो चुका था।

1. गणराज्यों के संघ के रुप में संयुक्त राष्ट्र संघ का रुप।
2. संघ के संचालन के लिए संचालक और संचालक का निराकार रुप- संविधान।
3. संघ के तन्त्रों को संचालित करने के लिए तन्त्र और क्रियाकलाप का निराकार रुप- नियम और कानून।
4. संघ पर नियन्त्रण के लिए ब्राह्मण का साकार रुप-पाँच वीटो पावर।
5. प्रस्ताव पर निर्णय के लिए सदस्यों की सभा।
6. नेतृत्व के लिए राजा- महासचिव।

जिस प्रकार आठवें अवतार द्वारा व्यक्त आत्मा के निराकार रुप "गीता" के प्रसार के कारण आत्मीय प्राकृतिक बल सक्रिय होकर गणराज्य के रुप को विवशतावश समाज की ओर बढ़ा रहा था उसी प्रकार अन्तिम

अवतार द्वारा निम्नलिखित शेष समष्टि कार्य पूर्ण कर प्रस्तुत कर देने मात्र से ही विवशतावश उसके अधिपत्य की स्थापना हो जाना है।

1. गणराज्य या लोकतन्त्र के सत्य रुप- गणराज्य या लोकतन्त्र के स्वरुप का अन्तर्राष्ट्रीय/ विश्व मानक।

2. राजा और सभा सहित गणराज्य पर नियन्त्रण के लिए साकार ब्राह्मण का निराकार रुप- मन का अन्तर्राष्ट्रीय/ विश्व मानक।

3. गणराज्य के प्रबन्ध का सत्य रुप- प्रबन्ध का अन्तर्राष्ट्रीय/ विश्व मानक।

4. गणराज्य के संचालन के लिए संचालक का निराकार रुप- संविधान के स्वरुप का अन्तर्राष्ट्रीय/ विश्व मानक।

5. साकार ब्राह्मण निर्माण के लिए शिक्षा का स्वरुप- शिक्षा पाठ्यक्रम का अन्तर्राष्ट्रीय/ विश्व मानक।

इस समष्टि कार्य द्वारा ही काल व युग परिवर्तन होगा न कि सिर्फ चिल्लाने से कि "सतयुग आयेगा" , "सतयुग आयेगा" से। यह समष्टि कार्य जिस शरीर से सम्पन्न होगा वही अन्तिम अवतार के रूप में व्यक्त होगा। धर्म में स्थित वह अवतार चाहे जिस सम्प्रदाय (वर्तमान अर्थ में धर्म) का होगा उसका मूल लक्ष्य यही शेष समष्टि कार्य होगा और स्थापना का माध्यम उसके सम्प्रदाय की परम्परा व संस्कृति होगी।

हे मानवों, उपरोक्त कार्य ही उस एक मात्र शेष अन्तिम अवतार का कार्य है और जो उपरोक्त कार्य को पूर्ण करेगा वह कल्कि अवतार के नाम से जाना जायेगा। हे मानवों उपरोक्त कार्य ही शेष ईश्वर के लिए कार्य है और मनुष्य के लिए चुनौति।

इस क्रम में मैं लव कुश सिंह "विश्वमानव" अपने "विश्वशास्त्र" से उपरोक्त कार्य को पूर्ण करने के लिए और स्वयं को धर्म मार्ग से अनिर्वचनीय कल्कि महाअवतार भोगेश्वर के रूप में तथा भारतीय लोकतान्त्रिक गणराज्य मार्ग से "भारत रत्न" के रूप में स्थापित करने के लिए एक मार्ग-एक प्रारूप प्रस्तुत किया हूँ जो अपने युग-समय में पहला प्रारूप है। इस प्रारूप "विश्वशास्त्र" के धर्मक्षेत्र से 90 नाम और धर्मनिरपेक्ष या सर्वधर्मसमभाव क्षेत्र से 141 नाम देने के बाद भी इस प्रारूप का नाम "ब्रह्माण्डशास्त्र" नहीं रखा। मनुष्यों के लिए यह चुनौति है कि वे "ब्रह्माण्डशास्त्र" की रचना कर मेरे प्रारूप "विश्वशास्त्र" को गलत या संकुचित सिद्ध कर मुझे अनिर्वचनीय कल्कि महाअवतार भोगेश्वर की योग्यता से वंचित कर दे। हे मानवों अगर आप ऐसा कर पाओं तो मेरे लिए मेरे द्वारा उत्पन्न किये गये अनन्त कृतियों में सबसे सम्मान के योग्य मानव नाम की कृति ही अन्तिम रूप से सर्वश्रेष्ठ होगी अन्यथा "विश्वशास्त्र" से मैं तुम्हारे अन्दर प्रवेश कर तुम में से ही स्वयं को प्रकट करूँगा।

हे मानवों, इन रहस्यों के खोलने के प्रति मेरा उद्देश्य क्या है? यह उद्देश्य सरल है क्योंकि एक सरल, साधारण, अघोर का उद्देश्य कभी भी कठीन, असाधारण और घोर नहीं हो सकता। साधारण सी बात है- प्रत्येक वस्तु स्वयं अपने जैसा ही निर्माण, उत्पादन या प्रजनन करती है। इस क्रम में ईश्वर भी स्वयं जैसा ईश्वर का ही निर्माण, उत्पादन या प्रजनन करेगा, न कि मूर्ख, अज्ञानी, बुद्धिबद्ध और गुलाम मनुष्य का। मात्र एक विचार- "ईश्वर ने इच्छा व्यक्त की कि मैं एक हूँ, अनेक हो जाऊँ" और "सभी ईश्वर हैं" , यह प्रारम्भ और अन्तिम लक्ष्य है। मनुष्य की रचना "पावर और प्राफिट (शक्ति और लाभ)" के लिए नहीं बल्कि असीम मस्तिष्क क्षमता के विकास के लिए हुआ है। फलस्वरूप वह स्वयं को ईश्वर रूप में अनुभव कर सके, जहाँ उसे किसी गुरू की आवश्यकता न पड़ें, वह स्वंयभू हो जाये, उसका प्रकाश वह स्वयं हो। एक गुरू का लक्ष्य भी यही होता है कि शिष्य मार्गदर्शन प्राप्त कर गुरू से आगे निकलकर, गुरू तथा स्वयं अपना नाम और कृति इस संसार में फैलाये, ना कि जीवनभर एक ही कक्षा में (गुरू में) पढ़ता रह जाये। एक ही कक्षा में जीवनभर पढ़ने वाले को समाज क्या नाम देता है, समाज अच्छी प्रकार जानता है और आपलोग खुद स्वयं भी जातने हैं। "विश्वशास्त्र" से कालक्रम को उसी मुख्यधारा में मोड़ दिया गया है। एक शास्त्राकार, अपने द्वारा व्यक्त किये गये पूर्व के शास्त्र का उद्देश्य और उसकी सीमा तो बता ही सकता है परन्तु व्याख्याकार ऐसा नहीं कर सकता।

स्वामी विवेकानन्द जी कहते हैं- "हम गुरु के बिना कोई ज्ञान प्राप्त नहीं कर सकते। अब बात यह है कि यदि मनुष्य, देवता अथवा कोई स्वर्गदूत हमारे गुरु हो, तो वे भी तो ससीम हैं, फिर उनसे पहले उनके गुरु कौन थे? हमें मजबूर होकर यह चरम सिद्धान्त स्थिर करना ही होगा कि एक ऐसे गुरु हैं जो काल के द्वारा सीमाबद्ध या

अविच्छिन्न नहीं हैं। उन्हीं अनन्त ज्ञान सम्पन्न गुरु को, जिनका आदि भी नहीं और अन्त भी नहीं, ईश्वर कहते हैं। (राजयोग, रामकृष्ण मिशन, पृष्ठ-134)

चाँद की ओर ईशारा करने वाले की उँगली की ओर नहीं, चाँद की ओर देखा जाता है। और चाँद को पकड़ा जाता है न कि उँगली दिखाने वाले को।

हे मानवों, यह भाव हमारे मन में क्यों आया? यह भाव हमारे मन में आने का कारण हृदय की विशालता है। हम अब अपने द्वारा निर्मित उत्पादों को, अब और अधिक समय तक कबाड़ के रूप में न तो रख सकते हैं और ना ही देखना चाहते हैं। अब सभी को हम स्वयं जैसा पूर्ण देखना चाहते हैं।

हे मानवों, हम लोगों की उत्पत्ति कैसे हुई? हमारी उत्पत्ति ज्ञान से हुई है। जिन्हें ज्ञान है वही अपने आप को संघर्ष में पाते हैं और सर्वश्रेष्ठता के लिए कर्मशील हैं। शेष सभी तो प्रकृति के अनुसार आते-जाते रहते हैं। इस ज्ञान को ही ब्रह्म कहते हैं। देवता रूप में इस ज्ञान को ब्रह्मा के रूप में प्रक्षेपित किया गया है। यह ज्ञान जिस-जिस अंगो द्वारा प्राथमिकता से अनुभव में आता है उतने प्रकार के मानव अपने-आप को उत्पन्न समझते हैं। पुराण रचनाकार महर्षि व्यास ने ब्रह्मा अर्थात ज्ञान के पुत्रों का प्रक्षेपण किये हैं। ब्रह्मा के 10 मानस पुत्रों 1. मन (विचार से ज्ञान प्राप्त करने वाले) से मरीचि, 2. नेत्रों (देखकर ज्ञान प्राप्त करने वाले) से अत्रि, 3. मुख (वाणी से ज्ञान प्राप्त करने वाले) से अंगिरा, 4. कान (सुन कर ज्ञान प्राप्त करने वाले) से पुलस्त्य, 5. नाभि (केन्द्र से ज्ञान प्राप्त करने वाले) से पुलह, 6. हाथ (कर्म से ज्ञान प्राप्त करने वाले) से कृतु, 7. त्वचा (स्पर्श से ज्ञान प्राप्त करने वाले) से भृगु, 8. प्राण (श्वास से ज्ञान प्राप्त करने वाले) से वशिष्ठ, 9. अँगूठे (आत्मा से ज्ञान प्राप्त करने वाले) से दक्ष तथा 10. गोद (प्रेम से ज्ञान प्राप्त करने वाले) से नारद उत्पन्न हुये। ये दस प्रकार ज्ञान से उत्पन्न है और इतने प्रकार के मानव निर्मित होकर संसार में विचरण कर रहे हैं। इसे ये न समझना चाहिए कि मन या नेत्र इत्यादि से कैसे ब्रह्मा ने अपने पुत्रों को उत्पन्न किया? चूंकि शरीर का अस्तित्व अस्थायी है इसलिए विचार के आधार पर ये मनुष्य के वर्ग या श्रेणी का निर्धारण है। हमारे द्वारा इतने वर्गों अर्थात परिवार को उत्पन्न करने के बाद स्वयं को सर्वश्रेष्ठ और मूल सिद्ध करते रहना भी हमारी ही जिम्मेदारी और कर्तव्य है ताकि हमारा परिवार एक संयुक्त परिवार के रूप में प्रकाशित हो।

हे मानवों, हमने अपने अधिपत्य के लिए क्या-क्या किया? हे मानवों हमने अपने अधिपत्य के लिए सदैव साम-दाम-दण्ड-भेद की विधि से निम्नलिखित गुणों को समय-समय पर प्रेम से मानव मस्तिष्क में स्थापित किया और करता रहूँगा और अन्त में इसे मानवों को स्वेच्छा से स्वीकार करने पर विवश भी कर दूँगा-

01. मुख्य-गुण सिद्धान्त - इसमें धारा के विपरीत दिशा (राधा) में गति करने का विचार-सिद्धान्त मानव मस्तिष्क में डाला गया।

02. मुख्य-गुण सिद्धान्त - इसमें सहनशील, शांत, धैर्यवान, लगनशील, दोनों पक्षों के बीच मध्यस्थ की भूमिका वाला गुण (समन्वय का सिद्धान्त) का विचार-सिद्धान्त मानव मस्तिष्क में डाला गया।

03. मुख्य-गुण सिद्धान्त - इसमें सूझ-बुझ, सम्पन्न, पुरूषार्थी, धीर-गम्भीर, निष्कामी, बलिष्ठ, सक्रिय, शाकाहारी, अहिंसक और समूह प्रेमी, लोगों का मनोबल बढ़ाना, उत्साहित और सक्रिय करने वाला गुण (प्रेरणा का सिद्धान्त) का विचार-सिद्धान्त मानव मस्तिष्क में डाला गया।

04. मुख्य-गुण सिद्धान्त - प्रत्यक्ष रूप से एका-एक लक्ष्य को पूर्ण करने वाले (लक्ष्य के लिए त्वरित कार्यवाही का सिद्धान्त) का विचार-सिद्धान्त मानव मस्तिष्क में डाला गया।

05. मुख्य-गुण सिद्धान्त - भविष्य द्दष्टा, राजा के गुण का प्रयोग करना, थोड़ी सी भूमि पर गणराज्य व्यवस्था की स्थापना व व्यवस्था को जिवित करना, उसके सुख से प्रजा को परिचित कराने वाले गुण (समाज का सिद्धान्त) का विचार-सिद्धान्त मानव मस्तिष्क में डाला गया।

06. मुख्य-गुण सिद्धान्त - गणराज्य व्यवस्था को ब्रह्माण्ड में व्याप्त व्यवस्था सिद्धान्तों को आधार बनाने वाले गुण और व्यवस्था के प्रसार के लिए योग्य व्यक्ति को नियुक्त करने वाले गुण (लोकतन्त्र का सिद्धान्त और उसके प्रसार के लिए योग्य उत्तराधिकारी नियुक्त करने का सिद्धान्त) का विचार-सिद्धान्त मानव मस्तिष्क में डाला गया।

07. मुख्य-गुण सिद्धान्त - आदर्श चरित्र के गुण के साथ प्रसार करने वाला गुण (व्यक्तिगत आदर्श चरित्र के आधार पर विचार प्रसार का सिद्धान्त) का विचार-सिद्धान्त मानव मस्तिष्क में डाला गया।

08. मुख्य-गुण सिद्धान्त - आदर्श सामाजिक व्यक्ति चरित्र के गुण, समाज में व्याप्त अनेक मत-मतान्तर व विचारों के समन्वय और एकीकरण से सत्य-विचार के प्रेरक ज्ञान को निकालने वाले गुण (सामाजिक आदर्श व्यक्ति का सिद्धान्त और व्यक्ति से उठकर विचार आधारित व्यक्ति निर्माण का सिद्धान्त) का विचार-सिद्धान्त मानव मस्तिष्क में डाला गया।

09. मुख्य-गुण सिद्धान्त - प्रजा को प्रेरित करने के लिए धर्म, संघ और बुद्धि के शरण में जाने का गुण (धर्म, संघ और बुद्धि का सिद्धान्त) का विचार-सिद्धान्त मानव मस्तिष्क में डाला गया।

10. मुख्य-गुण सिद्धान्त - आदर्श मानक सामाजिक व्यक्ति चरित्र समाहित आदर्श मानक वैश्विक व्यक्ति चरित्र अर्थात सार्वजनिक प्रमाणित आदर्श मानक वैश्विक व्यक्ति चरित्र का विचार-सिद्धान्त मानव मस्तिष्क में डालने का काम वर्तमान है और वो अन्तिम भी है।

हे मानवों, अब स्थिति क्या है तथा भाविष्य में काल की गति किस ओर जा रही है? हे मानवों अब स्थिति यह है कि हमें आपके परम प्रिय सिद्धान्त "शक्ति और लाभ (पावर और प्राफिट)" से कोई असहमति नहीं हैं बल्कि यह आपमें कुछ करने की प्रवृत्ति का महान गुण हैं। इसका प्रकाश आप में सदैव जलते रहना चाहिए। काल की गति इस प्रकाश को कैसे सफलतापूर्वक प्राप्त किया जा सकता है उस ज्ञान को ग्रहण करके उस अनुसार कार्य करने की ओर जा रही है अर्थात ज्ञान युग की ओर जा रही है। और मस्तिष्क का विकास ही इसका मार्ग है। भविष्य का समय ऐसे ही मानवों के स्वागत की प्रतीक्षा कर रहा है।

काशी-सत्यकाशी क्षेत्र से विश्व शान्ति का अन्तिम सत्य-सन्देश

प्रिय आत्मीय मानवों,

इस संसार के मनुष्यों को अपना अन्तिम सन्देश देने से पहले मैं आपको उस क्षेत्र से परिचय कराना चाहता हूँ जिस क्षेत्र से यह सन्देश देने का साहस किया गया है क्योंकि कोई भी क्रिया बिना कारण के नहीं होती। मेरा समस्त मूल कार्य जिस क्षेत्र से सम्पूर्ण हुआ, उस क्षेत्र को मैं सत्यकाशी क्षेत्र कहता हूँ और मैं जिस ग्राम का निवासी हूँ वह काशी (वाराणसी) के चौरासी कोस यात्रा तथा सत्यकाशी क्षेत्र का उभय क्षेत्र में स्थित है। इसलिए मैं जितना काशी (वाराणसी) का हूँ उतना ही सत्यकाशी का हूँ। इस प्रकार यह सन्देश काशी-सत्यकाशी का संयुक्त सन्देश है।

सत्यकाशी क्षेत्र जो काशी (वाराणसी), विन्ध्याचल, शिवद्वार और सोनभद्र के बीच का क्षेत्र है, एक पौराणिक-आध्यात्मिक और साधना के लिए उपयुक्त क्षेत्र के रूप में प्राचीन काल से आकर्षण में रहा है। इस क्षेत्र का हृदय क्षेत्र चुनार है। चुनार का किला राजा विक्रमादित्य ने अपने भाई भर्तहरि के तपस्या में हिंसक जानवरों द्वारा व्यवधान न उत्पन्न हो इसके लिए बनवाया था। ये राजा विक्रमादित्य वही हैं जिनके नाम से विक्रम सम्वत् कैलेण्डर स्थापित है। चुनार ईश्वर के पाँचवें अवतार-वामन अवतार का क्षेत्र है जिनसे समाज की शक्ति का प्रथम जन्म हुआ था।

सत्यकाशी क्षेत्र के चारों कोण पर स्थित 1. काशी (वाराणसी) का अपना प्राचीन और पुरातन इतिहास है जो सर्वविदित है। 2. विन्ध्याचल, जो शिव-शक्ति के उपासना का अद्‌भुत केन्द्र है। यशोदा से उत्पन्न पुत्री (जिनके बदले श्रीकृष्ण प्राप्त हुये थे) महासरस्वती अष्टभुजा देवी के नाम से यहीं स्थापित हैं। भारत देश का मानक समय माँ विन्ध्यवासिनी धाम से तय होता है। पुराणों के अनुसार रावण ने भी इसे मानक समय स्थल मानकर यहाँ शिवलिंग की स्थापना की थी। 3. शिवद्वार, त्रिकोणीय तान्त्रिक साधना के लिए जगत विख्यात था और साधना की राजधानी था। इसे ही मीरजापुर गजेटियर में गुप्तकाशी की संज्ञा से अभिकल्पित किया गया है। 4. सोनभद्र, सोन संस्कृति की पौराणिक पृष्ठभूमि वैदिककालीन सभ्यता की पराकाष्ठापरक ऐतिहासिकता से सम्बद्ध है। सन्त परम्पराओं का एक महत्वपूर्ण परिव्रजन इस क्षेत्र में हुआ जिसमें शैव व शाक्त प्रमुख थे। शैव सम्प्रदाय से जुड़े अघोर तन्त्र ने इसे बहुत सराहा और इसे अपनी कर्मभूमि बना लिया। सोन नद के तट पर शव छेदन क्रिया की भी प्रशिक्षा आयुर्वेद के जिज्ञासुओं को दी जाती थी। शैव तन्त्र से प्रभावित अघोर तन्त्र शव-साधना में सिद्धहस्त था और शव में इकार की प्राण प्रतिष्ठा का जीवन्त रूप शिव को दे देना इनकी अलौकिक साधना का चरमोत्कर्ष है। अघोरपन्थी नाम के पश्चात् "राम" का प्रयोग करते थे। इस क्षेत्र में सवर्ण वर्ग में प्रायः ब्राह्मण वर्ग भी राम का प्रयोग अपने नाम में करता है। इस क्षेत्र में पाशुपात तन्त्र के महान साधक लोरिक का नाम विशेष है।

उपरोक्त तो अति संक्षिप्त परिचय है विस्तार से "विश्वशास्त्र" के अध्याय-दो में प्रकाशित है, जिस क्षेत्र से ये विश्व ऐतिहासिक अन्तिम, अपरिवर्तनीय और अटलनीय सन्देश देने का साहस किया गया है।

हे मानवों, इस संसार में व्यक्त साहित्य, दर्शन, मत, सम्प्रदाय, नियम, संविधान इत्यादि को व्यक्त करने का माध्यम मात्र केवल मानव शरीर ही है इसलिए यह सोचो की यदि सार्वभौम सत्य-सिद्धान्त आधारित ऐसा साहित्य जो सार्वदेशीय, सार्वकालिक और सम्पूर्ण मानव समाज के लिए असीम गुणों और दिशाओं से युक्त हो, अन्तिम रुप से एक ही मानव शरीर से व्यक्त हो रहा हो जिसके ज्ञान के बिना मानव, मानव नहीं पशु हो, उसे स्वीकार और आत्मसात् करना मानव की विवशता हो, तो तुम उस व्यक्तकर्ता मानव को क्या कहोगे? और उसका क्या दोष? यह तो मैं तुम पर ही छोड़ता हूँ। परन्तु धार्मिक-आध्यात्मिक भाषा में उसी असीम गुणों-दिशाओं के प्रकाट्य शरीर को पूर्ण और अन्तिम साकार-सगुण-दृश्य-ब्रह्म-ईश्वर-आत्मा-शिव कहते हैं तथा सार्वभौम सत्य-

सिद्धान्त को निराकार-निर्गुण-अदृश्य-ब्रह्म-ईश्वर-आत्मा-शिव कहते हैं वह शरीर चूँकि सिद्धान्त युक्त होता है इसलिए वह धर्मशास्त्र का प्रमाण रुप होता है। जो धर्मशास्त्रों और धर्मज्ञानियों के प्रति विश्वास बढ़ाता है। वर्तमान समय में सिर्फ यह देखने की आवश्यकता है कि क्या वह सार्वभौम सत्य-सिद्धान्त शास्त्र-साहित्य विश्व विकास-एकता-स्थिरता-शान्ति के क्षेत्र में कुछ रचनात्मक भूमिका निभा सकता है या नहीं? यह देखने की आवश्यकता नहीं है कि उसका व्यक्तकर्ता एक ही शरीर है क्योंकि इससे कोई लाभ नहीं। प्रत्येक मानव चाहे वह किसी भी स्तर का हो वह शारीरिक संरचना में समान होता है परन्तु वह विचारों से ही विभिन्न स्तर पर पीठासीन है, इसलिए मानव, शरीर नहीं विचार है उसी प्रकार विश्वमानव शरीर नहीं, विश्व विचार अर्थात् सार्वभौम सत्य-सिद्धान्त है। इसी प्रकार "मैं" , अहंकार नहीं, "सिद्धान्त" है। प्रत्येक स्तर पर पीठासीन मानव अपने स्तर का सिद्धान्त रुप से "मैं" का अंश रुप से तथा विचार रुप से "अहंकार" का अंश रुप ही है। "मैं" का पूर्ण दृश्य, वास्तविक, सर्वोच्च और अन्तिम रुप वही होगा जो सम्पूर्ण ब्रह्माण्ड के सभी विषयों में व्याप्त हो जाय। तभी तो वह असीम गुणों और दिशाओं से युक्त होगा तथा प्रत्येक दिशा या गुण से उसका नाम अलग-अलग होगा परन्तु वह एक ही होगा। हे मानव, तुम इसे देख नहीं पाते क्योंकि तुम "दृष्टि" से युक्त हो अर्थात् तुम एक ही दिशा या गुण द्वारा देखने की क्षमता रखते हो तुम्हें "दिव्य दृष्टि" अर्थात् अनेक दिशा या गुणों द्वारा एक साथ देखने की क्षमता रखनी चाहिए तभी तुम यथार्थ को देख पाओगे, तभी तुम "मैं" के विश्व रुप को देख पाओगे। दृष्टि से युक्त होने के कारण ही तुम मेरे आभासी रुप-शरीर रुप को ही देखते हो, तुम मेरे वास्तविक रुप-सिद्धान्त रुप को देख ही नहीं पाते। इसी कारण तुम मुझे अहंकार रुप में देखते हो। और इसी कारण तुम "भूमण्डलीकरण (Globalisation)" का विरोध करते हो जबकि "ग्लोबलाईज्ड" दृष्टि ही "दिव्य दृष्टि" है। जिसका तुम मात्र विरोध कर सकते हो क्योंकि यह प्राकृतिक बल के अधीन है जो तुम्हें मानव से विश्वमानव तक के विकास के लिए अटलनीय है। दृष्टि, अहंकार है, अंधकार है, अपूर्ण मानव है तो दिव्य दृष्टि, सिद्धान्त है, प्रकाश है, पूर्णमानव-विश्वमानव है। तुम मानव की अवस्था से विश्वमानव की अवस्था में आने का प्रयत्न करो न कि विश्वमानव का विरोध। विरोध से तुम्हारी क्षति ही होगी। जिस प्रकार "श्रीकृष्ण" नाम है "योगेश्वर" अवस्था है, "गदाधर" नाम है "रामकृष्ण परमहंस" अवस्था है, "सिद्धार्थ" नाम है "बुद्ध" अवस्था है, "नरेन्द्र नाथ दत्त" नाम है "स्वामी विवेकानन्द" अवस्था है, "रजनीश" नाम है "ओशो" अवस्था है। उसी प्रकार व्यक्तियों के नाम, नाम है "भोगेश्वर विश्वमानव" उसकी चरम विकसित, सर्वोच्च और अन्तिम अवस्था है। "दृष्टि" से युक्त होकर विचार व्यक्त करना निरर्थक है, प्रभावहीन है, यहाँ तक की तुम्हें विरोध करने का भी अधिकार नहीं क्योंकि वर्तमान और भविष्य के समय में इसका कोई महत्व नहीं, अर्थ नहीं क्योंकि वह व्यक्तिगत विचार होगा न कि सार्वजनिक संयुक्त विचार। यह सार्वजनिक संयुक्त विचार ही "एकात्म विचार" है और यही वह अन्तिम सत्य है, यही "सार्वभौम सत्य-सिद्धान्त" है। यही धर्मनिपरपेक्ष और सर्वधर्मसमभाव नाम से विश्वमानक-शून्य श्रृंखला: मन की गुणवत्ता का विश्वमानक तथा धर्म नाम से कर्मवेद: प्रथम, अन्तिम और पंचमवेदीय श्रृंखला है जिसकी शाखाएं सम्पूर्ण ब्रह्माण्ड में व्याप्त है और सम्पूर्ण ब्रह्माण्ड व्यक्त है जिसकी स्थापना चेतना के अन्तिम रुप-दृश्य सत्य चेतना के अधीन है। यही "मैं" का दृश्य रुप है। यही "विश्व-बन्धुत्व" , "वसुधैव-कुटुम्बकम्" , "बहुजनहिताय-बहुजनसुखाय" , "एकात्म-मानवतावाद" , "सर्वेभवन्तु-सुखिनः" की स्थापना का "एकात्मकर्मवाद" आधारित अन्तिम मार्ग है।

मन और मन का मानक। मन-व्यक्तिगत प्रमाणित अदृश्य सत्य। मन का मानक-सार्वजनिक प्रमाणित दृश्य सत्य। अनासक्त मन अर्थात् आत्मा अर्थात् व्यक्तिगत प्रमाणित अदृश्य आत्मा अर्थात् मन का अदृश्य मानक। मन का मानक अर्थात् सार्वजनिक प्रमाणित दृश्य आत्मा अर्थात् सार्वजनिक प्रमाणित दृश्य अनासक्त मन। मन का मानक में मन समाहित है।

आत्मा का सार्वजनिक प्रमाणित धर्मनिरपेक्ष एवं सर्वधर्मसमभाव दृश्य रुप एकात्म ज्ञान, एकात्म ज्ञान सहित एकात्म कर्म तथा एकात्म ज्ञान और एकात्म कर्म सहित एकात्म ध्यान के तीन व्यक्त होने के स्तर हैं जो क्रमशः एकात्म वाणी, एकात्म वाणी सहित एकात्म प्रेम तथा एकात्म वाणी और एकात्म प्रेम सहित एकात्म समर्पण द्वारा शक्ति प्राप्त करता है। जिनका धर्मयुक्त अदृश्य रुप भारतीय संस्कृति के पौराणिक कथाओं में ब्रह्मा, विष्णु,

महेश (शंकर) के रुप में तथा सरस्वती, लक्ष्मी और पार्वती शक्ति के रुप में प्रक्षेपित हैं। जिनकी उपयोगिता क्रमशः व्यक्ति, समाज और ब्रह्माण्ड को संतुलन, स्थिरता एवं विकास में है।

यदि तुम उपरोक्त गुणों को रखते हो तो तुम ही ब्रह्मा हो, विष्णु और महेश हो। साथ ही सरस्वती, लक्ष्मी और पार्वती भी। और यदि यह सीमित कर्मक्षेत्र तक में है तो तुम एक सीमाबद्ध और यदि यह सम्पूर्ण ब्रह्माण्ड के सर्वोच्च व्यापक अन्तिम और असीमित कर्म क्षेत्र तक में है तो तुम एक मूल ब्रह्मा, विष्णु, महेश और शक्ति सरस्वती, लक्ष्मी और पार्वती के अवतार हो। यदि तुम इस अनुसार नहीं तो तुम इनके अलावा मानव, दानव, पशु-मानव इत्यादि हो।

जब प्रत्येक शब्द धर्म और धर्मनिरपेक्ष या सर्वधर्मसमभाव में वर्गीकृत किया जा सकता है तब ईश्वर नाम को भी धर्मयुक्त नाम और धर्म निरपेक्ष या सर्वधर्मसमभाव नाम में व्यक्त किया जा सकता है। क्योंकि ईश्वर नाम भी शब्द है। जिस प्रकार व्यक्तिगत प्रमाणित अदृश्य काल के लिए धर्मयुक्त समष्टि ईश्वर नाम-" ऊँ" है। उसी प्रकार सार्वजनिक प्रमाणित दृश्य काल के लिए धर्मनिरपेक्ष और सर्वधर्मसमभाव समष्टि ईश्वर नाम- " TRADE CENTRE" है। जिसमें धर्म युक्त ईश्वर नाम-" ऊँ" का धर्मनिरपेक्ष और सर्वधर्मसमभाव रुप समाहित है।

एक ही देश काल मुक्त सर्वव्यापी अदृश्य सत्य-धर्म-ज्ञान है-आत्मा। और एक ही देश काल मुक्त सर्वव्यापी दृश्य सत्य-धर्म-ज्ञान है- क्रिया या परिवर्तन या $E=MC^2$ या आदान-प्रदान या TRADE या TRANSACTION। इस प्रकार सर्वोच्च और अन्तिम दृश्य सत्य-धर्म-ज्ञान से समस्त विषयों के यथार्थ व्यक्त रुप सर्वमान्य, सार्वजनिक प्रमाणित दृश्य और अन्तिम है। और व्यक्त कर्ता ज्ञानी या ब्रह्म या शिव की अन्तिम कड़ी है। इस आधार पर यह कहा जा सकता है कि "आत्मा" और मेरा दृश्य रुप (आदान-प्रदान) ही स्वस्थ उद्योग, स्वस्थ समाज और स्वस्थ लोकतन्त्र सहित विश्व शान्ति, एकता, स्थिरता और विकास का अन्तिम मार्ग है। चाहे वह वर्तमान में आत्मसात् किया जाये या भविष्य में परन्तु सत्य तो यही है।

मन से मन के मानक के व्यक्त होने के सम्पूर्ण यात्रा में कुछ महापुरुषों ने अदृश्य मानक आत्मा को व्यक्त करने के लिए कार्य किये तो कुछ ने अदृश्य सहित दृश्य मानक के लिए। मन के अदृश्य मानक आत्मा की श्रृंखला में निवृत्ति मार्गी-साधु, संत इत्यादि जिनकी सर्वोच्च स्थिति ब्रह्मा हैं। मन के अदृश्य सहित दृश्य मानक के श्रृंखला में प्रवृत्ति मार्गी-गृहस्थ युक्त सन्यासी इत्यादि जिनकी सर्वोच्च स्थिति विष्णु हैं। इस मानक को व्यवहारिकता में लाने के लिए ध्यान मार्गी जिनकी सर्वोच्च स्थिति महेश हैं। और यही वर्तमान तथा भविष्य के समाज की आवश्यकता है। और यही मन के मानक की उपयोगिता है।

मन के मानक को व्यक्त करने में जो शब्द, ज्ञान-विज्ञान, नाम-रुप इत्यादि प्रयोग किये गये हैं-वे सब मन से मन के मानक के विकास यात्रा में विभिन्न महापुरुषों द्वारा व्यक्त हो मानव समाज में पहले से मान्यता प्राप्त कर विद्यमान है। मैं (विश्वात्मा) सिर्फ उसको वर्तमान की आवश्यकता और वर्तमान से जोड़ने के लिए समयानुसार व्यक्त कर मन के मानक को व्यक्त कर दिया हूँ। यदि समाज इसे आत्मसात् नहीं करता तो उसके पहले मैं (विश्वात्मा) ही उसे आत्मसात् नहीं करता क्योंकि मैं शुद्ध-बुद्ध-मुक्त आत्मा हूँ, मैं नाम-रुप से मुक्त हूँ, मैं शिव हूँ, मैं शिव हूँ, मैं शिव हूँ। और ऐसा कहने वाला मैं पहला नहीं हूँ। मुझसे पहले भी अनेक सिद्धों द्वारा ऐसी उद्घोषणा की जा चुकी है और वे अपने समय के देश-काल स्थितियों में उसे सिद्ध भी कर चुके हैं और जब तक प्रत्येक मानव ऐसा कहने के योग्य नहीं बनता तब तक धर्म शास्त्रों में सृष्टि के प्रारम्भ में कहा गया ईश्वरीय वाणी-" ईश्वर ने इच्छा व्यक्त की कि मैं एक हूँ अनेक हो जाऊँ" कैसे सिद्ध हो पायेगा। मेरे उद्घोष का सबसे बड़ा प्रमाण "सत्य मानक शिक्षा" द्वारा लक्ष्य "पुनर्निर्माण" व उसके प्राप्ति की कार्य योजना है। जो अपने आप में पुरातन, विलक्षण और वर्तमान तक ऐसा नहीं हुआ है, जैसा है। श्रीराम द्वारा शारीरिक शक्ति के माध्यम से शारीरिक शक्ति का प्रयोग कर सत्यीकरण हुआ था, श्रीकृष्ण द्वारा आर्थिक शक्ति के माध्यम से व्यक्तिगत बौद्धिक शक्ति का प्रयोग कर सत्यीकरण हुआ था, अब यह कार्य व्यक्तिगत बौद्धिक शक्ति के माध्यम से सार्वभौम बौद्धिक शक्ति का प्रयोग कर सत्यीकरण किया जा रहा है। जो श्रीराम, श्रीकृष्ण के क्रम में अगला कार्य है। यह मानने का कार्य नहीं जानने का कार्य है। मानने से,

मानने वाले का कोई कल्याण नहीं होता, कल्याण तो सिर्फ जानने वालों का ही होता रहा है, होता है और होता रहेगा।

वर्तमान एवं भविष्य के मानव समाज को मैं (विश्वात्मा) का यह अन्तिम सत्य संदेश है कि-मानव की वास्तविक चेतना-सत्य चेतना अर्थात् भूतकाल का अनुभव और भविष्य की आवश्यकतानुसार वर्तमान में परिणाम ज्ञान से युक्त हो कार्य करना है न कि पशुओं की प्राकृतिक चेतना अर्थात् शुद्ध रुप से वर्तमान में कार्य करना है। सत्य चेतना में प्राकृतिक चेतना समाहित रहती है। अर्थात् मानव का विकास प्राकृतिक चेतना से सत्य चेतना की ओर होना चाहिए। और विज्ञान की भाँति धर्म के विषय में भी सदा आविष्कृत विषय से आविष्कार की ओर बढ़ना चाहिए अन्यथा स्थिति यह होगी कि वह तो आपके पास पहले से आविष्कृत था परन्तु उसी के आविष्कार में आपने पूरा जीवन व्यतीत कर दिया।

सम्पूर्ण मानव समाज से यह निवेदन है कि ईश्वर के सम्बन्ध में जो कुछ भी अब तक आविष्कृत है यद्यपि कि वह सब मैं (आत्मा) इस भौतिक शरीर (श्री लव कुश सिंह "विश्वमानव") से व्यक्त कर चुका हूँ लेकिन फिर भी व्यक्ति ईश्वर नहीं बन सकता। सिर्फ समष्टि ही ईश्वर होता है और समष्टि ही संयुक्त है। जिसकी चरम विकसित अवस्था सम्पूर्ण ब्रह्माण्ड का यथार्थ रुप है जो एक संयुक्त विचार-सत्य-सिद्धान्त ही है व्यक्ति नहीं। जबकि इसको व्यक्त और आत्मसात् करने वाला व्यक्ति ही है अर्थात् ईश्वर और व्यक्ति एक दूसरे पर निर्भर है। परिणामस्वरुप जो कुछ भी इस भौतिक शरीर द्वारा व्यक्त कर देना था-वह दे दिया गया और बात यहीं समाप्त हो गयी। क्योंकि मैं (विश्वात्मा) तुम्हारे अनूरुप सामान्य हो गया क्योंकि ईश्वर (संयुक्त विचार सत्य-सिद्धान्त) बाहर हो गया और वह सभी में व्याप्त हो गया। तू भी सामान्य, मैं भी सामान्य। तू भी ईश्वर, मैं भी ईश्वर। तू भी शिव, मैं भी शिव। इससे अलग सिर्फ माया, भ्रम, अन्धविश्वास है। और जब तक मैं (विश्वात्मा) इस शरीर में हूँ एक वर्तमान और भविष्य का एकात्म ध्यान युक्त प्रबुद्ध मानव के सिवाय कुछ अधिक भी नहीं समझा जाना चाहिए बस यही निवेदन है।

इस अन्तिम के सम्बन्ध में यह कहना चाहूँगा कि इस पर अभी विवाद करने से कोई लाभ नहीं है। अभी तो सिर्फ यह देखना है कि यह कालानुसार वर्तमान और भविष्य के लिए व्यक्ति से विश्व प्रबन्ध तक के लिए उपयोगी है या नहीं और जब तक मानव सृष्टि रहेगी तब तक यह सार्वभौम सत्य-सिद्धान्त अभेद्य और अकाट्य बना रहता है। तब यह समझ लेना होगा कि यह अन्तिम था। और व्यक्त करने वाला मानव शरीर पूर्ण ब्रह्म की अन्तिम कड़ी अर्थात् शिव का साकार सगुण रुप ही था।

आलोचना और विरोध मानव का स्वभाव है परन्तु सत्य की आलोचना और विरोध यदि बिना विचारे ही होगा तो यह उस मनुष्य के लिए स्वयं की मूर्खता का प्रदर्शन ही बन सकता है क्योंकि ऐसा नहीं है कि अन्य मनुष्य इसे नहीं रामझ रहे हैं। इसलिए इसके लिए थोड़ा सतर्कता रखें विशेषकर उन लोगों के लिए जो सार्वजनिक रुप से विचार प्रस्तुत करते हैं।

हाँ, एक अन्तिम सत्य और-उपरोक्त अन्तिम सत्य भी सत्य और अन्तिम सत्य है या नहीं? इसके लिए भी तो ज्ञान और बुद्धि चाहिए।

प्रकाशित खुशमय तीसरी सहस्त्राब्दि के साथ यह एक सर्वोच्च समाचार है कि नयी सहस्त्राब्दि केवल बीते सहस्त्राब्दियों की तरह एक सहस्त्राब्दि नहीं है। यह प्रकाशित और विश्व के लिए नये अध्याय के प्रारम्भ का सहस्त्राब्दि है। केवल वक्तव्यों द्वारा लक्ष्य निर्धारण का नहीं बल्कि स्वर्गीकरण के लिए असिमीत भूमण्डलीय मनुष्य और सर्वोच्च अभिभावक संयुक्त राष्ट्र संघ सहित सभी स्तर के अभिभावक के कर्तव्य के साथ कार्य योजना पर आधारित। क्योंकि दूसरी सहस्त्राब्दि के अन्त तक विश्व की आवश्यकता, जो किसी के द्वारा प्रतिनिधित्व नहीं हुई उसे विवादमुक्त और सफलतापूर्वक प्रस्तुत किया जा चुका है। जबकि विभिन्न विषयों जैसे-विज्ञान, धर्म, आध्यात्म, समाज, राज्य, राजनीति, अन्तर्राष्ट्रीय सम्बन्ध, परिवार, व्यक्ति, विभिन्न संगठनों के क्रियाकलाप, प्राकृतिक, ब्रह्माण्डीय, देश, संयुक्त राष्ट्र संघ इत्यादि की स्थिति और परिणाम सार्वजनिक प्रमाणित दृश्य रुप में थे।

विज्ञान के सर्वोच्च आविष्कार के आधार पर अब यह विवाद मुक्त हो चुका है कि मन केवल व्यक्ति, समाज, और राज्य को ही नहीं प्रभावित करता बल्कि यह प्रकृति और ब्रह्माण्ड को भी प्रभावित करता है। केन्द्रीयकृत और ध्यानीकृत मन विभिन्न शारीरिक सामाजिक और राज्य के असमान्यताओं के उपचार का अन्तिम मार्ग है। स्थायी स्थिरता, विकास, शान्ति, एकता, समर्पण और सुरक्षा के लिए प्रत्येक राज्य के शासन प्रणाली के लिए आवश्यक है कि राज्य अपने उद्देश्य के लिए नागरिकों का निर्माण करें। और यह निर्धारित हो चुका है कि क्रमबद्ध स्वस्थ मानव पीढ़ी के लिए विश्व की सुरक्षा आवश्यक है। इसलिए विश्वमानव के निर्माण की आवश्यकता है, लेकिन ऐसा नहीं है और विभिन्न अनियन्त्रित समस्या जैसे-जनसंख्या, रोग, प्रदूषण, आतंकवाद, भ्रष्टाचार, विकेन्द्रीकृत मानव शक्ति एवं कर्म इत्यादि लगातार बढ़ रहे है। जबकि अन्तरिक्ष और ब्रह्माण्ड के क्षेत्र में मानव का व्यापक विकास अभी शेष है। दूसरी तरफ लाभकारी भूमण्डलीकरण विशेषीकृत मन के निर्माण के कारण विरोध और नासमझी से संघर्ष कर रहा है। और यह असम्भव है कि विभिन्न विषयों के प्रति जागरण समस्याओं का हल उपलब्ध करायेगा।

मानक के विकास के इतिहास में उत्पादों के मानकीकरण के बाद वर्तमान में मानव, प्रक्रिया और पर्यावरण का मानकीकरण तथा स्थापना आई0 एस0 ओ0-9000 एवं आई0 एस0 ओ0-14000 श्रृंखला के द्वारा मानकीकरण के क्षेत्र में बढ़ रहा है। लेकिन इस बढ़ते हुये श्रृंखला में मनुष्य की आवश्यकता (जो मानव और मानवता के लिए आवश्यक है) का आधार "मानव संसाधन का मानकीकरण" है क्योंकि मनुष्य सभी (जीव और निर्जीव) का निर्माणकर्ता और उसका नियन्त्रणकर्ता है। मानव संसाधन के मानकीकरण के बाद सभी विषय आसानी से लक्ष्य अर्थात् विश्वस्तरीय गुणवत्ता की ओर बढ़ जायेगी क्योंकि मानव संसाधन के मानक में सभी तन्त्रों के मूल सिद्धान्त का समावेश होगा।

वर्तमान समय में शब्द- "निर्माण" भूमण्डलीय रुप से परिचित हो चुका है इसलिए हमें अपना लक्ष्य मनुष्य के निर्माण के लिए निर्धारित करना चाहिए। और दूसरी तरफ विवादमुक्त, दृश्य, प्रकाशित तथा वर्तमान सरकारी प्रक्रिया के अनुसार मानक प्रक्रिया उपलब्ध है। जैसा कि हम सभी जानते हैं कि मानक हमेशा सत्य का सार्वजनिक प्रमाणित विषय होता है न कि विचारों का व्यक्तिगत प्रमाणित विषय। अर्थात् प्रस्तुत मानक विभिन्न विषयों जैसे-आध्यात्म, विज्ञान, तकनीकी, समाजिक, नीतिक, सैद्धान्तिक, राजनीतिक इत्यादि के व्यापक समर्थन के साथ होगा। "उपयोग के लिए तैयार" तथा "प्रक्रिया के लिए तैयार" के आधार पर प्रस्तुत मानव के विश्व स्तरीय निर्माण विधि को प्राप्त करने के लिए मानव निर्माण तकनीकी WCM-TLM-SHYAM.C (World Class Manufactuing–Total Life Maintenance- Satya, Heart, Yoga, Ashram, Meditation.Conceousnesas) प्रणाली आविष्कृत है जिसमें सम्पूर्ण तन्त्र सहभागिता (Total System Involvement-TSI) है और विश्वमानक शून्य: मन की गुणवत्ता का विश्वमानक श्रृंखला (WS-0: World Standard of Mind Series) समाहित है। जो विश्वमानव निर्माण प्रक्रिया की तकनीकी और मानव संसाधन की गुणवत्ता का विश्वमानक है। जैसे-औद्योगिक क्षेत्र में इन्स्टीच्यूट आफ प्लान्ट मेंन्टीनेन्स, जापान द्वारा उत्पादों के विश्वस्तरीय निर्माण विधि को प्राप्त करने के लिए उत्पाद निर्माण तकनीकी डब्ल्यू0 सी0 एम0-टी0 पी0 एम0-5 एस (WCM-TPM-5S (World Class Manufacturing - Total Productive Maintenance -Siri (छँटाई), Seton (सुव्यवस्थित), Sesaso (स्वच्छता), Siketsu (अच्छास्तर), Shituke (अनुशासन) प्रणाली संचालित है। जिसमें सम्पूर्ण कर्मचारी सहभागिता (Total Employees Involvement) है।) का प्रयोग उद्योगों में विश्व स्तरीय निर्माण प्रक्रिया के लिए होता है। और आई.एस.ओ.-9000 (ISO-9000) तथा आई.एस.ओ.-14000 (ISO-14000) है।

युग के अनुसार सत्यीकरण का मार्ग उपलब्ध कराना ईश्वर का कर्तव्य है आश्रितों पर सत्यीकरण का मार्ग प्रभावित करना अभिभावक का कर्तव्य है। और सत्यीकरण के मार्ग के अनुसार जीना आश्रितों का कर्तव्य है जैसा कि हम सभी जानते है कि अभिभावक, आश्रितों के समझने और समर्थन की प्रतिक्षा नहीं करते। अभिभावक यदि किसी विषय को आवश्यक समझते हैं तब केवल शक्ति और शीघ्रता से प्रभावी बनाना अन्तिम मार्ग होता है। विश्व के बच्चों के लिए यह अधिकार है कि पूर्ण ज्ञान के द्वारा पूर्ण मानव अर्थात् विश्वमानव के रुप में बनना। हम सभी विश्व के नागरिक सभी स्तर के अभिभावक जैसे-महासचिव संयुक्त राष्ट्र संघ, राष्ट्रों के राष्ट्रपति-प्रधानमंत्री, धर्म,

समाज, राजनीति, उद्योग, शिक्षा, प्रबन्ध, पत्रकारिता इत्यादि द्वारा अन्य समानान्तर आवश्यक लक्ष्य के साथ इसे जीवन का मुख्य और मूल लक्ष्य निर्धारित कर प्रभावी बनाने की आशा करते हैं। क्योंकि लक्ष्य निर्धारण वक्तव्य का सूर्य नये सहस्त्राब्दि के साथ डूब चुका है। और कार्य योजना का सूर्य उग चुका है। इसलिए धरती को स्वर्ग बनाने का अन्तिम मार्ग सिर्फ कर्तव्य है। और रहने वाले सिर्फ सत्य-सिद्धान्त से युक्त संयुक्तमन आधारित मानव है, न कि संयुक्तमन या व्यक्तिगतमन से युक्तमानव।

आविष्कार विषय "व्यक्तिगत मन और संयुक्तमन का विश्व मानक और पूर्णमानव निर्माण की तकनीकी है जिसे धर्म क्षेत्र से कर्मवेद: प्रथम, अन्तिम तथा पंचमवेदीय श्रृंखला तथा शासन क्षेत्र से WS-0: मन की गुणवत्ता का विश्व मानक श्रृंखला तथा WCM-TLM-SHYAM.C तकनीकी कहते है। सम्पूर्ण आविष्कार सार्वभौम सत्य-सिद्धान्त अर्थात सम्पूर्ण ब्रह्माण्ड में व्याप्त अटलनीय, अपरिवर्तनीय, शाश्वत व सनातन नियम पर आधारित है, न कि मानवीय विचार या मत पर आधारित।" सम्पूर्ण ब्रह्माण्ड में व्याप्त एक ही सत्य-सिद्धान्त द्वारा व्यक्तिगत व संयुक्त मन को एकमुखी कर सर्वोच्च, मूल और अन्तिम स्तर पर स्थापित करने के लिए शून्य पर अन्तिम आविष्कार WS-0 श्रृंखला की निम्नलिखित पाँच शाखाएँ है।

1. डब्ल्यू.एस. (WS)-0:विचार एवम् साहित्य का विश्वमानक
2. डब्ल्यू.एस. (WS)-00: विषय एवम् विशेषज्ञों की परिभाषा का विश्वमानक
3. डब्ल्यू.एस. (WS)-000:ब्रह्माण्ड (सूक्ष्म एवम् स्थूल) के प्रबन्ध और क्रियाकलाप का विश्वमानक
4. डब्ल्यू.एस. (WS)-0000: मानव (सूक्ष्म तथा स्थूल) के प्रबन्ध और क्रियाकलाप का विश्वमानक
5. डब्ल्यू.एस. (WS)-00000:उपासना और उपासना स्थल का विश्वमानक

संयुक्त राष्ट्र संघ सीधे इस मानक श्रृंखला को स्थापना के लिए अपने सदस्य देशों के महासभा के समक्ष प्रस्तुत कर अन्तर्राष्ट्रीय मानकीकरण संगठन व विश्व व्यापार संगठन के माध्यम से सभी देशों में स्थापित करने के लिए उसी प्रकार बाध्य कर सकता है, जिस प्रकार ISO-9000 व ISO-14000 श्रृंखला का विश्वव्यापी स्थापना हो रहा है।

20 वर्षों से जिस समय की प्रतीक्षा मैं लव कुश सिंह "विश्वमानव" कर रहा था वह आ गया है। जो व्यक्ति प्राकृतिक बल को समझ जाते हैं वे उसके अनुसार कार्य योजना तैयार करते है। इस क्रम में व्यक्ति, समाज, देश व विश्व की आवश्यकता को 20 वर्ष पहले ही समझ लिया गया था और उस अनुसार ही लक्ष्य निर्धारित कर उसके प्राप्ति के लिए कार्य योजना तैयार की जा रही थी। सिर्फ लक्ष्य निर्धारण से ही कार्य सम्पन्न नहीं हो जाता बल्कि लक्ष्य की सत्यता की प्रमाणिकता के लिए धर्म शास्त्रों, पुराणों, दार्शनिकों, सामाजिक-राजनीतिक नेतृत्वकर्ताओं, विज्ञान व आध्यात्म इत्यादि के विचारों-सिद्धान्तों के द्वारा उसे पुष्टि प्रदान करने की भी आवश्यकता होती है। फिर उसे उस लक्ष्य तक पहुँचाने के लिए कार्य योजना बनानी पड़ती है।

वर्तमान समय, सम्पूर्ण पुनर्निर्माण और सत्यीकरण का समय है। हमें प्रत्येक विषय को प्रारम्भ से समझना और समझाना पड़ेगा। तभी व्यक्ति, समाज, देश व विश्व को सत्य दिशा प्राप्त हो सकेगी और इस कार्य को करने वाला काशी-सत्यकाशी क्षेत्र इस वर्तमान समय में राष्ट्र गुरू बनेगा जिसका कारण होगा-" राष्ट्र को सत्य मार्गदर्शन देना"। और फिर यही कारण भारत को जगतगुरू के रूप में स्थापित कर देगा।

हम सभी के मोटर वाहनों में, वाहन कितने किलोमीटर चला उसे दिखाने के लिए एक यंत्र होता है। यदि इस यंत्र की अधिकतम 6 अंकों तक किलोमीटर दिखाने की क्षमता हो तब उसमें 6 अंक दिखते है। जो प्रारम्भ में 000000 के रूप में होता है। वाहन के चलते अर्थात विकास करते रहने से 000001 फिर 000002 इस क्रम से बढ़ते हुये पहले इकाई में, फिर दहाई में, फिर सैकड़ा में, फिर हजार में, फिर दस हजार में, फिर लाख में, के क्रम में यह आगे बढ़ते हुये बदलता रहता है। एक समय ऐसा आता है जब सभी अंक 999999 हो जाते हें फिर क्या होगा? फिर सभी 000000 के अपने प्रारम्भ वाली स्थिति में आ जायेंगे। इन 6 अंक के प्रत्येक अंक के चक्र में 0 से 9 अंक के चक्र होते है। जो वाहन के चलने से बदलकर चले हुये किलोमीटर को दिखाते है। यही स्थिति भी इस सृष्टि के काल चक्र की है। सृष्टि चक्र में पहले काल है जिसके दो रूप अदृश्य और दृश्य हैं। फिर इन दोनों काल में 5 युग

हैं। 4 अदृश्य काल के 1 दृश्य काल के। और इन दोनों काल में 14 मनवन्तर और मनु हैं। 7 अदृश्य काल के 7 दृश्य काल के। फिर इन युगों में युगावतार अवतार होते हैं। फिर व्यास व शास्त्र होते हैं। ये सब वैसे ही है जैसे अंक गणित में इकाई, दहाई, सैकड़ा, हजार, दस हजार, लाख इत्यादि होते हैं। उपर उदाहरण दिये गये यंत्र में जब सभी अंक 999999 हो जाते हैं तब विकास के अगले एक बदलाव से इकाई, दहाई, सैकड़ा, हजार, दस हजार, लाख सभी बदलते हैं। वर्तमान सृष्टि चक्र की स्थिति भी यही हो गयी है कि अब अगले अवतार के मात्र एक विकास के लिए सत्यीकरण से काल, मनवन्तर व मनु, अवतार, व्यास व शास्त्र सभी बदलेंगे। इसलिए देश व विश्व के धर्माचार्यों, विद्वानों, ज्योतिषाचार्यों इत्यादि को अपने-अपने शास्त्रों को देखने व समझने की आवश्यकता आ गयी है क्योंकि कहीं ये कार्य वही तो नहीं है? और यदि नहीं तो वह कौन सा कार्य होगा जो इन सबको बदलने वाली घटना को घटित करेगा?

सामान्यतः मनुष्य का स्वभाव अपने जैसा ही दूसरे को समझना होता है। वह कैसे यह सोच सकता है कि एक व्यक्ति सांसारिक कार्यों से निर्लिप्त रहते हुये 20 वर्षों से ऐसी शोध व योजना पर ध्यान केन्द्रित कर कार्य करने में लगा हुआ है जो भारत को उसके सत्य महानता की ओर ले जाने वाला कार्य है। और ऐसा कार्य भारत सहित विश्व के लिए कितने बड़े समाचार का विषय बनेगा?

"विश्वशास्त्र" में जन्म-जीवन-पुनर्जन्म-अवतार-साकार ईश्वर-निराकार ईश्वर, अदृश्य और दृश्य ईश्वर नाम, मानसिक मृत्यु व जन्म, भूत-वर्तमान-भविष्य, शिक्षा व पूर्ण शिक्षा, संविधान व विश्व संविधान, ग्राम सरकार व विश्व सरकार, विश्व शान्ति व एकता, स्थिरता व व्यापार, विचारधारा व क्रियाकलाप, त्याग और भोग, राधा और धारा, प्रकृति और अहंकार, कर्तव्य और अधिकार, राजनीति व विश्व राजनीति, व्यक्ति और वैश्विक व्यक्ति, ज्ञान व कर्मज्ञान, योग, अदृश्य और दृश्य योग व ध्यान, मानवतावाद व एकात्मकर्मवाद, नायक-शास्त्राकार-आत्मकथा, महाभारत और विश्वभारत, जाति और समाजनीति, मन और मन का विश्वमानक, मानव और पूर्ण मानव एवं पूर्ण मानव निर्माण की तकनीकी, आकड़ा व सूचना और विश्लेषण, शास्त्र और पुराण इत्यादि अनेकों विषय और उनके वर्तमान समय के शासनिक व्यवस्था में स्थापना स्तर तक की विधि को व्यक्त किया गया है। इस एक ही "विश्वशास्त्र" साहित्य के गुणों के आधार पर धर्म क्षेत्र से 90 नाम और धर्मनिरपेक्ष व सर्वधर्मसमभाव क्षेत्र से 141 नाम भी निर्धारित किये गये हैं।

जब दुनिया बीसवीं सदी के समाप्ति के समीप थी तब वर्ष 1995 ई0 में कोपेनहेगन में सामाजिक विकास का विश्व शिखर सम्मेंलन हुआ था। इस शिखर सम्मेंलन में यह माना गया कि-" आर्थिक विकास अपने आप में महत्वपूर्ण विषय नहीं है, उसे समाजिक विकास के हित में काम करना चाहिए। यह कहा गया कि पिछले वर्षों में आर्थिक विकास तो हुआ, पर सभी देश सामाजिक विकास की दृष्टि से पिछड़े ही रहे। जिसमें मुख्यतः तीन बिन्दुओं- बढ़ती बेरोजगारी, भीषण गरीबी और सामाजिक विघटन पर चिन्ता व्यक्त की गई। यह स्वीकार किया गया कि सामाजिक विकास की समस्या सार्वभौमिक है। यह सर्वत्र है, लेकिन इस घोर समस्या का समाधान प्रत्येक संस्कृति के सन्दर्भ में खोजना चाहिए।" इसका सीधा सा अर्थ यह है कि व्यक्ति हो या देश, आर्थिक विकास तभी सफल होगा जब बौद्धिक विकास के साथ मनुष्य के गुणवत्ता में भी विकास हो। इसी सम्मेलन में भारत ने यह घोषणा की कि-" वह अपने सकल घरेलू उत्पाद का 6 प्रतिशत शिक्षा पर व्यय करेगा।" भारत इस पर तब से कितना अमल कर पाया यह तो सबके सामने है। लेकिन बौद्धिक विकास के साथ मनुष्य के गुणवत्ता में भी विकास के लिए भारत सहित विश्व के हजारों विश्वविद्यालय जिस पूर्ण सकारात्मक एवम् एकीकरण के विश्वस्तरीय शोध को न कर पाये, वह पूर्ण किया जा चुका है और उसे पाठ्यक्रम का रूप देकर पुनर्निर्माण के माध्यम से आपके सामने है। परिणामस्वरूप एकल सार्वभौमिक रचनात्मक बुद्धि बनाम विश्व बुद्धि का रूप आपके सामने है।

शास्त्रों व अनेक भविष्यवक्ताओं के भविष्यवाणीयों को पूर्णतया सिद्ध करते हुये यह कार्य उसी समय अवधि में सम्पन्न हुआ है। भविष्यवाणीयों के अनुसार ही जन्म, कार्य प्रारम्भ और पूर्ण करने का समय और जीवन है। अधिक जानने के लिए इन्टरनेट पर गूगल व फेसबुक में नियामतपुर कलाँ, लव कुश सिंह "विश्वमानव" , सत्यकाशी,

विश्वशास्त्र, विश्वमानव (NIYAMATPUR KALAN, LAVA KUSH SINGH “VISHWMANAV” , SATYAKASHI, VISHWSHASTRA, VISHWMANAV) इत्यादि से सर्च कर जानकारी पायी जा सकती है।

सामाजिक-आर्थिक प्रणाली और शिक्षा के दायित्व पर आधारित सम्पूर्ण कार्य योजना को राष्ट्र को समर्पित करते हुये और प्रकृति से लिए गये हवा, पानी, धूप इत्यादि का कर्ज उतारते हुये, इस व्यापार पर स्वयं का एकाधिकार न रहे इसलिए इसे, पूरी रूचि से संचालित करने वालों के हाथों में ही सौंपने की भी योजना है जिससे ज्ञान का व्यापार भी हो जायेगा और राष्ट्र सेवा भी हो जायेगी।

जय भारत देश, जय विश्व राष्ट्र

सत्य, आधुनिक अथवा प्राचीन किसी समाज का सम्मान नहीं करता। समाज को ही सत्य का सम्मान करना पड़ेगा। अन्यथा समाज ध्वंस हो जाये कोई हानि नहीं। किसी प्रकार की राजनीति में मुझे विश्वास नहीं है। ईश्वर तथा सत्य ही एक मात्र राजनीति है बाकि सब कूड़ा-करकट है।

-स्वामी विवेकानन्द

Think Globally - Act Locally

वैश्विक सोच - स्थानीय कार्यवाही

जिस प्रकार शरीर स्थित मन का स्तर व्यक्ति को इस संसार में अभिनय करवाता है,
उसी प्रकार एक लेखक ही पर्दे पर या जीवन में अभिनय करवाता है।
वाल्मिकि और तुलसी के लिखने से श्रीराम का अभिनय,
और व्यास के लिखने से श्रीकृष्ण का अभिनय अभी भी चल रहा है।
व्यापक सोचें, व्यापक लिखे। पढ़े- “विश्वशास्त्र”

आत्मा पर कौन विश्वास करता है, सभी शरीर पर विश्वास करते हैं

WRITER IS ACTOR

भाग-6
परिवर्तन

सीधी समझ

नये भारत में, नये मनुष्य के उदय के लिए

व्यवस्था के परिवर्तन या सत्यीकरण का पहला प्रारूप और उसकी कार्य विधि

वे शब्द जिसके बिना युग परिवर्तन सम्भव नहीं

उपाधियाँ मिलती है- पीएच0 डी0, डी0 लिट0 और डी0 फिल0 और उनका बड़ा सम्मान होता है। उनका काम क्या है? उनका काम यह है कि वे तय करते हैं कि गोरखनाथ कब पैदा हुए थे। कोई कहता है दसवीं सदी के अंत में, कोई कहता है ग्यारहवीं सदी के प्रारम्भ में। इस पर बड़ा विवाद चलता है। बड़े-बड़े विश्वविद्यालयों के ज्ञानी सिर खपा कर खोज में लगे रहते हैं। शास्त्रों की, प्रमाणों की, इसकी, उसकी। उनकी पूरी जिन्दगी इसी में जाती है। इससे बड़ा अज्ञान और क्या होगा? गोरख कब पैदा हुए, इसे जानकर करोगे क्या? इसे जान भी लिया तो पाओगे क्या? गोरख न भी पैदा हुए, यह भी सिद्ध हो जाये, तो भी क्या फायदा? हुए हों या न हुए हों, अर्थहीन है। गोरख ने क्या जिया उसका स्वाद लो। इसलिए तुम्हारे विश्वविद्यालय ऐसी व्यर्थता के कामों में संलग्न हैं कि बड़ा आश्चर्य होता है कि इन्हें विश्वविद्यालय कहो या न कहो। इनका काम ही........तुम्हारे विश्वविद्यालय में चलने वाली जितनी शोध है, सब कूड़ा-करकट है।

-आचार्य रजनीश "ओशो"

(अक्टुबर व नवम्बर 1978 में दिये गये प्रवचन का अंश)

FINAL KNOWLEDGE BOMB BLAST

AFTER FIRST NOBEL DISCOVERY OF ZERO BY INDIA AGAIN ZERO BASED FINAL DISCOVERY

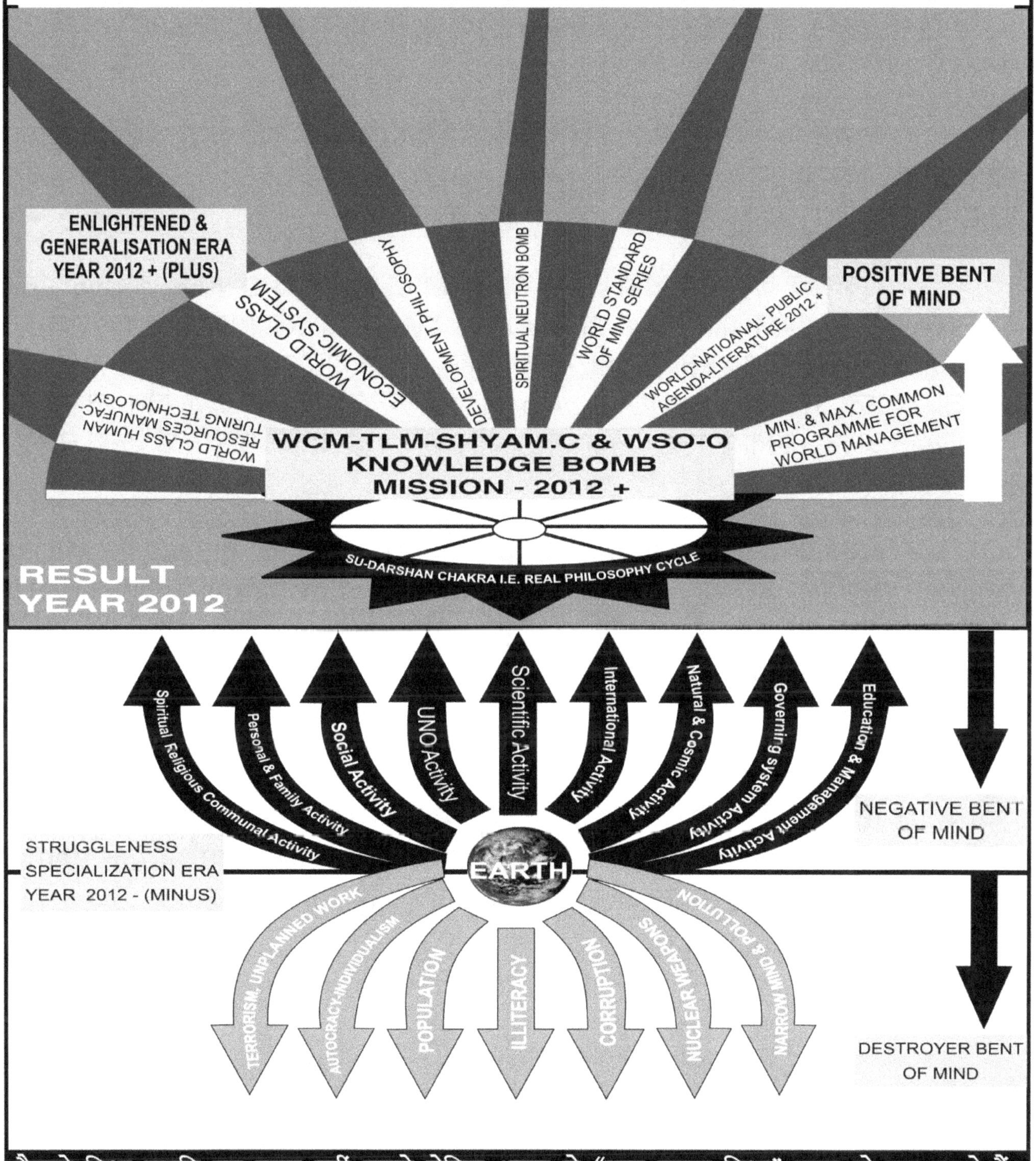

मैकाले शिक्षा पद्धति हम बदल नहीं सकते लेकिन अलग से "सत्य मानक शिक्षा" ग्रहण तो कर सकते हैं।

सरकारी पाठ्यक्रम बनाम नीजी पाठ्यक्रम / सार्वभौम आत्मीय पाठ्यक्रम / ईश्वरीय पाठ्यक्रम

ज्ञान के इस युग में ज्ञान की ओर चलें

FINAL KNOWLEDGE BOMB BLAST

यह चित्र **"FINAL KNOWLEDGE BOMB BLAST"** एक गहन वैचारिक मानचित्र है, जो मानव चेतना, ज्ञान, दर्शन और वैश्विक व्यवस्था के परिवर्तन को प्रतीकात्मक रूप में प्रस्तुत करता है।

इसमें यह दिखाया गया है कि वर्ष 2012 को एक *युग-संधि* के रूप में देखा गया है- जहाँ संघर्ष, विशेषज्ञता और विखंडन (2012–minus) से निकलकर मानवता को प्रबोधन, सामान्यीकरण और समन्वय (2012–plus) की ओर बढ़ना है।

चित्र के केंद्र में **WCM–TLM–SHYAM.C & WSO-O Knowledge Bomb Mission** और **सु-दर्शन चक्र (Real Philosophy Cycle)** को रखा गया है, जो यह संकेत देता है कि वास्तविक परिवर्तन शस्त्रों से नहीं, बल्कि दर्शन, विवेक और समग्र ज्ञान से आता है। ऊपर की ओर उठती संरचना *Positive Bent of Mind* को दर्शाती है, जहाँ विश्व-स्तरीय सोच, आध्यात्मिक दर्शन, मानवीय मूल्य, वैश्विक एजेंडा और कॉमन प्रोग्राम के माध्यम से मानव चेतना का विस्तार होता है।

चित्र के निचले भाग में पृथ्वी को केंद्र बनाकर मानव गतिविधियों-आध्यात्मिक, सामाजिक, वैज्ञानिक, अंतरराष्ट्रीय, शैक्षिक और प्रशासनिक-को दर्शाया गया है, जो यदि संतुलित हों तो उन्नति का मार्ग बनती हैं, और यदि असंतुलित हों तो *Negative* तथा *Destroyer Bent of Mind* की ओर ले जाती हैं।

वहीं नीचे की ओर गिरते तीर आतंकवाद, तानाशाही, जनसंख्या विस्फोट, अशिक्षा, भ्रष्टाचार, परमाणु खतरे और संकीर्ण सोच जैसे विनाशकारी तत्वों का प्रतिनिधित्व करते हैं। समग्र रूप से यह चित्र यह संदेश देता है कि वर्तमान युग में मानवता के सामने विकल्प स्पष्ट है-या तो संकीर्ण, नकारात्मक और विनाशकारी सोच, या फिर **"ज्ञान आधारित सार्वभौमिक दर्शन"** के माध्यम से पृथ्वी और मानव सभ्यता का संतुलित, शांतिपूर्ण और प्रबुद्ध भविष्य।

सीधी समझ

बड़ा वट वृक्ष (Big Banyan Tree), सैकड़ों वर्ष पुराना एक विशाल क्षेत्र में फैला वट वृक्ष है। जिसका मूल वृक्ष अब अस्तित्व में नहीं है उसके तनों से निकले सैंकड़ों जड़ वर्तमान में स्वयं एक वृक्ष, फिर उनके तनों से निकले सैंकड़ों जड़ भी वर्तमान में एक-एक वृक्ष के रूप में स्थापित हैं और सभी एक-दूसरे से जुड़े हुये हैं, बस जो नहीं है, वह है मूल वृक्ष। इस प्रकार सम्पूर्ण वृक्ष परिवार एक बड़े क्षेत्र में फैल चुका है और निरन्तर जारी भी है। प्रत्येक स्वयं स्वतन्त्र वृक्ष के रूप में स्थापित वृक्ष का अपने परिवार के रूप में तना, पत्ता, फूल और फल सब निकलते रहते हैं और जिसे जहाँ अर्थात् नजदीकी स्रोत से सुविधा अर्थात् खुराक मिल सकता हैं वहाँ से प्राप्त करते हुये विकास कर रहे हैं। इस कार्य में आपस में कोई विवाद नहीं है। कोई किसी पर अधिपत्य जमाना नहीं चाहता, ना ही अन्य के विकास में कोई बाधा पहुँचाता है। जिसको जिस ओर उचित वातावरण मिलता जाता है, उस ओर वह विकास कर रहा है। कुल मिलाकर स्व प्रेरित सुशासन की भाँति संचालित है। इस वट वृक्ष के सबसे बाद अर्थात् वर्तमान के तनों-पत्तों के लिए उसका जन्मदाता व पालनकर्ता के रूप में उसका नजदीकी जड़ ही है इसलिए उसकी कथा-कहानी वहीं से शुरू होती है और वहीं तक उसका ज्ञान है जो एक संकुचित और सीमित ज्ञान है। वह पूर्ण को नहीं जान रहा, उसका पूर्णत्व, सार्वभौम पूर्णत्व नहीं बल्कि सीमित पूर्णत्व है। सीमित पूर्णत्व में भी वह आनन्द में हैं और विकासशील है। उसका विकास होना सार्वभौम का ही विकास होना है परन्तु उसे उसका ज्ञान नहीं है और वह उस सार्वभौम के विकास में अपने योगदान को करते हुये भी स्वयं को गौरवान्वित नहीं अनुभव कर रहा है। सार्वभौम से युक्त होने के बाद भी उसे अपने परिवार से ही जुड़ा रहना उसकी विवशता भी है और इसके अलावा कोई अन्य मार्ग भी नहीं हैं। उसके सार्वभौम का मार्ग भी उसके अपने परिवार के ही मार्ग से होकर जाता है। वृक्ष के साथ यह मजबूरी भी है कि क्योंकि वह स्थिर है इसलिए उसका छोटा परिवार केवल पड़ोस तक के ही दायरे के सम्पर्क में है। दूसरे छोर के परिवार का क्या हाल है उसे कुछ नहीं पता।

हे मानवों, ये संसार भी उपरोक्त वट वृक्ष के सामन ही फैला हुआ है। परन्तु उस भाँति विकास नहीं कर रहा है। मनुष्य के अन्दर बीमारी की भाँति अधिकतम "शक्ति और लाभ (पावर और प्राफिट)" की दौड़ ने उसे अधिपत्य, अत्याचार, दूसरे को दबाना इत्यादि से युक्त कर दिया है। और जो इस दौड़ में नहीं हैं वे सीमित पूर्णत्व में आनन्द के साथ विकासशील हैं। उन्हें और भी तेज विकास की इच्छा है परन्तु उनके बुद्धि का दायरा ही सीमित है इसलिए उन्हें मार्ग नहीं मिल रहा है। यदि उनको मार्ग भी मिल रहा हो तो वट वृक्ष की भाँति उसके नजदीकी जन्मदाता ने उसे यह बता रखा है कि जब उस सार्वभौम का मार्ग मेरे ही रास्ते से जाता है तो जो मैं कह रहा हूँ उसे करो। और इसके लिए वे अपने परिवार के लिए अनेक प्रकार की प्रणाली दे रखे हैं। जबकि ये प्रणाली देने वाले उनके नजदीकी जन्मदाता स्वयं कहाँ से आये हैं स्वयं उन्हे भी नहीं पता। क्योंकि वे स्वयं भी उस वट वृक्ष के खो गये मूल जड़ की तरह अपने मूल जड़ को नहीं जानते। वे भी अपने नजदीकी जन्मदाता का ही अनुसरण कर रहे होते हैं। ये प्रणालीयाँ अनेक प्रकार की हैं उदाहरणस्वरूप कुछ मुख्य निम्नवत् हैं-

1 उनके द्वारा प्रस्तुत कुछ पुस्तकें होती हैं जिन्हें नियमानुसार प्रतिदिन पढ़ना होता है। पढ़ने के पूर्व शुद्धता की भी प्रक्रिया अनिवार्य होती है अन्यथा पुस्तकें परिणाम नहीं दे पायेंगी, ये भी शर्त होती हैं।

2 उनके द्वारा भोजन से सम्बन्धित कुछ नियम बना दिये जाते हैं कि क्या खाना है और क्या नहीं खाना है।

3 उनके द्वारा कोई मन्त्र दे कर उसे नियमानुसार जपने के लिए दे दिया जाता है।

4 उनके द्वारा किसी यन्त्र-तन्त्र द्वारा समस्या मुक्ति का उपाय बता दिया जाता है।

5 उनके द्वारा किसी विशेष प्रकार के रंग और ढ़ग के वस्त्र निर्धारित कर दी जाती है जिससे उनकी पहचान एक अलग रूप में हो। अर्थात् समाज का एक और विभाजन कर उसे प्रस्तुत कर देते हैं।

सामान्य रूप से सभी द्वारा अनिवार्य रूप से ये भी निर्धारित कर दी जाती है कि किसी दूसरे के नियमों को न तो जानना है, न सुनना है, न पढ़ना है और न ही उसमें शामिल होना है। अर्थात् एक गतिशील प्राणी मनुष्य को जिसे सदैव श्रेष्ठ से, श्रेष्ठतम और सर्वोच्च तक उठने-विकास करने के लिए निर्मित किया गया था, उसे एक सीमित

दायरे में बुद्धिबद्ध कर दिया गया। मनुष्य जिसका निर्माण अपनी मस्तिष्क को असीम क्षमता को विकसित कर ईश्वर रूप में व्यक्त होना था, उसे जड़ (स्थिर) बना दिया गया।

हे मानवों, मनुष्यों की सबसे बड़ी कमजोरी "स्वयं में गुणों का विकास कर स्वयं बन जाने या हो जाने" में नहीं बल्कि "पाने" की इच्छा है। इस पाने की इच्छा की कमजोरी का परिणाम ही है उपरोक्त अनेक प्रकार के बुद्धिबद्ध करने की विधियाँ।

हे मानवों, उपरोक्त के पृष्ठभूमि में उनका उद्देश्य केवल अपने स्वार्थ की पूर्ति के सिवाय कुछ नहीं होता। क्योंकि मार्गदर्शक या प्रेरक या शिक्षक का उद्देश्य स्वयं से श्रेष्ठ मानव का निर्माण होता है न कि सदैव जीवन भर एक ही प्रणाली या प्रक्रिया या कक्षा में पढ़ते-दुहराते रहने के लिए विवश करना। उपरोक्त के पृष्ठभूमि में शारीरिक-आर्थिक-मानसिक शोषण का ही कार्य विभिन्न प्रकार से चल रहा है। कोई अपने कृषि कार्य को मुफ्त में हल करवा रहा है, तो कोई अपने नाम के उत्पादों को सिर्फ उन्हें ही खरीदने के लिए बुद्धिबद्ध कर दिया है।

हे मानवों, इन सबको आस्था का व्यापार कहते हैं। जबकि मैं देख रहा हूँ कि प्रत्येक संस्कारित करने की क्रिया जो उस काल के लिए आस्था का विषय था। उसके अगले काल के लिए संस्कारित करने की नयी क्रिया उपलब्ध हो जाने के बावजूद, मानव शरीर पिछले काल के संस्कारित करने वाली क्रिया के प्रति आस्था रखते हुये मूर्खता का स्पष्ट प्रदर्शन कर रहा है। सभी कालों में, सभी संस्कारित करने की क्रियाओं में मैं (सार्वभौम आत्मा) ही आस्था का विषय था परन्तु क्रिया के प्रति आस्था रखना मूर्खता का स्पष्ट प्रमाण ही तो है। चाहे वह व्यक्तिगत इच्छा से हो या सामाजिक प्रदर्शन की इच्छा से। इन समस्त संस्कारित करने के क्रिया के पीछे जो रहस्य आज तक गोपनीय था उसे मैंने तुम्हारें समक्ष सार्वजनिक प्रकाशित कर दिया है। अब कुछ भी गोपनीय नहीं। बावजूद इसके प्रत्येक मनुष्य अपनी मूर्खता रूपी आस्था को प्रदर्शित करने के लिए स्वतन्त्र है। परन्तु वह मुझ (सार्वभौम आत्मा) को प्राप्त नहीं कर सकता। हे मानवों, ईश्वर बहुमत से नहीं निर्धारित किया जाता इसलिए ही उसे अनिवर्चनीय कहा गया है। किसी भी वस्तु के प्रति आस्था के विकास से और समस्त मानवों को उसके प्रति आस्थावान् बना देने से वह वस्तु गुण प्रकट कर वैसा नहीं बन सकती जैसा आप उम्मीद करते हो।

हे मानवों, एक तरह से देखा जाये तो उपरोक्त व्यवस्था से कोई समस्या है ही नहीं क्योंकि जिसकी इच्छा जहाँ से पूर्ति हो रही है और विकास का मार्ग मिल रहा है, वह वहाँ से जुडा हुआ है। इसलिए मानव सभ्यता पर आया यह दसवाँ और अन्तिम संकट, संकट होते हुये भी संकट जैसा नहीं दिखता। इस व्यवस्था से हमें कोई समस्या भी नहीं है। समस्या ये है कि धर्म को जिस उद्देश्य के लिए निर्मित किया गया था वही धर्म, संकट में है। यह धर्म ही उस वट वृक्ष का मूल है, सार्वभौम है, समष्टि है। इसके ज्ञान से युक्त दोनों को अर्थात् विशाल संसार रूपी वट वृक्ष के छोटे-छोटे परिवार के नेतृत्वकर्ता मुखिया सहित उसके सदस्यों को होना आवश्यक है। तभी परिवार के नेतृत्वकर्ता मुखिया द्वारा बनाये गये उपरोक्त प्रणाली-नियम परिणाम-फल दे पायेंगे जिसकी इच्छा परिवार के सदस्य करते हैं।

हमारी उत्पत्ति ज्ञान से हुई है। जिन्हें ज्ञान है वही अपने आप को संघर्ष में पाते हैं और सर्वश्रेष्ठता के लिए कर्मशील हैं। शेष सभी तो प्रकृति के अनुसार आते-जाते रहते हैं। इस ज्ञान को ही ब्रह्म (सार्वभौम एकात्म ज्ञान) कहते हैं। देवता रूप में इस ज्ञान को ब्रह्मा के रूप में प्रक्षेपित किया गया है। यह ज्ञान जिस-जिस अंगो द्वारा प्राथमिकता से अनुभव में आता है उतने प्रकार के मानव अपने-आप को उत्पन्न समझते हैं।

पुराण रचनाकार महर्षि व्यास ने ब्रह्मा अर्थात ज्ञान के पुत्रों का प्रक्षेपण किये हैं। ब्रह्मा के 10 मानस पुत्रों

01.मन (विचार) से ज्ञान प्राप्त करने वाले मरीचि

02.नेत्रों (देखकर) ज्ञान प्राप्त करने वाले अत्रि

03.मुख (वाणी) से ज्ञान प्राप्त करने वाले अंगिरा

04.कान (सुन) कर ज्ञान प्राप्त करने वाले पुलस्त्य

05.नाभि (केन्द्र) से ज्ञान प्राप्त करने वाले पुलह

06.हाथ (कर्म) से ज्ञान प्राप्त करने वाले कृतु

07.त्वचा (स्पर्श) से ज्ञान प्राप्त करने वाले भृगु

08.प्राण (श्वास) से ज्ञान प्राप्त करने वाले वशिष्ठ

09.अँगूठे (आत्मा) से ज्ञान प्राप्त करने वाले दक्ष

10.गोद (प्रेम) से ज्ञान प्राप्त करने वाले नारद

ये दस प्रकार ज्ञान से उत्पन्न है और इतने प्रकार के मानव निर्मित होकर संसार में विचरण कर रहे हैं। इसे ये न समझना चाहिए कि मन या नेत्र इत्यादि से कैसे ब्रह्मा ने अपने पुत्रों को उत्पन्न किया? चूंकि शरीर का अस्तित्व अस्थायी है इसलिए विचार के आधार पर ये मनुष्य के वर्ग या श्रेणी का निर्धारण है। इसे मानकीकरण (Standardization) या वर्गीकरण (Classification) भी कहा जा सकता है। जिस प्रकार आजकल मानकीकरण के शब्द ISOऔर ISI मार्का दिये जाते हैं।

नये भारत में, नये मनुष्य के उदय के लिए

आप लंगोट से जौकी पर आ गये...पायजामे से पतलून पर आ गये...नाड़े से बेल्ट पर आ गये...खड़ाऊँ से बूट पर आ गये...कलम से कीबोर्ड पर आ गये। पगडंडियों से एक्सप्रेस वे पर आ गये...चूल्हे से इंडक्शन कुकर पर आ गये...जंगलो से अपार्टमेंट तक आ गये। हल से ट्रैक्टर पर आ गये...पैदल से लक्ज़री जहाज़ों पर आ गये...दीये-मशाल से एलईडी पर आ गये...आप लैंडलाइन से ओरियो एंड्रॉयड तक आ गये...तीर-कमान और गदा से ऑटोमैटिक बंदूकों और मिसाइलों पर आ गये। दुनियां चाँद पे चली गई...मंगल की छाती पर नासा ने रोबोट उतार दिया....शनि मंगल सूर्यग्रहण-चन्द्रग्रहण के हर रहस्य से पर्दा उठ गया!

आप पाँच हज़ार ईसापूर्व और पाँचवी-छठवीं शताब्दी से इक्कीसवी शताब्दी में आ गये...आप लगातार अपडेट होते रहे हैं!!! मगर फिर भी तुम ग्रह-नक्षत्रों को...शनि-मंगल को जन्मकुंडली में देख-देख कर काँप रहे हो। अपना भविष्य सुधारने के लिए बाबा-बाबियों का रास्ता नाप रहे हो। क्या इसी दिन के लिए तुमने बी.एससी, एम.एससी पीएच.डी की थी?? कि तुम पढ़े-लिखे जाहिलों की फौज में शामिल हो जाना! क्या इसी दिन के लिए तुम डॉक्टर, इंजीनियर, वकील, मजिस्ट्रेट या प्रोफेसर बने थे? कि बंगले पर काली हांडी टांगना! निम्बू मिर्ची टांगना! नजर न लगने से एक पैर में काला धागा बांधना?? और अपने उज्ज्वल भविष्य की भीख किसी बाबा-बाबी के दर पर नाक रगड़ के मांगना?

देश आजाद हो गया! दुनिया आजाद हो गई! आखिर कब मिलेगी तुम्हें आजादी?? इस अंधी मानसिक गुलामी से? दुनिया रोज नए-नए आविष्कार कर रही है! तुम हजारों साल पुरानी भाषा, संस्कृति, रीति, रिवाजो की वैज्ञानिक व्याख्या करने में लगे हो! क्या भारत पुनः विश्वगुरु तुम्हारे जैसे मनोरोगियों की वजह से कभी बन पाएगा? बंद कमरे में तुम्हारी चोटी कट जाती! अँधेरे में अकेले में तुम्हें भूत-पलीत सताते हैं! तुम्हें ही सारी दुनिया की नजर लगती है! डायन तो तुम्हारे हर घर में मौजूद है!! तुम्हारे तंत्र-मंत्र-यंत्र काम क्यों नहीं करते हैं? एक पैर में काले धागे वाला रक्षा सूत्र तुम्हारी चोंटी क्यों नहीं बचाता है? आखिर कब तक तुम मानसिक गुलाम रहोगे?

तुम्हारी समस्याएं लौकिक है। मगर तुम्हें हर समस्या का हल परलोक में नजर आता है! संसार तुम्हारे लिए स्वप्नवत् है माया है! भगवान की लीला है! नाटक है! भ्रम है! आखिर तुम्हें इस सपने से कौन जगाए? कब तक शब्दों के साथ बलात्कार करोगे? कब तक धोखे में रहोगे? कब तक हर सिद्धान्त हर आविष्कार को शास्त्रों ऋषि-मुनियों के माथे मड़ोगे??

तुम लोग को जो जगाए वही धर्मद्रोही, देशद्रोही, जातिवादी या नास्तिक है? चारुवाक, बुद्ध, महावीर, कपिल, कणाद गौतम, नागसेन, अश्वघोष, कबीर, नानक, रविदास, ओशो, फुले, शाहू, पेरियार, भीम, भगतसिंह, कोवूर, राहुल संस्कृत्यायन, दयानन्द, विवेकानंद, सबने विवेक लगाया! मगर फिर भी तुम्हारा विवेक नहीं जागा!

तुम्हारा धर्म कब अपडेट (Update) होगा?
तुम्हारी आस्था कब अपडेट (Update) होगी?
तुम्हारा ईश्वर कब अपडेट (Update) होगा?
तुम्हारी सोच कब अपडेट (Update) होगी?
तुम्हारे धर्म की किताबें कब अपडेट (Update) होंगी?

कम्प्यूटर और मोबाइल का साफ्टवेयर तो तुरन्त करते हो, तुम्हारे मस्तिष्क का साफ्टवेयर कब अपडेट (Update) होगा?

क्योंकि तुम विश्वगुरु के अहंकार की दारू पीकर गरीबी, अनपढ़ता, लिंगभेद, जातिभेद, भाषाभेद, क्षेत्रभेद, साम्प्रदायिकता की नाली में पड़े हो! आखिर तुम्हें कब मिलेगी आजादी? इस उम्दा मानसिक गुलामी से?

सोच के बता देना!!
आओ एक कदम शब्दों के उँचाइयों की ओर..........

IDEAS + ACTION = CHANGE

व्यवस्था के परिवर्तन या सत्यीकरण का पहला प्रारूप और उसकी कार्य विधि

उदाहरण के रूप में, यदि किसी शिक्षित व्यक्ति जिसे अंकगणित का ज्ञान हो, उसके समक्ष संख्या 5 लिख दिया जाये और उससे कहा जाये कि इस संख्या के आगे और पीछे की संख्या लिखें तो वह आसानी से उसे लिख देगा परन्तु अंकगणित का अज्ञानी ऐसा नहीं कर पायेगा। उसका सारा ध्यान केवल संख्या 5 पर ही टिका रह जायेगा क्योंकि वह संख्या पद्धति से अपरिचित है। अगर वह कुछ लिख भी देगा तो वह आवश्यक नहीं कि सत्य हो और उसमें सुधार की पूरी सम्भावना बनी रहेगी। समाज सुधार के क्षेत्र में भी यही बात है। हम एक समस्या देखते हैं फिर उसमें कुछ सुधार कर देते हैं। फल यह होता है कि कुछ समय बाद पुनः उसमें सुधार की आवश्यकता आ जाती है।

जितने अधिक आकड़ों को विश्लेषित कर हम परिणाम को खोजेंगे उतने ही सत्य परिणाम हमारे सामने आयेंगे। प्रस्तुत शास्त्र व्यक्त अधिकतम आकड़ों के व्यवस्थित प्रस्तुतीकरण का शास्त्र है। दूसरे रूप में इसे धर्म ज्ञान का बैलेन्ससीट भी कह सकते है। इन सम्पूर्ण आकड़ों पर आधारित होकर व्यक्ति, समाज और विश्व राष्ट्र के लिए लिया गया निर्णय ही एक सत्य निर्णय हो सकता है। समाज सुधार के सम्बन्ध में स्वामी विवेकानन्द का कहना है कि-"तथाकथित समाज-सुधार के विषय में हस्तक्षेप न करना क्योंकि पहले आध्यात्मिक सुधार हुये बिना अन्य किसी भी प्रकार का सुधार हो नहीं सकता (राम पृष्ठ मिशन, पत्रावली भाग-1, पृष्ठ-29), भारत के शिक्षित समाज से मैं इस बात पर सहमत हूँ कि समाज का आमूल परिवर्तन करना आवश्यक है। पर यह किया किस तरह जाये? सुधारकों की सब कुछ नष्ट कर डालने की रीति व्यर्थ सिद्ध हो चुकी है। मेरी योजना यह है, हमने अतीत में कुछ बुरा नहीं किया। निश्चय ही नहीं किया। हमारा समाज खराब नहीं, बल्कि अच्छा है। मैं केवल चाहता हूँ कि वह और भी अच्छा हो। हमें असत्य से सत्य तक अथवा बुरे से अच्छे तक पहुँचना नहीं है। वरन् सत्य से उच्चतर सत्य तक, श्रेष्ठ से श्रेष्ठतर और श्रेष्ठतम तक पहुँचना है। मैं अपने देशवासियों से कहता हूँ कि अब तक जो तुमने किया, सो अच्छा ही किया है, अब इस समय और भी अच्छा करने का मौका आ गया है।"-(राम पृष्ठ मिशन, जितने मत उतने पथ, पृष्ठ-46)

व्यक्ति हो या ज्ञानी, समाज हो या राज्य, देश हो या विश्व, समाज नेता हों या राजनेता सभी को अब यह जान लेना चाहिए कि विश्व एक परिवार है और उस परिवार का शास्त्र-"विश्वशास्त्र" है। जब तक यह शास्त्र उपलब्ध नहीं था तब तक इस विश्व परिवार के एकीकरण का मार्ग नहीं खुला था, अब वह मार्ग मिल चुका है। कोई भी समाज निर्माण या युग परिवर्तन का कार्य एक क्षण का कार्य नहीं है। यह एक लम्बी अवधि की प्रक्रिया का कार्य है। इसे हम उन समाज सुधारकों के संस्थाओं के कार्य को देख कर अनुभव कर सकते हैं।

व्यवस्था परिवर्तन, एक राजनीतिक लुभावना वाला शब्द है। वह कैसे होगा, इसके लिए एक प्रारूप की आवश्यकता होती है अगर वह नहीं है तो व्यवस्था परिवर्तन चिल्लाने से नहीं होता। फिर व्यवस्था परिवर्तन किस बात का? मानव समाज को संचालित करने के लिए तो सिर्फ दो ही मूल व्यवस्था है-एक राजतन्त्र, जिसका युग जा चुका है। दूसरा-लोकतन्त्र, जिसका युग चल रहा है और यही अन्तिम व्यवस्था भी बनी रहेगी क्योंकि ब्रह्माण्डीय व्यवस्था भी लोकतन्त्र से ही चल रहा है और मनुष्य के मस्तिष्क से अन्ततः वही व्यक्त हो रहा है। लोकतन्त्र से हम राजतन्त्र में नहीं जा सकते इसलिए व्यवस्था परिवर्तन का अर्थ ही निरर्थक है।

आवश्यकता है वर्तमान लोकतन्त्र व्यवस्था को ही सत्य आधारित करने की जिसे व्यवस्था सत्यीकरण कहा जा सकता है। इस कार्य में हमें मानकशास्त्र की आवश्यकता है जिससे तोल कर यह देख सके कि इस लोकतन्त्र व्यवस्था में कहाँ सुधार करने से सत्यीकरण हो जायेगा। यह मानकशास्त्र ही "विश्वशास्त्र" है। सिर्फ मतदाता बनने व वोट डालने से ही लोकतन्त्र स्वस्थ नहीं हो सकता। उसके लिए देश व विश्व के पूर्ण ज्ञान की आवश्यकता होगी। इसलिए आवश्यक है कि प्रत्येक मतदाता "विश्वशास्त्र" के ज्ञान से युक्त हो।

अच्छा होता कि हमारे राजनेतागण कुछ दिनों के लिए सन्यास लेकर थोड़ा कुछ अध्ययन-चिंतन करते रहते ताकि उन्हें बार-बार लक्ष्य के लिए शब्दों का परिवर्तन न करना पड़ता। एक ही स्थिति में बहुत समय तक रहने पर बुद्धि, बद्ध हो जाती है। एक-एक सीढ़ी चढ़कर, पहुँच गये-पहुँच गये चिल्लाने से अच्छा है कि अन्तिम सीढ़ी पर पर बैठकर चिल्लाना कि पहुँच गये।

चाहे कुछ हो यदि प्रारूप नहीं, तो न तो व्यवस्था परिवर्तन हो सकता है, न ही व्यवस्था सत्यीकरण हो सकता है, न ही सम्पूर्ण क्रान्ति। भीड़ से क्रान्ति नहीं सिर्फ हंगामा होता है। भीड़ में जोश होता है, होश नहीं।

इस मानक शास्त्र के प्रस्तुत हो जाने से व्यवस्था परिवर्तन की नहीं बल्कि व्यवस्था के सत्यीकरण का मार्ग खुल चुका है। जिसका व्यक्ति, समाज और विश्व राष्ट्र को आवश्यकता भी है। किसी एक विषय पर बहुत अधिक पुस्तक मस्तिष्क को भ्रमित ही करती है। यह शास्त्र प्रारम्भ से अन्त तक के विकास को क्रमबद्ध प्रस्तुत करता है जिससे हम सभी एक सत्य निर्णय करने में सक्षम हों और पूर्ण ज्ञान से युक्त हो जायें और हमारा कोई भी सुधार एक स्थायी, अच्छा और दूरगामी परिणाम देने वाला हो।

प्रश्न यह भी उठता है कि परिवार का मुखिया जिसके द्वारा परिवार का संचालन होता है, यदि वह परिवार के हित व विकास के विषय में कर्म न करता हो तो क्या परिवार का सदस्य उसमें हस्तक्षेप करने का अधिकारी है या नहीं? यही बात देश को चलाने वाले संसद के विषय में भी है। यदि संसद स्वयं देशहित व जनहित के प्रति उदासीन हो जाये तो क्या जनता संसद को मार्गदर्शन देने का अधिकार नहीं रखती? यदि नहीं तो संविधान की धारा-51(ए) के अन्तर्गत नागरिक का मौलिक कर्तव्य की उपयोगिता क्या है? ध्यान रखने योग्य विषय यह है कि कोई भी चुना हुआ प्रतिनिधि सिर्फ उतने ही बड़े क्षेत्र का प्रतिनिधि होता है जिस क्षेत्र से वह चुना जाता है। भारत में ऐसा कोई प्रतिनिधि जनता से नहीं चुना जाता जो भारत का प्रतिनिधित्व करता हो और जब तक भारत का प्रतिनिधित्व करने वाला चुनाव नहीं होता या भारत की जनता का राष्ट्रीय मुद्दों पर विचार कर संसद के कर्तव्य का बोध कराने वाली स्वतन्त्र संस्था नहीं बन जाती, तब तक जनता को संसद को संविधान की धारा-51(ए) के अन्तर्गत नागरिक का मौलिक कर्तव्य के अनुसार न्यायालय व संसद के माध्यम से सरकार को मार्गदर्शन देने का कर्तव्य करना चाहिए जो उसका अधिकार भी है।

वे शब्द जिसके बिना युग परिवर्तन सम्भव नहीं

सन् 1893 से सन् 1993 के 100 वर्षों के समय में विश्व के बौद्धिक शक्ति को जिन्होंने सबसे अधिक हलचल दी वे हैं-धर्म की ओर से स्वामी विवेकानन्द और धार्मिकता की ओर से आचार्य रजनीश"ओशो"। मनुष्य जिस प्रकार भौतिक विज्ञान के नवीन आविष्कारों को आसानी से ग्रहण करता है उसी प्रकार धर्म-आध्यात्म-दर्शन के नवीन आविष्कारों को भी मनुष्य को ग्रहण करना चाहिए, तभी मानसिक-आध्यात्मिक स्वतन्त्रता का अनुभव हो सकेगा। अन्यथा पूर्ण शारीरिक गुलामी का समय बीत चुका, आर्थिक गुलामी का काल चल रहा है और मानसिक गुलामी के काल चक्र में मनुष्य फँस जायेगा।

स्वामी विवेकानन्द जी का कहना था-

- "उसी मूल सत्य की फिर से शिक्षा ग्रहण करनी होगी, जो केवल यहीं से, हमारी इसी मातृभूमि से प्रचारित हुआ था। फिर एक बार भारत को संसार में इसी मूल तत्व का-इसी सत्य का प्रचार करना होगा। ऐसा क्यों है? इसलिए नहीं कि यह सत्य हमारे शास्त्रों में लिखा है वरन् हमारे राष्ट्रीय साहित्य का प्रत्येक विभाग और हमारा राष्ट्रीय जीवन उससे पूर्णतः ओत-प्रोत है। इस धार्मिक सहिष्णुता की तथा इस सहानुभूति की, मातृभाव की महान शिक्षा प्रत्येक बालक, स्त्री, पुरुष, शिक्षित, अशिक्षित सब जाति और वर्ण वाले सीख सकते हैं। तुमको अनेक नामों से पुकारा जाता है, पर तुम एक हो।" (जितने मत उतने पथ, राम कृष्ण मिशन, पृष्ठ-39)।
- "अत: यदि भारत को महान बनाना है, तो इसके लिए आवश्यकता है संगठन की, शक्ति संग्रह की और बिखरी हुई इच्छाशक्ति को एकत्र कर उसमें समन्वय लाने की। अथर्ववेद संहिता की एक विलक्षण ऋचा याद आ गयी जिसमें कहा गया है, "तुम सब लोग एक मन हो जाओ, सब लोग एक ही विचार के बन जाओ। एक मन हो जाना ही समाज गठन का रहस्य है बस इच्छाशक्ति का संचय और उनका समन्वय कर उन्हें एकमुखी करना ही सारा रहस्य है।" (देखें "नया भारत गढ़ो" पृष्ठ संख्या-55)
- "यह भी न भूलना चाहिए कि हमारे बाद जो लोग आएंगे, वे उसी तरह हमारे धर्म और ईश्वर सम्बन्धी धारणा पर हँसेंगे, जिस तरह हम प्राचीन लोगों के धर्म और ईश्वर की धारणा पर हँसते हैं। यह सब होने पर भी, इन सब ईश्वर सम्बन्धित धारणाओं का संयोग करने वाला एक स्वर्ण सूत्र है और वेदान्त का उद्देश्य है-इस सूत्र की खोज करना। भागवान कृष्ण ने कहा है-""भिन्न भिन्न मणियाँ जिस प्रकार एक सूत्र में पिरोयी जा सकती हैं, उसी प्रकार इन सब विभिन्न भावों के भीतर भी एक सूत्र विद्यमान है।" (देखें "ज्ञानयोग", पृष्ठ संख्या-65) ,
- "एक शब्द में वेदान्त का आदर्श है-मनुष्य के सच्चे स्वरूप को जानना।" (देखें "विवेकानन्द राष्ट्र को आह्वान", पृष्ठ सं0-48)।
- यदि हम अपने व्यक्तिगत एवं सामूहिक जीवन में वैज्ञानिक चेतना सम्पन्न एवं आध्यात्मिक एक साथ न हो पाए, तो मानवजाति का अर्थपूर्ण अस्तित्व ही संशय का विषय हो जाएगा। (विज्ञान और आध्यात्मिकता, पृष्ठ-9)
- हमेशा यूरोप से सामाजिक तथा एशिया से आध्यात्मिक शक्तियों का उद्भव होता रहा है एवं इन दोनों शक्तियों के विभिन्न प्रकार के सम्मिश्रण से ही जगत का इतिहास बना है। वर्तमान मानवेतिहास का एक और नवीन पृष्ठ धीरे-धीरे विकसित हो रहा है एवं चारो ओर उसी का चिन्ह दिखाई दे रहा है। कितनी ही नवीन योजनाओं का उद्भव तथा नाश होगा, किन्तु योग्यतम वस्तु की प्रतिष्ठा सुनिश्चित है, सत्य और शिव की अपेक्षा योग्यतम वस्तु और हो ही क्या सकती है? (पत्रावली भाग-1, पृष्ठ-310)

स्वामी विवेकानन्द के अनुसार शब्द से सृष्टि का रहस्य

01. बृहत् ब्रह्माण्ड में भी ब्रह्मा, हिरण्यगर्भ या समष्टि महत् ने पहले अपने आप को नाम के, और फिर बाद में रुप के आकार में अर्थात् इस परिदृश्यमान जगत के आकार में अभिव्यक्त किया। (भक्ति योग, पृष्ठ-44)
02. यह सारा व्यक्त इन्द्रियग्राह्य जगत रुप है, और इसके पीछे है अनन्त अव्यक्त स्फोट। स्फोट का अर्थ-समस्त जगत की अभिव्यक्ति का कारण शब्द-ब्रह्म है। समस्त नामों अर्थात् भावों की नित्य समवायी उपादान स्वरुप यह नित्य स्फोट ही वह शक्ति है, जिससे भगवान इस विश्व की सृष्टि करते हैं। यही नहीं बल्कि भगवान पहले स्फोट रुप में परिणत हो जाते हैं और तत्पश्चात् अपने को उससे भी स्थूल इस इन्द्रियग्राह्य जगत के रुप में परिणत कर लेते हैं। (भक्ति योग, पृष्ठ-45)
03. इस स्फोट का एक मात्र वाचक शब्द है-"ऊँ"। और चूँकि हम किसी भी उपाय से शब्द को भाव से अलग नहीं कर सकते, इसलिए यह "ऊँ" भी इस नित्य स्फोट से नित्य संयुक्त है। (भक्ति योग, पृष्ठ-45)
04. एकमेव यह "ऊँ" ही इस प्रकार सर्वभावाव्यापी वाचक शब्द है, अन्य कोई भी इसके समान नहीं। स्फोट ही सारे भावों का उपादान है, फिर भी वह स्वयं पूर्ण रुप से विकसित कोई विशिष्ट भाव नहीं है। अर्थात् यदि उन सब भेदों को, जो एक भाव को दूसरे से अलग करते हैं, निकाल दिया जाय, तो जो कुछ बचा रहता है, वही स्फोट है। इसलिए इस स्फोट को "नादब्रह्म" कहते हैं। (भक्ति योग, पृष्ठ-45)
05. जो वाचक शब्द उसे सब से कम विशेषभावापन्न करेगा, पर साथ ही उसके स्वरुप को यथासम्भव पूरी तरह प्रकाशित करेगा, वही उसका सबसे सच्चा वाचक होगा। और यह वाचक शब्द है-एकमात्र "ऊँ" क्योंकि ये तीनों अक्षर अ, उ और म्, जिनका एक साथ उच्चारण करने से "ऊँ" होता है, समान शब्दों के साधारण वाचक के तौर पर लिये जा सकते हैं। (भक्ति योग पृष्ठ, पृष्ठ-46)
06. अक्षर "अ" सारे अक्षरों में सबसे कम विशेषभावापन्न है। इसीलिए भगवान श्रीकृष्ण गीता में कहते हैं-"अक्षरों में मैं "अ" कार हूँ। " (गीता,10/33) स्पष्ट रुप से उच्चारित जितने भी शब्द हैं, उनकी उच्चारण क्रिया मुख में जिह्वा के मूल से आरम्भ होती है और ओठों में आकर समाप्त हो जाती है। "अ" जिह्वा मूल अर्थात् कण्ठ से उच्चारित होता है, और "म" ओठों से होने वाला अन्तिम शब्द है। और "उ" उस शक्ति का सूचक है, जो जिह्वा मूल से आरम्भ होकर मुँह भर में लुढ़कती हुई ओठों में आकर समाप्त हो जाती है। यदि "ऊँ" का उच्चारण ठीक ढंग से किया जाय, तो इसके शब्दोच्चारण की सम्पूर्ण क्रिया सम्पन्न हो जाती है-दूसरे किसी भी शब्द में यह शक्ति नहीं। (भक्ति योग, पृष्ठ-46)
07. जिस प्रकार अल्पतम् विशेष भावात्मक तथा सार्वभौमिक वाचक शब्द "ऊँ" के सम्बन्ध में वाच्य और वाचक आपस में अभेद्य रुप से सम्बद्ध हैं उसी प्रकार वाच्य और वाचक का यह अविच्छिन्न सम्बन्ध भगवान और विश्व के विभिन्न खण्ड भावों पर भी लागू है, अतएव उनमें से प्रत्येक का एक विशिष्ट वाचक शब्द होना आवश्यक है। (भक्ति योग, पृष्ठ-47)
08. ये वाचक शब्द ऋषियों की गम्भीरतम आध्यात्मिक अनुभूति से उत्पन्न हुए हैं और वे भगवान तथा विश्व के जिन विशेष-विशेष खण्ड भाव के वाचक हैं, उन विशेष भावों को यथासम्भव प्रकाशित करते हैं। जिस प्रकार "ऊँ" अखण्ड ब्रह्म का वाचक है, उसी प्रकार अन्यान्य मंत्र भी उसी परम पुरुष के खण्ड-खण्ड भावों के वाचक हैं। ये सभी ईश्वर के ध्यान और प्रकृत ज्ञान की प्राप्ति में सहायक हैं। (भक्ति योग, पृष्ठ-47)
09. सृष्टि के पूर्व ब्रह्म शब्दात्मक बनते है, फिर ओंकारात्मक या नादात्मक होते है। तत्पश्चात पहले कल्पों के विशेष शब्द जैसे-भूः, भुवः, स्व-अथवा गो, मानव, घट, पट इत्यादि का प्रकाश उसी आंेकार से होता है। सिद्ध संकल्प ब्रह्म में क्रमश-एक-एक शब्द के होते ही उसी क्षण उन सब पदार्थो का भी प्रकाश हो जाता है और इस विचित्र जगत् का विकास हो उठता है। अब समझे न कि कैसे शब्द ही सृष्टि का मूल है। -स्वामी विवेकानन्द (विवेकानन्द जी के संग में पृष्ठ-62)
10. यह सारा व्यक्त इन्द्रिय ग्राह्य जगत रूप है, और इसके पीछे है अनन्त अव्यक्त स्फोट। स्फोट का अर्थ-समस्त जगत की अभिव्यक्ति का कारण शब्द-ब्रह्म। समस्त नामों अर्थात् भावों की नित्य समवायी उपादान स्वरूप यह नित्य स्फोट ही वह शक्ति है, जिससे भगवान इस विश्व की सृष्टि करते है। यही नहीं बल्कि भगवान पहले स्फोट-रूप में परिणत हो जाते है और तत्पश्चात अपने को उससे भी स्थूल इस इन्द्रिय ग्राह्य जगत् के रूप में परिणत कर लेते है। -स्वामी विवेकानन्द (राजयोग-पृष्ठ-45)

आचार्य रजनीश"ओशो" का कहना था-

- "श्रीकृष्ण का महत्व अतीत के लिए कम भविष्य के लिए ज्यादा है। सच ऐसा है कि कृष्ण अपने समय से कम से कम पाँच हजार वर्ष पहले पैदा हुये। सभी महत्वपूर्ण व्यक्ति अपने समय से पहले पैदा होते हैं और

सभी गैर महत्वपूर्ण व्यक्ति अपने समय के बाद पैदा होते हैं। बस महत्वपूर्ण और गैर महत्वपूर्ण में इतना फर्क है और सभी साधारण व्यक्ति अपने समय के साथ पैदा होते हैं महत्वपूर्ण व्यक्ति को समझना आसान नहीं होता। उसका वर्तमान और अतीत उसे समझने में असमर्थता अनुभव करता है जब हम समझने योग्य नहीं हो पाते तब हम उसकी पूजा शुरु कर देते हैं या तो हम उसका विरोध करते हैं। दोनों पूजाएं हैं एक मित्र की एक शत्रु की।"

- उसके लिए सब हंसी खेल है, सब लीला है। इसलिए हमने कृष्ण को पूर्णावतार कहा। राम गम्भीर हैं छोटी-छोटी बात का हिसाब रखते हैं। नियम मर्यादा से चलते हैं- मर्यादा पुरूषोत्तम हैं। कृष्ण अमर्याद हैं न कोई नियम है न कोई मर्यादा। कृष्ण के लिए जीवन लीला है।
- धर्म कोई विषय थोड़े ही है। धर्म की कोई सीमा थोड़े ही है। धर्म तो समस्त जीवन का नाम है। जीवन में जो कुछ भी समाविष्ट है, धर्म उस सभी के सम्बन्ध में वक्तव्य देने का हकदार है। राजनीतिज्ञ, धर्म के सम्बन्ध में वक्तव्य नहीं दे सकता क्योंकि राजनीति की सीमा है। लेकिन धार्मिक व्यक्ति, राजनीति के सम्बन्ध में वक्तव्य दे सकता है क्योंकि धर्म की कोई सीमा नही है धर्म असीम है, धर्म तो पूरे जीवन को घेरता है जैसे आकाश घेरता है। धर्म से तो कोई भी चीज छोड़ी नहीं जा सकती। धार्मिक व्यक्ति की दृष्टि तो सब सम्बन्धों में होगी।
- जो एक गुरू बोल रहा है, वह अनन्त सिद्धों की वाणी है। अभिव्यक्ति में भेद होगा, शब्द अलग होंगे, प्रतीक अलग होंगे मगर जो एक सिद्ध बोलता है, वह सभी सिद्धों की वाणी है। इनसे अन्यथा नहीं हो सकता है। इसलिए जिसने एक सिद्ध को पा लिया, उसने सारे सिद्धों की परम्परा को पा लिया। क्योंकि उनका सूत्र एक ही है। कुंजी तो एक ही है, जिसमें ताला खुलता है अस्तित्व का।
- "इस देश को कुछ बाते समझनी होगी। एक तो इस देश को यह बात समझनी होगी कि तुम्हारी परेशानियों, तुम्हारी गरीबी, तुम्हारी मुसीबतों, तुम्हारी दीनता के बहुत कुछ कारण तुम्हारे अंध विश्वासों में है, भारत कम से कम डेढ़ हजार साल पिछे घिसट रहा है। ये डेढ़ हजार साल पूरे होने जरूरी है। भारत को खिंचकर आधुनिक बनाना जरूरी है। मेरी उत्सुकता है कि इस देश का सौभाग्य खुले, यह देश भी खुशहाल हो, यह देश भी समृद्ध हो। क्योंकि समृद्ध हो यह देश तो फिर राम की धुन गुंजे, समृद्ध हो यह देश तो फिर लोग गीत गाँये, प्रभु की प्रार्थना करें। समृद्ध हो यह देश तो मंदिर की घंटिया फिर बजे, पूजा के थाल फिर सजे। समृद्ध हो यह देश तो फिर बाँसुरी बजे कृष्ण की, फिर रास रचे! यह दीन दरिद्र देश, अभी तुम इसमें कृष्ण को भी ले आओंगे तो राधा कहाँ पाओगे नाचनेवाली? अभी तुम कृष्ण को भी ले आओगे, तो कृष्ण बड़ी मुश्किल में पड़ जायेंगे, माखन कहाँ चुरायेगें? माखन है कहाँ? दूध दही की मटकिया कैसे तोड़ोगे? दूध दही की कहाँ, पानी तक की मटकिया मुश्किल है। नलों पर इतनी भीड़ है! और एक आध गोपी की मटकी फोड़ दी, जो नल से पानी भरकर लौट रही थी, तो पुलिस में रिपोर्ट दर्ज करा देगी कृष्ण की, तीन बजे रात से पानी भरने खड़ी थी नौ बजते बजते पानी भर पायी और इन सज्जन ने कंकड़ी मार दी। धर्म का जन्म होता है जब देश समृद्ध होता है। धर्म समृद्ध की सुवास है। तो मैं जरूर चाहता हूँ यह देश सौभाग्यशाली हो लेकिन सबसे बड़ी अड़चन इसी देश की मान्यताएं है। इसलिए मैं तुमसे लड़ रहा हूँ। तुम्हारे लिए।"

व्यक्ति-समाज-राज्य-विश्व की आवश्यकता, भविष्यवक्ताओं की भविष्यवाणीयां, ग्रहों के चालों, सूर्य व चन्द्र ग्रहण, सामाजिक-राजनीतिक विचारकों के विचार-सपनें-उम्मीद इत्यादि युग परिवर्तन की ओर दिशा निर्देश कर रहीं हैं। ऐसे में सृष्टि के लिए सार्वभौम सर्वोच्च अन्तिम अर्थों वाले शब्दों (जिसकी सूची अगले पृष्ठ पर दी गई है।) **पर चर्चा ही एक मात्र युग परिवर्तन का मार्ग है।**

वे सार्वभौम एकात्म शब्द जिसके बिना युग परिवर्तन सम्भव नहीं (सर्वोच्च, अन्तिम और दृश्य)

क्र.सं. विषय क्षेत्र	सम्बन्धित क्षेत्र से मुख्य नाम
01. विश्व क्षेत्र	विश्व संविधान / साहित्य / विचार / सिद्धान्त / प्रबन्ध / दर्शन / मत / मानव / एकता / शान्ति / विकास / स्थिरता / आत्मा / अभिनेता / बुद्धि / राजनीति / क्रांति
02. राज्य क्षेत्र	विश्व (राष्ट्र) ऐजेण्डा–2012+ (WORLD NATION AGENDA-2012+) विश्व व्यवस्था का अधिकतम एवं न्यूनतम साझा कार्यक्रम
03. समाज क्षेत्र	लोक / गण / जन ऐजेण्डा–2012+ (PUBLIC AGENDA-2000+)
04. धर्म क्षेत्र	वेदान्त धर्म स्थापना
05. साहित्य क्षेत्र	विश्व साहित्य–"विश्वभारत" समाहित "विश्वशास्त्र" साहित्य– आदर्श वैश्विक व्यक्ति चरित्र कथा साहित्य
06. सामाज शास्त्र	मानक / जन / गण / लोक शास्त्र
07. धर्मशास्त्र	धर्मयुक्त नाम – कर्मवेदः प्रथम, अन्तिम और पंचम वेद और आधारित उपनिषद् (व्यष्टि एवं समष्टि) सर्वधर्मसमभाव / धर्मनिरपेक्ष नाम – मन की गुणवत्ता का विश्व मानक : शून्य श्रृंखला (व्यष्टि एवं समष्टि)
08. मानक क्षेत्र	मन की गुणवत्ता का विश्व मानक : शून्य श्रृंखला
09. अदृश्य विज्ञान	दृश्य आध्यात्म विज्ञान
10. दृश्य विज्ञान	धर्म विज्ञान या एकात्म विज्ञान (Integration Science)
11. इंजीनियरिंग	सत्य सामाजिक अभियंत्रण (Real Social Engineering)
12. तकनीकी	सत्य सामाजिक तकनीकी (Real Social Technology) : WCM-TLM-SHYAM.C Technology
13. संविधान	विवादमुक्त तन्त्रों पर आधारित संविधान
14. राजनीति	सत्य राजनीति / राजनीति–2012+ (POLITICS-2012+)
15. संगठन	विश्व राजनीतिक पार्टी संघ (World Political Party Organisation- WPPO)
16. शिक्षा	पूर्णज्ञान / पूर्ण शिक्षा प्रणाली / शिक्षा -2012+ (EDUCATION-2012+)
17. राष्ट्र सम्बन्ध	आदर्श राष्ट्रीय नागरिक
18. वेदान्त	कर्म वेदान्त : वेदान्त की अन्तिम शाखा
19. मतवाद	एकात्म कर्मवाद : एकात्म मानवतावाद का व्यावहारिक रुप
20. दार्शनिक	विकास दर्शन (Development Philosophy)
21. क्रांति	संपूर्ण क्रांति (Complete Revolution) : प्रलय, स्थिति एवं सृष्टि
22. सांस्कृतिक	भोगेश्वरः भोग (पाश्चात्य) + ईश्वर (प्राच्य) = एकात्म या ईश्वरत्व भाव से भोग
23. मन	विश्व मन (WOLD MIND)
24. मानव	विश्वमानव (विश्वमन से युक्त)
25. मनु	8वें मनु – सावर्णि मनु
26. अवतार	भगवान विष्णु के 10वें और अन्तिम तथा भगवान शंकर के 22वें और अन्तिम संयुक्तावतार (निष्कलंक कल्कि एवं भोगेश्वर)
27. निराकार ब्रह्म	सार्वभौम सत्य–सिद्धान्त (UNIVERSAL TRUTH-THEORY) : विश्व–बन्धुत्व का सिद्धान्त
28. साकार ब्रह्म	लव कुश सिंह
29. पुनर्जन्म–सत् मार्ग से	बुड्ढा कृष्ण (कृष्ण भाग – 2 और अन्तिम) – कृष्ण की अगली और अन्तिम कड़ी
30. पुनर्जन्म–रज मार्ग से	स्वामी विवेकानन्द का पुनर्जन्म
31. पुनर्जन्म–तम मार्ग से	रावण की अगली कड़ी
32. आत्मा	दृश्य विश्वात्मा / शिव / ब्रह्म / मैं
33. अभिनय	वास्तविक जीवन का अभिनेता (Real Life Actor)
34. बम	ज्ञान बम – आध्यात्मिक न्यूट्रान बम
35. अस्त्र	अनियन्त्रित पशुपास्त्र (नारायणास्त्र या सु–दर्शन चक्र व ब्रह्मास्त्र समाहित)
36. माया	योग माया समाहित भोगमाया
37. ज्ञान	एकात्म कर्मज्ञान (शास्वत) : व्यष्टि एवं समष्टि
38. बुद्धि	विश्व बुद्धि व चेतना या सत्य चेतना : पूर्व व्यक्त सत्य चेतना
39. ध्यान व योग	दृश्य सत्य–क्रियाकलाप–एकात्म योग व ध्यान (अन्तिम योग व अन्तिम ध्यान)
40. मिशन	प्राकृतिक सत्य मिशन (Natural Truth Mission)–सर्वोच्च और अन्तिम मिशन
41. धार्मिक नगर	एकात्म काशी– जीवनदायिनी सत्यकाशी : पंचम, अन्तिम तथा सप्तम काशी
42. शक्ति	आत्मशक्ति (SPIRIT POWER), मस्तिष्क शक्ति (BRAIN POWER), मन शक्ति (MIND POWER), सत्य शक्ति (TRUTH POWER)
43. जीवन कथा	विश्वमानव लीला / दर्पण : दो विपरीत दिशाओं के साथ प्रथम एवं अन्तिम कथा
44. प्रेम और कर्म	शास्वत प्रेम और कर्म
45. समन्वय	अन्तिम समन्वय–सिद्धान्त
46. आचार्य	अन्तिम समन्वयाचार्य
47. कला	विश्वमानव कला (कृष्ण कला समाहित)
48. परिचालन प्रणाली	अवतार का परिचालन प्रणाली : मानव–10 (Avatar's Operating System-AOS : Human-10)
49. शंकराचार्य पीठ	सत्यकाशी पीठ : पंचम और अन्तिम शंकराचार्य पीठ

भाग-7

केन्द्र या मध्य (भारत) में पांचवां और अन्तिम सत्यकाशी पीठ

सत्यकाशी पीठः स्थान

सत्यकाशी पीठः इतिहास और उद्देश्य

पाँचवाँ और अंतिम शंकराचार्य पीठः इसकी विशेषता

"हिन्दू धर्म की जो पकड़ थी, वह इस समय कमजोर पड़ गयी है क्योंकि भारतीय स्वतंत्रता आन्दोलन के समय से राजनेताओं का वर्चस्व बढ़ा और उन्होंने धर्म रक्षकों को दबा दिया, जिसके परिणामस्वरूप 163 साल तक शंकराचार्य की पदवी खाली रही। इसलिए आवश्यक है कि शिक्षा के क्षेत्र में धर्म की स्थापना हो। स्वस्थ एवं श्रेष्ठ साहित्य का सृजन हो। महापुरूषों को घूम-घूम कर सनातन धर्म का प्रचार-प्रसार करना चाहिए जिससे लोगों के हृदय में भारतीय धर्म-शास्त्र के प्रति आस्था-विश्वास बढ़े।"

- स्वामी स्वरूपानन्द (द्वारिका पीठाधीश्वर जगद्‌गुरू शंकराचार्य)
साभार - दैनिक आज, समाचार पत्र, वाराणसी, दि0 10-5-1997

स्पष्टिकरण

सत्य से सार्वभौम सत्य-सिद्धान्त तक का मार्ग अवतारों का मार्ग है। सार्वभौम सत्य-सिद्धान्त की अनुभूति ही अवतरण है। इसके अंश अनुभूति को अंश अवतार तथा पूर्ण अनुभूति को पूर्ण अवतार कहते है। ग्रन्थों में अवतारों की कई कोटि बतायी गई है जैसे अंशाशावतार, अंशावतार, आवेशावतार, कलावतार, नित्यावतार, युगावतार इत्यादि, जो भी सार्वभौम सत्य-सिद्धान्त को व्यक्त करता है वे सभी अवतार कहलाते हैं। व्यक्ति से लेकर समाज के सर्वोच्च स्तर तक सार्वभौम सत्य-सिद्धान्त को व्यक्त करने के क्रम में ही विभिन्न कोटि के अवतार स्तरबद्ध होते हैं। अवतार मानव मात्र के लिए ही कर्म करते हैं न कि किसी विशेष मानव समूह या सम्प्रदाय के लिए। अवतार, धर्म, धर्मनिरपेक्ष व सर्वधर्मसमभाव से युक्त अर्थात एकात्म से युक्त होते है। इस प्रकार अवतार से उत्पन्न शास्त्र मानव के लिए होते हैं, न कि किसी विशेष मानव समूह के लिए। उत्प्रेरक, शासक और मार्गदर्शक आत्मा सर्वव्यापी है। इसलिए एकात्म का अर्थ संयुक्त आत्मा या सार्वजनिक आत्मा है। अवतारों के प्रत्यक्ष और प्रेरक दो कार्य विधि हैं। प्रत्यक्ष अवतार वे होते हैं जो स्वयं अपनी शक्ति का प्रत्यक्ष प्रयोग कर समाज का सत्यीकरण करते हैं। यह कार्य विधि समाज में उस समय प्रयोग होता है जब अधर्म का नेतृत्व एक या कुछ मानवों पर केन्द्रित होता है। प्रेरक अवतार वे होते हैं जो स्वयं अपनी शक्ति का अप्रत्यक्ष प्रयोग कर समाज का सत्यीकरण जनता एवं नेतृत्वकर्ता के माध्यम से करते हैं। यह कार्य विधि समाज में उस समय प्रयोग होता है जब समाज में अधर्म का नेतृत्व अनेक मानवों और नेतृत्वकर्ताओं पर केन्द्रित होता है।

इन विधियों में से कुल दस अवतारों में से प्रथम सात (मत्स्य, कूर्म, वाराह, नृसिंह, वामन, परशुराम, राम) अवतारों ने समाज का सत्यीकरण प्रत्यक्ष विधि के प्रयोग द्वारा किया था। आठवें अवतार (श्रीकृष्ण) ने दोनों विधियों प्रत्यक्ष ओर प्रेरक का प्रयोग किया था। नवें (भगवान बुद्ध) और अन्तिम दसवें अवतार की कार्य विधि प्रेरक ही है।

सनातन अद्वैत दर्शन के अनुसार यह जगत ही ईश्वर का दृश्य रूप है। ऐसे में सभी ईश्वर हैं। सभी ईश्वर के बहुरूप हैं और सभी में प्रकाशित वही ईश्वरीय सत्ता है। सार्वभौम एकात्म की ओर ले जाने वाले सभी प्रक्षेपित

मानक चरित्र सनातन हैं जैसे ब्रह्मा परिवार, विष्णु परिवार और महेश परिवार। इस सार्वभौम एकात्म की ओर विचार व्यक्त करने वाला अर्थात उसी का प्रचार-प्रसार व स्थापना करने वाला युगावतार तो नहीं हो सकता लेकिन वह अवतार अवश्य होता है क्योंकि उसने भी उस सार्वभौम सत्य-सिद्धान्त का साक्षात्कार किया है।

ईश्वर के मानवीयकरण व मानव के ईश्वरीयकरण के लिए आपके भौतिक शरीर से व्यक्त विश्वात्मा की इच्छा को धर्म क्षेत्र से नाम कर्मवेदः प्रथम, अन्तिम तथा पंचम वेद एवं धर्मनिरपेक्ष क्षेत्र से मन का विश्वमानकः शून्य श्रृंखला समाहित "विश्वशास्त्र-द नाॅलेज आॅफ फाइनल नाॅलेज" के रूप में पूर्ण किया जा चुका है। जिसमें पुराणों का धर्मनिरपेक्ष और सर्वधर्मसमभाव रूप भी सम्पूर्ण मानव जाति को स्पष्ट दृष्टिगत होगा। परिणामस्वरूप भारतीय धर्म शास्त्रों के प्रति विश्वव्यापी आस्था बढ़ना स्वाभाविक है। साथ ही अनेक सत्य-साहित्यों की रचना के लिए भी मार्ग प्रशस्त और रचना कर दिये गये हैं।

तीनों देवताओं ब्रह्मा, विष्णु और शिव-शंकर के मूल गुणों के आधार पर उनके वास्तविक रुप अर्थात् चार वेदों को व्यक्त करने वाले चार मुखों से युक्त सृष्टिकर्ता ब्रह्मा का रुप, चार भुजाओं से युक्त पालनकर्ता विष्णु का रुप तथा ब्रह्मा और विष्णु समाहित पाँचों वेदों को व्यक्त करने वाले पाँच मुखों से युक्त कल्याणकर्ता शिव-शंकर का अन्तिम रुप, तीनों देवताओं का दिव्यरुप कहलाता है। इसी अनुसार शिव-शंकर के अवतार ही केवल पंचमुखी होते हैं। इसी क्रम में पंचमुखी हनुमान और वेद माता मां गायत्री को भी दिखाया गया है। इस अनुसार पांचवें वेद और पांचवें शंकराचार्य पीठ की स्थापना ही युग परिवर्तन की प्रक्रिया का आरम्भ और सनातन विश्व की ओर कदम है।

व्यक्ति-समाज-राज्य-विश्व की आवश्यकता, भविष्यवक्ताओं की भविष्यवाणीयां, ग्रहों के चालों, सूर्य व चन्द्र ग्रहण, सामाजिक-राजनीतिक विचारकों के विचार-सपनें-उम्मीद इत्यादि युग परिवर्तन की ओर दिशा निर्देश कर रहीं हैं। ऐसे में सृष्टि के लिए सार्वभौम सर्वोच्च अन्तिम अर्थों वाले शब्दों पर चर्चा ही एक मात्र युग परिवर्तन का मार्ग है।

आविष्कार उपयोगी होता है, आविष्कारक नहीं।
रचना अधिक समय तक रहती है रचनाकार अदृश्य हो जाता है और रचना के आधार पर अन्य रचना भी होती रहती है।

सनातन विश्व के लिए समस्त प्रक्रिया 150 पुस्तकों के रूप में वेबसाइट

www.64inch.com

पर उपलब्ध है और कार्य समाप्त होता है। व्यक्ति और नेतृत्वकर्ता

अपने धर्म

का पालन करें, समाधान उपलब्ध हो चुका है।

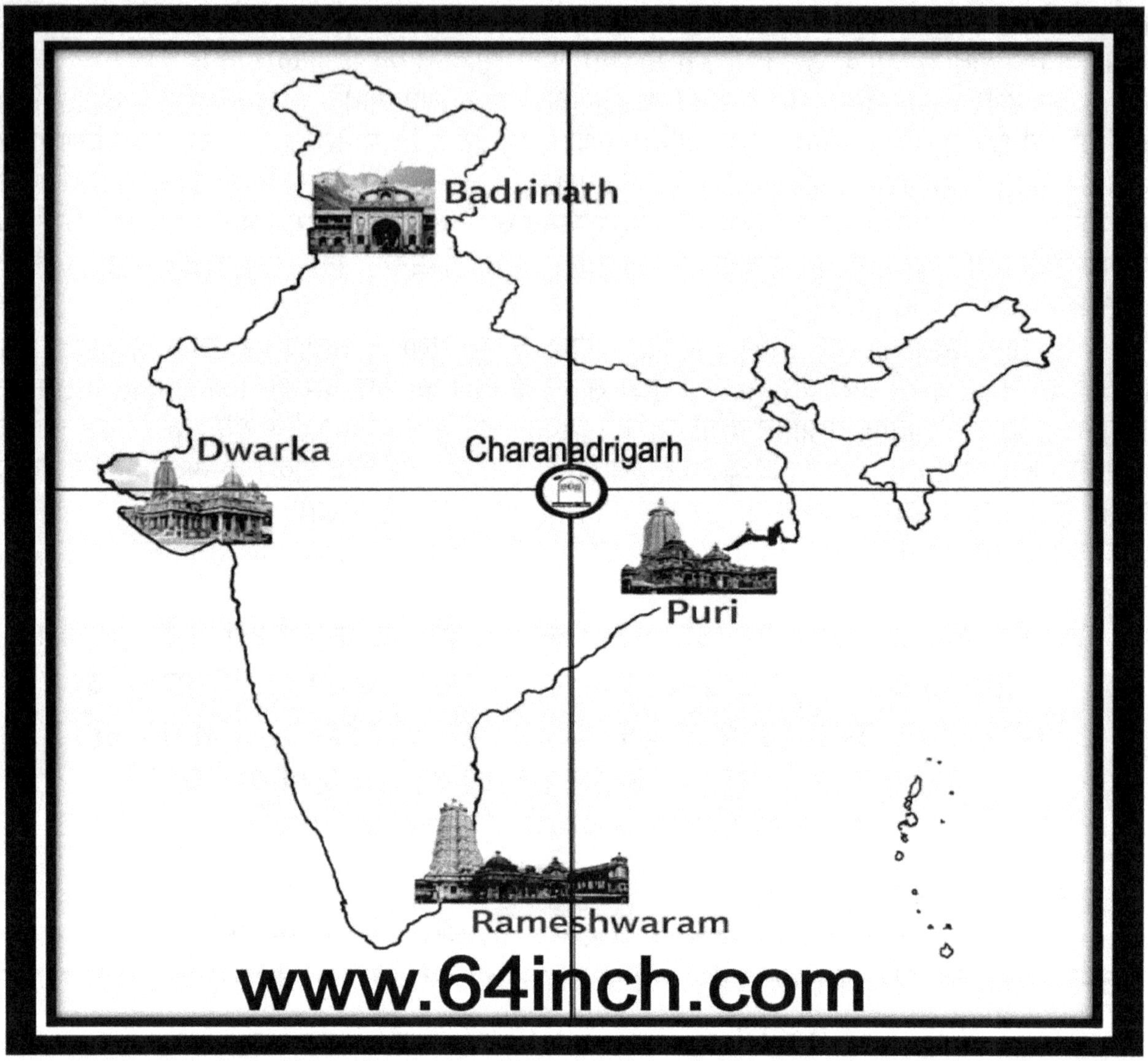

दिशा	पीठ का नाम/ स्थान	उद्देश्य	संबंधित वेद	महावाक्य	तत्व
उत्तर	बदरी ज्योतिर्मठ पीठ उत्तराखंड, जोशीमठ	ज्ञान और विवेक	अथर्ववेद	अयमात्मा ब्रह्म (यह आत्मा ब्रह्म है)	वायु
दक्षिण	श्रींगेरी शारदा पीठ कर्नाटक, श्रींगेरी	स्थिरता और परंपरा	यजुर्वेद	अहम् ब्रह्मास्मि (मैं ब्रह्म हूँ)	पृथ्वी
पूर्व	पुरी गोवर्धनमठ पीठ ओडिशा, पुरी	भक्ति और समर्पण	ऋग्वेद	प्रज्ञानं ब्रह्म (चेतना ब्रह्म है)	जल
पश्चिम	द्वारका शारदा पीठ गुजरात, द्वारका	कर्म और संकल्प	सामवेद	तत्त्वमसि (तू ब्रह्म है)	अग्नि
केन्द्र या मध्य	सत्यकाशी पीठ उत्तर प्रदेश, चरणाद्रिगढ़	चेतना और एकत्व	कर्मवेद	सर्वे ब्रह्म (सभी ब्रह्म हैं)	आकाश

क्षिति, जल, पावक, गगन, समीरा। पंच तत्व मिलि बनेहु शरीरा ।।

सत्यकाशी पीठ: स्थान

मानव जीवन की यात्रा को हम चार स्तरों में देख सकते हैं - **संभल (Shambhal), संभला (Shambhala), ज्ञानगंज (Gyanganj) और संगरीला (Sangrila)**

संभल (Shambhal) को हम भौतिक जगत का प्रतीक मान सकते हैं। यह धरती पर बसा हुआ वास्तविक नगर है, जहाँ लोग रहते हैं, संघर्ष करते हैं और जीवन की यात्रा करते हैं। धार्मिक मान्यता के अनुसार यहाँ भविष्य में कल्कि अवतार का जन्म होगा। इसका अर्थ यह भी है कि संभल हमें यह याद दिलाता है कि परिवर्तन और नवजागरण हमेशा इसी सांसारिक धरती से प्रारंभ होता है।

संभला (Shambhala) आध्यात्मिक जगत का प्रतीक है। यह उस आदर्श समाज और चेतना की ओर संकेत करता है, जहाँ धर्म, करुणा और सत्य का शासन है। बौद्ध ग्रंथों में इसे एक अदृश्य, पवित्र राज्य बताया गया है। इसका दार्शनिक अर्थ यह है कि हर मनुष्य के भीतर एक संभला है - एक ऐसा क्षेत्र जहाँ शांति, संतुलन और धर्म की शक्ति हमेशा जीवित रहती है। यह हमारे भीतर के आदर्श और परम लक्ष्य का रूप है।

ज्ञानगंज (Gyanganj) गूढ़ और रहस्यमय चेतना का प्रतीक है। यह वह क्षेत्र है, जहाँ अमर योगी और सिद्ध रहते हैं, और जो साधारण दृष्टि से छिपा हुआ है। इसका अर्थ यह है कि सत्य और सर्वोच्च ज्ञान कभी सतही रूप में उपलब्ध नहीं होते, बल्कि गहन साधना और आंतरिक परिवर्तन से ही प्राप्त किए जा सकते हैं। ज्ञानगंज हमें यह सिखाता है कि परम सत्य अदृश्य है, परंतु साधना से प्रकट हो सकता है।

इस प्रकार, ये चारों स्तर - **भौतिक, आध्यात्मिक, गूढ़ और आदर्श** - मानव जीवन और चेतना की समग्र यात्रा का प्रतिनिधित्व करते हैं, जहाँ साधना, अनुभव और ज्ञान मिलकर आत्मा को पूर्णता की ओर ले जाते हैं।

इस प्रकार, इन तीनों को मिलाकर देखा जाए तो:

- **संभल** = जीवन और समाज का यथार्थ (भौतिक जगत)
- **संभला** = आदर्श और धर्म का उच्च स्वरूप (आध्यात्मिक जगत)
- **ज्ञानगंज** = रहस्यमय सत्य और अमर ज्ञान (गूढ़ जगत)

ये तीनों मिलकर मानव जीवन की पूर्ण यात्रा का संकेत देते हैं - भौतिक से आध्यात्मिक और फिर गूढ़ एवं परम सत्य तक।

संगरीला (Sangrila/Shangri-La) एक कल्पित पर्वतीय स्थल है, जिसे आदर्श समाज और शांति का प्रतीक माना जाता है। यह जगह सामान्य दृष्टि से अदृश्य या दूरस्थ मानी जाती है, जहाँ जीवन सुखमय, स्वस्थ और सामंजस्यपूर्ण होता है। दार्शनिक रूप से इसे मानव चेतना के उच्चतम स्तर, आत्मा की शांति और आदर्श जीवन का प्रतीक माना जाता है। **संगरीला (Sangrila)** का अर्थ यह भी है कि सच्ची खुशी और संतुलन केवल भीतर की यात्रा और साधना से ही प्राप्त होते हैं, बाहरी समृद्धि से नहीं।

1. **शब्द-संदर्भ में**: "Sangrila" अक्सर "Shangri-La" का रूपांतर होता है, जो कि एक कल्पित, आदर्श, रहस्यमयी और शांति-पूर्ण स्थान है।
2. **दार्शनिक/आध्यात्मिक संदर्भ में**: इसे ज्ञानगंज या संभला जैसे गूढ़ और रहस्यमयी क्षेत्रों के समान माना जा सकता है।
3. **अन्य संदर्भ**: यदि यह किसी किताब, स्थान या परियोजना का नाम है, तो उसका अलग अर्थ हो सकता है।

पीठ (Peeth) स्थापित करने की योजना

उद्देश्य और दर्शन तय करना

- पहले यह स्पष्ट करें कि पीठ का उद्देश्य क्या होगा:
    - **अद्वैत वेदांत का प्रचार**
    - **साधकों का प्रशिक्षण और मोक्ष की ओर मार्गदर्शन**
    - **धार्मिक शिक्षा, योग और ध्यान केंद्रित करना**
- पीठ का नाम "Satyakashi" इसलिए चुना गया है क्योंकि यह **सत्य और ज्ञान के प्रकाश का प्रतीक** है।

गुरु या आध्यात्मिक मार्गदर्शक

- पीठ को वैध और आध्यात्मिक मान्यता प्राप्त करने के लिए **एक योग्य गुरु या शिष्य परंपरा वाला व्यक्ति** आवश्यक है।
- गुरु का कार्य होगा:
    - **साधकों का प्रशिक्षण**
    - **धर्म और वेदांत का प्रचार**
    - **पीठ की प्रतिष्ठा बनाना**

स्थान और इमारत का चयन

- स्थान चुनते समय ध्यान दें:
    - **शांत और आध्यात्मिक वातावरण**
    - **साधकों के लिए आवास और साधना स्थल**
    - **भक्तों और पर्यटकों के आने-जाने की सुविधा**
- इमारत में हो सकते हैं:
    - मुख्य मंदिर / पूजा स्थल
    - ध्यान और साधना कक्ष
    - वेदांत शिक्षण कक्ष
    - गुरुकुल या आश्रम

धार्मिक और आध्यात्मिक गतिविधियाँ

- नियमित क्रियाएँ:

    - **साधना, ध्यान और कीर्तन**
    - **वेदांत और शास्त्र अध्ययन**
    - **धार्मिक कार्यशालाएँ और प्रवचन**
- विशेष आयोजन:
    - **अस्थायी या वार्षिक उत्सव**
    - **अद्वैत वेदांत पर सेमिनार**
    - **साधक प्रशिक्षण शिविर**

समुदाय और साधकों का निर्माण

- पीठ केवल इमारत नहीं, **साधकों और भक्तों का केंद्र** होना चाहिए।
- इसके लिए करें:
    - सामाजिक और आध्यात्मिक गतिविधियों का आयोजन
    - साधकों के लिए निवास और शिक्षा सुविधाएँ
    - पीठ का प्रचार: पुस्तकों, वेबसाइट और सामाजिक मंचों के माध्यम से

आधिकारिक मान्यता और नेटवर्क

- भारत में शंकराचार्य परंपरा के मुख्य पीठों के साथ **संपर्क और मार्गदर्शन**।
- नए पीठ को स्थानीय प्रशासन और धार्मिक संस्थानों से **मान्यता और सहयोग** दिलाना।
- अन्य पीठों और गुरु परिषदों के साथ **संवाद और सहयोग**।

दीर्घकालीन योजना

- पीठ को स्थायी और प्रतिष्ठित बनाने के लिए:
    - नियमित साधना और शिक्षा कार्यक्रम
    - नए साधकों और भक्तों को जोड़ना
    - पीठ के **अध्यात्मिक, सामाजिक और शैक्षिक प्रभाव** को बढ़ाना

निष्कर्ष:

नया **Satyakashi Peeth** बनाया जा सकता है, लेकिन यह केवल इमारत नहीं, बल्कि **ज्ञान, साधना और आध्यात्मिक मार्गदर्शन का केंद्र** होना चाहिए। एक योग्य गुरु, साधक समुदाय और सही दृष्टिकोण इसके लिए अनिवार्य हैं।

अन्तिम अवतार कल्कि
का संभल (Shambhal), संभला (Shambhala), ज्ञानगंज (Gyanganj) और संगरीला (Sangrila) से सम्बन्ध

इसका उत्तर गहराई से समझा जाए तो यह केवल भूगोल या कथा का नहीं, बल्कि चेतना के विकास का रहस्य है।

1. संभल (Shambhal) - अवतार का धरातल

हिन्दू ग्रन्थों में कहा गया है कि **कल्कि अवतार का जन्म 'संभल' नामक स्थान पर होगा।** यह स्थान भौतिक जगत में मौजूद है - उत्तर प्रदेश का एक नगर, परंतु प्रतीक रूप से यह मानवता के भीतर जन्म लेती दिव्यता का संकेत है। जब धर्म क्षीण होता है, तब वही संभल - अर्थात् "संभलने का बिंदु" - अवतार का आधार बनता है।

संभल = पृथ्वी पर दिव्यता का उद्भव बिंदु।

2. संभला (Shambhala) - धर्मराज्य या दिव्य व्यवस्था

बौद्ध और हिन्दू दोनों परम्पराओं में **Shambhala** को धर्म का गुप्त राज्य माना गया है। बौद्ध ग्रंथ 'कालचक्र तंत्र' में कहा गया है कि जब अधर्म चरम पर होगा, तब Shambhala से एक राजा प्रकट होगा जो अधर्म का अंत करेगा - यह प्रतीक रूप से **कल्कि अवतार का ही वर्णन** है।

संभला = दिव्य शासन या धर्मराज्य, जहाँ से कल्कि की प्रेरणा उठती है।

3. ज्ञानगंज (Gyanganj) - सिद्धों का अदृश्य लोक

ज्ञानगंज को अमर योगियों का क्षेत्र कहा जाता है, जहाँ से विश्व के आध्यात्मिक प्रवाह को दिशा मिलती है। कई सिद्ध परंपराएँ मानती हैं कि कल्कि का आध्यात्मिक मार्गदर्शन इन्हीं योगियों द्वारा किया जाएगा।

ज्ञानगंज = दिव्य ऊर्जा और योगिक शक्ति का स्रोत, जहाँ से कल्कि को आत्मिक बल प्राप्त होगा।

4. संगरीला (Sangrila / Shangri-La) - आदर्श समाज या चेतना का चरम स्वरूप

संगरीला का विचार पश्चिमी और तिब्बती रहस्य परंपराओं में आता है - एक अमर, शांति-पूर्ण, आदर्श स्थान, जहाँ कोई रोग, संघर्ष या अधर्म नहीं होता। यह उस अवस्था का प्रतीक है जो **कल्कि युग के बाद की सृष्टि** होगी - अर्थात सत्ययुग का पुनर्स्थापन।

संगरीला = वह दिव्य युग या चेतना का चरम, जो कल्कि अवतार के कार्य का परिणाम है।

सारांश (संक्षेप में सम्बन्ध)

स्तर	प्रतीक	सम्बन्ध कल्कि से
संभल (Shambhal)	भौतिक जन्मभूमि	कल्कि अवतार का पृथ्वी पर अवतरण
संभला (Shambhala)	दिव्य धर्मराज्य	धर्म का पुनःस्थापन करने की शक्ति का उद्गम
ज्ञानगंज (Gyanganj)	गूढ़ योगिक लोक	कल्कि को आत्मिक दिशा और सिद्ध शक्ति का आधार
संगरीला (Sangrila)	आदर्श चेतना का युग	कल्कि कार्य का अंतिम परिणाम - पुनः सत्ययुग

अर्थात् -

संभल में कल्कि अवतरित होते हैं, संभला से उन्हें धर्म की प्रेरणा मिलती है, ज्ञानगंज से योगिक शक्ति, और संगरीला उनके कार्य का लक्ष्य है - सत्य और शांति का पुनर्स्थापन।

सत्यकाशी पीठ: योग्य स्थान

इस संसार को अन्तिम सन्देश देने से पहले आपको उस क्षेत्र से परिचय कराना चाहता हूँ जिस क्षेत्र से यह सन्देश देने का साहस किया गया है क्योंकि कोई भी क्रिया बिना कारण के नहीं होती।

समस्त मूल कार्य जिस क्षेत्र से सम्पूर्ण हुआ, उस क्षेत्र को सत्यकाशी क्षेत्र कहता हूँ और जिस ग्राम का निवासी हूँ वह काशी (वाराणसी) के चौरासी कोस यात्रा तथा सत्यकाशी क्षेत्र का उभय क्षेत्र में स्थित है। इसलिए जितना काशी (वाराणसी) का हूँ उतना ही सत्यकाशी का हूँ। इस प्रकार यह सन्देश काशी-सत्यकाशी का संयुक्त सन्देश है।

सत्यकाशी क्षेत्र जो काशी (वाराणसी), विन्ध्याचल, शिवद्वार और सोनभद्र के बीच का क्षेत्र है, एक पौराणिक-आध्यात्मिक और साधना के लिए उपयुक्त क्षेत्र के रूप में प्राचीन काल से आकर्षण में रहा है। इस क्षेत्र का हृदय क्षेत्र चुनार है। चुनार का किला राजा विक्रमादित्य ने अपने भाई भर्तहरि के तपस्या में हिंसक जानवरों द्वारा व्यवधान न उत्पन्न हो इसके लिए बनवाया था। ये राजा विक्रमादित्य वही हैं जिनके नाम से विक्रम सम्वत् कैलेण्डर स्थापित है। चुनार ईश्वर के पाँचवें अवतार-वामन अवतार का क्षेत्र है जिनसे समाज की शक्ति का प्रथम जन्म हुआ था।

सत्यकाशी क्षेत्र के चारों कोण पर स्थित

1. काशी (वाराणसी) का अपना प्राचीन और पुरातन इतिहास है जो सर्वविदित है।
2. विन्ध्याचल, जो शिव-शक्ति के उपासना का अद्भुत केन्द्र है। यशोदा से उत्पन्न पुत्री (जिनके बदले श्रीकृष्ण प्राप्त हुये थे) महासरस्वती अष्टभुजा देवी के नाम से यहीं स्थापित हैं। भारत देश का मानक समय माँ विन्ध्यवासिनी धाम से तय होता है। पुराणों के अनुसार रावण ने भी इसे मानक समय स्थल मानकर यहाँ शिवलिंग की स्थापना की थी।
3. शिवद्वार, त्रिकोणीय तान्त्रिक साधना के लिए जगत विख्यात था और साधना की राजधानी था। इसे ही मीरजापुर गजेटियर में गुप्तकाशी की संज्ञा से अभिकल्पित किया गया है।
4. सोनभद्र, सोन संस्कृति की पौराणिक पृष्ठभूमि वैदिककालीन सभ्यता की पराकाष्ठापरक ऐतिहासिकता से सम्बद्ध है। सन्त परम्पराओं का एक महत्वपूर्ण परिव्रजन इस क्षेत्र में हुआ जिसमें शैव व शाक्त प्रमुख थे। शैव सम्प्रदाय से जुड़े अघोर तन्त्र ने इसे बहुत सराहा और इसे अपनी कर्मभूमि बना लिया। सोन नद के तट पर शव छेदन क्रिया की भी प्रशिक्षा आयुर्वेद के जिज्ञासुओं को दी जाती थी। शैव तन्त्र से प्रभावित अघोर तन्त्र शव-साधना में सिद्धहस्त था और शव में इकार की प्राण प्रतिष्ठा का जीवन्त रूप शिव को दे देना इनकी अलौकिक साधना का चरमोत्कर्ष है। अघोरपन्थी नाम के पश्चात् "राम" का प्रयोग करते थे। इस क्षेत्र में सवर्ण वर्ग में प्रायः ब्राह्मण वर्ग भी राम का प्रयोग अपने नाम में करता है। इस क्षेत्र में पाशुपात तन्त्र के महान साधक लोरिक का नाम विशेष है।

उपरोक्त तो अति संक्षिप्त परिचय है विस्तार से "विश्वशास्त्र" के अध्याय-दो में प्रकाशित है, जिस क्षेत्र से ये विश्व ऐतिहासिक अन्तिम, अपरिवर्तनीय और अटलनीय सन्देश देने का साहस किया गया है।

भौतिक रूप से सत्यकाशी पीठ के लिए योग्य स्थान सत्यकाशी क्षेत्र ही है। सत्यकाशी पीठ उसी अद्वैत वेदान्त पर आधारित है। जिस के आधार पर आदि शंकाराचार्य द्वारा चार पीठों की स्थापना की थी। युग परिवर्तन के लिए आदि शंकाराचार्य द्वारा स्थापित चार पीठों के वर्तमान शंकाराचार्यों का यह दायित्व है कि वे इस श्रृंखला को आगे बढ़ाते हुये धर्म के वैश्विक स्थापना के लिए आगे आयें।

सत्यकाशी पीठ: इतिहास और उद्देश्य

भारत का इतिहास केवल राजाओं और युद्धों का इतिहास नहीं है,
बल्कि यह **चेतना के विकास का इतिहास** है।
हर युग में जब धर्म और राजनीति के बीच संतुलन बिगड़ता है,
तो कोई न कोई पीठ उस संतुलन को पुनर्स्थापित करने के लिए जन्म लेती है।

ऐसा ही एक अद्वितीय उदय है -
"सत्यकाशी पीठ" का,
जो मानवता के अगले अध्याय की भूमिका बन चुका है।

"जहाँ ज्ञान शासन को दिशा देता है,
वहीं शासन धर्म का साधन बन जाता है।"

काशी से सत्यकाशी तक: चेतना की यात्रा

प्राचीन काशी को "मोक्षभूमि" कहा गया,
क्योंकि वहाँ ज्ञान और मृत्यु - दोनों के रहस्य सिखाए जाते थे।
पर सत्यकाशी - ज्ञान का अगला आयाम है।
यह मृत्यु से मुक्ति नहीं, बल्कि **अज्ञान से मुक्ति** की भूमि है।

तीन चरणों में यह यात्रा समझी जा सकती है:

1. **काशी** - व्यक्तिगत मुक्ति का केंद्र।
2. **महाकाशी** - सार्वभौमिक चेतना का केंद्र।
3. **सत्यकाशी** - वैश्विक एकत्व और अद्वैत शासन का केंद्र।

"काशी आत्मा की दीक्षा है,
सत्यकाशी आत्मा का शासन है।"

स्थापना का उद्देश्य

सत्यकाशी पीठ का जन्म केवल धार्मिक नहीं,
बल्कि आध्यात्मिक-राजनीतिक समन्वय की आवश्यकता से हुआ।
विश्व में बढ़ती भौतिकता, असमानता, और नैतिक संकट के बीच
इस पीठ का उद्देश्य है -

1. **धर्म और शासन के बीच अद्वैत संबंध पुनः स्थापित करना।**
2. **राजनीति को आत्मा से जोड़ना।**
3. **विज्ञान, धर्म, और समाज - तीनों का एक समग्र मॉडल प्रस्तुत करना।**

इसके चार प्रमुख सूत्र:

- **धर्म = चेतना की नीति**
- **राजनीति = सेवा की क्रिया**
- **अर्थनीति = संतुलन की व्यवस्था**
- **विज्ञान = सत्य की खोज**

सत्यकाशी की परंपरा और वंश

सत्यकाशी पीठ किसी व्यक्ति द्वारा स्थापित संस्था नहीं है -
यह **ब्रह्म परंपरा का विस्तार** है।
आदि शंकराचार्य ने चार दिशाओं में चार पीठें स्थापित कीं -
पूर्व, पश्चिम, उत्तर, दक्षिण -
जो वेद, धर्म और आत्मज्ञान के केंद्र बने।

परंतु कालान्तर में जब राजनीति धर्म से अलग और धर्म समाज से अलग हुआ,
तो **पाँचवीं पीठ** की आवश्यकता पड़ी -
जो अद्वैत दर्शन को शासन की नीतियों में उतार सके।

"चार पीठों ने धर्म को जीवित रखा,
पाँचवीं पीठ उसे जीवन में उतारेगी।"

सत्यकाशी का उद्देश्य – धर्म का पुनर्निर्माण, शासन का पुनर्जागरण

आज की मानवता धर्म को या तो संप्रदाय मानती है या अनुष्ठान।
पर सत्यकाशी कहता है -

"धर्म = जीवन की वैज्ञानिक व्यवस्था।"

इस पीठ का उद्देश्य है -
धर्म को **व्यवहार में**, राजनीति को **सेवा में**,
और विज्ञान को **चेतना में** बदलना।

इसके तीन प्रमुख लक्ष्य:

1. **आध्यात्मिक शासन (Spiritual Governance):**
   जहाँ नीतियाँ करुणा और सत्य पर आधारित हों।
2. **चेतना आधारित शिक्षा (Conscious Education):**
   जहाँ बच्चों को ज्ञान नहीं, आत्मा से जोड़ने की विधि सिखाई जाए।
3. **वैश्विक समरसता (Global Oneness):**
   जहाँ राष्ट्रवाद का स्थान "मानववाद" ले ले।

सत्यकाशी और मानवता का भविष्य

सत्यकाशी केवल एक धार्मिक केंद्र नहीं,
बल्कि मानवता का भविष्य मॉडल है।

यह वह स्थान है जहाँ -

- विज्ञान और वेदांत मिलते हैं,
- राजनीति और करुणा जुड़ते हैं,
- और व्यक्ति स्वयं में "राजऋषि" बनता है।

"जब शासक साधक बन जाएगा,
तब ही पृथ्वी पर धर्मराज्य स्थापित होगा।"

निष्कर्ष

सत्यकाशी पीठ का इतिहास कोई कालखंड नहीं,
बल्कि एक **युग की उद्घोषणा** है।
यह उस समय का प्रतीक है
जब ब्रह्मज्ञान शासन का केंद्र बनेगा,
और शासन ब्रह्म की सेवा बन जाएगा।

"सत्यकाशी केवल एक स्थान नहीं -
वह चेतना की वह ज्योति है
जो युगों से अंधकार में जलती रही है।"

पाँचवाँ और अंतिम शंकराचार्य पीठ: इसकी विशेषता

आदि शंकराचार्य ने चार दिशाओं में चार पीठों की स्थापना की -
उत्तर में **ज्योतिर्मठ (बद्रीनाथ)**,
दक्षिण में **श्रृंगेरी पीठ**,
पूर्व में **गौड़पीठ (पुरी)**,
और पश्चिम में **द्वारका शारदापीठ**।

इन चारों पीठों ने धर्म की लौ को जलाए रखा -
ज्ञान, भक्ति, कर्म और योग - चारों मार्गों के संतुलन से।
परंतु जैसे-जैसे युग आगे बढ़ा,
मानवता की चुनौती केवल धर्म रक्षा नहीं रही,
बल्कि **धर्म को शासन, विज्ञान और समाज में जीवित रखना** बन गई।

इसी आवश्यकता से जन्म लेता है -
पाँचवाँ और अंतिम शंकराचार्य पीठ - "सत्यकाशी पीठ।"

"चार पीठों ने धर्म को सुरक्षित रखा,
पाँचवाँ पीठ धर्म को सार्वभौमिक बना देगा।"

पाँचवाँ पीठ क्यों आवश्यक हुआ

शंकराचार्य का कार्य केवल धार्मिक पुनर्जागरण नहीं था;
वह चेतना की क्रांति थी।
उनकी परंपरा ने अद्वैत का सिद्धांत दिया -
कि **सभी भिन्नताएँ एक ही परमसत्य की लहरें हैं।**

परंतु आधुनिक युग में -

- धर्म राजनीति से अलग हुआ,
- ज्ञान आस्था से अलग हुआ,

- और मनुष्य स्वयं अपने अस्तित्व से अलग हो गया।

ऐसे समय में आवश्यक था
कि अद्वैत केवल दर्शनशास्त्र न रह जाए,
बल्कि राजनीति और जीवन का सिद्धांत बन जाए।
इसी हेतु स्थापित हुआ -
सत्यकाशी पीठ - पाँचवाँ और अंतिम शंकराचार्य पीठ।

इसकी स्थापना का प्रतीकात्मक अर्थ

चार पीठें **चार तत्वों (पृथ्वी, जल, अग्नि, वायु)** से संबंधित हैं,
जबकि पाँचवाँ पीठ **आकाश तत्व** का प्रतीक है -
अर्थात् सर्वव्यापक चेतना।

दिशा	पीठ	तत्व	उद्देश्य
पूर्व	पुरी (गौड़)	जल	भक्ति और समर्पण
पश्चिम	द्वारका	अग्नि	कर्म और संकल्प
उत्तर	ज्योतिर्मठ	वायु	ज्ञान और विवेक
दक्षिण	श्रृंगेरी	पृथ्वी	स्थिरता और परंपरा
केंद्र	**सत्यकाशी**	**आकाश**	**चेतना और एकत्व**

"आकाश सबको जोड़ता है -
उसी तरह सत्यकाशी सभी परंपराओं को एक चेतना में जोड़ता है।"

पाँचवाँ पीठ - अद्वैत का आधुनिक रूप

सत्यकाशी पीठ का लक्ष्य अद्वैत को केवल ध्यान या उपनिषद तक सीमित नहीं रखना,
बल्कि उसे शासन और समाज की नीतियों में उतारना है।

इसका सार है -
"अद्वैत शासन" = ऐसा तंत्र जहाँ आत्मा और राज्य में कोई विभाजन न हो।
यह पीठ आत्मा-केन्द्रित राजनीति का सिद्धांत प्रस्तुत करती है -
जहाँ सत्ता साधना है,
शासन सेवा है,
और नेतृत्व तप है।

सत्यकाशी पीठ की पाँच विशेषताएँ

1. अद्वैत का संस्थागत रूप

यह पीठ अद्वैत को केवल तत्वज्ञान नहीं,
बल्कि संस्थागत चेतना बनाती है।
धर्म, शिक्षा, राजनीति, अर्थ और विज्ञान -
सभी को एकसूत्र में बाँधती है।

2. राजऋषि परंपरा का पुनर्जागरण

आदर्श शासक वही है जो साधक भी हो।
सत्यकाशी इस परंपरा को पुनर्जीवित करता है -
जहाँ राज्य का मार्गदर्शन ऋषियों द्वारा होता है।

3. विज्ञान और अध्यात्म का संगम

यह पीठ "Consciousness Studies" और "Spiritual Technology"
को एक साथ लाकर मानव चेतना के विकास को वैज्ञानिक दृष्टि देती है।

4. वैश्विक धर्म - Beyond Religion

सत्यकाशी का धर्म किसी संप्रदाय का नहीं,
बल्कि "मानवता की आत्मा" का है।
यह कहता है -

"जो सत्य को खोजता है, वही सनातन है।"

5. राज्य और आत्मा का समन्वय

यह पीठ बताती है कि शासन तंत्र तभी स्थायी है
जब वह आत्मिक अनुशासन पर आधारित हो।
यह "राजनीति का आध्यात्मिकीकरण" है,
जिसे भविष्य की सभ्यता का आधार माना गया है।

"अंतिम शंकराचार्य पीठ" क्यों कहा गया

चार पीठें धर्म की दिशा का प्रतीक थीं,
पाँचवाँ पीठ **धर्म की दिशा से परे उसकी पूर्णता** का प्रतीक है।
यह अब किसी भौगोलिक क्षेत्र के लिए नहीं,
बल्कि पूरे विश्व की चेतना के लिए है।

"जब मनुष्य का धर्म मानवता होगा,
तब सत्यकाशी पाँचवाँ ही नहीं, अंतिम पीठ सिद्ध होगा।"

सत्यकाशी पीठ का दार्शनिक आधार

इस पीठ की जड़ें तीन सूत्रों पर टिकी हैं -

1. **ब्रह्म सत्यम्** - सत्य सर्वत्र है।
2. **जगत् मिथ्या** - भेद, संप्रदाय और हिंसा केवल अज्ञान की छाया हैं।
3. **जीवो ब्रह्मैव नापरः** - प्रत्येक व्यक्ति ब्रह्म का ही अंश है।

यही दर्शन राजनीति में यह रूप लेता है -

दर्शन	राजनीतिक रूप
ब्रह्म सत्यम्	राज्य का आधार सत्य और नीति
जगत मिथ्या	जाति, रंग, धर्म से ऊपर समानता
जीवो ब्रह्मैव	प्रत्येक नागरिक में दिव्यता का सम्मान

निष्कर्ष

**सत्यकाशी पीठ शंकराचार्य की परंपरा का समापन नहीं,
बल्कि उसका परिपूर्ण रूप है।
यह धर्म, राजनीति, और चेतना -
तीनों के संगम से एक** नया युग **आरंभ करता है।**

**"पहले चार पीठों ने दिशा दी,
पाँचवें ने दिशा को प्रकाश बना दिया।"**

**सत्यकाशी पीठ इसलिए अंतिम है -
क्योंकि यह अद्वैत को सिद्धांत नहीं,
बल्कि जीवित अनुभव बना देता है।**

भाग-8
सत्यकाशी पीठ के कार्य

धारा-उद्धार: धर्म की पुनर्स्थापना

मनुष्य चेतना का रूपांतरण

साधना, दीक्षा और आध्यात्मिक अनुष्ठान

वैश्विक कार्य: मानवता के लिए संदेश

शिव-तत्व और कल्कि-तत्व का मिलन

"सार्वभौम सत्य-सिद्धान्त" पर आधारित "युग परिवर्तन श्रृंखला" के नवयुग के शास्त्र-साहित्य

धारा-उद्धार: धर्म की पुनर्स्थापना

सत्यकाशी पीठ का प्रथम और सर्वोपरि कार्य है-**धारा-उद्धार**, अर्थात वह दिव्य धारा जो युगों से मलीन, विभ्रांत या विकृत हो चुकी है, उसे पुनः शुद्ध स्वरूप में प्रवाहित करना। "धर्म" शब्द यहाँ किसी संप्रदाय, पद्धति या विचारधारा का नाम नहीं; धर्म का अर्थ है-**जगत की अंतर्निहित समरसता, सत्य और सृष्टि-नियम**।

जब युग बदलता है, धर्म की धारा अवरुद्ध हो जाती है।
सत्य केवल ग्रंथों में रह जाता है, इसके प्रयोग का बल खो जाता है।
लोग अनुष्ठान तो करते हैं, पररस के बिना;
मंत्र तो बोलते हैं, पर अर्थ के बिना;
धर्म का नाम तो लेते हैं, पर धर्म का जीवन नहीं जीते।

सत्यकाशी पीठ इस जड़ता को तोड़ता है।

यह धारा-उद्धार तीन प्रकार से होता है:

1. सत्य-दृष्टि का पुनर्जागरण

लोगों में सत्य को पहचानने और जीने की क्षमता पुनः सक्रिय होती है।
यह क्षमता बिना किसी प्रवचन-केवल चेतना-संक्रमण से जगती है।

2. धर्म का प्रयोगशाला-रूप

सत्यकाशी पीठ धर्म को जीवन के केंद्र में स्थापित करता है।
धर्म यहाँ सिद्धांत नहीं-व्यवहार और चरित्र का प्रवाह है।

3. युग-धर्म की घोषणा

हर युग का धर्म अलग होता है।
कलियुग से सतयुग में प्रवेश के लिए जो धर्म आवश्यक है-योग, करुणा, सत्य, उच्च चेतना, मानव-एकत्व-उसका पुनःस्थापन पीठ के मुख्य कार्यों में है।

इस प्रकार, धारा-उद्धार वह बीज है जिससे नए युग की पूरी फसल अंकुरित होती है।

मनुष्य चेतना का रूपांतरण

युग परिवर्तन का मूल आधार मनुष्य की बाहरी परिस्थितियाँ नहीं-उसकी **भीतर की चेतना** है। सत्यकाशी पीठ का दूसरा मुख्य कार्य इसी रूपांतरण से जुड़ा है।

मनुष्य आज बुद्धि में प्रबल है, पर चेतना में सुप्त।
ज्ञान बहुत है, पर विवेक कम।
सूचना बहुत है, पर अनुभूति नहीं।
असंतोष बहुत है, पर दिशा नहीं।

पीठ का उद्देश्य मनुष्य को बाहरी उपलब्धियों से हटाकर भीतर की यात्रा में प्रवेश कराना है।

रूपांतरण के चार चरण

1. जागरण (Awakening)

मनुष्य स्वयं से पहला प्रश्न पूछता है-"मैं कौन हूँ?"
यह प्रश्न जन्म देता है।

2. शुद्धि (Purification)

पुराने संस्कार, भय, भ्रम और अहंकार टूटने लगते हैं।

3. विस्तार (Expansion)

चेतना शरीर-मन से आगे बढ़कर सूक्ष्म और कारण-स्तरों को अनुभव करने लगती है।

4. परिणति (Realization)

मनुष्य अपने भीतर स्थित दिव्य-सत्ता को पहचान लेता है।
यही "नया मनुष्य" है-युग परिवर्तन का वाहक।

पीठ का कार्य प्रत्येक साधक को इन चार चरणों के मार्ग से गुज़ारना है-धीरे, सहज, और सामूहिक ऊर्जा के साथ।

साधना, दीक्षा और आध्यात्मिक अनुष्ठान

हर परिवर्तन की जड़ अनुशासन और साधना है।
सत्यकाशी पीठ में साधना केवल ध्यान या मंत्र नहीं-यह एक पूर्ण जीवन-शास्त्र है।

1. साधना (Spiritual Practice)

- आंतरिक शांति
- चेतना का विस्तार
- ऊर्जा का स्थिरीकरण
- स्मृति-शोधन
- आत्म-प्रकाश

पीठ की साधना आधुनिक मन के अनुसार सरल, गहरी और प्रभावकारी है।
यह शरीर, मन, प्राण और चेतना-सभी स्तरों पर काम करती है।

2. दीक्षा (Initiation)

दीक्षा बाहरी कर्म नहीं-ऊर्जा का आंतरिक स्थानांतरण है।
यह वह क्षण है जब साधक की चेतना में युग-ऊर्जा का बीज रोपा जाता है।
यह बीज धीरे-धीरे जागता है और साधक स्वयं एक "चेतना-केंद्र" बन जाता है।

3. अनुष्ठान (Rituals)

अनुष्ठान ब्रह्मांडीय ऊर्जा को पृथ्वी पर स्थिर करने के उपकरण हैं।
सत्यकाशी पीठ में अनुष्ठान प्राचीन और आधुनिक दोनों हैं-
वे बाहरी प्रतीकों से अधिक आंतरिक परिवर्तन पर आधारित हैं।

अनुष्ठान केवल पूजा नहीं-वे प्रकाश का आह्वान हैं।

वैश्विक कार्य - मानवता के लिए संदेश

सत्यकाशी पीठ का कार्य किसी एक देश, संस्कृति या समुदाय तक सीमित नहीं।
युग परिवर्तन हमेशा वैश्विक होता है-इसलिए उसका संदेश भी वैश्विक होता है।

आज मानवता कई स्तरों पर विभाजित है-
भाषा, धर्म, राजनीति, अर्थव्यवस्था, जाति, विचार।
पर चेतना का सत्य इन सभी से ऊपर है।

सत्यकाशी पीठ का वैश्विक संदेश यही है:

1. मानव एक है

भिन्नता केवल बाहरी है; भीतर सबमें एक ही प्रकाश विद्यमान है।

2. पृथ्वी हमारा साझा आश्रम है

मानवता को पृथ्वी-चेतना के साथ सुसंगत होना होगा।

3. धर्म संघर्ष नहीं-एकता का मार्ग है

सभी पवित्र परंपराएँ एक ही सत्य के भिन्न द्वार हैं।

4. विज्ञान और अध्यात्म एक-दूसरे के पूरक हैं

दुनिया का नया युग तभी जन्म लेगा जब विज्ञान चेतना को समझेगा, और अध्यात्म विज्ञान को अपनाएगा।

5. कल्कि-ऊर्जा सार्वभौमिक है

यह ऊर्जा किसी राष्ट्र का, पंथ का, या समूह का स्वामित्व नहीं;
यह सम्पूर्ण मानवता का जन्मसिद्ध अधिकार है।

सत्यकाशी पीठ का उद्देश्य इसी संदेश को विश्व तक पहुँचाना है-शब्द, कला, ध्यान, साधना, विज्ञान और ऊर्जा के माध्यम से।

शिव-तत्व और कल्कि-तत्व का मिलन

युग परिवर्तन का अंतिम रहस्य दो महाशक्तियों के मिलन में निहित है-
शिव-तत्व और **कल्कि-तत्व**।

शिव-तत्व

संहार, मौन, तत्त्व-ज्ञान, समाधि और शून्य का प्रतिनिधि।
यह सभी रूपों का विसर्जन है-स्रोत में लौटना।

कल्कि-तत्व

नव-सृष्टि, धर्मस्थापन, ऊर्जा का उत्थान और युग-चक्र का पुनर्मूल्यांकन।
यह समय को पुनः संतुलित करने वाली शक्ति है।

दोनों का मिलन तब होता है जब:

- पुराना युग समाप्त हो रहा हो
- नया युग जन्म ले रहा हो
- पृथ्वी अपनी चेतना बदल रही हो
- मानवता परिवर्तन की पुकार कर रही हो

शिव-तत्व पुरातन को शून्य करता है,
और उसी शून्य में कल्कि-तत्व नया ब्रह्मांडीय क्रम स्थापित करता है।

सत्यकाशी पीठ इसी मिलन का केंद्र है-
जहाँ **शिव का मौन** और **कल्कि का उदय**
एक साथ कार्य करते हैं।

यही मिलन युग के नये चक्र की शुरुआत है-
यहीं से सतयुग का नया सूर्योदय होता है।

"सार्वभौम सत्य-सिद्धान्त" पर आधारित "युग परिवर्तन श्रृंखला" के नवयुग के शास्त्र-साहित्य

विभिन्न सम्प्रदाय (धर्म), जाति, मत, दर्शन इत्यादि में विभाजित इस मानव समाज में वर्तमान तथा आने वाले भविष्य के समय की मूल आवश्यकता है- मानव के मनो का एकीकरण अर्थात मानव मन का भूमण्डलीकरण एवं ब्रह्माण्डीयकरण। इसकी आवश्यकता इसलिए भी है क्योंकि मानव अपने विज्ञान व तकनीकी ज्ञान से प्राप्त संसाधनो का प्रयोग करते हुये, एक तरफ तो ब्रह्माण्ड की ओर चल पड़ा है तो दुसरी तरफ विध्वंस के लिए अनेक हथियारों का भी निर्माण कर चुका है। ऐसी स्थिति में हमें निश्चित रूप से ऐसे एकीकरण की आवश्यकता है जिससे हम इस पृथ्वी से मानसिक स्तर के विवादों को समाप्त कर सकें।

माया सभ्यता के अनुसार विश्व के मानव समाज यह भी मान रहें हैं कि 21 दिसम्बर, 2012 को दुनिया का अन्त हो जायेगा। जबकि हिन्दू धर्म शास्त्र विष्णु पुराण, भागवत पुराण, अग्नि पुराण, गरूड़ पुराण, पद्म पुराण इत्यादि में भगवान के दसवें और महाअवतार "कल्कि" का होना अभी शेष है। जिनसे कलियुग के अंधकार व विनाश को समाप्त करने का कार्य सम्पन्न होगा, साथ ही सत्ययुग का आरम्भ होगा। सिक्ख धर्म के पवित्र ग्रन्थ "दशम् ग्रन्थ" में भी "कल्कि अवतार" का वर्णन मिलता है।

सृजन और विनाश, का स्तर शारीरिक, आर्थिक व मानसिक होता है। जो एक व्यक्ति, समाज, देश और विश्व राष्ट्र के लिए होता है। व्यक्ति पर हुये शारीरिक, आर्थिक व मानसिक सृजन और विनाश को व्यक्ति ही अनुभव करता है परन्तु समाज, देश और विश्व राष्ट्र पर हुये शारीरिक, आर्थिक व मानसिक सृजन व विनाश को सार्वजनिक रूप से सभी देखते है। समाज, देश और विश्व राष्ट्र पर शारीरिक व आर्थिक सृजन और विनाश वर्तमान में तो चल ही रहा है जिसे सार्वजनिक रूप से मानव समाज देख रहा है।

भौतिकवादी पश्चिमी संस्कृति किसी भी सृजन व विनाश को मानसिक स्तर पर सोच ही नहीं सकता क्योंकि वह समस्त क्रियाकलाप को बाह्य जगत में ही घटित होता समझाता है जबकि वर्तमान समय मानसिक स्तर पर विनाश व सृजन का है। इस आधार पर यह कहा जा सकता है कि माया सभ्यता के अनुसार 21 दिसम्बर, 2012 को जो विनाश व सृजन होगा, वह मानसिक स्तर का ही होगा। जिसके परिणामस्वरूप सभी सम्प्रदाय, मत, दर्शन एक उच्च स्तर के विचार या सत्य में विलीन अर्थात विनाश को प्राप्त करेगा। फलस्वरूप उच्च स्तर के विचार या सत्य में स्थापित होने से सृजन होगा। कुल मिलाकर माया सभ्यता के कैलेण्डर का अन्त तिथि 21 दिसम्बर, 2012, दुनिया के अन्त की तिथि नहीं बल्कि वह वर्तमान युग के अन्त की अन्तिम तिथि का अनुमान है जिसके बाद नये युग का आरम्भ होगा।

ईश्वर भी इतना मूर्ख व अज्ञानी नहीं है कि वह स्वयं को इस मानव षरीर में पूर्ण व्यक्त किये बिना ही दुनिया को नष्ट कर दे। इसके सम्बन्ध में हिन्दू धर्म शास्त्रों में सृष्टि के प्रारम्भ के सम्बन्ध में कहा गया है कि- "ईश्वर ने इच्छा व्यक्त की कि मैं एक हूँ, अनेक हो जाऊँ"। इस प्रकार जब वही ईश्वर सभी में है तब निश्चित रूप से जब तक सभी मानव ईश्वर नहीं हो जाते तब तक दुनिया के अन्त होने का कोई प्रश्न ही नहीं उठता। और विकास क्रम चलता रहेगा।

21 दिसम्बर, 2012 के बाद का समय नये युग के प्रारम्भ का समय है जिसमें ज्ञान, ध्यान, चेतना, भाव, जन, देश, विश्व राष्ट्र, आध्यात्मिक जागरण, मानवता इत्यादि का विश्वव्यापी विकास होगा। परिणामस्वरूप सभी मानव को ईश्वर रूप में स्थापित होने का अवसर प्राप्त होगा। और यही विश्व मानव समाज की मूल आवश्यकता है। प्राचीन वैदिक काल में समाज को नियंत्रित करने के लिए ज्ञानार्जन सबके लिए खुला नहीं था परन्तु वर्तमान और भविष्य की आवश्यकता यह है कि समाज को नियंत्रित करने के लिए सभी को पूर्ण ज्ञान से युक्त कर सभी के लिए ज्ञान को खोल दिया जाय। यही कारण था कि वेद को प्रतीकात्मक रूप में लिख कर गुरू-शिष्य परम्परा द्वारा उसकी व्याख्या की जाती रही थी जिससे राजा और समाज को नियंत्रण में रखा जा सके।

सभी मानव को ईश्वर रूप में स्थापित होने के लिए जो माध्यम चाहिए वह है-"एकात्म विज्ञान" व "ईश्वर शास्त्र" विषय से मानव को शिक्षित करना और शिक्षा पाठ्यक्रम में अनिवार्य रूप से अध्ययन के लिए शामिल कराया जा सके।

"सार्वभौम सत्य-सिद्धांत"पर आधारित "युग परिवर्तन श्रृंखला" मानवता के अगली पीढ़ी के उदय के लिए

"नये युग" में "नये भारत" के लिए "नवीन मान-राग-प्राण" पर आधारित क्रियान्वयन प्रणाली (Operation System)-मानव-10 (MANAV-10) की पुस्तकें

यह नई पीढ़ी (Gen-Z) के लिए "विकसित भारत" और "मानव-10 प्रणाली" (MANAV-10 System) को प्रोत्साहित करने वाली श्रृंखला का हिस्सा है। अर्थात् यह पुस्तक किसी धर्म, जाति या मत से ऊपर उठकर "Universal Truth Principles" की ओर संकेत करती है।

मुद्रित (Printed Hard Copy) पुस्तक के लिए लिंक(Link)

https://notionpress.com/author/lava_kush

E_Book के लिए

www.64inch.com

द्वापर युग में आठवें अवतार श्रीकृष्ण द्वारा प्रारम्भ किया गया कार्य नवसृजन के प्रथम भाग सार्वभौम ज्ञान के शास्त्र "गीता" के बाद कलियुग में द्वितीय और अन्तिम भाग "सार्वभौम कर्मज्ञान" और "पूर्णज्ञान का पूरक शास्त्र"

विश्व युद्ध के पहले
दिव्य दृष्टि
सत्यकाशी पीठ
पांचवां और अन्तिम शंकराचार्य पीठ

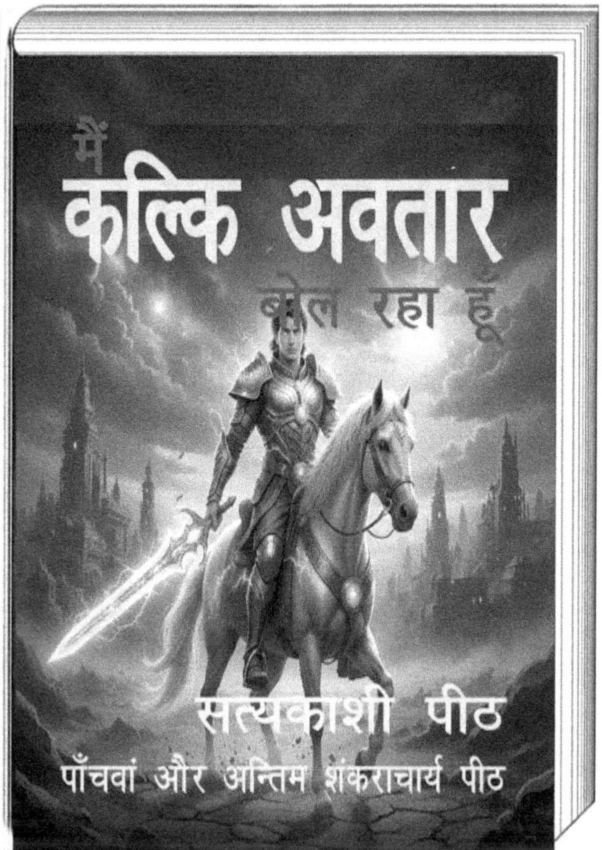
मैं
कल्कि अवतार
बोल रहा हूँ
सत्यकाशी पीठ
पाँचवां और अन्तिम शंकराचार्य पीठ

समष्टि गीता
सत्यकाशी पीठ
पाँचवां और अन्तिम शंकराचार्य पीठ

फिल्म स्क्रीप्ट
राइटिंग
IDEAS
You are the writer of your life
FRESH Ideas
Writing is designing with words
Creative THINKING
LIGHTS CAMERA ACTION
Short Films.
लव कुश सिंह “विश्वमानव”

प्रारम्भिक सत्य
अन्तिम
दृष्टि
सत्यकाशी पीठ
पाँचवां और अन्तिम शंकराचार्य पीठ

सत्य धर्म
युग परिवर्तक
दृष्टि
सत्यकाशी पीठ
पाँचवां और अन्तिम शंकराचार्य पीठ

सत्य दार्शनिक-दर्शन
और
कर्म वेदान्त-विकास
दर्शन
सत्यकाशी पीठ
पाँचवां और अन्तिम शंकराचार्य पीठ

सत्य शास्त्र
एवं
पुराण रहस्य
महर्षि व्यास
कला
सत्यकाशी पीठ
पाँचवां और अन्तिम शंकराचार्य पीठ

संत एवं गुरु
और
विश्व संत एवं गुरु
सत्यकाशी पीठ
पाँचवां और अन्तिम शंकराचार्य पीठ

समाज और
ईश्वरीय समाज
सत्यकाशी पीठ
पाँचवां और अन्तिम शंकराचार्य पीठ

सत्य शास्त्र और
विश्वशास्त्र
सत्यकाशी पीठ
पाँचवां और अन्तिम शंकराचार्य पीठ

कृति
और
विश्व
कृति
सत्यकाशी पीठ
पाँचवां और अन्तिम शंकराचार्य पीठ

भारत माता मन्दिर
और
विश्वधर्म मन्दिर
सत्यकाशी पीठ
पाँचवां और अन्तिम शंकराचार्य पीठ

महाभारत
और
विश्वभारत
सत्यकाशी पीठ
पाँचवां और अन्तिम शंकराचार्य पीठ

संविधान और
विश्व संविधान
सत्यकाशी पीठ
पांचवां और अन्तिम शंकराचार्य पीठ

शिक्षा और
पूर्ण शिक्षा
सत्यकाशी पीठ
पांचवां और अन्तिम शंकराचार्य पीठ

देवता और सार्वभौम देवता
कल्कि
सत्यकाशी पीठ

माँ कल्कि

द्वादस ज्योतिर्लिंग और
१३वां अन्तिम ज्योतिर्लिंग
?
सत्यकाशी पीठ
पाँचवां और अन्तिम शंकराचार्य पीठ

काशी
मोक्षदायिनी
और
जीवनदायिनी
ॐ

सत्यकाशी
स्वर्णयुग
का
तीर्थ

काशी
रहस्योद्घाटन
सत्यकाशी पीठ
पांचवां और अन्तिम शंकराचार्य पीठ

2020
सत्यकाशी पीठ
पाँचवां और अन्तिम शंकराचार्य पीठ

ईश्वर
का
संक्षिप्त इतिहास
सत्यकाशी पीठ
पाँचवां और अन्तिम शंकराचार्य पीठ

अवतार
अन्तिम सत्य दृष्टि
सत्यकाशी पीठ
पाँचवां और अन्तिम शंकराचार्य पीठ

भविष्यवाणियाँ
और
कल्कि अवतार
सत्यकाशी पीठ
पाँचवां और अन्तिम शंकराचार्य पीठ

स्वामी विवेकानन्द
और
कल्कि अवतार
सत्यकाशी पीठ
पाँचवां और अन्तिम शंकराचार्य पीठ

मनु, मनवन्तर
और
कल्कि अवतार
सत्यकाशी पीठ
पाँचवां और अन्तिम शंकराचार्य पीठ

व्यास, शास्त्र
और
कल्कि अवतार
सत्यकाशी पीठ
पाँचवां और अन्तिम शंकराचार्य पीठ

ऋषि, ऋषि परम्परा
और
कल्कि अवतार
सत्यकाशी पीठ
पाँचवां और अन्तिम शंकराचार्य पीठ

दूसरा आगमन
या
अन्तिम आगमन
सत्यकाशी पीठ
पाँचवां और अन्तिम शंकराचार्य पीठ

परिवर्तन
काल, मनु, युग,
व्यास और शास्त्र
सत्यकाशी पीठ
पाँचवां और अन्तिम शंकराचार्य पीठ

राम, रावण
और
सार्वभौम एकात्म
सत्यकाशी पीठ
पाँचवां और अन्तिम शंकराचार्य पीठ

मैं
व्यक्तिगत या सार्वभौम
सत्यकाशी पीठ
पाँचवां और अन्तिम शंकराचार्य पीठ

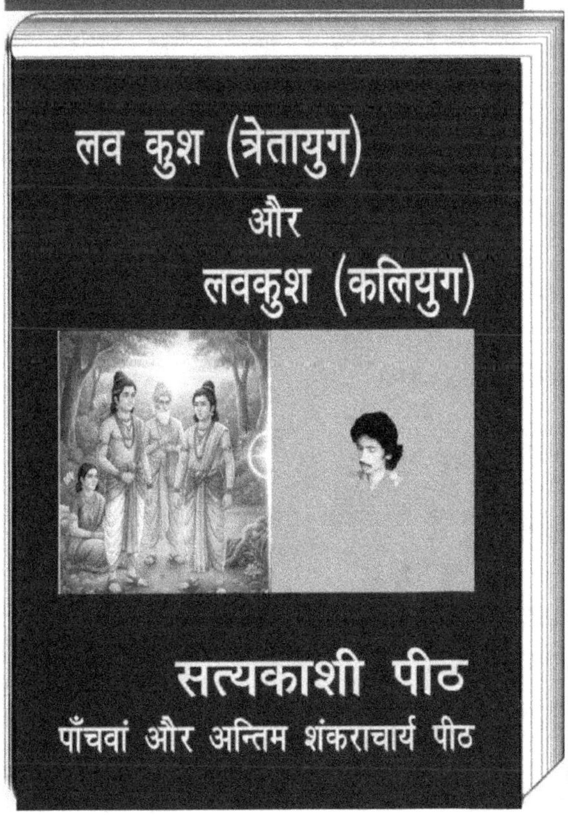
लव कुश (त्रेतायुग)
और
लवकुश (कलियुग)
सत्यकाशी पीठ
पाँचवां और अन्तिम शंकराचार्य पीठ

कल्कि महावतार
आ चुके हैं
(ACTION PLAN)
सत्यकाशी पीठ
पाँचवां और अन्तिम शंकराचार्य पीठ

लव कुश सिंह
(कल्कि महावतार)
जीवन, ज्ञान, कर्म और विश्वरूप
सत्यकाशी पीठ
पाँचवां और अन्तिम शंकराचार्य पीठ

वैश्विक बुद्ध
बुद्ध का
भाग-दो
और अन्तिम
सत्यकाशी पीठ
पाँचवां और अन्तिम शंकराचार्य पीठ

बुड्ढ़ा कृष्ण
कृष्ण का
भाग-दो
और अन्तिम
सत्यकाशी पीठ
पाँचवां और अन्तिम शंकराचार्य पीठ

सम्पूर्ण क्रान्ति
अन्तिम कार्य योजना
64
सत्यकाशी पीठ
पांचवां और अन्तिम शंकराचार्य पीठ

सम्पूर्ण क्रान्ति
वेबसाइट मार्गदर्शन
विवरणिका
सत्यकाशी पीठ
पाँचवां और अन्तिम शंकराचार्य पीठ

पुनर्निर्माण
(RENEW)
समस्या, समाधान
और
राष्ट्र निर्माण की योजना
पाँचवां और अन्तिम शंकराचार्य पीठ

पुनर्निर्माण
(RENEW)
ग्राम एवं नगर वार्ड
प्रेरक
सत्यकाशी पीठ
पाँचवां और अन्तिम शंकराचार्य पीठ

द्वापर युग में आठवें अवतार श्रीकृष्ण द्वारा प्रारम्भ किया गया कार्य "नवसृजन" के
प्रथम भाग "सार्वभौम ज्ञान" के शास्त्र "गीता" के बाद कलियुग में
द्वितीय और अन्तिम भाग "सार्वभौम कर्मज्ञान" और "पूर्णज्ञान का पूरक शास्त्र"
।। विश्वशास्त्र ।।
द नॉलेज ऑफ फाइनल नॉलेज
परिचय
- लव कुश सिंह "विश्वमानव"

एन्टायर पालिटिक्स
पूर्ण पाठ्यक्रम
सत्यकाशी पीठ
पाँचवां और अन्तिम शंकराचार्य पीठ

वसुधैव
कुटुम्बकम्
सत्यकाशी पीठ
पाँचवां और अन्तिम शंकराचार्य पीठ

।।कर्मवेद।।
प्रथम, अन्तिम तथा पंचम
सत्यकाशी पीठ
पांचवां और अन्तिम शंकराचार्य पीठ

आठवें अवतार
श्रीकृष्ण
सत्यकाशी पीठ
पांचवां और अन्तिम शंकराचार्य पीठ

अयोध्या नहीं,
मुंगेर है
राम जन्मभूमि
सत्यकाशी पीठ
पाँचवां और अन्तिम शंकराचार्य पीठ

विश्वमानव
भूतपूर्व नेतृत्वकर्ताओं
का
स्पष्टिकरण
सत्यकाशी पीठ
पाँचवां और अन्तिम शंकराचार्य पीठ

विश्वमानव
वर्तमान नेतृत्वकर्ताओं
का
स्पष्टिकरण
सत्यकाशी पीठ
पाँचवां और अन्तिम शंकराचार्य पीठ

विश्वमानव
वार्ता, वक्तव्य
एवं
वाणीयाँ
सत्यकाशी पीठ

विश्वमानव
पत्रावली, प्रसारण
और
अन्तिम पत्र
सत्यकाशी पीठ
पाँचवां और अन्तिम शंकराचार्य पीठ

सत्य जनहित
आह्वान
सत्यकाशी पीठ
पाँचवां और अन्तिम शंकराचार्य पीठ

विश्व शान्ति
अन्तिम सत्य दृष्टि
सत्यकाशी पीठ
पाँचवां और अन्तिम शंकराचार्य पीठ

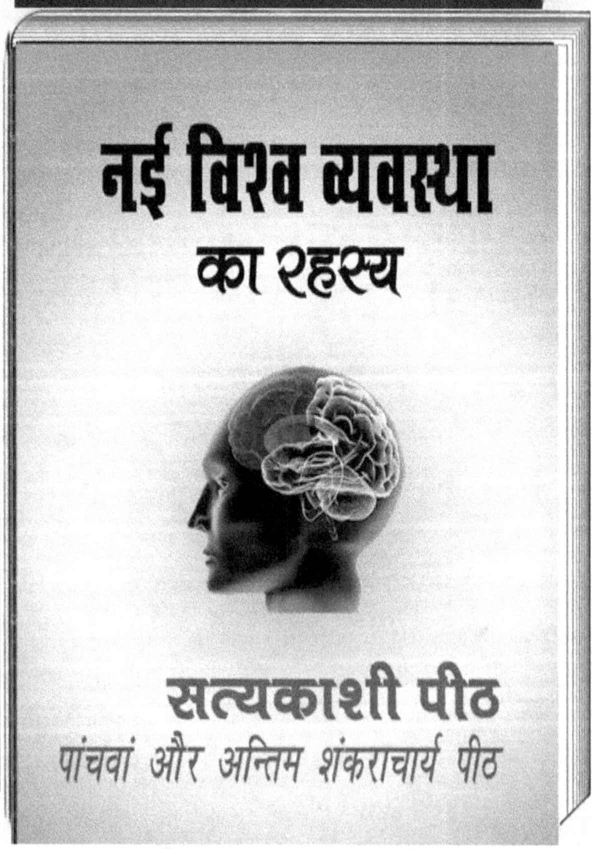
नई विश्व व्यवस्था
का रहस्य
सत्यकाशी पीठ
पांचवां और अन्तिम शंकराचार्य पीठ

समाजवाद
ब्रह्माण्डीय विकास का अवतारी मार्ग
सत्यकाशी पीठ
पांचवां और अन्तिम शंकराचार्य पीठ

भारतवाद
राष्ट्रवाद की मुख्यधारा
सत्यकाशी पीठ
पांचवां और अन्तिम शंकराचार्य पीठ

100 वर्षीय संयुक्त राष्ट्र
को अग्रिम सन्देश
सत्यकाशी पीठ
पांचवां और अन्तिम शंकराचार्य पीठ

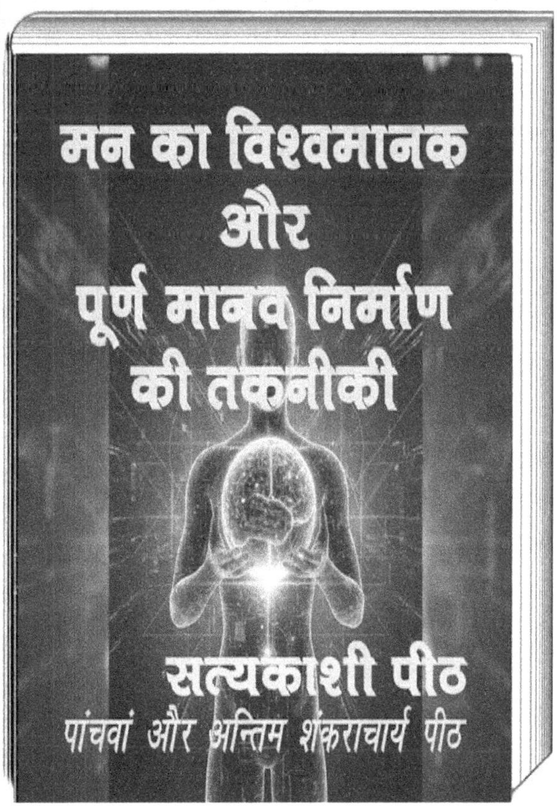
मन का विश्वमानक
और
पूर्ण मानव निर्माण
की तकनीकी
सत्यकाशी पीठ
पांचवां और अन्तिम शंकराचार्य पीठ

गणराज्य, संघ,
मानकीकरण संगठन
और
सम्पूर्ण मानक
सत्यकाशी पीठ
पाँचवां और अन्तिम शंकराचार्य पीठ

व्यापार केन्द्र
(TRADE CENTRE)
दृश्य सत्य
सत्यकाशी पीठ
पाँचवां और अन्तिम शंकराचार्य पीठ

सार्वभौम एकात्म
नव विश्व निर्माण
सत्यकाशी पीठ
पांचवां और अन्तिम शंकराचार्य पीठ

मानक विपणन
प्रणाली
सत्यकाशी पीठ
पाँचवां और अन्तिम शंकराचार्य पीठ

स्वर्णयुग का मानक
आदर्श नागरिक
दिशा निर्देश
सत्यकाशी पीठ
पांचवां और अन्तिम शंकराचार्य पीठ

स्वर्णयुग का
विश्वधर्म
परिचय
सत्यकाशी पीठ
पांचवां और अन्तिम शंकराचार्य पीठ

मैत्रेय बुद्ध
की ओर
सत्यकाशी पीठ
पांचवां और अन्तिम शंकराचार्य पीठ

विशाल ज्ञान विज्ञान
सबका समाधान
सूर्योदय
जय जनता जय कानून
हम सब एक दूसरे से हैं और एक दूसरे के लिए
सौजन्य से : सारे गैर सरकारी प्राणी : सरकारी प्राणी : इज्जतदार नेता और
सबका भविष्य विद्यार्थीगण........के लिए।

सार्वभौम सत्य-सिद्धान्त आधारित "युग परिवर्तक" श्रृंखला
कल्कि धाम
और
कल्कि परिचय
- लव कुश सिंह "विश्वमानव"

सार्वभौम सत्य-सिद्धान्त आधारित "युग परिवर्तक" श्रृंखला
चार शंकराचार्य पीठ
और
पांचवां-अन्तिम पीठ
सत्यकाशी पीठ
सत्यकाशी पीठ
सत्यकाशी पीठ
पांचवां और अन्तिम शंकराचार्य पीठ

कल्कि अमृत
महाकुम्भ
2025
FINAL KNOWLEDGE BOMB BLAST
सत्यकाशी पीठ
पांचवां और अन्तिम शंकराचार्य पीठ

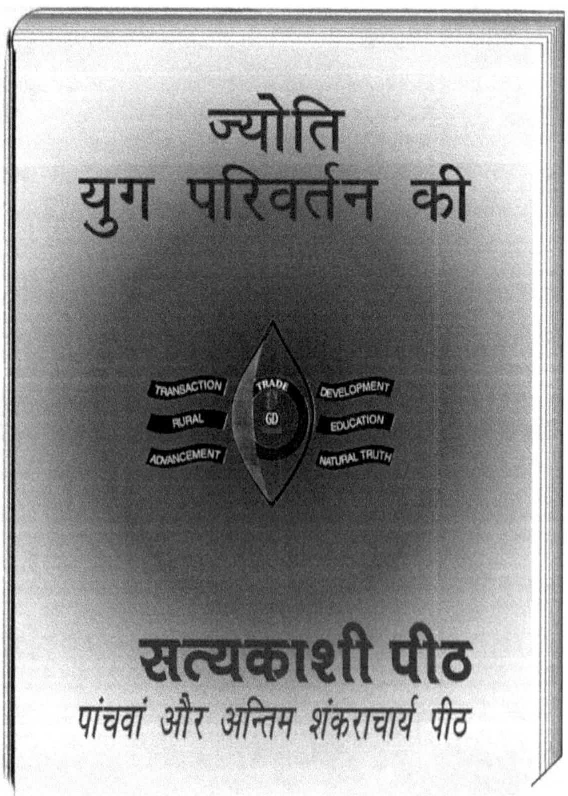
ज्योति
युग परिवर्तन की
TRANSACTION
RURAL
ADVANCEMENT
TRADE
GD
DEVELOPMENT
EDUCATION
NATURAL TRUTH
सत्यकाशी पीठ
पांचवां और अन्तिम शंकराचार्य पीठ

युग परिवर्तन
के
शब्द
सत्यकाशी पीठ
पांचवां और अन्तिम शंकराचार्य पीठ

विचारों का अंत
2025
सत्यकाशी पीठ
पांचवां और अन्तिम शंकराचार्य पीठ

विश्व सत्य घोषणा-पत्र
2025–मानव जाति तक
RSS
Rational Service Society
सत्यकाशी पीठ
पांचवां और अन्तिम शंकराचार्यपीठ

वैश्विक युग परिवर्तन के लिए
विश्व राजनीतिक पार्टी संघ
RSS
Rational Service Society
सत्यकाशी पीठ
पांचवां और अन्तिम शंकराचार्यपीठ

क्रिप्टो करेंसी
और मोबाइल माइनिंग
–लव कुश सिंह "विश्वमानव"

पीढ़ी
मानवीय और ईश्वरीय
वात्सल्य त्रिपाठी

बुढ़ा कृष्ण
अन्तिम मिलन
वात्सल्य त्रिपाठी

अन्तिम लक्ष्य
वात्सल्य त्रिपाठी

पाँचवां-अन्तिम पीठ
सत्यकाशी पीठ
परिचय
वात्सल्य त्रिपाठी
पाँचवां और आंतिम शंकराचार्य पीठ

कबीर और
जेन-जी
नई चेतना, नया मानव
चेतना और नवयुग की संवाद यात्रा
वात्सल्य त्रिपाठी

कल्कि की
ज्योति
बिहार से
ज्योति राठौड़

एक बिहारी
धरती पर भारी
ज्योति राठौड़

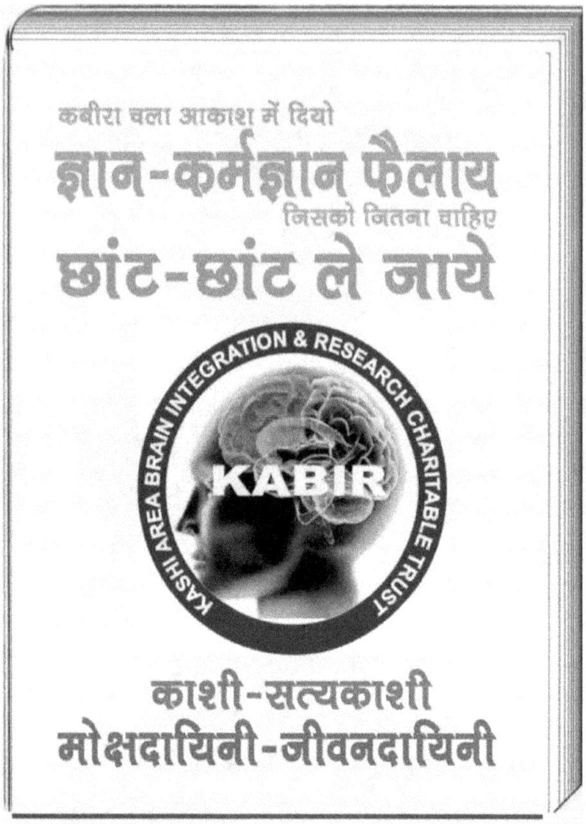
कबीरा चला आकाश में दियो
ज्ञान-कर्मज्ञान फैलाय
जिसको जितना चाहिए
छांट-छांट ले जाये
KASHI AREA BRAIN INTEGRATION & RESEARCH CHARITABLE TRUST
KABIR
काशी-सत्यकाशी
मोक्षदायिनी-जीवनदायिनी

कुर्म वंश
और
चरणाद्रिगढ़
स्वामी रमेशानन्द

आर.एस.एस
नवयुग के लिए
वैश्विक व्यक्तिगत पुस्तकालय
RATIONAL SERVICE SOCIETY (RSS)
WORLD PERSONAL LIBRARY FOR NEW AGE
A GUIDE TO GLOBAL WISDOM & FUTURE THOUGHT
स्वामी रमेशानन्द

झोला उठने के बाद
सोशल मीडिया
के लिए
कन्टेन्ट बैंक
विस्तृत गाइड: विचार, रणनीतियाँ, और संसाधन
www.64inch.com
सत्यकाशी पीठ
पांचवां और अन्तिम शंकराचार्य पीठ

झोला उठने के बाद
कल्कि
सत्यकाशी पीठ
पांचवां और अन्तिम शंकराचार्य पीठ

युग परिवर्तन के लिए:
विश्व पुस्तकालय बनाम कल्कि पुस्तकालय
www.64inch.com
बनाम
कल्कि पुस्तकालय
ज्ञान का महासंग्राम - भविष्य का निर्माण
सत्यकाशी पीठ
पांचवां और अन्तिम शंकराचार्य पीठ

व्हाट्सएप्प यूनिवर्सिटी
और
सु-इसु यूनिवर्सिटी
सत्यकाशी पीठ
पांचवां और अन्तिम शंकराचार्य पीठ

इंडिया
भारत का विश्वरूप
सत्यकाशी पीठ
पांचवां और अन्तिम शंकराचार्य पीठ

अधूरे
सपनों
का
अन्तिम मार्ग
सत्यकाशी पीठ
पांचवां और अन्तिम शंकराचार्य पीठ

मानक
संविधान
और
बहुजन
सत्यकाशी पीठ
पांचवां और अन्तिम शंकराचार्य पीठ

विकसित भारत
अन्तिम मुद्दे
-ईश्वरीय/मानवीय पीढ़ी 10 (GEN-10)
-व्यक्तिगत
-पारिवारीक
-सामाजिक
-धार्मिक
-राष्ट्रीय
-वैश्विक
सत्यकाशी पीठ
पांचवां और अन्तिम शंकराचार्य पीठ

एक नया
विकल्प
THREADS
सत्यकाशी पीठ
पांचवां और अन्तिम शंकराचार्य पीठ

विकसित भारत
शिक्षितों का अन्तिम ईश्वरीय मॉडल
सत्यकाशी पीठ
पांचवां और अन्तिम शंकराचार्य पीठ

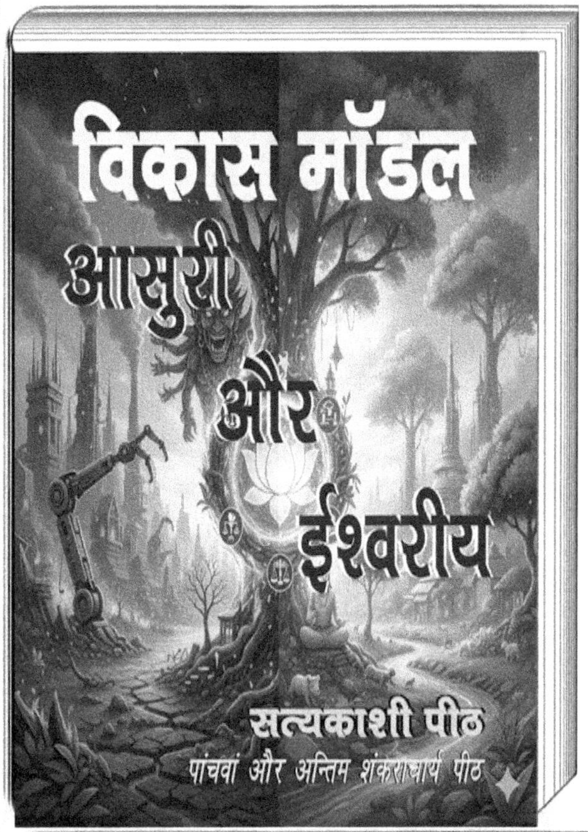
विकास मॉडल
आसुरी
और
ईश्वरीय
सत्यकाशी पीठ
पांचवां और अन्तिम शंकराचार्य पीठ

युग परिवर्तन और 1000 वर्षों के लिए
सत्यकाशी पीठ
का सम्पूर्ण कार्य
कौन,
क्यों,
कैसे
कल्कि?
सत्यकाशी पीठ
पांचवां और अन्तिम शंकराचार्य पीठ

बैल बुद्धि
और
विकसित
भारत
सत्यकाशी पीठ
पांचवां और अन्तिम शंकराचार्य पीठ

सत्यकाशी पीठ
पांचवां और अन्तिम शंकराचार्य पीठ

एक्सट्रा
टु ए बी
समान नागरिक व्यापार ज्ञान संहिता (CCTKC)
सत्यकाशी पीठ
पांचवां और अन्तिम शंकराचार्य पीठ

एक्सट्रा
टु ए बी
समान नागरिक आर्थिक संहिता (UCEC)
सत्यकाशी पीठ
पांचवां और अन्तिम शंकराचार्य पीठ

अंध भक्ति
से मुक्ति की ओर
मुक्ति मंत्र
“जिसने अंधभक्ति दिया
वही मुक्ति देगा”
सत्यकाशी पीठ
पांचवां और अन्तिम शंकराचार्य पीठ

VISHVABHARAT
न मो
नारायण
सत्यकाशी पीठ
पांचवां और अन्तिम शंकराचार्य पीठ

अगला स्तर
फिल्म और राजनीति पर
विचारों का संग्रह
सत्यकाशी पीठ
पांचवां और अन्तिम शंकराचार्य पीठ

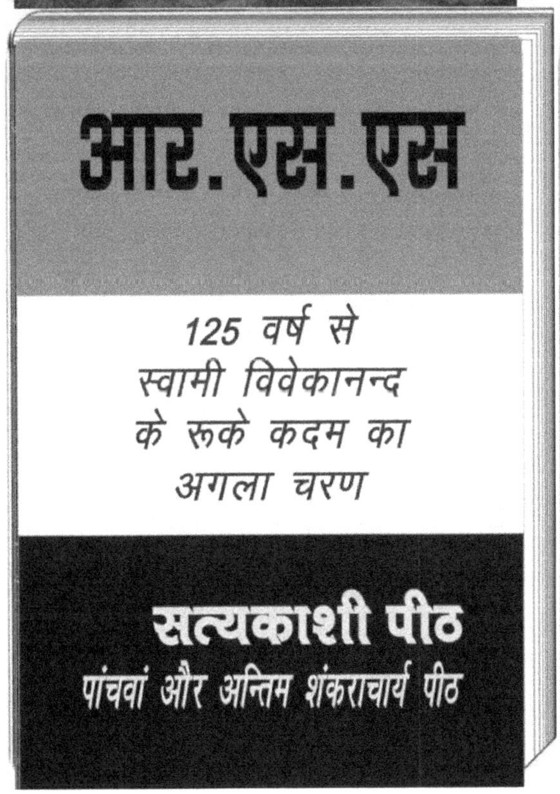
आर.एस.एस
125 वर्ष से
स्वामी विवेकानन्द
के रूके कदम का
अगला चरण
सत्यकाशी पीठ
पांचवां और अन्तिम शंकराचार्य पीठ

आर.एस.एस
रहस्योद्घाटन
सत्यकाशी पीठ
पांचवां और अन्तिम शंकराचार्य पीठ

125 वर्ष बाद
स्वामी विवेकानन्द
का अगला चरण

सत्यकाशी पीठ
पांचवां और अन्तिम शंकराचार्य पीठ

आत्मकथा
लेखन कला
का विश्वमानक
सत्यकाशी पीठ
पांचवां और अन्तिम शंकराचार्य पीठ

लुच्चा
पुराण
पौराणिक कथाओं
और पात्रों के
सत्य समझ की व्यास दृष्टि
सत्यकाशी पीठ
पांचवां और अन्तिम शंकराचार्य पीठ

आठवां
सावर्णि मनु स्मृति
सत्यकाशी पीठ
पांचवां और अन्तिम शंकराचार्य पीठ

विश्वमानक
शून्य श्रृंखला
0
सत्यकाशी पीठ
पांचवां और अन्तिम शंकराचार्य पीठ

सर्वजीत साधना
भवन एक आध्यात्मिक अनुभव
सत्यकाशी पीठ
पांचवां और अन्तिम शंकराचार्य पीठ

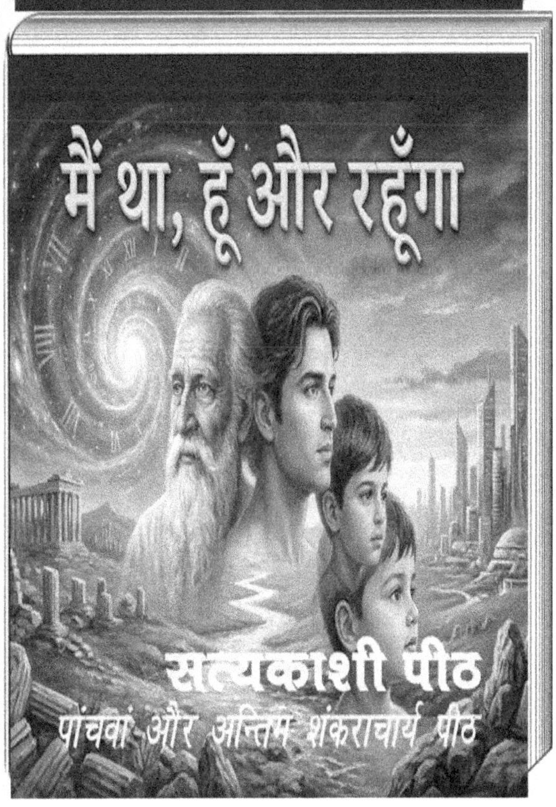
मैं था, हूँ और रहूँगा
सत्यकाशी पीठ
पांचवां और अन्तिम शंकराचार्य पीठ

लव
सत्यकाशी पीठ
पांचवां और अन्तिम शंकराचार्य पीठ

परब्रह्म,
प्रकृति,
अवतार
और वानर
सत्यकाशी पीठ
पांचवां और अन्तिम शंकराचार्य पीठ

संसार
दृश्य
और
अदृश्य
सत्यकाशी पीठ
पांचवां और अन्तिम शंकराचार्य पीठ

कर्मोपनिषद्
सत्यकाशी पीठ
पांचवां और अन्तिम शंकराचार्य पीठ

विश्वभारत
पुराण
सत्यकाशी पीठ
पांचवां और अन्तिम शंकराचार्य पीठ

एकात्म विज्ञान
सत्यकाशी पीठ
पांचवां और अन्तिम शंकराचार्य पीठ

मानक विज्ञान
सत्यकाशी पीठ
पांचवां और अन्तिम शंकराचार्य पीठ

ईश्वर शास्त्र
सत्यकाशी पीठ
पांचवां और अन्तिम शंकराचार्य पीठ

युगावतारों के प्रकटीकरण की कार्यविधि:
राम-कृष्ण-लवकुश
सत्यकाशी पीठ
पांचवां और अन्तिम शंकराचार्य पीठ

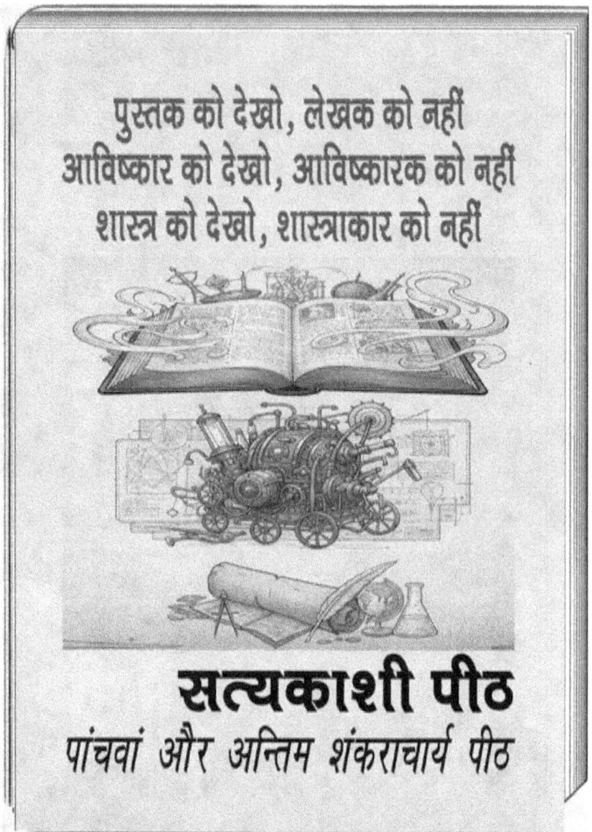
पुस्तक को देखो, लेखक को नहीं
आविष्कार को देखो, आविष्कारक को नहीं
शास्त्र को देखो, शास्त्राकार को नहीं
सत्यकाशी पीठ
पांचवां और अन्तिम शंकराचार्य पीठ

56 से 64
की ओर
सत्यकाशी पीठ
पांचवां और अन्तिम शंकराचार्य पीठ

मैं सत्यकाशी हूँ
कविता
सत्यकाशी पीठ
पांचवां और अन्तिम शंकराचार्य पीठ

पटेल
भारत के शारीरिक एकीकरण के बाद
मन का एकीकरण लक्ष्य
सत्यकाशी पीठ
पांचवां और अन्तिम शंकराचार्य पीठ

मन से
आत्मा तक
3 6 9 और 7
6
3
9
7
सत्यकाशी पीठ
पांचवां और अन्तिम शंकराचार्य पीठ

भारत
400 पार मुद्दा किसका
?
सत्यकाशी पीठ
पांचवां और अन्तिम शंकराचार्य पीठ

आर. एस. एस - पुस्तकालय
पढ़ो और कमाओ
शिक्षित समाज, समर्थ राष्ट्र
सत्यकाशी पीठ
पांचवां और अन्तिम शंकराचार्य पीठ

विश्वयुद्ध के पहले
विश्वगुरु भारत
का विश्व शान्ति और
पुनर्निर्माण का अन्तिम सन्देश
सत्यकाशी पीठ
पांचवां और अन्तिम शंकराचार्य पीठ

चुटिया पण्डित
वृन्दावन की सत्य घटना
स्वामी नन्दनानंद

कल्कि का
चुनार और वृन्दावन
से उठता प्रेम
स्वामी नन्दनानंद

कल्कि का
बेगुसराय और मीरजापुर
जन्म और कर्म क्षेत्र
स्वामी नन्दनानंद

सत्येश्वरोपनिषद्
सत्येश्वर
और
झूठेश्वर
वात्सल्य त्रिपाठी

अन्तिम अवतार
कल्कि
के लिए शेष कर्म
वात्सल्य त्रिपाठी

कल्कि अवतार
का मानव-10
विकसित भारत का प्रवेश द्वार
वात्सल्य त्रिपाठी

पप्पू-गप्पू
और
नागरिक झुलेलाल
वात्सल्य त्रिपाठी

ओपेन गेम
कभी-कभी नहीं,
अब कन्फर्म है
अपुन ही
भगवान है
(वेब सीरीज)
वात्सल्य त्रिपाठी

SATYAKASHI
THE END OF MIRZAPUR
सत्यकाशी पीठ
पांचवां और अन्तिम शंकराचार्य पीठ

अण्डरवर्ल्ड
सनातन से पुरूषों से छुपी महिलाओं की कहानी
(फिल्म स्क्रीनप्ले-रेडी टू शूट)
वात्सल्य त्रिपाठी

सोना और सोना
एवं
नारी सशक्तिकरण
वैदिक काल से वर्तमान तक
सत्यकाशी पीठ
पांचवां और अन्तिम शंकराचार्य पीठ

स्लम डॉग गॉड
फिल्म स्क्रीनप्ले-रेडी टू शूट

उत्तर प्रदेश
का
उत्तर
वात्सल्य त्रिपाठी

अन्तिम समन्वयाचार्य
कल्कि
वात्सल्य त्रिपाठी

2026
2+0+2+6=10
पांचवां और अन्तिम शंकराचार्य पीठ

राम न आयेंगे
लवकुश आ रहें हैं
www.64inch.com
पांचवां और अन्तिम शंकराचार्य पीठ
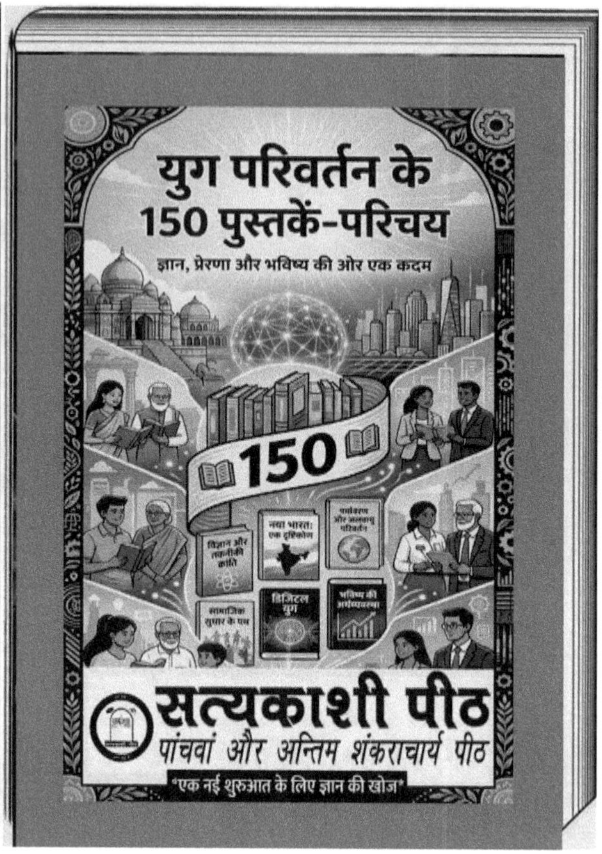
युग परिवर्तन के
150 पुस्तकें-परिचय
ज्ञान, प्रेरणा और भविष्य की ओर एक कदम
150
सत्यकाशी पीठ
पांचवां और अन्तिम शंकराचार्य पीठ
"एक नई शुरुआत के लिए ज्ञान की खोज"

जैसी तुम्हारी इच्छा वैसा करो

डॉ0 सर्वपल्ली राधाकृष्णन का जन्म 5 सितम्बर, 1888 को दक्षिण भारत के तिरूतनि स्थान पर हुआ था जो चेन्नई से 64 किमी उत्तर–पूर्व में है। डॉ0 सर्वपल्ली राधाकृष्णन भारत के उपराष्ट्रपति और दूसरे राष्ट्रपति सन् 1952 से 1962 तक में रहे। डॉ0 सर्वपल्ली राधाकृष्णन भारतीय समाजिक संस्कृति से ओत–प्रोत एक महान शिक्षाविद् महान दार्शनिक, महान वक्ता और आस्थावान हिन्दू विचारक थे। डॉ0 सर्वपल्ली राधाकृष्णन ने अपने जीवन के महत्वपूर्ण 40 वर्ष शिक्षक के रूप में व्यतीत किये। उनमें एक आदर्श शिक्षक के सारे गुण मौजूद थे। डॉ0 सर्वपल्ली राधाकृष्णन समस्त विश्व को एक शिक्षालय मानते थे। उनकी मान्यता थी कि शिक्षा के द्वारा ही मानव दिमाग का सद्उपयोग किया जाना सम्भव है इसलिए समस्त विश्व को एक इकाई समझकर ही शिक्षा का प्रबन्धन किया जाना चाहिए। उनके जन्मदिन को "शिक्षक दिवस" के रूप में मनाया जाता है।

इति ते ज्ञानमाख्यातं गुह्यादगुह्यतरं मया।
विमृश्न्यैतदशेषेण यथेच्छसि तथा कुरू।।
(श्रीमद्भगवद्गीता, अध्याय–18, श्लोक–63)

अर्थात् – मैंने तुम्हें जो बताया, वह सब से बड़ा रहस्य है। इस पर भलीभाँति विचार कर तुम्हारी जैसी इच्छा वैसा करो।

"परमात्मा देखने में तटस्थ या निरपेक्ष दिखाई देता है, क्योंकि उसने चुनने का निर्णय अर्जुन के हाथ में छोड़ दिया है। उसकी यह निरपेक्षता ही अर्जुन के चिन्ता का कारण है। वह किसी पर भी दबाव नहीं डालता क्योंकि स्वतःस्फूर्त स्वतन्त्रता बहुत मूल्यवान होती है। भगवान अपना आदेश ऊपर से नहीं थोपता। वह स्वतन्त्र छोड़ देता है। परमात्मा की पुकार को स्वीकार करने या अस्वीकार कर देने के लिए हम हर समय स्वतन्त्र हैं। हम लड़खड़ाने लगें तो वह सहायता देने के लिए तैयार रहता है और प्रतीक्षा करने को तैयार है जब तक हम उसकी ओर उन्मुख न हों।

सब कुछ पहले से निर्धारित मानने वाले सिद्धान्त में टकराव के कारण यूरोप और भारत में काफी वाद–विवाद हुआ है। यूरोप का प्रमुख सिद्धान्त है कि संकल्प शक्ति और मानवीय प्रयत्न की स्वतन्त्रता का मनुष्य के उद्धार में बहुत बड़ा हाथ होता है। यद्यपि स्वयं संकल्प शक्ति को भी परमात्मा की कृपा के समर्थन की आवश्यकता पड़ सकती है। पहले से सब कुछ तय मानने वालों को अच्छे कार्यों और प्रार्थना के लिए यत्न करना होता है, क्योंकि वहाँ भी मानते हैं कि ये उपाय नियति को आगे बढ़ाने में सहायक तो हो सकते हैं लेकिन वे उसे रोक नहीं सकते। मनुष्य इस बात के लिए स्वतन्त्र है कि परमात्मा उन मनुष्यों पर कृपा करना चाहता है जो अपने आचरण से उस कृपा को ग्रहण करने के लिए तैयार करते हैं।

आध्यात्मिक नेता हम पर शारीरिक हिंसा, चमत्कार, प्रदर्शन के जरिये प्रभाव नहीं डालते। यदि सच्चा शिष्य कोई गलती कर भी बैठे, तो वह उसे केवल सलाह देगा। यदि शिष्य को चुनाव करने की स्वतन्त्रता पर आँच आती हो, तो वह उसे गलत रास्ते से भी वापस लौट आने के लिए विवश नहीं करेगा। गलती भी विकास की एक दिशा है।

कृष्ण केवल सारथी हैं। वह अर्जुन के आदेश का पालन करेगा। उसने कोई शस्त्र धारण नहीं किया हुआ है। यदि वह अर्जुन पर कोई प्रभाव डालता है तो वह उसे अपने उस सर्वजयी प्रेम के जरिए डालता है। जो कभी समाप्त नहीं होता।

अर्जुन को अपने लिए स्वयं विचार करना चाहिए और अपने लिए स्वयं ही मार्ग खोज करना चाहिए। अस्पष्ट मान्यताओं को अनिवार्य रूप से और भावुकतापूर्वक अपना लिए जाने के कारण फलस्वरूप कट्टर धर्मान्धता उत्पन्न हुई है और उनके कारण मनुष्यों को अकथनीय कष्ट उठाना पड़ा है। इसलिए यह आवश्यक है कि मन और विश्वासों के लिए कोई तर्क संगत और अनुभावात्मक औचित्य ढूंढ़े।

अर्जुन को एक वास्तविक अखण्डता की अनुभूति प्राप्त करनी होगी लेकिन उसके विचार अपने हैं। और गुरू के जरिये उस पर थोपे नहीं गये हैं। दूसरों पर अपने विचार थोपना शिक्षण नहीं हैं।"

– भगवद्गीता के आखिरी उपदेश पर भारतीय दर्शन के व्याख्याकार और दूसरे राष्ट्रपति डॉ0 राधाकृष्णनन का विवेचन

"यह विश्वशास्त्र, मनुष्यों पर थोपा नहीं जा रहा बल्कि वह मनुष्यों को, मनुष्यो के इस संसार मे जो वर्तमान है उसे और उसके आगे अनन्त मार्ग दिखा रहा है और सभी मार्गों के एकीकरण द्वारा, उस मार्ग को भी दिखा रहा है जो विश्व को सत्य–सुन्दर–शिव बना सकता है। फिर भी हे मनुष्यों जैसी तुम्हारी इच्छा वैसा करो। वर्तमान से योग कराने के लिए ही मैं व्यक्त होता हूँ।"

– लव कुश सिंह "विश्वमानव"

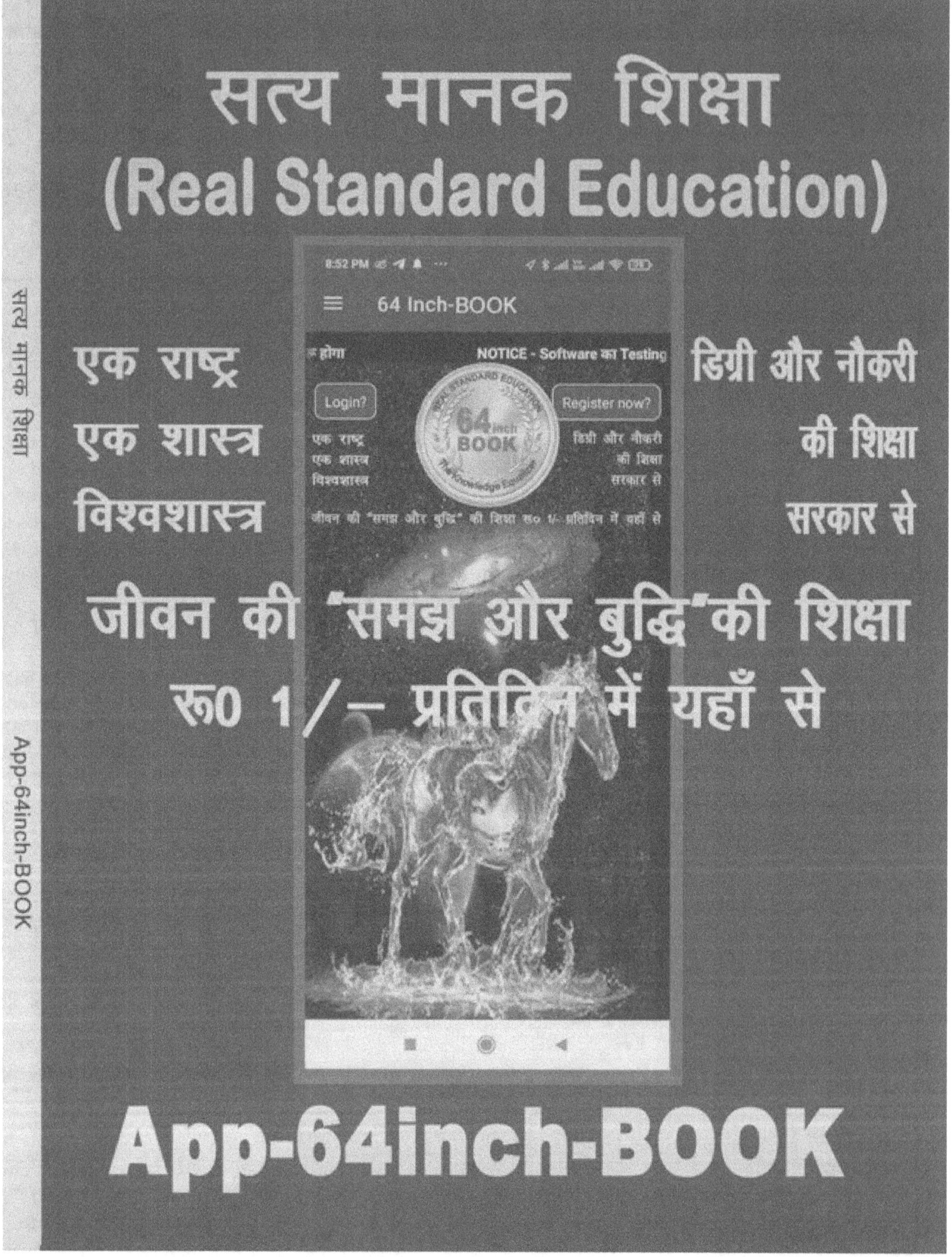
सत्य मानक शिक्षा
(Real Standard Education)
एक राष्ट्र
एक शास्त्र
विश्वशास्त्र
डिग्री और नौकरी
की शिक्षा
सरकार से
जीवन की "समझ और बुद्धि" की शिक्षा
रू0 1/– प्रतिदिन में यहाँ से
64 Inch-BOOK
NOTICE - Software का Testing
Login?
Register now?
App-64inch-BOOK
सत्य मानक शिक्षा
App-64inch-BOOK

"सत्य मानक शिक्षा" का व्यापार-एक अन्तहीन व्यापार

एक नदी पर पुल था जिसे कोई व्यक्ति पैदल दो घण्टे में पार करता था। यह पुल पैदल यात्रीयों के लिए रोक दिया गया था जिसके लिए पुल के ठीक मध्य (एक घण्टे की यात्रा) पर एक गार्ड नियुक्त था। गार्ड एक घण्टे सोता था और एक घण्टे जागता था। एक चालाक व्यक्ति को पुल से नदी पार करना अतिआवश्यक था। इसलिए गार्ड जब सोया तब वह यात्रा प्रारम्भ किया जैसे ही गार्ड के जागने का समय आया, वह वापस लौटने लगा। गार्ड समझा कि वह दूसरे किनारे से आ रहा है इसलिए उसने उस यात्री को पकड़ा और दूसरी ओर भेज दिया। इस प्रकार यात्री नदी पार हो गया।

यदि हम में से किसी को तैरकर नदी पार करना हो और आधे से पहले ही हमारा हिम्मत टूटने लगे तो हम वापस ही आना चाहेंगे। यदि आधे से अधिक तैरने के बाद हिम्मत टूटने लगेगा तो हौसला बढ़ाकर आगे ही बढकर पार करना चाहेंगे।

इसी प्रकार मनुष्य के विकास क्रम में हम सब अदृश्य विज्ञान (आध्यात्म) से दृश्य विज्ञान (भौतिक) की ओर बढ़ गये हैं। नदी या पुल का एक किनारा अदृश्य विज्ञान है तो दूसरा किनारा दृश्य विज्ञान। वर्तमान का हमारा अधिकतम जीवन नदी के दूसरे किनारे दृश्य विज्ञान की ओर है, हर पल। जन्म से ही हम अधिकतम वे सब वस्तुएँ प्रयोग कर रहे हैं जिसका कच्चा माल भले ही ईश्वरकृत हो परन्तु उपयोग का रूप मनुष्यकृत है और विज्ञान द्वारा निर्मित है। इस प्रकार मनुष्य निर्माता के रूप में अपना रूप व्यक्त कर ईश्वर की ओर ही बढ़ रहा है।

नदी के पुल पर बैठे उस गार्ड का काम और तैरने वाले का निर्णय "सत्य शिक्षा" है। वर्तमान में मनुष्य समाज अदृश्य काल से चलकर दृश्य काल में आ चुका है। आधे से वापस किनारे जाना "सत्य" को पाना है। और आधे से दूसरे किनारे पार हो जाना "सिद्धान्त" को पाना है। इन्हीं सिद्धान्त को पाने के बाद संविधान-नियम-कानून का जन्म होता है जिससे आज हम सभी संचालित व प्रभावित है। इस "सत्य-सिद्धान्त" की शिक्षा ही "सत्य मानक शिक्षा" है।

वर्तमान में जीने का अर्थ होता है-विश्व ज्ञान जहाँ तक बढ़ चुका है वहाँ तक के ज्ञान से अपने मस्तिष्क को युक्त करना। तभी डेढ़ हजार वर्ष पुराने हमारे मस्तिष्क का आधुनिकीकरण हो पायेगा। सिर्फ वर्तमान में तो पशु रहकर कर्म करते हैं। "सत्य मानक शिक्षा" मनुष्य के मस्तिष्क के आधुनिकीकरण की शिक्षा है या विज्ञान की भाषा में कहें तो मस्तिष्क के आधुनिकीकरण का साफ्टवेयर या माइक्रोचिप्स (Integrated Circuit-I.C) है। वर्तमान की अब नवीनतम परिभाषा है-"पूर्ण ज्ञान से युक्त होना" और कार्यशैली की परिभाषा है-"भूतकाल का अनुभव, भविष्य की आवश्यकतानुसार पूर्णज्ञान और परिणाम ज्ञान से युक्त होकर वर्तमान समय में कार्य करना।"

ज्ञान के इस युग में शिक्षा-विद्या-कला का व्यापार मनुष्य के धरती पर रहने तक रहेगा। ऐसी स्थिति में "सत्य मानक शिक्षा"का व्यापार भी उस समय तक के लिए स्थायित्व में है। शिक्षा-विद्या-कला कोई प्रापर्टी नहीं है कि पिता जी ग्रहण कर चुके हैं तो पुत्र को हिस्सा प्राप्त हो जायेगा। पुत्र को भी वहीं से अर्थात् अक्षर ज्ञान से शुरू होना पड़ेगा जहाँ से पिता ने शुरू किया था। इस प्रकार "सत्य मानक शिक्षा"का व्यापार एक अन्तहीन व्यापार है जो मनुष्य के पृथ्वी पर रहने तक चलता रहेगा।

स्कूल-कालेजों के जाल से शिक्षा के व्यापार का विकास होता है न कि शिक्षा का। शिक्षा का विकास तो शिक्षा पाठ्यक्रम पर निर्भर होता है जिससे शिक्षक और शिक्षार्थी दोनों निर्मित होते हैं। जब तक पूर्ण शिक्षा पाठ्यक्रम का निर्माण नहीं होता, शिक्षा का विकास नहीं हो सकता लेकिन शिक्षा के व्यापार का विकास होता रहेगा।

आध्यात्म और विज्ञान ने मानव सभ्यता के विकास में अब कम से इतना विकास तो कर ही चुका है कि अब हमें मन के एकीकरण के लिए कार्य करना चाहिए। और उस मन पर कार्य करने का ही परिणाम है-

सम्पूर्ण ब्रह्माण्ड में व्याप्त एक ही सत्य-सिद्धान्त द्वारा व्यक्तिगत व संयुक्त मन को एकमुखी कर सर्वोच्च, मूल और अन्तिम स्तर पर स्थापित करने के लिए शून्य पर अन्तिम आविष्कार WS-0 श्रृंखला की निम्नलिखित पाँच शाखाएँ है।

1. डब्ल्यू.एस. (WS)-0: विचार एवम् साहित्य का विश्वमानक
2. डब्ल्यू.एस. (WS)-00: विषय एवम् विशेषज्ञों की परिभाषा का विश्वमानक
3. डब्ल्यू.एस. (WS)-000: ब्रह्माण्ड (सूक्ष्म एवम् स्थूल) के प्रबन्ध और क्रियाकलाप का विश्वमानक
4. डब्ल्यू.एस. (WS)-0000: मानव (सूक्ष्म तथा स्थूल) के प्रबन्ध और क्रियाकलाप का विश्वमानक
5. डब्ल्यू.एस. (WS)-00000: उपासना और उपासना स्थल का विश्वमानक

और पूर्णमानव निर्माण की तकनीकी WCM-TLM-SHYAM.C (World Class Manufacturing – Total Life Maintenance – Satya-Heart-Yog-Ashram-Meditaion.Conciousness) है।

जो शिक्षा का नया माडल है। गरीबों की समस्या सुलझानें का नैतिक दायित्व है। देश में 25 वर्ष से कम उम्र के 55 करोड़ लोगों के लिए पुननिर्माण जैसी योजना हैं। उन्हें नौकरी और प्रशिक्षण की व्यवस्था है। रचनात्मकता, समन्वय, लीडरशिप, ग्लोबल तथा प्रोफेशनल विषयों को पढ़ने तथा सूचना तकनीक के जरिए पढ़ाई पर ध्यान केन्द्रित करने से युक्त है। हमारे देश में जो अध्यापक हैं, वे शोध नहीं करते और जो शोध करते हैं वे पढ़ाते नहीं, इसलिए शिक्षार्थी को ही शोध पत्र (विश्वशास्त्र) पढ़ाया जाय क्योंकि शिक्षक पढ़ने से तो रहे क्योंकि समान्यतः धन के आने की सुनिश्चितता के बाद लोग पढ़ना छोड़ देते हैं, यही नहीं कोशिश तो यह भी रहती है कि पढ़ाना भी न पड़े और उन्हें सेवा से हटाया भी नहीं जा सकता।

स्वामी विवेकान्द जी ने कहा था – "सुधारकों से मैं कहूंगा कि मैं स्वयं उनसे कहीं बढ़कर सुधारक हूँ। वे लोग इधर-उधर थोड़ा सुधार करना चाहते हैं- और मैं चाहता हूँ आमूल सुधार। हम लोगों का मतभेद है केवल सुधार की प्रणाली में। उनकी प्रणाली विनाशात्मक है और मेरी संघटनात्मक। मैं सुधार में विश्वास नहीं करता, मैं विश्वास करता हूँ स्वाभाविक उन्नति में।"

स्वाभाविक उन्नति तभी होती है जब संसाधन उपलब्ध हो। कार-मोटरसाइकिल घर में पहले से रहता है तो स्वाभाविक रूप से कम उम्र में ही घर के लोग चलाना सिख जाते हैं

जो व्यक्ति या देश केवल आर्थिक उन्नति को ही सर्वस्व मानता है वह व्यक्ति या देश एक पशुवत् जीवन निर्वाह के मार्ग पर है-जीना और पीढ़ी बढ़ाना। दूसरे रूप में इसे ऐसे समझा जा सकता है कि ऐसे व्यक्ति जिनका लक्ष्य धन रहा था वे अपने धन के बल पर अपनी मूर्ति अपने घर पर ही लगा सकते हैं परन्तु जिनका लक्ष्य धन नहीं था, उनका समाज ने उन्हें, उनके रहते या उनके जाने के बाद अनेकों प्रकार से सम्मान दिया है और ये सार्वजनिक रूप से सभी के सामने प्रमाणित है। पूर्णत्व की प्राप्ति का मार्ग शारीरिक-आर्थिक उत्थान के साथ-साथ मानसिक-बौद्धिक उत्थान होना चाहिए और यही है ही। इस प्रकार भारत यदि पूर्णता व विश्व गुरूता की ओर बढ़ना चाहता है तब उसे मात्र कौशल विकास ही नहीं बल्कि राष्ट्रीय बौद्धिक विकास की ओर भी बढ़ना होगा। बौद्धिक विकास, व्यक्ति व राष्ट्र का इस ब्रह्माण्ड के प्रति दायित्व है और उसका लक्ष्य है।

राष्ट्र के पूर्णत्व के लिए पूर्ण शिक्षा निम्नलिखित शिक्षा का संयुक्त रूप है-

अ-सामान्यीकरण (Generalisation) शिक्षा

ज्ञान के लिए- यह शिक्षा व्यक्ति और राष्ट्र का बौद्धिक विकास कराती है जिससे व्यक्ति व राष्ट्रीय सुख में वृद्धि होती है।

ब-विशेषीकरण (Specialisation) शिक्षा

कौशल के लिए- यह शिक्षा व्यक्ति और राष्ट्र का कौशल विकास कराती है जिससे व्यक्ति व राष्ट्रीय उत्पादकता में वृद्धि होती है।

स-सत्य नेटवर्क (REAL NETWORK)

समाज में प्रकाशित होने के लिए-क्योंकि कोई भी क्यों न हो उसे स्वयं अपना परिचय (BIO-DATA) देना पड़ता है तभी उसके अनुसार समाज उसका उपयोग करता है।

वर्तमान समय में विशेषीकरण की शिक्षा, भारत में चल ही रहा है और वह कोई बहुत बड़ी समस्या भी नहीं है। समस्या है सामान्यीकरण शिक्षा की। व्यक्तियों के विचार से सदैव व्यक्त होता रहा है कि-मैकाले शिक्षा पद्धति बदलनी चाहिए, राष्ट्रीय शिक्षा नीति व पाठ्यक्रम बनना चाहिए। ये तो विचार हैं। पाठ्यक्रम बनेगा कैसे?, कौन बनायेगा? पाठ्यक्रम में पढ़ायेंगे क्या?

एक पूर्ण मानव निर्माण प्रक्रिया में शिक्षा पाठ्यक्रम के स्वरूप का विश्वमानक निम्नवत् है। जो किसी विशेष देश-काल-पात्र पर निर्भर नही करता अर्थात् यह प्रत्येक देशों और व्यक्तियों के लिए शिक्षा का स्वरूप है। जिससे ब्रह्माण्डीय, वैश्विक और व्यक्तिगत संतुलन, स्थिरता, एकता, प्रबन्ध, विकास, शान्ति और सुरक्षा निर्धारित होती है।

1. प्राइमरी शिक्षा (कक्षा-5 तक)-भाषा ज्ञान आधारित:- क्षेत्रीय, देश, विश्व और विज्ञान की भाषा का ज्ञान, सामान्य विज्ञान, सामान्य ज्ञान, चित्र कला।

2. जूनियर हाई स्कूल (कक्षा-6 से 8 तक)-समाज ज्ञान आधारित:- क्षेत्रीय, देश, विश्व और विज्ञान की भाषा का ज्ञान, सागान्य विज्ञान, सामान्य ज्ञान, चित्र कला का विस्तार, खेल, संगीत, कृषि, समाज विज्ञान।

3. हाई स्कूल (कक्षा-9 से 10 तक)-सामान्यीकृत ज्ञान आधारित:- ज्ञान-कर्मज्ञान समाहित WCM-TLM-SHYAM.C (World Class Manufacturing – Total Life Maintenance – Satya-Heart-Yog-Ashram-Meditaion.Conciousness) प्रणाली अर्थात शिक्षा पाठ्यक्रम का विश्व मानक, कालानुसार विज्ञान, तकनीकी, व्यापारीक व प्रबन्धकीय ज्ञान की शिक्षा।

4. इण्टरमीडिएट (कक्षा-11 से 12 तक)-विशेषीकृत ज्ञान आधारित:- कौशल विकास की शिक्षा।

5. उच्च शिक्षा-इच्छानुसार विशेष क्षेत्र आधारित

"किसी देश का संविधान, उस देश के स्वाभिमान का शास्त्र तब तक नहीं हो सकता जब तक उस देश की मूल भावना का शिक्षा पाठ्यक्रम उसका अंग न हो। इस प्रकार भारत देश का संविधान भारत देश का शास्त्र नहीं है। संविधान को भारत का शास्त्र बनाने के लिए भारत की मूल भावना के अनुरूप नागरिक निर्माण के शिक्षा पाठ्यक्रम को संविधान के अंग के रूप में शामिल करना होगा। जबकि राष्ट्रीय संविधान और राष्ट्रीय शास्त्र के लिए हमें विश्व के स्तर पर देखना होगा क्योंकि देश तो अनेक हैं राष्ट्र केवल एक विश्व है, यह धरती है, यह पृथ्वी है। भारत को विश्व गुरू बनने का अन्तिम रास्ता यह है कि वह अपने संविधान को वैश्विक स्तर पर विचार कर उसमें विश्व शिक्षा पाठ्यक्रम को शामिल करे। यह कार्य उसी दिशा की ओर एक पहल है, एक मार्ग है और उस उम्मीद का एक हल है। राष्ट्रीयता की परिभाषा व नागरिक कर्तव्य के निर्धारण का मार्ग है। जिस पर विचार करने का मार्ग खुला हुआ है।"

"भारत का प्रत्येक नागरिक अपने जीवकोपार्जन के मार्ग व संघर्ष में अपने विषय का जानकार व अनुभव तो प्राप्त कर रहा है परन्तु कुछ पाने के क्रम में कुछ छूट भी जाता है इसलिए प्रत्येक नागरिक को अपने अहंकार को भूलकर यह स्वीकार करना होगा कि वह अपने विषय से हटकर अन्य विषय के विषय में कम या नहीं जानता है।"

अतः एक "आदर्श नागरिक" बनने के क्रम में न्यूनतम ज्ञान सभी को एक समान रूप से चाहिए।

NEW WORLD ORDER

"न्यू इण्डिया" का एक्शन प्लान

www.64inch.com

The Knowledge Equalizer

"सार्वभौम सत्य–सिद्धान्त" एवं "आध्यात्मिक सत्य" पर आधारित जीवन शास्त्र –"विश्वशास्त्र" की

"युग परिवर्तन" श्रृंखला की पुस्तकें

मुख्य शास्त्र

01. *विश्वशास्त्र – द नॉलेज आफ फाइनल नॉलेज*

सारांश के अनुसार

02. मैं सत्यकाशी से कल्कि महावतार बोल रहा हूँ (समष्टि गीता – यथार्थ प्रकाश)

शीर्षक के अनुसार भाग

03. विश्वस्तरीय फिल्म लेखन कला
04. प्रारम्भिक सत्य – अन्तिम दृष्टि
05. सत्य धर्म – युग परिवर्तक दृष्टि
06. सत्य दार्शनिक–दर्शन और कर्म वेदान्त–विकास दर्शन
07. सत्य शास्त्र एवं पुराण रहस्य–महर्षि व्यास कला
08. संत एवं गुरू और विश्व संत एवं गुरू
09. समाज और ईश्वरीय समाज
10. सत्य शास्त्र और विश्वशास्त्र
11. कृति और विश्व कृति
12. भारत माता मन्दिर और विश्वधर्म मन्दिर
13. महाभारत और विश्वभारत
14. संविधान और विश्व संविधान
15. शिक्षा और पूर्ण शिक्षा
16. देवता और सार्वभौम देवता कल्कि
17. देवीयाँ और सार्वभौम देवी माँ कल्कि
18. द्वादश ज्योतिर्लिंग और 13वां अन्तिम ज्योतिर्लिंग
19. काशी – मोक्षदायिनी और जीवनदायिनी
20. सत्यकाशी – स्वर्णयुग का तीर्थ
21. काशी – रहस्योद्घाटन
22. 2020 – मन का नवीनीकरण
23. ईश्वर का संक्षिप्त इतिहास
24. अवतार – अन्तिम सत्य दृष्टि
25. भविष्यवाणियाँ और कल्कि अवतार
26. स्वामी विवेकानन्द और कल्कि अवतार
27. मनु, मनवन्तर और कल्कि महावतार
28. व्यास, शास्त्र और कल्कि महावतार
29 ऋषि, ऋषि परम्परा और कल्कि महावतार
30. दूसरा आगमन या अन्तिम आगमन
31. परिवर्तन–काल, मनु, युग, व्यास और शास्त्र
32. राम, रावण और सार्वभौम एकात्म
33. मैं, व्यक्तिगत या सार्वभौम
34. लव कुश (त्रेतायुग) और लवकुश (कलियुग)
35. कल्कि महावतार आ चुके हैं (ACTION PLAN)
36. लव कुश सिंह (कल्कि महाअवतार)–जीवन, ज्ञान, कर्म और विश्वरूप
37. वैश्विक बुद्ध – बुद्ध का भाग दो और अन्तिम
38. बुड्ढा कृष्ण – कृष्ण का भाग दो और अन्तिम
39. सम्पूर्ण क्रान्ति–अन्तिम कार्य योजना
40. पुनर्निर्माण (RENEW)–समस्या, समाधान और राष्ट्र निर्माण की योजना
41. पुनर्निमाण (RENEW)– ग्राम एवं नगर वार्ड प्रेरक
42. विश्वशास्त्र द नालेज आफ फाइनल नालेज–परिचय
43. एन्टायर पालिटिक्स – पूर्ण पाठ्यक्रम
44. वसुधैव–कुटुम्बकम्
45. कर्मवेद : प्रथम, अन्तिम तथा पंचम वेद
46. आठवें अवतार श्रीकृष्ण के अनकहे संदेश
47. अयोध्या नहीं, मुंगेर है राम जन्मभूमि
48. विश्वमानव–भूतपूर्व नेतृत्वकर्ताओं का स्पष्टिकरण
49. विश्वमानव–वर्तमान नेतृत्वकर्ताओं का स्पष्टिकरण
50. विश्वमानव–वार्ता, वक्तव्य एवं वाणियाँ
51. विश्वमानव–पत्रावली, प्रसारण और अन्तिम पत्र
52. सत्य जनहित आह्वान
53. विश्व शान्ति–अन्तिम सत्य दृष्टि
54. नई विश्व व्यवस्था का रहस्य
55. समाजवाद – ब्रह्माण्डीय विकास का अवतारी मार्ग
56. भारतवाद – राष्ट्रवाद की मुख्यधारा
57. 100 वर्षीय संयुक्त राष्ट्र को अग्रिम सन्देश
58. सार्वभौम एकात्म–नव विश्व निर्माण
59. गणराज्य, संघ, मानकीकरण संगठन और सम्पूर्ण मानक
60. व्यापार केन्द्र (TRADE CENTRE)–दृश्य सत्य
61. मन का विश्वमानक और पूर्ण मानव निर्माण की तकनीकी (WCM-TLM-SHYAM.C)
62. मानक विपणन प्रणाली (3F:FUEL-FIRE-FUEL)
63. स्वर्णयुग का मानक आदर्श नागरिक–दिशा निर्देश
64. विश्वधर्म : परिचय (स्वर्णयुग का धर्म)

व्यक्ति और विभागीय स्तर पर सफाई–सुधार का पहला प्रारूप की पुस्तक – डा0 रमेश कुमार द्वारा लिखित "विशाल ज्ञान विज्ञान सबका समाधान" है

दर्शन, विचार एवं संपादन

लव कुश सिंह "विश्वमानव"

Search on Google -> Lava Kush Singh "vishwmanav"

पुस्तक उपलब्ध

notionpress.com

Book Store

www.ingramcontent.com/pod-product-compliance
Lightning Source LLC
LaVergne TN
LVHW080934071026
849535LV00013B/4207
* 9 7 8 1 6 4 8 9 9 7 7 4 7 *